21世纪会计系列规划教材 **通用型**

财务管理

（第四版）

周昌仕 陈涛／主编

Financial Management

东北财经大学出版社 Dongbei University of Finance & Economics Press | 大连

图书在版编目（CIP）数据

财务管理 / 周昌仕，陈涛主编．—4 版．—大连：东北财经大学出版社，2025.3．—（21 世纪会计系列规划教材·通用型）．—ISBN 978-7-5654-5549-0

Ⅰ．F275

中国国家版本馆 CIP 数据核字第 2025T2E851 号

东北财经大学出版社出版

（大连市黑石礁尖山街 217 号　邮政编码　116025）

网　　址：http://www.dufep.cn

读者信箱：dufep@dufe.edu.cn

大连天骄彩色印刷有限公司印刷　　东北财经大学出版社发行

幅面尺寸：185mm×260mm　　字数：579 千字　　印张：24.25

2025 年 3 月第 4 版　　2025 年 3 月第 1 次印刷

责任编辑：李智慧　李　栋　　责任校对：何　群

　　　　　周　慧　刘慧美

封面设计：原　皓　　版式设计：原　皓

定价：56.00 元

教学支持　售后服务　　联系电话：（0411）84710309

如有印装质量问题，请联系营销部：（0411）84710711

第四版前言

财务管理是应用性较强的管理科学，它以企业各项财务活动为中心内容，以资金的筹集、投放、耗费、收入、分配为框架，阐明财务管理的基本概念、管理原则、管理方法等理论脉络以及预测、决策、计划、控制和分析等基本理财方法。作为工商管理类专业的一门核心课程，财务管理课程要求学习者掌握现代财务管理的基本理论，具备从事管理工作所必需的理财知识和技能，为企业经营管理决策服务，以适应社会经济发展的需要。

在编写过程中，编者力求内容丰富、结构完整、通俗易懂、实用性强，并突出以下特色：

（1）加强思想政治引领。坚持立德树人，强化能力和素质目标达成，在引例、小资料和综合案例中主动引入富含科学精神、社会主义核心价值观的素材，每章后附立德树人专门案例材料，融学于趣，化教于心。

（2）整合优秀教学成果。将多年的教学经验融入教材中，在内容上体现出现代教育理念和时代要求，变过去的“以教师为中心”为“以学生为中心”，让学生在学习中知其然并知其所以然，有利于学生管理素质的提高，有利于应用型人才的培养。

（3）吸收先进财务理念。广泛阅读相关文献著作，在比较不同学派对一些概念认识的基础上，加上自己的学术见解，在本教材中系统介绍了经典的财务理论，及时反映了本学科领域的最新研究成果，将公司财务治理、ESG、智能财务、一流财务管理体系、私募股权融资、期权工具融资、投资组合管理、证券与衍生金融品投资、作业成本管理、财务风险预警、COSO风险管理等现代财务管理内容有机地融入教材体系中，体现了新时期人才培养的新要求。

（4）突出经典案例分析。本教材精选了财务管理领域的大量经典案例，章前有引例，章内有小资料、小案例，章后有综合案例。案例阐述深入浅出，表格和图形规范且准确，能够适应财务管理课程改革和学时减少的需要，有利于学习者深入理解和融会贯通。

根据社会经济形势的变化、教育教学改革的要求和教学过程中师生们反映的问题，我们进行了本次修订，调整了部分章节结构和内容，每章的学习目标中增加了高阶的能力目标和素质目标，更新规章制度，选用了更为适当、新颖的案例和阅读材料。本版教材共12章，第1章是总论，介绍财务管理的概念、内容、环境、目标、假设、原则和方法等基本理论，财务管理实践的发展和财务理论的演变，财务管理工作组织；第2章是财务价值观念，包括货币时间价值、风险价值以及投资组合的风险与报酬；第3章是企业财务分析，包括财务指标分析和综合财务分析。从第4章到第10章，以现代企业价值管理为核心，围绕企业资金运动展开，分别介绍了筹资管理、资本成本与资本结构、项目投资决策、证券与金融衍生品投资管理、流动资产管理、成本管理和利润及其分配管理等内容。第11章、第12章介绍企业财务预算管理和风险管理。

本教材由周昌仕和陈涛担任主编，周华、刘杰、刘宇、王月萍担任副主编，蒋昕、刘蕊、唐志军、刘颖、利于思、周婧凡、莫贤锐参与编写。各章的编写分工如下：第1章由周昌仕和周华编写、第2章由利于思和蒋昕编写、第3章由刘宇编写，第4章由周华和周昌仕编写，第5章由周昌仕和周婧凡编写、第6章由陈涛和莫贤锐编写、第7章由陈涛和周婧凡编写，第8章由刘颖和唐志军编写，第9章、第10章由刘杰和刘蕊编写，第11章、第12章由王月萍和利于思编写。

本教材配有完整的课件和章后习题参考答案，请登录东北财经大学出版社网站（www.dufep.cn）下载使用，同时欢迎使用者和同仁提出宝贵的意见和建议。

在本教材的编写过程中，我们参考了大量国内外有关研究成果，对所涉及的专家、学者表示衷心的感谢，感谢使用本教材的师生和读者的宝贵建议，也诚恳地期待您不吝赐教。

编　者

2025年1月

目　录

第1章 总论

导读

财务管理是现代企业管理的一个重要组成部分，是市场经济条件下企业最基本的管理活动之一。如果说资金是企业的血液，现金流是企业的血脉，那么财务管理就是企业的心脏。财务管理在企业中具有“显示器”“监控器”“纽带”“参谋”等功能。从社会经济发展的趋势来看，不懂财务管理的管理者将很难把握企业发展的脉搏，不能成为一个真正成功的管理者。

学习目标

通过本章学习，理解财务管理的概念、内容、目标和原则，了解财务管理工作组织、基本方法及数字经济时代下的智能财务发展趋势，掌握企业内外部环境条件对企业财务活动和财务关系影响的作用机制。初步形成从财务视角分析和理解企业经营管理行为的思维方法，顺应经济社会发展趋势，在财务工作实践中塑造和谐财务利益关系，增强社会责任感。

◎1.1 财务管理的内容

1.1.1 企业的组织形式

典型的企业组织形式主要有三种类型：个人独资企业、合伙企业、公司制企业。

（1）独资企业是由单个自然人出资创办的企业，具有较小的经营规模和灵活度。

（2）合伙企业是由两个或两个以上的自然人共同出资经营的企业，合伙人对企业债务负有无限责任。

（3）公司制企业是现代企业最常见的形式，公司制企业分为有限责任公司和股份有限公司。有限责任公司是指股东以其认缴的出资额为限对公司承担责任，公司以其全部财产为限对公司的债务承担责任的企业法人，而股份有限公司则是指资本分为等额股份，股东以其所持股份为限对公司承担责任，公司以其全部财产对公司的债务承担责任的企业法人。

不同类型的企业组织形式对企业理财工作和决策方式有重大影响。例如，独资企业和合伙企业可能更注重个人或小团体的决策，而公司制企业则通常有更明确的所有权和管理权分离。正确选择企业的组织形式是企业和工业管理中的重要战略决策。

由于公司制企业是现代企业组织形式的典型代表，因此，现代财务管理学通常以公司作为基本的分析对象。

1.1.2 财务管理的概念

简言之，财务管理就是对企业财务的管理。财务一般是指与钱物有关的事务，即理财的事务，是财务活动和财务关系的统一。企业财务是指企业在生产经营过程中的财务活动及其与有关各方发生的财务关系。因而，企业财务管理是组织企业财务活动，处理企业财务关系的经济管理工作，是关于资金的筹集、运用和分配的管理工作。

具体来说，财务管理是以价值形式对企业的生产经营活动进行综合管理，它利用资金、成本、费用、收入、利润等价值形式来反映企业经济活动中的劳动占用量、劳动消耗量和劳动成果，进而反映企业经济效益的好坏。财务管理的内容就是财务管理对象的具体化，财务管理的对象是企业再生产过程中的资金活动。就一般状态下的企业而言，财务管理的主要内容是投资管理、融资管理和利润分配管理。

财务管理具有以下特点：

1.侧重价值管理的特点

财务管理活动主要是对资金进行管理和规划，以达到资金有效、合理、平衡流转。从组织财务活动到处理财务关系，都是通过资金收支、成本费用开销、利润的形成与分配而进行的。这与侧重于其他管理工作所涉及的产销量、品种、质量、劳动生产率、物资消耗等指标形成了比较明显的对比。在财务活动中，价值的观念无处不在，其中资金时间价值以及风险价值是贯穿于整个财务活动的两个最主要的价值观念。运用价值手段进行财务管理活动，可以全面、完整、系统地对财务主体的经济活动进行有效管理。

2.协调性特点

无论是组织财务活动，还是处理财务关系，财务管理都具有较强的协调性。由于财务管理运用价值法则和货币关系配置资源，并执行各项法律和财务制度，规范各利益相关者的行为，因此可以提高资源的配置效率，使不同利益主体为企业的共同利益而组合在一起。财务管理的这个特点，显示了财务管理具有较强的控制能力。

3.综合性特点

财务管理的综合性特点，一方面表现在财务工作所面对的相关指标具有一定的综合性；另一方面表现在财务管理工作需要与其他管理工作相互配合，以保证企业的各项工作不偏离财务管理的既定目标。

1.1.3 财务活动

企业财务活动，即企业的资金运动，是与商品经济的存在和发展分不开的。制造业企业资金运动如图1-1所示，企业资金从货币资金形态开始，依次通过供应、生产、销售三个阶段，分别表现为货币资金、储备资金、生产资金、成品资金等各种不同形态，然后又回到货币资金。企业取得营业收入，使资金完成了从货币资金形态开始，经过形态变化，又回到货币资金形态这一资金循环，称为资金周转。要搞好企业财务管理，管理者必须充分认识和运用企业资金运动中的规律。

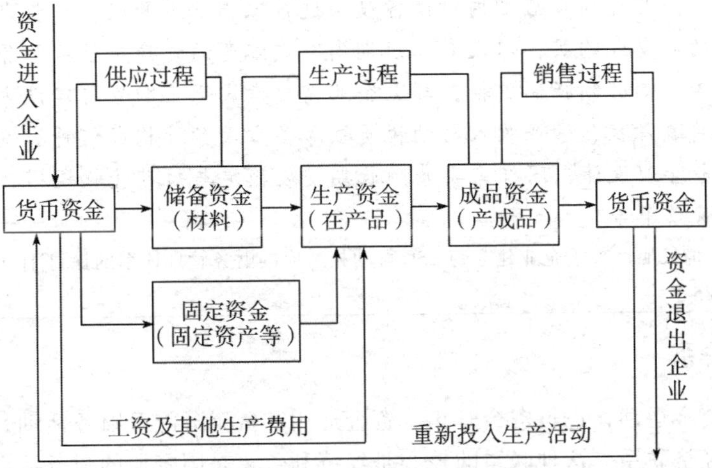

图1-1 制造业企业资金运动

1.资金筹集

资金筹集是资金运动的起点，是投资的必要前提。企业作为从事生产经营的经济组织，必须拥有一定数量的资金。这些资金的来源主要包括两部分：一是投资者投入的资本金以及资本公积和留存收益；二是企业的负债，包括流动负债和非流动负债。企业从投资者和债权人那里筹集来的资金，有货币资金、实物、无形资产等形态。

2.资金投放

企业用筹集来的资金购建生产经营所需的建筑物、设备、材料以及进行技术投资，形成了企业的各项资产，如企业的流动资产、长期股权投资、固定资产、无形资产等。

3.资金耗费

资金耗费是指企业在生产经营过程中所发生的以价值形式表现的消费，具体表现为产品的制造成本，企业的销售费用、管理费用和财务费用等。

4.资金回收

企业筹集和运用资金的目的是取得理想的收入，即所取得的收入不仅要能补偿生产经营中资金的耗费，而且要能带来利润。收入是指企业在日常经营活动中形成的、会导致所有者权益增加的、与所有者投入资本无关的经济利益的总流入。

5.资金分配

为了资金的分配包括两个方面的内容：企业的营业收入扣除成本、费用和各种流转税及附加税费后，补偿生产经营中资金的耗费，形成营业利润，这是资金的初次分配。企业的营业利润，再加（减）营业外收支净额，构成企业的利润总额。利润总额扣除所得税费用后形成净利润。企业的净利润可以在投资者之间进行分配，这是资金的二次分配。

小资料1-1　建立与ESG行动相适应的财务管理体系

ESG，即环境（Environment）、社会（Social）、治理（Governance）。区别于传统财务指标，ESG指标从环境、社会、公司治理角度，评估企业经营的可持续性与对社会价值观的影响。尽管ESG理念进入我国已有较长时间，但上市公司对ESG理念的融合更多体现在信息披露层面，在财务管理的统筹安排方面尚未有系统体现，为实现财务管理体系与ESG行动管理的对接，财务管理活动应充分嵌入ESG行动各环节，兼顾长期规划与短期目标。例如：企业计划在短期内对设备设施进行零碳改造升级，中长期则需要考虑替代性设备设施的研发或购买，以及考虑短期内与之配套的资产是否按照原定时间完成减值准备的计提等。如必须强制更换，那么企业需要考虑资产购置与建设方案，在增加工程投入、员工薪酬考核、营业收入与纳税贡献等多方面预计构成何种影响。由此，针对ESG行动的财务管理设计，同样需要兼顾长期发展稳定与短期营收规模、员工的用工效率与资产的运营效率等。

（资料来源：谭红旭．关于企业建立与ESG行动相适应的财务管理体系的探讨[J]．中国注册会计师，2024（05）：81-85.）

1.1.4 财务关系

企业组织资金运动，进行资金筹集、资金运用和资金分配等财务活动，必将与有关各方发生广泛的经济联系。这种联系的核心是经济利益，是因企业的财务活动而引起的，因此，将企业在财务活动中与有关各方发生的一定的经济利益关系称为财务关系，它体现了人与人之间的关系。根据契约理论，现代企业是一系列契约的总和。每一种财务关系实际上就是企业与某利益相关者签订的一份契约。企业的财务关系主要表现为：

1.企业与投资者之间的财务关系

企业与投资者之间的财务关系表现为投资者（国家、其他单位、个人、外商）按约定向企业投入资金，企业向投资者支付投资报酬所形成的经济利益关系。投资者因向企业投入资金而成为企业的所有者，拥有对企业的最终所有权，享受企业收益的分配权和剩余财产的支配权；企业从投资者那里吸收资金形成企业的自有资金，拥有法人财产权，企业以其全部法人财产权，依法自主经营、自负盈亏、照章纳税，对投资者承担资产保值增值责任，向投资者支付投资报酬。所以，这实质上是一种所有权和经营权的关系。

2.企业与债权人之间的财务关系

企业与债权人之间的财务关系表现为债权人（银行、非银行金融机构、其他单位、个人、外商）按合约向企业投入资金，企业按合约向债权人归还本金、支付利息所形成的经济利益关系。债权人向企业投入资金的目的除了安全收回本金外，更重要的是获取固定的利息收入。企业吸收债权人的资金形成借入资金，对此企业必须按期归还，并依合约的约定支付利息。所以，这实质上是一种债权债务关系。

3.企业与政府之间的财务关系

企业与政府之间的财务关系主要体现在政府为行使维护社会、经济秩序以及开展文化、教育、公共事业等职能而向企业征收各种税金而形成的利益关系。企业按照税法规定定期向政府纳税，政府保护企业的合法利益不受侵害，由此形成的财务关系实质上是一种分配关系。

4.企业与其他企业（单位）之间的财务关系

企业与其他企业（单位）之间的财务关系表现在3个方面：一是企业因购买材料、销售产品或劳务而与购、销客户之间发生的货币收支关系；二是企业之间相互赊购、赊销形成的短期债权债务关系；三是企业之间相互投资或因持股、控股而形成的所有权关系。企业（单位）之间的经济交往越来越密切，其间的经济利益关系也越来越复杂，由此形成的财务关系必将成为企业财务管理的重要方面。

5.企业内部各单位之间的财务关系

企业内部各单位之间的财务关系表现为企业内部各单位之间因相互提供产品、劳务而形成的经济利益关系。在实行内部经济核算制和经营责任制的条件下，企业内部各单位之间相互提供产品、劳务必须进行合理的计价结算，严格分清各单位的经济利益与经济责任，充分发挥激励机制和约束机制的作用。由此形成的财务关系实质上是一种货币收支结算关系。

6.企业与其职工之间的财务关系

企业与其职工之间的财务关系表现为职工向企业提供劳动，企业向职工支付劳动报酬而形成的经济利益关系。企业按照按劳分配的原则，以职工提供劳动的数量和质量为依据，向职工支付工资、奖金、津贴等劳动报酬，由此形成的财务关系实质上是一种分配关系。

1.1.5 财务管理与会计的关系

财务管理是企业管理的重要组成部分，它不是一个孤立的领域，尤其是与会计工作密切相关。无论是在理论上，还是在实践中，财务管理与会计都具有非常密切的联系，它们是企业两项重要的职能。

1.财务管理与会计的联系

（1）两者都具有价值共性。两者都是通过价值发挥其效能。会计对经济活动的确认、计量和披露是按照价值反映的要求进行的，事实上，会计信息就是对企业价值或财务活动的再现；财务管理本身是一种价值管理，是一种追求价值最大化的综合性管理工作。

（2）两者在企业的管理过程中相辅相成。会计是反映企业价值运动过程中的数量，并以会计信息的形式向信息使用者输出。如果没有会计提供的信息作依据，财务管理的计划、预测、决策、控制与分析等职能必然成为无源之水。换言之，一方面，财务管理者只有利用会计提供的高质量信息才能准确地把握企业的财务状况，作出科学决策；另一方面，会计所提供的信息必须尽可能满足信息使用者的决策需要，否则就失去了其存在的价值。

2.财务管理与会计的区别

（1）两者的侧重点不同。财务管理的对象是资金运动，是对企业资金运动的直接管理。财务管理主要管理企业的各项资产，以及由此产生的融资、分配等相关事项。而会计的对象并不是资金运动本身，而是企业资金运动过程中的信息。

（2）两者的职能不同。会计的职能主要表现为反映，而财务管理的职能主要是计划、预测、决策、控制和分析等。反映职能是会计所特有的内在职能。会计人员作为揭示人员，对企业生产经营管理各方面并不具有直接的决策职能，他们的主要作用是通过提供会计信息，对相关决策施加影响，而企业相关的计划、决策等职能则由财务管理人员来实施。

（3）两者的目标不同。会计的中心内容是提供决策所需要的信息，它通过对企业经济活动的揭示，为不同信息使用者提供真实、可靠的会计信息，以满足相关利益主体的决策需要。财务管理的目标，则是企业经营目标在财务管理方面的集中与概括，主要是通过计划、预测、决策、控制和分析等工作，确保企业价值最大化目标的实现。

◎1.2 财务管理的环境

财务管理环境，或称理财环境，是指对企业财务管理产生影响作用的企业内外各种条件的统称。环境构成了企业财务活动的客观条件。企业财务活动是在一定的环境中进行的，必然受到环境的影响。所以，财务管理活动要想获得成功，有关人员必须深刻认识和认真研究自己所面临的各种环境。

理财环境包括内部环境和外部环境两个方面。内部环境是指企业的内部条件，如企业组织形式、企业治理结构、生产技术水平、企业员工素质等。外部环境是指企业的外部条件、因素和状况，如经济环境、法律环境、金融环境、政治环境、社会文化环境等。本教材只讨论对企业财务管理影响比较大的经济环境、法律环境和金融环境。

1.2.1 经济环境

财务管理的经济环境是指影响企业财务管理工作的宏观经济总体状况、态势，包括经济周期、经济发展水平、通货膨胀、经济政策和市场竞争等。

1.经济周期

经济周期又称商业周期、商业循环，是指经济运行中周期性出现的经济扩张与经济紧缩交替更迭、循环往复的一种经济现象，反映了国民总产出、总收入和总就业的波动。任何国家的经济发展都不可能呈长期的快速增长之势，而总是表现为“波浪式前进或螺旋式上升”的状态，经济运行沿着复苏、繁荣、衰退、萧条这四个阶段周而复始地循环。经济周期的不同阶段呈现出不同的经济状况，从而使企业的财务管理面临着不同的问题。例如，在繁荣阶段，市场需求旺盛，购销活跃，利润上升，企业为扩大生产规模，需要进行大量的筹资和投资活动；在萧条阶段，整个宏观经济不景气，需求减少，投资锐减，生产萎缩，购销停滞，利润下降，企业筹资出现困难。西方财务学者曾探讨了经济周期中各阶段企业的财务管理策略，其要点归纳见表1-1。

表1-1 经济周期中各阶段企业的财务管理策略

复苏	繁荣	衰退	萧条
增加厂房设备 实行长期租赁 增加库存 引入新产品 增加雇员	扩充厂房设备 继续增加库存 提高价格 开展营销规划 扩招雇员	停止扩张 出售多余设备 停产不利产品 停止长期采购 削减库存 停止扩招雇员	建立投资标准 保持市场份额 缩减管理费用 放弃次要利益 削减库存 裁减雇员

上述策略是值得借鉴的，但是经济发展的周期波动不仅有短程周期、中程周期和长程周期的差别，而且有总量周期波动与产业及行业周期波动的差别。所以，各阶段应采取的财务策略的实施时间选择、力度以及持续时间安排，都应以具体经济周期特征分析为前提。经济运行的周期性，要求企业财务部门对经济周期有全面、正确的了解和认识，事前要作科学的预测，并预先根据各阶段的特点和本企业的实际情况采取相应的对策和措施，

适时调整财务政策，使企业理财工作适应经济环境的变化。随着经济全球化进程的加快，我国受经济周期的影响也越来越大。因此，企业财务人员必须认识到经济周期的影响，掌握在经济周期波动中的理财本领。

2.经济发展水平

经济发展水平主要是指投入水平、产出水平、人均收入水平等。财务管理的发展水平是和经济发展水平密切相关的，经济发展水平越高，财务管理水平也越高。

发达国家经历了较长时间的资本主义经济发展历程，资本的集中和垄断已达到了相当高的程度，经济、科技发展水平在世界上都处于领先地位，经济生活中出现了许多新的内容更复杂的经济关系以及更完善的生产方式。这就使这些国家的财务管理呈现出内容丰富多彩、不断创新，方法越来越完善、科学，手段越来越先进，财务管理水平越来越高等基本特征。发展中国家的现代商品经济起步较晚，目前基础较薄弱，经济发展水平不是很高，但发展速度比较快，而且经济政策变更频繁，国际交往日益增多。这就使发展中国家的财务管理呈现出总体水平中等但发展比较快，内容及方法、手段快速更新，受法规政策频繁变更影响显著，理财困难且不稳定等基本特征。欠发达国家的经济发展水平很低，工业很不发达，企业规模小，经济活动内容简单。这就使这些国家的财务管理呈现出水平很低，无论内容、方法还是手段都比较落后，发展较慢等基本特征。

除了不同国家经济发展水平不同外，在同一国家也会存在不同地区之间的经济发展不平衡，如目前我国东部沿海地区和中西部地区。东部沿海地区是全国经济发展水平最高的地区，财务管理水平相对较高，对该地区企业的财务管理应提出更高、更严格的要求，应更多地吸收西方发达国家的财务管理理念和方法，而中西部地区的经济发展水平较低，财务管理水平相对滞后，该地区企业在财务管理上，应学习其他地区先进经验，发挥后发优势，尽快缩小与东部沿海地区的差距。

小资料1-2　　我国东西部企业成本管理方法比较

有关调查结果（见表1-2）表明：①东部、老工业基地采用最多的是目标成本法（比例分别为58.3%和50.0%）。②中西部地区最主要采用的方法是计划成本法（比例为57.1%）。这可能是因为东部地区经济发展水平较中西部高，乐于采取更为先进、科学的成本管理方法。

表1-2　　**成本管理方法使用状况（地区比较）**

地区		标准成本法		计划成本法		目标成本法		其他	
		企业数	百分比（%）	企业数	百分比（%）	企业数	百分比（%）	企业数	百分比（%）
东部	48	7	14.6	16	33.3	28	58.3	3	6.3
中西部	14	3	21.4	8	57.1	4	28.6	0	0.0
老工业基地	10	3	30.0	4	40.0	5	50.0	0	0.0

资料来源：南京大学会计学系课题组. 中国企业会计实况调查［M］. 大连：东北财经大学出版社，2002：117.

3.通货膨胀

通货膨胀是指投入流通中的货币过多，大大超过流通实际需求量，因而引起物价上涨、货币贬值的现象。通货膨胀会给企业财务管理带来较大的不利影响，主要表现在：资金占用额迅速增加；利率上升，企业筹资成本加大；证券价格下跌，筹资难度增加；利润虚增、资金流失等。为避免通货膨胀给企业造成极大损失，实现期望的报酬率，财务人员必须对通货膨胀有所预测，加强对收入和成本的管理，并通过套期保值等手段减少损失，如可提前购买设备和存货，也可买进现货卖出期货等。

4.经济政策

经济政策是政府指导和影响经济活动所规定并付诸实施的准则和措施。宏观调控的重要手段包括财税政策、金融政策、外汇政策、外贸政策、计划政策、价格政策、投资政策、社会保障政策等。这些手段会深刻地影响企业的发展和财务活动的开展。例如，金融政策中货币的发行量、信贷规模都会影响企业投资的资金来源和投资的预期收益；财税政策会影响企业的资金结构和投资项目的选择等；价格政策会影响资金的投向和投资的回收期及预期收益等。可见，经济政策对企业财务的影响是非常大的。这要求企业财务人员了解和把握经济政策，以便更好地为企业的经营、理财活动服务。

5.市场竞争

竞争是指经济主体在市场上为实现自身的经济利益和既定目标而不断进行角逐的过程。竞争广泛存在于市场经济中，任何企业都不能回避。企业之间、各产品之间、现有产品与新产品之间的竞争，涉及设备、人才、技术、营销、管理等各个方面。竞争能促使企业用更好的方法来生产更好的产品，对经济发展起着推动作用。但对企业而言，竞争是机会，也是威胁。价格竞争会使失败的一方减少现金流入，在竞争中获胜的一方则会通过多卖产品挽回经济损失，实际上，这是靠牺牲其他企业的利益来加快自己的现金流转。失败的一方，不但蒙受价格损失，还受到销售量下降的打击，现金流转可能严重失衡。广告竞争会增加企业的现金流出，但企业有可能通过广告促进销售，加速现金收回。为了获得竞争优势，企业往往需要大量投资，成功之后企业盈利增加，若投资失败，其竞争地位则会受到不利的影响。

1.2.2 法律环境

财务管理的法律环境是指对企业财务管理活动产生影响的各种法律法规和规章。企业在其经营活动中，要与企业内外各利益相关者发生各种经济关系。国家管理这些经济活动和经济关系的手段包括行政手段、经济手段和法律手段三种。在市场经济条件下，行政手段日益减少，而经济手段，特别是法律手段日益增多，越来越多关于经济关系和经济活动的准则以法律的形式固定下来。同时，众多的经济手段和必要的行政手段的使用，也必须逐步做到有法可依，从而逐步转化为法律手段的具体形式，真正实现国民经济管理的法治化。

从企业财务管理的角度来看，国民经济管理的法治化建设一方面给企业提出了从事各项业务活动所必须遵守的规范或前提条件，从而对企业行为进行约束；另一方面也为企业从事各项业务活动提供了法律保护。所以法律对于企业来说是一把双刃剑，如果企业进行财务管理时遵守国家相关的法律法规，那么法律将保护企业的理财行为，而如果企业违反国家法律法规进行理财，则将受到法律的惩罚。因此，企业财务管理人员一定要认真学习对企业财务管理有影响的法律法规，依法理财。

企业在进行财务管理时应遵守的法律规范主要有企业组织法律规范、税收法律规范和财务法律规范三大类。

1.企业组织法律规范

企业组织形式主要包括独资企业、合伙企业和公司制企业三种形式。企业组织必须依法成立，不同组织形式的企业设立时要依照不同的法律规范。它们包括《公司法》《外资企业法》《中外合作经营企业法》《个人独资企业法》《合伙企业法》等。这些法律规范既是企业的组织法，又是企业的行为法。

例如，《公司法》对公司制企业的设立条件、设立程序、组织机构、组织变更和终止的条件和程序等都作了规定，包括股东人数、资本的筹集方式等。只有按其规定的条件和程序设立的企业，才能称为“公司”。该法还对公司生产经营的主要方面作出规定，包括股票的发行和交易、债券的发行和转让、利润的分配等。公司一旦成立，其主要的活动，包括财务管理活动，都要按照《公司法》的规定来进行。因此，《公司法》是公司制企业进行财务管理需遵守的最重要的强制性规范，公司的理财活动不能违反该法律，公司的自主权不能超过该法律的限制。

非公司制企业的财务管理与公司制企业的财务管理有着很大的不同。非公司制企业的所有者，包括独资企业的业主和合伙企业的合伙人，要承担无限责任。他们享受企业的盈利（或承担损失），但一旦经营失败则必须抵押其个人的所有财产，以满足债权人的偿债要求。公司制企业的股东承担有限责任，经营失败时其经济责任以其出资额为限。

2.税收法律规范

税法是税收法律制度的简称，是调整税收征纳关系的法律规范。与企业相关的税收立法分为三类：所得税类、流转税类和其他税类，其中，所得税类包括企业所得税、个人所得税；流转税类包括增值税、消费税；其他税类包括资源税、城镇土地使用税、土地增值税、房产税、印花税、车船税等。

税负是企业的一种费用，会增加企业的现金流出，对企业财务管理有重要的影响，主要表现在以下几个方面：

（1）对企业筹资决策的影响。企业筹集资金有两类不同的渠道：一类是权益性资金筹集，如发行股票；一类是债务性资金筹集，如发行债券。采用权益性资金筹集方式，代价是向投资者分配利润，且是在税后利润中支付的，无抵税作用；而采用债务性资金筹集方式，代价是支付利息，利息费用可以在缴纳所得税之前支付，因而具有抵税作用。因此，企业需要在权益筹资和负债筹资之间作出权衡。

（2）对企业投资决策的影响。企业投资选择不同的投资地点、不同的企业类型、不同的经营业务等，都会面临不同的税收法律规范，如国家对一些特殊地区或特殊行业、企业等实行税收优惠政策。另外，企业进行有价证券投资，也会有不同的税收政策，购买国债获得的利息收益可以不交所得税，购买股票分得的股息可在计算本企业应纳税所得额时予以调整。因此，企业在进行投资决策尤其是长期投资决策时，要充分了解税收环境，尽可能作出减少税收费用的有利决策。

（3）对企业分配决策的影响。企业税收费用的变动与其净利润的多少呈反向关系，即在一定时期内企业所承担的税收费用增加，则净利润相应会减少，可分配利润也相应会减少；反之亦然。另外，一些国家的资本利得税与股利收入所得税税率不一致，如目前我国对股利收入按10%的税率计算个人所得税，而对股票交易的资本利得收益暂不征收个人所得税。因此，是否分配利润，按什么比例以及什么形式向投资者分配利润，都需要考虑税收的影响。

可见税收法律规范对企业财务管理的影响最为直接、有效。企业无不希望在不违反税法的前提下减少税收负担。税负的减少，只能靠筹划投资、筹资和利润分配等财务决策，即进行税收筹划，而不允许在纳税行为已经发生时去偷税漏税。

3.财务法律规范

企业财务法律规范是规范企业财务活动，协调企业财务关系的法令文件。我国目前企业财务管理法律规范，有以下两个层次：《企业财务通则》和企业内部财务制度。

《企业财务通则》（以下简称《通则》）是各类企业进行财务活动、实施财务管理的基本规范。2006年财政部修订了1994年7月1日起施行的《通则》，对企业财务的管理方式、政府投资等财政性资金的财务处理政策、企业职工福利费的财务制度、职工激励制度、企业财务风险管理等方面进行了改革，修订后的《通则》于2007年1月1日开始施行。《通则》是整个财务制度体系中最基本的法规。从范围上看，它适用于中华人民共和国境内依法设立的具备法人资格的国有及国有控股企业，其他企业参照执行，金融企业除外。从性质上看，它是企业从事财务活动必须遵循的基本规范，也是国家进行财务管理，制定具体财务制度的法律依据，《通则》是整个财务制度体系中最高层次的法规，在财务制度体系中处于主导地位；从效率上看，《通则》重点规范了企业的财务政策，对以下问题作出了规定：企业财务管理体制、资金筹集、资本营运、成本控制、收益分配、重组清算等。

企业内部财务制度是企业管理层根据《通则》的规定，考虑企业自身特点和管理要求而制定的用来规范企业内部财务行为、处理企业内部财务关系的具体规则。

除上述法律规范外，与企业财务管理有关的其他经济法律规范还有许多，包括各种证券法律规范、结算法律规范、合同法律规范等。财务人员要熟悉这些法律规范，在守法的前提下完成财务管理的职能，实现企业的财务管理目标。

1.2.3 金融环境

金融环境主要是指金融市场对企业财务管理的影响。金融市场是资金供应者和资金需求者双方通过金融工具进行交易的场所。企业总是需要资金从事投资和经营活动。而资金的取得，除了自有资金外，主要从金融市场取得。金融市场的发育程度、利率高低等都会影响企业资金的筹集和投放。因此，金融市场环境是企业最为重要的环境因素，熟悉和利用金融市场环境是搞好财务管理工作的重要条件。

具体地说，金融市场环境对企业财务管理活动的影响和决定性作用，主要表现在：

（1）对企业筹资决策的影响。金融市场是企业筹资的场所，企业可以根据自己的需要，按规定在金融市场提供的多种筹资渠道中，选择恰当的筹资方式和筹资途径。另外，在筹资活动中，利率、证券价格和证券指数等金融市场参数变动，会影响企业的筹资成本和风险，因此，企业财务部门应做好分析预测工作，采取措施规避成本上升和风险加大。

（2）对企业投资决策的影响。金融市场是企业投资的场所，它提供了多种投资工具和方式，使企业有可能通过不同的投资组合达到承担适中风险和获取高额利润的目的。另外，在企业投资活动中，利率、证券价格和证券指数等金融市场参数的变动，会对企业的投资方向有一定的导向性影响。

（3）对企业分配决策的影响。金融市场筹资的难易程度，金融市场投资的机会多少，将会影响企业的分配政策。当市场利率上升、证券市场价格和证券指数低迷时，会使企业筹资困难，如果在未来有良好的投资计划，就要采取较低的股利支付比率，保留大量的留存收益以满足资金的需要，反之亦然。

1.金融市场及其构成要素

金融市场就是资金融通的场所，是经营货币资金借贷、有价证券交易和买卖黄金、外汇等金融商品的场所，是与商品市场并列的一种市场。在金融市场上，资金是被作为一种“特殊商品”来交易的。金融市场可以是有形市场，如银行、证券交易所等；也可以是无形市场，即通过现代通信网络进行交易。金融市场由交易主体、交易对象、交易工具等基本要素构成。

(1) 金融市场的交易主体。

金融市场的交易主体是指在金融市场上进行金融交易的市场参与者，包括个人、企业、金融机构、政府等。金融市场主体可以分为筹资者、投资者、金融机构和监管机构。筹资者一般是企业，其主要目的是通过金融市场筹集生产经营所需资金，如利用向银行借款、发行公司债券、发行股票等方式筹集资金。投资者可以是企业及其他单位，也可以是个人，其主要目的是将闲置的资金使用权转让给资金需求者，以获得一定利息或红利收益。金融机构既是金融市场的筹资者、投资者，又是中介机构和监管机构，可见金融机构是金融市场的重要参与者，在金融市场上发挥着重要的作用。金融机构分为银行金融机构和非银行金融机构两大类。金融市场的监管机构通常是政府机构，如中国银行保险监督管理委员会等，它们保证金融市场正常运行，依法对金融市场的其他参与者进行监督，并通过有关法律手段、经济手段或者行政手段对金融市场进行宏观调节，稳定金融市场。

银行是指经营存款、放款、汇兑和储蓄等金融业务，承担信用中介的金融机构。银行的主要功能是充当信用中介，充当企业之间的支付中介，提供信用工具和充当国民经济的调控手段。我国的银行金融机构主要有：①中国人民银行，是我国的中央银行，它代表政府管理全国的金融机构和金融活动，管理国库。其主要职责是制定和实施货币政策，保持货币币值稳定；维护支付和清算系统的正常运行；持有、管理、经营国家外汇储备和黄金储备；代理国库和其他与政府有关的金融业务；代表政府从事有关的国际金融活动。②商业银行，是以经营存款、贷款，办理转账结算为主要业务，以盈利为主要经营目标的金融企业，包括中国工商银行、中国银行、中国建设银行、中国农业银行、中国国有股份制商业银行和其他股份制商业银行（如交通银行、平安银行、中信银行、光大银行、华夏银行、招商银行、兴业银行、浦东发展银行、民生银行等）。③政策性银行，是由政府设立，以贯彻国家产业政策、区域发展政策为目的，不以营利为目的的金融机构。目前我国政策性银行有国家开发银行、中国进出口银行和中国农业发展银行等。

我国的非银行金融机构主要有：①保险公司，是将投保者的资金集中起来，当被保险者发生保险条款所列事项时进行赔偿的金融机构，主要经营保险业务，包括财产保险、责任保险、保证保险和人身保险等，保险公司从投保者那里集中了大量的资金，可以用于各种投资活动，目前我国保险公司的资金运用被严格限制在银行存款、政府债券、金融债券和投资基金的范围内。②证券机构，是指从事证券业务的机构，包括证券公司、证券交易所和登记结算公司。③信托投资公司，是以受托人的身份代人理财，其主要业务有经营资金和财产委托、代理资产保管、金融租赁、经济咨询以及投资等。④财务公司，是由企业集团内部各成员单位入股，向社会募集中长期资金的金融机构。⑤金融租赁公司，是办理融资租赁业务的公司组织，其主要业务有动产和不动产的租赁、转租赁和回租租赁等。

（2）金融市场的交易对象。

金融市场的交易对象是指金融市场参与者进行交易的标的物，是市场的客体。在金融市场上作为交易对象的就是货币资金。无论是银行的存贷款，还是证券市场上的证券交易，实际上都是货币资金的转移。资金需求者希望通过金融市场筹集资金，而资金供给者则希望通过金融市场投资来获得投资收益。但是，与商品市场上交易商品不同的是，金融市场上交易的只是货币资金的使用权，而不是所有权。

（3）金融市场的交易工具。

金融市场的交易工具，或称金融工具，是指在金融市场上资金供需双方进行交易时所使用的信用工具，是交易对象的载体。有了金融工具，资金交易双方的融通资金活动就更加方便和快捷。同时，金融工具作为合法的信用凭证，使交易双方的债权债务关系或者产权关系更加清晰，并能得到法律的保护。金融市场上的金融工具多种多样，主要包括各种商业票据、可转让定期存单、股票、债券、期货合约、期权合约等。在金融市场上，资金供需双方就是通过各种金融工具来实现资金融通的。筹资者可以利用金融工具筹集到所需资金，投资者也可以通过购买这些金融工具进行投资活动。

金融工具具有以下特征：①流动性。流动性是指金融工具能够在短期内迅速地、不受损失地转变为现金的能力。金融工具的流动性对于资金供需双方都是非常重要的，对于金融工具的持有人来说，流动性强的金融工具相当于现金，当持有者需要现金时，能够很容易地将其转变为现金。通常，流动性强的金融工具应具备变现迅速、易为投资者接受、交易费用低和市场价值较稳定等特点。②风险性。风险性是指购买金融工具的本金遭受损失的可能性。金融工具的风险主要有违约风险和市场风险两种，前者是指证券的发行人由于经营状况恶化、破产等原因而导致购买金融工具的本金不能得到偿还的风险；后者是指由于金融工具的市场价格波动可能给投资者造成经济损失的风险。③收益性。收益性是指投资者购买金融工具获得收益的大小。金融工具的这三个特性之间存在着这样的关系：流动性与风险性、收益性成反比，风险性与收益性成正比，即金融工具的流动性越强，其风险越小，收益也越低，而收益越高的金融工具，其风险也越大。

2.金融市场的分类

（1）按融资期限分为货币市场和资本市场。

货币市场是指交易期限在1年以内的短期金融市场。货币市场主要包括短期存贷款市场、银行同业拆借市场、商业票据市场、可转让定期存单市场、贴现市场、短期债券市场等。在货币市场上进行交易的主要是短期金融工具，最短的可能只有1天，长的可能是几个月，但最长不超过1年。在我国货币市场中最活跃的是同业拆借市场。

资本市场是指交易期限在1年以上的长期金融市场。资本市场主要包括长期存贷款市场、长期债券市场、股票市场等。在资本市场上进行交易的主要是长期金融工具，其期限都在1年以上。在我国，长期存贷款市场的发展基本上始于20世纪80年代初期，而证券市场始于20世纪80年代中后期。

（2）按交割的时间分为现货市场和期货市场。

现货市场是指金融工具买卖成交后，当场或几天内买方付款、卖方交出证券的交易市场。期货市场是指按一定价格订约成交，交易双方在某一约定时间以后进行清算和交割的交易市场。

（3）按证券发行或交易的程序分为一级市场和二级市场。

一级市场，也称初级市场或发行市场，是指新发行证券的市场；二级市场，也称次级市场或交易市场，是指进行证券买卖和转让的交易市场。我国证券的发行市场和交易市场分别始于20世纪80年代中后期和90年代初期。一级市场我们可以理解为“新货市场”，而二级市场我们可理解为“旧货市场”。

（4）按交易对象分为资金市场、外汇市场和黄金市场。

资金市场是指进行资金借贷的市场，包括交易期限在1年以内的货币市场和交易期限在1年以上的资本市场。外汇市场是金融市场中交易量最大的市场，它是设置在各国主要金融中心，由外汇供需双方及外汇交易的中介机构组成的，进行外汇买卖的交易场所。目前，世界上主要的外汇市场位于伦敦、纽约、东京、苏黎世、新加坡、中国香港、法兰克福等。黄金市场是专门经营黄金买卖的金融市场。黄金作为世界货币，已经成为人们投资和资金融通的重要媒介之一，也是各国国际储备的一个重要组成部分。黄金市场交易有现货交易和期货交易两种。其市场参与者主要有各国的官方机构、金融机构、经纪商、企业和个人等。目前，世界上著名的黄金市场分别位于伦敦、苏黎世、纽约、芝加哥和中国香港。

（5）按地理区域分为国内金融市场和国际金融市场。

国内金融市场是指金融交易活动的范围以一国为限，不涉及其他国家，只限于本国居民或企业参与的金融市场，如我国的上海、深圳等。国际金融市场是指金融交易活动范围超越国界的金融市场，其范围可以是整个世界，也可以是某一个地区。国际金融市场可分为传统的国际金融市场和离岸国际金融市场。传统的国际金融市场是国内金融市场的延伸，即从纯粹本国居民之间的金融业务发展到也能经营居民与非居民之间国际金融业务而又接受当地政府管辖的金融市场。离岸国际金融市场是一种新型的国际金融市场，它有两个基本特征：一是以非居民交易为业务主体，故亦称境外市场；二是基本不受市场所在国金融法规和税制的限制。欧洲货币市场就是离岸国际金融市场的典型代表。

3.利息率

利息率简称利率，是利息占本金的百分比指标。从资金的借贷关系看，利率是一定时期运用资金资源的交易价格。在金融市场上，资金可以看作一种特殊的商品，以利率为价格标准的融资，其实际上是资源通过利率实行再分配。因此，利率在资金分配及企业财务决策中起着重要作用。

（1）利率的类型。

利率有多种表现形式，如银行储蓄存款利率、银行贷款利率、市场利率、法定利率等。通常利率可以按照以下标准进行分类：

①按照利率之间的变动关系，利率可分为基准利率和套算利率。基准利率又称基本利率，是指在多种利率并存的条件下起决定作用的利率，如西方国家的中央银行再贴现率、我国中国人民银行对商业银行贷款的利率。基准利率在利率变动中起决定作用，其他利率要随基准利率的变动而变动。所以，要想了解利率的变动趋势，应当主要了解基准利率的变动情况。

套算利率是指在基准利率确定之后，各金融机构根据基准利率和借贷款项的特点而换算出的利率。一般来说，风险较大的贷款项目套算利率确定得要高一些；反之，风险较小的贷款项目，套算利率确定得低一些。例如，某金融机构规定，贷款AAA级、AA级、A级企业的利率，应分别在基准利率基础上加0.5%、1%、1.5%，加总计算所得的利率就是套算利率。

②按照利率与市场资金供求关系，利率可分为固定利率和浮动利率。固定利率是指在借贷期内固定不变的利率。这种利率在整个借贷期内都是不需要调整的，所以，对借贷双方准确地计算成本与收益都十分方便。但是，在通货膨胀比较严重的情况下，实行固定利率会给债权人，尤其是贷放长期款项的债权人带来较大的损失。因此，目前越来越多的借贷都开始采用浮动利率。

浮动利率是指在借贷期限内可以调整的利率。根据借贷双方的协定，通常由一方在规定的时间依据某种市场利率进行调整。浮动利率可以为债权人减少通货膨胀所带来的损失，但是，手续比较繁杂，工作量较大。因此，多用于3年以上的借贷及国际金融市场。例如，美国的房地产贷款期限多为3年以上，长者可达几十年，为了减少通货膨胀带来的损失，一般都采用浮动利率。我国的房地产信贷期限一般都较长，最长可以达30年，这种贷款一般都采用浮动利率。

③按利率形成机制不同，分为市场利率和法定利率。市场利率是指根据资金市场上的供求关系，随市场而自由变动的利率。在市场经济发达的西方国家，利率一般以市场利率为主，根据金融市场上资金的供需变化，利率随之变动。

法定利率又称法定利率，是指由政府金融管理部门或者中央银行确定的利率。法定利率是国家进行宏观调控的一种手段。我国的利率属于法定利率，利率由国务院统一制定，由中国人民银行统一管理。

④按照债权人取得的报酬情况，利率可分为真实利率和名义利率。真实利率是指物价不变从而货币购买力不变条件下的利率，或者是在物价变化时，扣除通货膨胀补偿后的利率。例如，假定某年物价没有变化，企业从某金融机构借款100万元，年利息额为5万元，则真实利率就是年利率5%。而如果当年通货膨胀率为2%，则真实利率就是3%。

名义利率是指对通货膨胀风险补偿后的利率。市场上所见到的利率，几乎全是名义利率。名义利率与真实利率之间的关系是：名义利率=真实利率+通货膨胀补偿率。根据这两者之间的关系，如果物价上涨，则名义利率必然大于真实利率；反之，如果物价下跌，则名义利率必然小于真实利率。由于在现实经济生活中，物价不断上涨似乎是一种普遍的趋势，所以，通常情况下的名义利率要高于真实利率。

（2）金融市场上利率的决定因素。

在金融市场上，利率是资金这种特殊商品的交易价格，利率是不断变动的。影响利率变动的因素有很多，归纳起来大致有平均资金利润率、借贷市场资金供求状况、经济周期和国家经济政策等。

①平均资金利润率。利息来自利润的一部分，一般情况下，利率要随平均利润率的提高而提高，随平均利润率的降低而降低。当工商企业从金融机构借入资金从事生产经营活动后，所得利润的一部分以利息形式支付给银行或其他金融机构，作为使用借贷资金的代价；另一部分作为企业的利润。显然，利率不能高于利润率；否则，企业就会因运用借入资金所生产的利润等于零或小于零而不再从金融机构借入资金。此外，利息是提供贷款的债权人的收益，

所以利率的最低界限是大于零，不能等于零或小于零；否则债权人不会拿出资金。至于利率究竟占利润率的多大比重，则取决于金融机构与工商企业之间的竞争结果。

②借贷市场资金供求状况。借贷资金作为一种特殊商品出现，在市场经济条件下，同样要受到市场供求法则的制约，即作为借贷资金价格的利率要由资金的市场供求状况来决定。通常情况下，借贷资金供过于求时，利率会下降；反之，利率则会上升。

③经济周期。社会经济形势的变化也会对金融市场的利率水平产生影响。在经济过热时，尤其是出现通货膨胀时，资金需求增加，会使利率水平上升；反之，在经济衰退时，尤其是出现通货紧缩时，利率水平会随之下降。

④国家经济政策。国家的经济政策，尤其是货币政策和财政政策对金融市场上的利率有较大的影响。政府为防止经济过热，通过中央银行减少货币供应量，则资金供应减少，利率上升；政府为刺激经济发展，增加货币发行，则情况相反。

(3) 利率的组成。

在金融市场上，利率是资金使用权的价格。一般说来，资金的利率由纯利率、通货膨胀补偿率和风险收益率组成，其计算公式如下：

利率=纯利率+通货膨胀补偿率+风险收益率

①纯利率。纯利率是指无风险和无通货膨胀情况下的社会平均资金利润率。例如，在没有通货膨胀时，国库券利率可以视为纯利率。纯利率的高低，受平均利润率、资金供求关系和国家调节的影响。

②通货膨胀补偿率。通货膨胀补偿率是指由于持续的通货膨胀会不断降低货币实际购买力，为补偿其购买力损失而要求提高的利率。由于通货膨胀使货币贬值，投资者的实际报酬下降。他们在把资金交给借款人时，会在纯利率的水平上再加上通货膨胀补偿率，以弥补通货膨胀造成的购买力损失。因此，每次发行国库券的利率随预期的通货膨胀率变化而变化，它等于纯利息率加预期通货膨胀率。

③风险收益率。投资者实际报酬除了受通货膨胀影响以外，还受投资风险的影响。投资风险越大，所要求的收益率也越高。一般而言，投资风险包括违约风险、流动性风险和期限风险。所以，风险收益率也就等于违约风险收益率、流动性风险收益率与期限风险收益率之和。

违约风险收益率是指为了弥补因债务人无法按时还本付息而带来的风险，由投资者因承担这种风险而要求提高的利率。违约风险越大，投资者要求的利率报酬越高。债券评级，实际上就是评定违约风险的大小。信用等级越低，违约风险越大，要求的利率越高。国库券几乎不存在违约风险，所以其利率要远远低于其他债券的利率。

流动性风险收益率是指为了弥补因债务人资产流动性不好而带来的风险，由投资者要求提高的利率。资产的流动性是指该资产的变现能力。各种有价证券的变现能力是不同的。政府债券和大公司的股票容易被人接受，投资者可以随时出售以收回投资，变现能力很强，流动性好，因此这些有价证券的流动性风险小，其流动性风险附加率也低。与此相反，一些小公司的债券鲜为人知，不易变现，流动性差，投资者要求较高的流动性风险收益率作为补偿。

期限风险收益率是指为了弥补因偿债期长而带来的风险，由债权人要求提高的利率。例如，五年期国库券利率比三年期国库券利率高。两者的流动性风险和违约风险相同，差别在于到期时间不同。到期时间越长，在此期间由于市场利率上升，长期债券按固定利率计息，而使投资者遭受损失的风险越大。期限风险收益率，是对投资者承担利率变动风险的一种补偿。

◎1.3 财务管理的目标

财务管理目标（goals of financial management），是企业进行财务活动所要达到的根本目的，是企业财务活动的出发点和归宿，决定着整个企业财务管理过程的发展方向。财务管理目标具有层次性，可分为财务管理总体目标和具体目标。财务管理目标也贯穿于整个企业的财务管理过程中。正确的财务管理目标是企业财务管理系统良性循环的前提条件，财务管理目标是财务管理研究的起点。

1.3.1 财务管理总体目标

财务管理的总体目标是全部财务活动实现的最终目标，它是企业开展一切财务活动的基础和归宿。中西方财务理论对于财务管理的总体目标有很多不同的表述，其中最具代表性的观点有以下几种：

1. 利润最大化

利润最大化（profit maximization）观点认为，利润代表了企业新创造的财富，利润越多表明企业的财富增加得越多，越接近企业的目标。以利润最大化作为财务管理的目标是有一定道理的，实务界大都赞同以利润最大化作为财务管理的目标。但是，这种观点既没有考虑所获利润与投入资本额的关系，又没有考虑利润取得的时间，而且缺乏对利润与所承担的风险大小关系的分析，这一观点忽略了资金的时间价值和风险价值。

2. 股东财富最大化

按照现代委托代理理论，股东和经营者的代理关系是一种契约关系。在这种关系下，企业的日常财务管理工作由受托的经营者负责，作为代理人的经营者应最大限度地为股东谋求利益，而股东的利益目标是提高投资回报。这一理论框架的核心就是实现股东财富最大化，实现股东财富最大化也就是财务管理的根本目的。股东财富（stockholder wealth）可以以股票市价、权益资本增值率等来衡量。

3. 企业价值最大化

企业在追求股东价值的同时，也要承担起必要的社会责任。兴起于20世纪80年代的利益相关者理论认为，比起债权人、管理者和公司其他雇员等为公司作出特殊贡献的资源者来说，股东只是公司诸多利益相关者之一，而不是公司唯一的所有者。或者说，股东只是拥有公司股份，而不是拥有公司。所有利益相关者的利益都具有内在价值。利益相关者理论的最终目的是要把利益相关者的思想引入到企业的决策中去，支持以企业价值（company value）最大化为公司财务管理的目标。

随着社会进步和生态环境的变化，ESG（环境、社会和公司治理）理论正成为目前公司财务领域探讨和研究的热点话题，这也进一步表明，只有充分关注利益相关者的利益，企业才能够实现可持续发展，从而实现企业价值最大化。企业价值包含股票价值和负债价值两部分，其衡量标准是出资者出售企业可得的现金。企业价值有两种计算方法：（1）未来企业报酬贴现值；（2）资产评估值。

当然，关于财务管理目标的观点很多，较为认可的是股东财富最大化目标或企业价值最大化目标。实质上，股东财富最大化目标和企业价值最大化目标有相同之处，有学者认为两者是一致的。我们坚持企业价值最大化观点。

1.3.2 财务管理具体目标

企业财务管理的具体目标取决于财务管理的具体内容，主要包括以下三个方面：

1.筹资决策目标

企业生产经营所需资金可以从多种渠道，采用多种方式筹措。而不同来源的资金，其使用期限、附加条款的限制及资本成本的大小均不相同。企业的筹资决策要贯彻总体财务目标的要求，就必须在资本成本、财务风险等因素之间进行权衡，以筹资渠道多样化、筹资方式多元化、筹资成本最小化、筹资风险最低化和资本结构最优化作为筹资决策的主要标准。

2.投资决策目标

投资的最终目的在于获取一定的投资收益，但由于投资收益的未来不确定性使得投资决策不可避免地带有一定的风险性。企业的投资决策要贯彻总体财务目标的要求，就必须在投资收益与投资风险之间进行权衡，加强投资过程的控制，以较低的投资风险和投资成本，获取较大的投资收益。

3.利润分配决策目标

利润分配决策的核心是对企业一定时期实现的利润在股东（投资者）和企业之间进行分配，是选择“多留少派”还是“多派少留”的问题。分配给股东的利润越多，可以满足大多数股东的当期利益，有利于股票价格的上涨，但过少的留存收益将会影响企业的进一步发展，进而影响股东的长远利益，特别是当企业大量采用现金股利进行利润分配时，还可能影响企业财务的稳定性和安全性；反之，如果企业采取少派多留的办法，则会损害股东的当期利益，造成股票价格下跌，影响企业的声誉。因此，在利润分配决策中要贯彻总体财务目标的要求，就必须在分配给股东的利润与留存收益之间进行权衡，选择适当的分配标准和分配方式，这样既能提高企业的即期市场价值和财务的稳定性和安全性，又能使企业的未来盈利水平不断提高，从而使企业市场价值不断上升。

1.3.3 财务管理目标的实现

1.财务管理目标与经营者

企业是所有者即股东的企业，财务管理的目标也就是股东的目标。现代公司制企业的所有者一般不直接参与企业的经营管理，而是聘请具有经营管理才能的经营者代表他们管理企业，所有者为委托人，经营者为代理人，所有者与经营者之间就形成委托代理关系。所有者期望经营者为实现财务目标而努力，但经营者与股东的目标并不完全一致。所有者的目标是股东财富最大化，但经营者的目标则是企业规模最大化，经营者所看重的是增加报酬、增加闲暇时间、避免风险。因所有者与经营者目标的差异而造成的潜在利益冲突，被称为“代理冲突”。

具体地说，所有者与经营者的代理冲突往往造成经营者与股东目标的背离，主要表现在两个方面：(1) 道德风险。经营者为了自己的目标，不是尽最大努力去实现企业的目标。他们没有必要为提高股价而冒险，股价上涨的好处将归于股东，如若失败他们的“身价”将下跌。他们不做什么错事，只是不十分卖力，以增加自己的闲暇时间。这样做不构成法律和行政责任问题，只是道德问题，股东很难追究他们的责任。(2) 逆向选择。经营者为了自己的目标而背离股东的目标。例如，装修豪华的办公室，购置高档汽车；借口工作需要乱花股东的钱；蓄意压低股票价格，自己借款买回，导致股东财富受损。

解决所有者与经营者在财务目标上的冲突有以下四个途径：(1) 监督。监督可以减少经营者作出违背股东意愿的行为，但不能解决全部问题。(2) 解聘。如果经营者未能使股东财富最大化，股东可以在股东大会上行使表决权解聘经营者，经营者由于害怕被解聘而被迫约束自己的行为去为实现股东财富最大化而努力，从而使所有者与经营者之间的目标基本一致。(3) 接收。如果一个企业的经营者经营决策失误、经营不力，未能采取一切有效措施使企业价值提高，股票价格一路走低，则该公司就很有可能被其他公司强行接收或吞并，相关的经营者也会被解聘。(4) 激励。将经营者的报酬与其绩效挂钩，以使经营者自觉采取满足股东财富最大化的措施。

2.财务管理目标与债权人

在企业财务管理目标的实现过程中，还需要关注所有者与债权人之间的代理冲突。债权人将资金贷放给企业后，拥有按约定的固定利率收取利息和到期收回本金的权利。债权人的目标是到期时收回本金，并获得约定的利息收入，而企业借款的目的是扩大经营，投入有风险的项目，两者目标并不一致。

按照史密斯和沃纳（Smith and Warner，1997）的观点，债权人和股东之间的利益冲突可以归结为四大类：(1) 股利发放政策。股利的增多，就会使股权价值上升，但同时会削弱企业未来偿还债务本息的能力，从而使企业债券的价值下降。(2) 债权稀释问题。对于企业已经发行债券的持有者而言，企业如果再发行新的优先级别等于或高于旧债的债券，其所拥有的旧债债权就会受到削弱。(3) 资产置换问题。当企业借债融入一笔资金后，从追求股东权益最大化的目标出发，代表股东利益的管理层总是偏好选择更高风险的项目以赚取更高的收益。一旦投资成功，股东将会获得所有的额外的风险收益，从而使股权的价值提升。而对于债权人而言，由于其最大收益是确定的，因此，投资风险的增加只会导致其遭受损失的可能性增加，从而债权人的期望收益会随着投资风险的增加而下降。(4) 投资不足问题。投资不足问题是指企业可能会放弃那些可以为其带来正的净现值的投资项目。如果一个净现值为正的项目所带来的好处，主要是由债券持有者获得，那么企业就有拒绝这一个项目的动机。

一个或许简短的故事说明了这个原理。在联邦快递刚成立的前几年里，公司财务近于崩溃。创始人弗雷德里克·史密斯在绝望中带着20 000美元公司资金来到赌城拉斯维加斯，他在赌桌上赢得了足以使公司生存下去的资本。但假如他赌输了，当公司破产时，银行可能连原本可获得的20 000美元也不能收回。

从我国的实际情况来看，目前存在诸多严重损害债权人利益的行为。例如，诸多企业在地方政府的支持下假破产、真逃债；很多企业“把公关当成本，把债务当利润”，借债不还；许多企业则通过重组或贱卖资产，损害一部分债权人的利益等。这些行为的存在，一方面可能源自我国银行的国有性质，以及银行商业化进程的滞后；另一方面则无疑与法律对债权人权利保护的不力，以及对侵害债权人利益的当事人惩罚不力分不开。

债权人为了防止其利益被损害，除了寻求立法保护，如破产时优先接管，优先于股东分配剩余财产等外，通常采取以下措施：（1）在借款合同中加入限制性条款，如规定用途，规定不得发行新债或限制发行新债等。（2）发现公司有损害其债权意图时，拒绝进一步合作，不再提供新的借款或提前收回借款。

3.财务管理目标与利益相关者

股东可能为自己的利益损害合同利益相关者的利益，合同利益相关者也可能损害股东利益。因此，要通过立法调节他们之间的关系，保障双方的合法权益。一般说来，企业只要遵守合同就可以基本满足合同利益相关者的要求，在此基础上股东追求自身利益最大化也有利于合同利益相关者。当然，仅有法律是不够的，还需要道德规范的约束，以缓和双方的矛盾。对于非合同利益相关者，法律关注较少，其享受到的法律保护低于合同利益相关者，公司的社会责任政策对非合同利益相关者影响很大。

小资料1-3　　中国企业社会责任发展与变迁

国有企业在中国企业社会责任发展中起到了重要的推动者和引领作用。根据万得资讯公司（简称Wind）2023年最新发布的2022年度A股上市的国有企业与民营企业环境、社会及治理（ESG）评级总体结果来看（如图1-2所示），得分为BB与BBB的企业占多数。国有企业总体表现优于民营企业，其中18%以上的国有企业报告得分在A及A以上。值得一提的是，“公司治理绩效”指标大类下“专利与创新”方面，国有企业表现尤为突出。不仅限于注重技术创新和产品升级的工业、制造业企业，还有已经很成熟的地产与金融企业，国有企业在行业内均发挥着领头羊的作用。它们持续研究探索前沿突破性技术、创新业务与产品，发挥着巨大的社会作用。

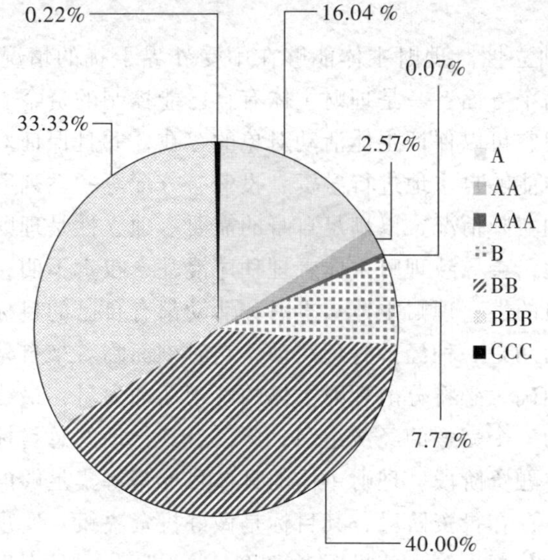

图1-2　2022年度A股上市国有企业ESG评级结果

（资料来源：李晔．中国企业社会责任发展与变迁：国企肌理的重塑［EB/OL］．(2023-12-15)．https://baijiahao.baidu.com/s?id=1785327997772170213&wfr=spider&for=pc.

◎1.4 财务管理的假设与原则

1.4.1 财务管理假设

假设，也称假说，是人们运用科学思维，根据已知的事实材料，对未知的事物及其规律所作的推断和假定，是进一步研究问题的基本前提。任何基础理论的形成都需要事先提出各种基本假设，并在此基础上经过演绎推理，验证后上升为指导实践的理论概念体系。财务管理的基本假设是指对财务管理领域中存在的尚未确知或无法论证的事物按照客观事物的发展规律所作出的推理或判断。财务管理假设是建立财务管理理论体系的向导和前提条件，是组织财务活动和处理财务关系必须具有的思维方式。关于财务管理假设体系的组成内容观点较多，大家比较认同的财务管理基本假设主要包括理财主体假设、持续经营假设、有效资本市场假设、资金增值假设和理性理财假设，并分别派生出自主理财假设、理财分期假设、市场公平假设、风险与报酬同增假设和资金再投资假设。

1.理财主体假设

理财主体是指财务管理为之服务的特定单位，通常是指具有独立或相对独立的物质利益的经济主体。企业的财务管理不是漫无边际的，而应限制在每一个经济上和经营上具有独立性的组织内。它明确了财务管理工作的空间范围，将一个主体的理财活动与其他主体的理财活动区分开来。在现代的公司制企业中，客观上要求将公司的财务活动与股东的财务活动划分清楚，如果将成千上万的股东和企业混在一起，就无法判断企业的经营业绩和财务状况。而使用理财主体假设，将公司与股东、债权人、企业职工等主体分开，无疑是十分必要的。

理财主体具有独立性。理财主体能够在不受外界干扰的情况下，自主地从事财务活动。这主要体现在两个方面：一是理财主体有自己能控制的资金。这种控制虽然不一定是法律上的所有权，但它可以保证主体活动对象的存在，并且保证对其财务活动的结果承担责任。二是理财主体能够自主地进行融资、投资、分配等一系列财务活动，理财主体的决策始终立足于自身的实际情况，以满足自身的需要。独立性是理财主体最主要的特征，理财主体若缺乏独立性，会导致理财主体管理秩序混乱、权责不明，最终使理财主体解散。

理财主体具有目的性。理财主体从事财务活动都有自己的目标，根据目标来规划自己的活动。因为财务活动是一种经济管理活动，它时刻面临着来自外界的无情竞争，如果理财主体理财目的不明确，必将分散理财主体的管理活动力量，最终导致理财主体在竞争中失败。理财主体作为一个完整的经济组织，不仅有其行动的总目标，而且在不同的阶段有不同的具体目标。在融资阶段，理财主体的具体目标是筹集足够的资金，确定最佳的资本结构，降低资本成本；在投资阶段，其目标是做好投资决策，实现净收益最大化；在分配阶段，其目标是通过分配决策，使投资者满意，并保证公司具有发展后劲。

理财主体一定是法律实体，但法律实体并不一定是理财主体。一个组织只有具备这三个特点，才能真正成为理财主体。显然，与会计上的会计主体相比，理财主体的要求更严格。例如，某个主体虽然有独立的经济利益，但不是法律实体，则该主体是会计主体，但不是理财主体，如一个企业的分厂。如果某主体虽然是法律实体，但没有独立的经营权和财产权，则其也不是理财主体。当然，实际工作中，为了满足管理上的要求，会人为地确定一些理财主体。例如，对一个分厂实行承包经营，赋予它比较大的财权，这个分厂也就有了理财主体的性质。因此，考虑到实际情况，理财主体可以区分为完整意义上的理财主体（或称真正的理财主体、自然的理财主体）和相对意义上的理财主体（或称相对的理财主体、人为的理财主体）。一个真正的理财主体，必须具备上述三个条件。一个相对的理财主体，条件可适当放宽，可以根据实际工作的具体情况和权、责、利的大小，确定特定层次的理财主体。不过，在财务管理理论研究中所说的理财主体，一般都是指真正意义上的理财主体。

由理财主体假设可以派生出自主理财假设。从上述理财主体的概念可知，凡是成为理财主体的单位，都有财务管理上的自主权，即可以自主地从事筹资、投资和分配活动。两权分离的推行，使财权回归企业，经营者有权独立地进行财务活动，包括筹资、投资和分配等。“经理革命”的出现，进一步为企业成为理财主体奠定了基础。所谓经理革命是指领取薪水的经理人员在高层管理中逐渐取代传统的所有者在企业中的支配地位，这是现代企业制度的一个基本特征。所有权与经营权的分离，更加显示出理财主体假设的实际意义。因此，在现代的股份制企业中，企业是一个独立的理财主体。

理财主体假设为正确建立财务管理目标、科学划分权责关系奠定了理论基础。

2.持续经营假设

持续经营假设是指理财主体持续存在并且能执行其预计的经济活动，即每一个理财主体在可以预见的未来都会无限期地经营下去。它明确了理财主体财务管理工作的时间范围。

由于市场的激烈竞争和优胜劣汰的客观规律，企业几乎不可能永远存在。然而，除少数企业外，大多数企业在成立之初并没有约定也无法预见将会在什么时候终止。因此，在没有明显证据表明企业无法继续经营下去的情况下，当企业进行筹资、投资和分配时，假定企业持续经营是完全合理的，推测企业破产反而有悖情理。因为只有在持续经营的情况下，企业的投资在未来产生效益才有意义，企业才会根据其财务状况和对未来现金流量的预测、业务发展的要求安排其借款的期限，如果没有持续经营假设，这一切都无从谈起。

但是，企业终究是一个具有“有限生命”的经济组织，不可能永远地经营下去。在持续经营这一前提下，一旦有迹象表明企业经营欠佳，出现财务状况恶化，不能偿还到期债务，持续经营假设就失去了支持其存在的事实基础。进而，以这项假设为基础的财务管理原则和方法也就失去了其应有的效用。这样，财务管理中必须放弃此项假设，而改为在清算假设下进行工作。例如，在企业破产清算中，一年期的债务和三年期的债务、未到期的债务和已到期的债务是没有区别的，而在持续经营的条件下，它们却有实质性的差异。

持续经营假设可以派生出理财分期假设。按理财分期假设，可以把企业持续不断的经营活动，人为地划分为一定期间，以便分阶段衡量企业的财务状况和经营成果。根据持续经营假设，企业自创立之日起，直到解散停业为止，其生产经营活动和财务活动都犹如奔腾的长江一样川流不息、持续不断。企业在其持续经营期内的财务状况是不断变化的，一直到停业之日才停止变化。为了分阶段地衡量企业经营成果和财务状况，必须将持续经营的企业人为地划分为若干个期间，这就是理财分期假设的现实基础。

持续经营假设是财务管理的基本前提。在确定筹资方式时，要注意合理安排短期资金和长期资金的关系；在进行投资时，要合理确定短期投资和长期投资的关系；在进行利润分配时，要正确处理各个利益集团短期利益和长期利益的关系，这些都是建立在此项假设基础之上。

3.有效资本市场假设

有效资本市场是指财务管理所依据的资金市场是健全有效的。在一个有效的市场上，大量买主与卖主之间的相互博弈形成一个特定商品的价格，这一价格应该能够全面反映有关该商品的所有公开信息。更重要的是，在出现任何新的信息时，上述价格能够立即作出反应。由于价格能够极为迅速地对市场上新信息的出现作出反应，致使无人可以因为对信息的占有而获利。如果股票市场确实有效，则没有人可以因分析公开信息（无论是公司股票的历史价格走向还是公司的基本面数据）而获利。也就是说，在证券市场价格曲线的任一点上的价格均最真实、最准确地反映了该证券的价值。

美国学者法玛（Fama）将有效市场分为三种：一是弱式有效市场。在弱式有效市场存在的情况下，可假定在这一市场上参加交易的所有投资者均掌握了某一特定证券的历史价格变动情况及这些变动所反映的全部信息。人们用“随机游走过程”（random walk process）来形容某一特定股票的将来价格与其过去价格的关系。也就是说，所有投资者拥有的历史信息是一样的，研究股价历史完全无法给人带来额外的盈利机会。二是半强式有效市场。在半强式有效市场存在的情况下，可以假定在这一市场上所有参加交易的投资者所拥有的有关某一特定上市公司的所有公开信息都是一样的。三是强式有效市场。在强式有效市场存在的情况下，可以假定在这一市场上所有参加交易的投资者都掌握了有关某一特定上市公司的业绩及其内在价值的所有信息，无论其公开与否。实证研究表明，美国等发达国家的证券市场均已达到半强式有效市场。

该假设对投资者的启示是：（1）股价不能被预测；（2）技术分析没有用；（3）尽量减少交易次数；（4）最佳的管理是组合管理；（5）在投资活动中，资本规模是非常重要的；（6）应认识到投资的风险；（7）对投资专家、顾问的言论不能全信。

有效市场假设的派生假设是市场公平假设。它是指理财主体在资金市场筹资和投资等完全处于市场经济条件下的公平交易状态。市场不会抹杀某一理财主体的优点，也不会无视某一理财主体的缺点。理财主体的成功和失败，都会公平地在资金市场上得到反映。因此，每一个理财主体都会自觉地规范其理财行为，以便在资金市场上受到好评，以利于今后的财务管理工作。市场公平假设还暗示着另外一个假设，即市场是由众多的理财主体在公平竞争中形成的，单一理财主体，无论其实力多强，都无法控制市场。

只有在有效市场上，财务管理活动才能正常进行，财务管理理论体系才能建立。有效资本市场假设是确立财务管理原则，决定筹资方式、投资方式，安排资金结构，确定筹资组合的理论基础。如果市场无效，很多财务理论都需要重新建立。

4.资金增值假设

资金增值假设是指通过财务管理人员的合理运营，企业资金的价值可以不断增加。这一假设实际上指明了财务管理存在的现实意义。因为财务管理是对企业的资金进行规划和控制的一项管理活动，如果在资金运筹过程中不能实现资金的增值，财务管理也就没有存在的必要了。

资金增值假设的派生假设是风险与报酬同增假设。此项假设是指风险越高，获得的报酬也越高（指取得的增值越大或付出的成本越低）。资金的运筹方式不同，获得的报酬就不一样，例如，国库券基本是无风险投资，而股票是风险很大的投资，为什么还有人将巨额资金投向股市呢，这是因为他们假设股票投资取得的报酬要远远高于国库券投资取得的报酬。风险与报酬同增假设实际上暗含着另外一项假设，即风险可计量假设。因为如果风险无法计量，财务管理人员不知道哪项投资风险大，哪项投资风险小，风险与报酬同增假设也就无从谈起。

资金增值假设说明了财务管理存在的现实意义，风险与报酬同增假设又要求财务管理人员不能盲目追求资金的增值，因为过高的报酬会带来巨大的风险。这两项假设为科学地确立财务管理目标、合理安排资金结构、不断调整资金投向奠定了理论基础。风险报酬原理、利息率的预测原理、投资组合原理也都是依据此项假设展开论述的。

5.理性理财假设

理性理财假设是指从事财务管理工作的人员都是理性的理财人员，因而，他们的理财行为也是理性的。他们都会在众多的方案中，选择最有利的方案。在实际工作中，财务管理人员分为两类：理性的和盲目的，但不管是理性的还是盲目的理财人员，他们都认为自己是理性的，都认为自己作出的决策是正确的，否则，他们就不会作出这样的决策。尽管我们承认存在一部分盲目的理财人员，但从财务管理理论研究来看，只能假设所有的理财行为都是理性的，因为盲目的理财行为是没有规律的。没有规律的事情无法上升到理论的高度。

理性理财的第一个表现就是理财是一种有目的的行为，即企业的理财活动都有一定的目标。当然，在不同的时期、不同的理财环境中，人们对理性理财行为的看法是不同的。例如，在过去计划经济时期，企业的财务目标是产值最大化，今天看来，当时的理财行为是不理性的，但在当时，人们会认为这种理财行为是正确的，是理性的。可见理性理财假设中的理性是相对的，是相对具体理财环境而言的。无论事后这种理财行为正确与否，其行为的基本前提和出发点都被认为是理性的。理性理财的第二个表现是理财人员会在众多方案中选择一个最佳方案，即表现为财务管理人员要通过比较、判断、分析等手段，从若干个方案中选择一个有利于财务管理目标实现的最佳方案。理性理财的第三个表现是当理财人员发现正在执行的方案是错误的方案时，都会及时采取措施进行纠正，以便使损失降至最低。

理性理财假设可派生出另外一项假设，即资金再投资假设。这一假设是指当企业有了闲置的资金或产生了资金的增值，都会用于再投资。换句话说，企业的资金在任何时候都不会大量闲置。由于理财行为是理性的，因此，企业必然会为闲置的资金寻找投资途径。只要市场是有效的，企业就能够找到有效的投资方式。财务管理中的资金时间价值原理、净现值和内部报酬率的计算等，都是建立在此项假设基础之上的。

理性理财假设是确立财务管理目标、建立财务管理原则、优化财务管理方法和理论的前提。例如，财务管理的资源合理配置原则、财务管理的决策、计划和控制方法等都与此项假设有直接联系。

1.4.2 财务管理原则

在市场经济条件下，工商企业面临着日益广泛的资金运动和复杂的财务关系，这就需要企业财务管理人员正确地、科学地对其加以组织和处理。财务管理原则就是组织调节资金运动和协调处理财务关系的基本准则。在企业财务管理工作中应遵循以下原则：

1.资本金保全原则

资本金保全原则是指企业要确保投资者投入企业资本金的完整，确保所有者的权益。从国际惯例来看，各国在企业财务管理中，一般都实行资本金保全原则。其原因在于，企业资本金是企业进行生产经营活动的本钱，是所有者权益的基本部分，也是企业向投资者分配利润的依据。企业的经营者可以自主使用投资者依法投资的任何财产，有责任使这些财产在生产经营中充分得到利用，实现其保值和增值。投资者在生产经营期间，除在相应条件和程序下依法转让资本金外，一般不得抽回投资。

2.价值最大化原则

企业财务管理的目标是使企业价值财富最大化。价值最大化原则应贯彻到财务管理工作的各个环节中。在筹资决策阶段，要根据这一原则，对各种筹资渠道进行分析、比较，选择资本成本最低、风险最小的筹资方案。在进行投资决策时，也要贯彻这一原则，在长期投资和短期投资之间进行合理选择。短期投资有利于提高企业的变现能力和偿债能力，能减少风险；长期投资会给企业带来高于短期投资的回报，但风险较大。通过对不同投资项目进行可行性研究，选择一个收益最大的方案。

3.风险收益均衡原则

在市场经济条件下，企业的生产经营活动具有不确定性，企业的生产量、销售量都将随着市场需求的变化而变化。因此，企业生产经营的风险是不可避免的，其资金的筹措、运用和分配的风险也是客观存在的，所以财务管理人员应意识到风险，并通过科学的方法预测各种生产经营活动、资金筹集运用和分配方案的风险大小。风险越大，其预期收益越高；风险越小，其预期收益越低，做到风险与收益的平衡。

4.资金合理配置原则

资金合理配置是由资源的有限性和企业追求价值最大化所决定的。在企业财务管理中通过合理配置资金体现这一原则，即在筹集资金时，要考虑负债总额与全部资产总额之比，做到既能举债经营，提高资金利润率，又能防止举债过多，加大企业财务风险；在运用资金时，要考虑资产结构，即各类资产在全部资产总额中所占比重，防止出现某类资产占用过多，而另一类资产却占用不足的情况。企业要把有限的资金用在刀刃上，并经常考核其资金配置结构的合理性和有效性。

5.成本效益原则

企业在生产经营过程中，为了取得收入，必然会发生相应的成本费用。例如，筹资会发生资本成本；生产产品会有直接材料、直接人工、制造费用的支出；销售商品会有商品购进成本和经营费用支出；从事生产经营管理工作，会发生管理费用等。在收入一定的情况下，成本费用越多，企业利润越少。因此，降低成本费用是企业提高经济效益，增加利润的有效途径。但是，企业的收入随着成本的增大而增大，随着成本的减少而减少，此时按成本效益原则，在充分考核成本的基础上，如收入的增量大于成本的增量，则提高企业的效益；反之则使企业的效益下降。

◎1.5 财务管理方法

要做好财务管理工作，实现财务管理目标，除了要依据正确的原则以外，还要掌握财务管理的基本方法（又称财务管理的基本环节）。财务管理环节是指财务管理工作的各个阶段，包括财务管理的各种业务手段。企业财务管理过程从总体上可划分为五个基本环节，即财务预测、财务决策、财务预算、财务控制和财务分析。对于持续经营的企业，财务决策在这些环节中处于关键地位。五个环节相互联系，周而复始，形成财务管理的循环系统。

1.5.1 财务预测

财务预测（financial forecasting）是指利用企业过去的财务活动资料，结合市场变动情况，为把握未来和明确前进方向而对企业财务活动的发展趋势作出科学的预计和测量，是财务决策的必要前提。其主要任务是：通过测算企业财务活动的数据指标，为企业决策提供科学依据；通过测算企业财务收支变动情况，确定企业未来的经营目标；通过测算各项定额和标准，为编制计划、分解计划指标提供依据。财务预测的内容一般包括资金需求量预测、成本费用预测、销售收入预测、利润总额与分配预测以及有关长短期投资额预测等。

财务预测的一般程序如下：

（1）明确预测目标。财务预测的目标亦即财务预测的对象和目的。预测目标不同，则预测资料的搜集、预测模型的建立、预测方法的选择以及预测结果的表现方式等也有不同的要求。为了达到预期的效果，必须根据管理决策的需要，明确预测的具体对象和目的，如目标利润、资金需求量、现金流量等，从而规定预测的范围。

（2）搜集整理资料。根据预测对象的目的，要广泛搜集与预测目标相关的各种资料信息，包括内部和外部资料、财务和生产技术资料、计划和统计资料等。对所搜集的资料除进行可靠性、完整性和典型性的检查外，还必须进行归类、汇总、调整等加工处理，使资料符合预测的需要。

（3）建立预测模型。按照预测的对象，找出影响预测对象的一般因素及其相互关系，建立相应的预测模型，对预测对象的发展趋势和水平进行定量描述，以获得预测结果。常见的财务预测模型有因果关系预测模型、时间序列预测模型以及回归分析预测模型等。

（4）实施财务预测。将经过加工整理的资料利用财务预测模型，选取适当的预测方法，进行定性、定量分析，确定预测结果。

近年来，由于预测越来越受到重视，预测方法的发展也很快。据国外统计，预测方法已达130多种。企业财务管理中常用的预测方法包括定性预测方法和定量预测方法两大类。定性预测方法是由熟悉情况和业务的专职人员，根据过去的经验和专业知识，各自进行分析、判断，提出初步预测意见，然后通过一定的形式（如座谈会、讨论会、咨询调查、征求意见等）进行综合，作为预测未来的依据。定量预测方法主要依据历史和现实的资料，建立数学模型，进行定量预测。以上两类预测方法并不是相互排斥的，在进行预测时，应当将它们结合起来，相互补充，以便提高预测的质量。

1.5.2 财务决策

财务决策（financial decision）是指财务人员在财务预测的基础上，根据财务目标的总要求，运用专门的方法，从各种备选方案中选择最佳方案的过程。在市场经济条件下，财务管理的核心是财务决策，财务预测是为财务决策服务的，决策关系到企业的兴衰成败，同时，财务决策又是财务预算的前提，是编制财务计划，进行财务控制的基础。

财务决策的内容非常广泛，一般包括筹资决策、投资决策、利润分配决策和其他决策。筹资决策主要解决如何以最小的资本成本取得企业所需要的资本，并保持合理的资本结构，包括确定筹资渠道和方式、筹资数量与时间、筹资结构比例关系等；投资决策主要解决投资对象、投资数量、投资时间、投资方式和投资结构的优化选择问题；利润分配决策在股份公司也称为股利决策，主要解决股利的合理分配问题，包括确定股利支付比率、支付时间、支付数额等；其他决策包括企业兼并与收购决策、企业破产与重整决策等。

财务决策的主要程序如下：

（1）确定决策目标。由于各种不同的决策目标所需的决策分析资料不同，所采取的决策依据也不同，因此，只有明确决策目标，才能有针对性地做好各个阶段的决策分析工作。

（2）提出备选方案。以确定的财务目标为主，考虑市场可能出现的变化，结合企业内外有关财务和业务活动资料以及调查研究材料，提出实现目标的各种可供选择的方案。

（3）选择最优方案。备选方案提出后，根据决策目标，采用一定的方法分析、评价各种方案的经济效益，综合权衡后，从中选择最优方案。

1.5.3 财务预算

财务预算（financial plan）是用货币计量的方式，将财务决策目标所涉及的经济资源进行配置，以计划的形式具体地、系统地反映出来。财务预算位居财务管理过程的中间环节，是以财务决策确立的方案和财务预测提供的信息为基础来编制的，是财务预测和财务决策的具体化和系统化，是控制和分析财务活动的依据。企业编制的财务预算主要包括现金预算、预计资产负债表、预计利润表等。

财务预算的一般程序如下：

（1）分析财务环境，确定预算指标。根据企业的外部宏观环境和内部微观状况，运用科学的方法，分析与所确定经营目标有关的各种因素，按照总体经济效益的原则，确定主要的预算指标。

（2）协调财务能力，组织综合平衡。合理安排企业的人力、物力和财力，使之与企业经营目标要求相适应，使资金运用同资金来源平衡、财务收入与财务支出平衡。

（3）选择预算方法，编制财务预算。以经营目标为中心，编制企业的财务预算，并检查各项有关的预算指标是否密切衔接、协调平衡。

财务预算是企业全面预算体系的重要组成部分。企业全面预算体系包括特种决策预算、日常业务预算和财务预算三大类。特种决策预算是不经常发生的一次性业务的预算，又称为资本支出预算，主要是针对企业长期投资决策编制的预算，如厂房扩建预算、购建固定资产预算等；日常业务预算是与企业日常经营业务直接相关的预算，如销售预算、生产预算、直接材料预算、直接人工预算、制造费用预算、产品生产成本预算、销售及管理费用预算等；财务预算是企业在计划期内预计现金收支、经营成果和财务状况的预算，也称为总预算，主要包括现金预算、预计利润表、预计资产负债表等。

1.5.4 财务控制

财务预算的执行要依靠财务控制。财务控制（financial control）就是在财务管理的过程中，利用有关信息和特定手段，对企业财务活动施加影响或调节，以便实现预算指标、提高经济效益。它是财务管理人员为保证财务管理工作顺利进行，完成财务预算目标而采取的一系列行动，是落实计划、保证计划实现的有效措施。在企业经济控制系统中，财务控制是一种连续性、系统性和综合性最强的控制，也是财务管理经常进行的工作。

财务控制从不同的角度有不同的分类，从而形成了不同的控制内容、控制方式和控制方法：①按控制的时间分为事前控制、事中控制和事后控制；②按控制的依据分为预算控制和制度控制；③按控制的手段分为绝对数控制和相对数控制。

实行财务控制是落实预算任务、保证预算实现的有效措施。一般而言，财务控制需实施如下步骤：

（1）确定控制目标。财务控制目标一般可以按财务预算指标确定，对于一些综合性的财务控制目标应当按照责任单位或个人进行分解，使之能够成为可以具体掌握的可控目标。

（2）建立控制系统。即按照责任制度的要求，落实财务控制目标的责任单位和个人，形成从上到下、从左到右的纵横交错的控制组织。

（3）信息传递与反馈。这是一个双向流动的信息系统，它不仅能够自下而上反馈财务预算的执行情况，也能够自上而下地传递调整财务预算偏差的要求。

（4）纠正实际偏差。根据信息反馈，及时发现实际脱离计划的情况，分析原因，采取措施加以纠正，以保证财务计划的完成。

1.5.5 财务分析

财务分析（financial analysis）是以企业财务报告反映的财务指标为主要依据，采用适当的方法，对企业的财务状况、经营成果和未来前景进行评价和剖析的一项业务手段。通过财务分析，可以分析计划期内财务预算完成情况以及财务指标的发展变化情况，并且查明原因，提出改进措施，为以后进行财务预测、决策和编制预算提供依据。

财务分析从不同的角度有不同的分类，根据分析的内容可分为偿债能力分析、营运能力分析、盈利能力分析、发展能力分析和综合分析；根据分析的方法可分为纵向分析和横向分析等。企业可根据需要，选择适合企业自身需要的分析方法组成财务分析方法体系。

财务分析的一般步骤为：

（1）收集资料，掌握信息。开展财务分析首先应充分收集有关资料和信息。财务分析所用的资料通常包括财务预算等计划资料、本期财务报表等实际资料、财务历史资料以及市场调查资料等。

（2）指标对比，揭露矛盾。对比分析是揭露矛盾、发现问题的基本方法。财务分析要在充分收集资料的基础上，通过数量指标的对比来评价企业业绩，发现问题，找出差异。

（3）分析原因，明确责任。影响企业财务活动的因素，有生产技术方面的，也有生产组织方面的；有经济管理方面的，也有思想政治方面的；有企业内部的，也有企业外部的。这就要求财务管理人员运用一定的方法从各种因素的相互作用中找出影响财务指标的主要因素，以便分清责任，抓住关键。

（4）提出措施，改进工作。要在掌握大量资料的基础上，去伪存真，去粗取精，由此及彼，由表及里，找出各种财务活动之间以及财务活动同其他经济活动之间的本质联系，然后提出改进措施。提出的措施应当明确、具体、切实可行，并通过改进措施的落实，推动企业财务管理的发展。

◎1.6 财务管理的产生与发展

商品货币经济是财务管理产生和发展的客观基础。财务管理作为一项独立的管理活动，经历了一个逐步发展壮大、不断充实完善的演化过程，其理论和方法在不断地完善和发展。过去的100年，正好是财务管理学从独立走向不断完善的100年。

1.6.1 西方财务管理的产生与发展

西方财务管理的萌芽最早可以追溯到15、16世纪。当时，地中海沿岸一带的城市商业得到了迅速发展，并在某些城市中出现了邀请公众入股的城市商业组织，股东有商人、王公、廷臣乃至一般市民。这种股份经济组织往往由官方设立并监督其业务，股份不能转让，但投资者可以收回，国外有些学者视其为原始的股份制企业。虽然这些股份公司还不是现代意义上的，但已向公众筹集资金并按股分红，实际上财务管理已经萌芽。不过，当时的财务管理还没有从商业经营中分离出来而成为一项独立的职能。

西方财务管理的产生、发展是与股份公司的产生、发展相伴随的。17、18世纪，随着资本的积累、金融业的兴起、生产规模的扩大，股份公司逐渐发展成为一种典型的企业组织形态。19世纪50年代以后，欧美产业革命进入完成阶段，制造业迅速崛起，新机器、新技术不断涌现，企业规模不断扩大，企业需要更大量的资金，股份公司得到了迅速的发展。随着股份公司这种典型的企业组织的迅速发展，专业化的财务管理应运而生。1897年，美国著名的财务学家格林（Thomas L.Green）出版了专著《公司理财》(Corporate Finance)，标志着财务管理理论的初步形成。1900年，巴舍利耶（Louis Bachelier）的博士论文《投机理论》标志着财务学从经济学中独立出来成为一门新学科。

经济越发展，竞争越激烈，财务管理越重要。自财务管理产生以后，西方财务管理以股份公司为研究对象，着眼于不断发展的资本市场，在学科发展、理论成果上可谓异彩纷呈，至今已经成为西方经济学中最耀眼的分支之一。其发展大致经历了以下4个主要阶段：

1.筹资财务管理阶段

20世纪初至30年代初，西方国家股份公司迅速发展，企业规模不断扩大，普遍存在如何筹措到足够资金的问题。财务管理的主要任务是如何为公司的组建和发展筹集所需的资金。当时，资金市场很不成熟，会计信息规范性差，股票买卖中“内部交易”现象严重，投资者的投资行为十分谨慎。

这一阶段财务管理理论研究的重点也是筹资问题，如格林的《公司理财》(Corporate Finance)就对公司资本的筹集问题作了详细的阐述。

2.内部财务管理阶段

20世纪30年代初至50年代初，受1929年经济危机的影响，资本主义经济普遍不景气，许多公司倒闭，投资者损失惨重。为了保护投资人的利益，各国政府纷纷通过立法手段加强对证券市场的监督。例如，美国先后于1933年和1934年通过了《证券法》和《证券交易法》，规定公司发行证券之前必须向证券交易委员会登记注册，向投资者提供公司财务状况及其他有关情况的说明书，并按规定的模式向证券交易委员会定期报告财务状况。政府监管的加强客观上要求企业把财务管理的重心转向内部控制制度。同时，这次经济危机也使许多公司意识到，财务管理不仅是融资问题，还应包括对资金的科学管理、资金的使用效益、保持资本结构的合理性、严格控制财务收支。

第二次世界大战后，随着西方国家经济的复苏，企业规模越来越大，市场竞争更加激烈。要维持企业的生存和发展，财务管理仅仅关注资金的筹集是不够的，更重要的应该是管好、用好企业的资金，加强企业内部财务管理和控制。在财务管理实践中，人们将计算机技术用于财务分析与计划，用于货币资金、应收账款、库存商品和固定资产的管理与控制。

这一阶段的财务理论研究也体现了这一变化，如美国的洛弗（W.H.Lough）在《企业财务》一书中，首先提出了企业财务除筹措资本之外，还要对资本周转进行有效的管理。英国的罗斯（T.G.Rose）在他的《企业内部财务论》一书中，特别强调企业内部控制的重要性，认为资本的有效运用是财务研究的中心。同时，经济危机激发财务学者关注的焦点主要是证券发行的法律问题、市场价格的变动规律、证券内在价值的确定，研究方法也引进了经济计量技术，代表作主要有多德（Graham Dodd）的《证券分析》(1934)、威廉姆斯（Williams）的《投资价值理论》(1937) 和戴维（Dewing）的《企业理财政策》(1938)，有人称之为财务理论的第一次革命。

3.投资财务管理阶段

这一阶段是指20世纪50年代初至70年代末。随着企业经营环境的发展与变化，人们发现，资金运用效率和效益的提高，并不仅仅取决于日常的财务管理与控制，而在更大程度上依赖于投资决策的成功与否。因此，投资财务管理日益受到重视。到了20世纪50年代后期，由于企业经营倾向于大规模形态，公司大量投资于新式机器和新技术的开发和应用，于是资金的运用开始偏重于长期的计划；财务管理强调决策程序的科学化；投资分析评价的指标从传统的投资回收期、投资报酬率等向考虑货币时间价值的贴现现金流量指标体系转变，净现值法、现值指数法、内含报酬率法得到了广泛应用；公司建立了系统的风险投资理论和方法，为正确进行风险投资决策提供了科学依据。

这一阶段的财务理论研究也取得了较大的进展。1951年，美国著名财务管理学家乔尔·迪安（Joel Dean）出版了最早研究投资财务理论的著作《资本预算》，该书在这一领域起了极其重要的先导和奠基作用，并成为此后在这一领域众多论著共同的思想、理论源泉。在此基础上，财务理论展开了第二次革命。

财务理论的第二次革命发生在20世纪50年代，其最主要的革命性突破是投资组合选择理论和现代资本结构理论。1952年马科维茨（H. M. Markowitz）提出了投资组合理论，1964年夏普（William Sharpe）、林特纳（John Lintner）和莫森（Jan Mossin）在马科维茨的投资组合理论的基础上，提出了资本资产定价模型（CAPM），夏普因此而获得第22届诺贝尔经济学奖。1958年，莫迪格利安尼（Franco Modigliani）和米勒（Merton H. Miller）在《美国经济评论》上发表的《资本成本、公司财务和投资理论》论文中提出了著名的MM理论，两人由于在研究资本结构理论上所取得的突出成就，分别于1985年和1990年获得了诺贝尔经济学奖。

财务理论的第三次革命发生在20世纪70年代。詹森（Michael C. Jensen）、麦克林（W. Meckling）的《企业理论：管理行为、代理成本与所有权结构》（1976），罗斯（Stephen. Rose）的《资本资产定价套利理论》（1976）和《财务结构的决定：动机信号方法》（1977），利兰（Ldand）和派尔（Pyle）的《信息不对称、财务结构和金融中介》（1977），梅耶斯（Myers）的《企业借贷的决定》（1977）等，运用信息、信息不对称、委托代理等经济学概念研究公司财务问题，取得丰硕的理论成果。

4.新型财务管理阶段

进入20世纪80年代以后，伴随着现代交通工具和通信技术日新月异的发展，世界各国之间的交往日益密切，国际贸易和跨国投资空前活跃，企业不断朝着集团化和国际化方向发展。国际贸易的飞速发展促使财务界人士逐渐将注意力转向国际财务管理的问题上。近年来，进出口融资、外汇风险管理、国际转移价格、海外子公司业绩评价、国际投资分析等，已成为财务管理的热门研究课题，并逐步演化为财务管理的一个崭新分支——国际财务管理。

金融工具的推陈出新也是20世纪80年代财务管理的另一大发展特色。自从布莱克（Black）和斯科尔斯（Scholes）于20世纪70年代中期率先创立期权模型之后，公司的融资手段日益翻新。到了20世纪80年代，认股权、期权交易、期货交易以及股票指数等新型投资、融资手段，已被广泛地用于公司资金筹集和对外投资活动中。所有这些，都不断地推动着财务管理的发展。

随着苏联和东欧国家的政局动荡、经济濒临崩溃、国际金融风暴等一系列事件，国际金融市场动荡不安，投融资环境高度不稳定，使企业财务决策中日益重视财务风险的评估和规避，效用理论、线性规划、对策论、概率分布、模拟技术等数量方法的应用与日俱增。随着数学方法、应用统计、优化理论与电子计算机等先进方法与手段在财务管理中的应用，公司财务分析也向精确化方向不断发展。

20世纪80年代诞生了财务管理信息系统，90年代形成财务管理的一场革命——网络财务管理，已经悄然到来。21世纪是数字信息和财经主导的时代，财务管理已成为企业生存和发展的重要环节，也是提高经济效益的重要途径。具体说来，财务管理的意义主要表现在以下两个方面：财务管理中的各项价值指标，为企业提供了全面、系统的经济信息，是企业经营决策的重要依据；通过加强财务管理工作，可以使企业做到合理筹集资金，有效使用资金，以尽可能少地占用、消耗取得尽可能多的生产经营成果，从而实现提高经济效益这一财务管理的最终目标。

5.智能时代与智能财务

数字要素正在加速重构经济社会发展与治理模式的新形态，智能化既是方式和手段，也是方向和目标。数智化发展意味着社会和经济向新范式的根本转变，带来产业组织模式、现代基础设施体系、科技人才培育体系、社会发展治理模式等的革新与重构。

数字经济以强大的信息技术为基础，以数据标准与商业模式变革为背景，以创新管理与智能融合为支撑，建立大数据和人工智能理论，萌发智能财务学原理与理论，促进数字经济与实体经济融合发展，成为新时代经济条件环境下财务管理创新发展的主体。

在科学技术发展的基础上，立足于大数据、云计算和人工智能等高端信息技术，智能作为新经济核心自主技术创新的重要突破口，促进了学科研究与创新，促进了产学研融合发展，顺应了数字经济发展大势。随着智能财务共享理念、业财融合思想、人工智能共生理念的提出，智能财务理论和智能财务新体系为企业转型发展提供了新的思路。

1.6.2 我国财务管理的产生与发展

历史上中国曾长期处于封建社会，商品经济非常不发达，中国古代理财思想主要是国家理财思想，即财政思想。中国古代理财思想可以归纳为两大流派：(1) 以孔孟为代表的主张德本财末、讳言财力的思想。他们主张以义制利，勤劳致富，生财有道，富民富国，崇俭节用。孔子所构建的思想体系以道德教化为主，对经济问题不怎么重视，即“重义轻利，德本财末”。孟子反对为政先谈财力问题，用“仁义而已矣，何必曰利”来回答梁惠王提出的“何以利吾国”的问题。司马光认为理财就是言利，善理财的人都是“头会箕敛以尽民财”的人，反对王安石理财，推行新法。受儒家传统思想的影响，历代理财者均被斥为聚敛。(2) 以法家为代表的主张积极理财、富国裕民的思想。主张财权统一、运用财政货币政策稳定经济和对某些重要的自然资源实行专卖。

20世纪初至新中国成立前，我国财务学科和理论的发展由于“门户开放”受到西方的影响，更是深深打下我国传统理财思想的烙印并且有所创新。20世纪二三十年代，上海、江浙一带的不少大中型企业不仅设立了专门的财务主任，有的还设立了财务总管，在企业管理结构中居于高层地位。一些大学开设了专门的财务管理课程，上海交通大学还设立了财务管理学系。1914年北洋政府颁布《证券交易所法》，促使证券交易日益活跃和旧中国有组织的证券市场的形成。1918—1920年，北京证券交易所、上海证券物品交易所、上海华商证券交易所三家规模最大的交易所相继开业，随后上海、天津、汉口、哈尔滨等地规模较小的证券交易所也纷纷成立。1939—1940年上海众业公所上市股票达160种之多。这些股票和上市公司虽然具有较浓厚的半封建半殖民地色彩，但是旧中国的公司财务同样具有“资本市场”意义。

财务管理的发展是以市场经济为依托的。中华人民共和国成立后，我国长时期实行计划经济，财务管理的作用和地位没有充分显示出来，财务管理的发展也比较缓慢。在近50年的时间里，虽然我们创立了一些卓有成效的财务管理模式，但与西方财务理论和方法的发展以及企业对财务管理的重视程度相比，我们还有一段距离。新中国的财务管理发展大致可以分为以下三个阶段。

1.1950年至1978年我国财务管理的发展

在这一时期，我国实行高度集中的计划经济体制，与此相适应的财务管理体制实行的是国家统收统支、统负盈亏的体制。在这种体制下，企业资金由国家供应，企业无筹资权；资金使用由国家计划安排，企业无投资权；收益分配由国家按计划执行，企业无收益分配权。企业财务管理的职责就是按照国家生产计划，编制有关资金需求量计划、成本开支计划等，并对计划执行情况进行考核，实行的是计划管理。

财务理论研究也就围绕国营企业实行经济核算制，建立企业财务管理体系及其管理内容与方法而展开，涉及的财务理论问题主要有：①关于社会主义经济核算理论；②关于社会主义资金理论；③关于社会主义企业利润的依据及其与资本主义利润的根本区别；④关于财务本质上是货币关系体系的总和还是资金运动及其所体现的经济关系，或是价值分配活动；⑤关于经济效果的概念、范围与经济核算的关系；⑥对企业车间班组核算制度、月度财务收支计划和资金平衡会议制度、决算审查会议制度、定额发料制度、流动资金归口分级管理、成本费用归口分级管理的研究等。

2.1978年至1992年我国财务管理的发展

从1978年中国共产党第十一届中央委员会第三次全体会议到1992年中国共产党第十四次全国代表大会为止，这段时期被称为我国对经济改革目标进行长期探索的时期，先后提出过“计划经济为主，市场调节为辅”，“有计划的商品经济”体制模式，直到中国共产党第十四次全国代表大会才正式确立了我国经济体制的目标模式是市场经济模式。这一时期的改革始终是围绕着放权让利的思路来进行的。在分配领域先后实行过企业基金制、利润留成制、第一步利改税、第二步利改税、承包制、利税分流等制度和政策。由于放权让利，企业的主体地位得到了确立，财务管理也由单纯的计划管理转移到以追求利润最大化为目标以及如何对收益进行分配的管理上。财务管理的地位有所提高，人们虽已认识到财务管理是企业管理的重要组成部分，但并未把其看作企业管理的中心。

这一阶段的财务理论研究围绕国营企业的财务改革展开：①以改革企业分配关系、放权让利为主线，围绕企业基金制度、利润留成制度、两步利改税、承包制、租赁制和税利分流等改革举措的财务研究；②财务与会计的关系问题研究；③财务职能研究；④宏观财务与国家财务问题的提出拓宽了财务研究的视野；⑤关于资金周转指标、利润率指标的研究；⑥关于经济效益与经济效果、宏观经济效益与微观经济效益、经济效益与财务管理的探讨使人们加深了对财务管理的认识；⑦关于成本的经济内容、作用、成本开支范围、国家成本杠杆与政策、成本考核指标的研究；⑧实务界创造性地提出了关于内部银行、目标（利润）管理、划小核算单位与内部承包、商品保本保利期管理等财务管理方法。

3.1992年以后我国财务管理的发展

中华人民共和国第十四届全国人民代表大会以来，我国将改革目标确定为建设社会主义市场经济，并以改革企业组织形式为突破口，提出企业改革的方向是建立现代企业制度。法人财产权的确立使企业拥有筹资权和投资权。当企业改革向纵深方向发展时，企业的兼并、合并、重组形式层出不穷，财务管理如何优化资产结构、盘活资产存量又成为亟待考虑的问题。随着我国证券市场的恢复和快速发展，企业的融资渠道和融资方式发生了根本性的变化，证券市场成为越来越多的企业筹措资金的重要途径，长期筹资、长期投资和股利分配这三大财务决策问题，很自然地成为上市公司财务管理的焦点。

以1993年颁布实施的“两则两制”为起点和契机，随着我国证券市场的建立和成熟，在与国际惯例的接轨过程中，我国财务管理理论研究的视野、方法、内容等呈现出明显的大发展，“财务管理是企业管理的中心”已经成为架构企业管理体系的基本理念，财务实证研究方兴未艾。

在构建新发展格局、推动高质量发展、推进中国式现代化的进程中，现代财务管理是提升企业价值、促进产业升级变革以及推动社会经济发展的重要基础。现代企业顺应数智化转型新趋势，持续优化管理手段、创新管理模式、积极应用先进管理工具，形成了具有中国特色的财务管理理论体系、工具方法和创新实践，有力支撑了世界一流企业建设，助推了经济发展更高质量、更高效率、更可持续。

近年来，数字经济以强大信息技术为基础，以数据标准与商业模式变革为背景，以创新管理与智能融合为支撑，建立大数据和人工智能理论，萌发智能财务学原理与理论，促进数字经济与实体经济融合发展，成为新时代经济条件环境下财务管理创新发展的主体。

小资料1-4　　财务数智化转型

财务管理是企业管理的中心环节，瞄准建设世界一流财务管控体系的总目标，推动财务智能升级是企业高质量发展的重要保障。2023年12月，国务院国有资产监督管理委员会召开中央企业财务工作会议，要求顺应智能变革趋势，加快推进财务数智化转型。以AI赋能财务管理是构筑财务领域新质生产力的突破点，也是建设世界一流财务管理的最佳路径。

数据是继土地、劳动力、资本、技术四大生产要素之后的第五大生产要素。财务是企业“天然”的数据中心，在数字化时代，财务具有得天独厚的优势，能将数据转化为价值。对此，厦门国家会计学院教授、财务会计与审计研究所副所长李诗表示，挖掘数据这一新型生产要素的潜能，有助于释放财务数据价值，推动财务价值创造，但并非所有的数据都构成数据资产，数据资产的形成需要对数据进行主动管理并形成有效控制。为更好地助力数据资产入表的实施，在准备阶段，企业应在法律上管好数据资源的合规与确权；在制度上，建立数据资源有效治理体系；在管理上，明确数据资源的分类和评估；在风控上，完善数据资源风险管理体系。

资料来源：吴进.构筑财务新质生产力[N].中国会计报，2024-04-26.

1.6.3　数字经济时代下的智能财务发展趋势

万物互联、企业上云成为企业财务转型和财务智能化的主题。新一代信息技术催生科学技术的进步，智能财务建设驱动数字经济的发展，数字化转型进入变革的关键阶段，形成了新的管理特色。

1. 管理会计平台的智能化

随着大数据技术的不断进化，智能财务模式推进数字战略的实践，我国未来财务转型的方向将由财务会计领域扩展到管理会计领域。人们将借助数据挖掘、人工智能等智能技术，搭建智能管理会计共享平台，适应数字化管理会计平台整体框架与发展趋势，建设智能管理仓和驾驶舱并构建智能管理会计体系，以信息化的视角展示财务决策和经营分析，向企业管理者和决策者提供有效的信息。未来的财会人员将运用管理会计数据要素，为管理会计提供数据基础，为数据需求者提供可视化、标准化的数据信息，为业务管理部门形成管理基础意见和建议。财会管理者将根据不同企业的战略定位建立智能管理会计平台，依据不同企业的经营模式设置智能财务共享平台，适应不同企业智能管理模式和财务管理模式，实施业财融合管理。

2.公司治理管理的智能化

面对数字化变革带来的机遇与挑战，人们正以现代化公司治理理论为框架，结合集团型企业的特点，探寻财务治理的新模式，利用智能财务体系推动公司治理水平提升。从管控模式出发，注重战略规划，构建会计数据要素，为实现精细化运营和可持续发展提供助力。从价值导向的角度来说，应优化资源配置，提升企业产业链条价值，拓展财务管理的边界，以实现企业权益的最大化。

以集团型企业的发展战略为导向，聚焦战略财务转型，不仅能驱动经济增长和产业转型升级，而且能催生新业态模式的创新，促进数字技术与实体经济融合。围绕企业战略管理、运营管理、财务管理、组织管理等领域，变革从战略财务到共享财务的管控方式势在必行。通过加快企业数字化发展进程，激活数据要素潜力，推进公司治理体系和治理能力的战略目标，提升公司治理水平，是企业机制创新的关键。推动业财融合一体化建设，建立财务业务数据共享管理模式，实现企业价值创造，通过大数据赋能进行公司治理管理与评价，实现财务工作向高效化、共享化的目标转型是大势所趋。

3.企业转型发展的数字化

数字化改革是财务管理未来的发展方向。2021年财政部颁布了《会计改革与发展“十四五”规划纲要》，提出了会计数字化转型的重要思想，以数字化技术为抓手，全面加快会计数字化转型步伐，为会计事业发展提供新引擎、构筑新优势。

企业数字化转型是数字化改革的基石，企业要顺应数字化改革的新趋势，借助人工智能、大数据等数字技术促进数字产业化。实现资金流、实物流、信息流的一体化管理，推动企业经营模式创新，实现产业数字化的深度融合。整合企业财务全流程数字化管理，设置智能化财务评价指标体系。对接企业业财智能管理平台，完善内部控制信息化建设。重塑数字经济政策，引导业务流程进入规范化，掌握企业的运行状况和经营成果，以业务流程驱动经济业务智能核算，以智能财务分析与经营决策，追求数字化技术的效率和效益，推进财务管理向智能化、数字化方向发展。

4.智能财务机器人的扁平化

在新技术革命和经济全球化共同进步的时代，智能财务机器人推动了“人机协作”模式的产生，促进了企业赋能智能管理模式的形成，财务将变得更加智慧化。智能财务机器人可以根据预先设定的财务处理规则和操作程序，模拟财务人员意识，实现业务流程和财务信息的高效集成，从而促成管理模式的扁平化。在财务管理领域，人们将拓展人机交互技术对人类的决策和管理，自动完成系列化的工作流程和预期任务，提高财务工作质量和管理效率；在财务管理领域，越来越多的学者热衷于研究如何用机器人来模仿和执行人脑的某些智能功能，根据企业提出的具体需求，设置企业必要的财务参数和工作程序，取代财会活动的数据采集，处理分析动作，实现全流程的自动化和一体化。

智能机器人技术的实施，让财务人员能够以全新的方式开展财务管理和分析工作，为企业提供了更好的财务服务和决策支持，从而全面实现财务流程自动化，业务处理智能化，让会计语言和机器人程序语言进入扁平化管理模式，最终重塑智能财务管理。

5.智能财务建设的生态化

面对数字化变革带来的机遇与挑战，我们应遵循生态发展的一般原则，通过构建数字化生态平台，聚集资源创新要素，解决好人类与自然和谐共生的问题，借助产业数字化，通过产业链协同引导，实时为企业的数据预测与决策提供管理支持，加快推进企业数字化转型步伐，依靠数字产业化，优化数字化改革的政策行为，为企业的管理和决策提供理论支持，从而形成最为有效的智能管理决策。未来，智能财务能够提升产业互联网的应用优势，收集关于企业价值链上客户与市场的各种信息，帮助企业更好地预测市场和把握经济发展规律。智能财务能够重塑企业数字化转型中的财务关系，拓展企业财务转型的新空间，赋能智能生态转型升级，促进产业链的协同发展，推动财务变革与财务转型的双向融合。

6.智慧财务建设的高端引领

党的二十大报告指出，要推动大数据，人工智能，互联网和实体经济的深度融合，建设数字中国，智慧社会。国家发改委会同有关方面启动“数字化转型伙伴行动”，为产业或企业数字化转型提供了政策依据。财务人应当向以下几个方向努力：

（1）基于新时代的商业模式，搭建产业链共生体，以数据赋能为主线，利用智慧财务工具探索财务领域的发展方向，为企业智慧化转型提供支撑。（2）基于全业务价值链智慧管理理念，以智慧共享为基础探索智慧社会的新问题，以财务共享为驱动拓展智慧体系的新构建，全面实现全社会的智能采集、智慧处理，智慧共创。（3）基于智联网技术，建设全流程智慧平台系统，提高企业价值链攀升能力，双向实现全社会智慧共享管理的目标。（4）整合智联网收集企业在整个市场中的数据，加强智慧信息系统建设，创新财务数智化发展的新思路。（5）聚焦财务共享和智能财务建设，实现社会整体的智慧化水平，全面落实世界一流财务管理体系的建设目标，加快建设智慧信息综合数据管理平台，实现建设中国特色管理体系的宏伟蓝图。

◎1.7 财务管理工作组织

为实现财务管理的目标，必须根据财务管理的特点有效地组织财务管理工作，包括完善企业财务管理体制，建立企业财务管理制度，建立健全财务管理机构。

1.7.1 财务管理制度

企业财务管理制度通常包括财务管理体制制度、资本金管理制度、资产管理制度、成本费用管理制度、收入利润管理制度和财务报告与评价制度等。企业为了加强财务管理，建立健全企业内部的财务约束机制，应当按照《通则》，并结合企业内部和内部管理的需求制定企业内部财务管理办法，以使企业财务管理工作规范化，避免损失浪费，增强企业盈利能力，提高经济效益。在实行现代企业制度，企业自主权不断扩大的前提下，制定企业内部财务管理制度尤为重要。

1.7.2 财务管理体制

企业财务管理体制（the system of financial management），主要是指规定企业内部财务活动的运行方式，确定企业内部各部门之间的财务关系。建立企业内部财务制度是加强企业内部财务管理的重要措施。企业应该实行资本权属清晰、财务关系明确、符合法人治理结构要求的财务管理体制。企业的内部财务管理体制的建立应与企业业务规模大小、工作基础强弱相适应。目前，我国企业主要有两种财务管理体制核算方式：

一级核算方式：财务管理权限集中于公司，公司统一安排各项资金、处理财务收支、核算成本和盈亏；二级单位一般只负责管理、登记所使用的财产、物资，记录直接开支的费用，不负责管理资金，不核算成本和盈亏，不进行收支结算。它适用于小型企业。

二级核算方式：除了公司统一安排各项资金、处理财务收支、核算成本和盈亏外，二级单位要负责管理一部分资金，核算成本，有的还要计算盈亏，相互之间的经济往来要进行计价结算，对于资金、成本等要核定计划指标，定期考核。它适用于大中型企业。

1.7.3 财务管理机构

财务管理机构（简称财务机构）是直接从事和组织领导财务管理工作的职能部门。建立健全财务机构，配备必要的财务人员，是加强财务管理、保证财务工作顺利进行的前提条件。

1.财务机构

目前，我国的企业机构设置中，大多数是财务部门与会计部门合一，这不符合现代企业制度的要求。在大中型企业中应单独设置财务机构，行使财务管理职能。西方企业一般在主管财务的副总经理（财务总监）下设财务处和会计处，分别由财务长（treasurer）和会计长（controller）担任主管人员，如图1-3所示。

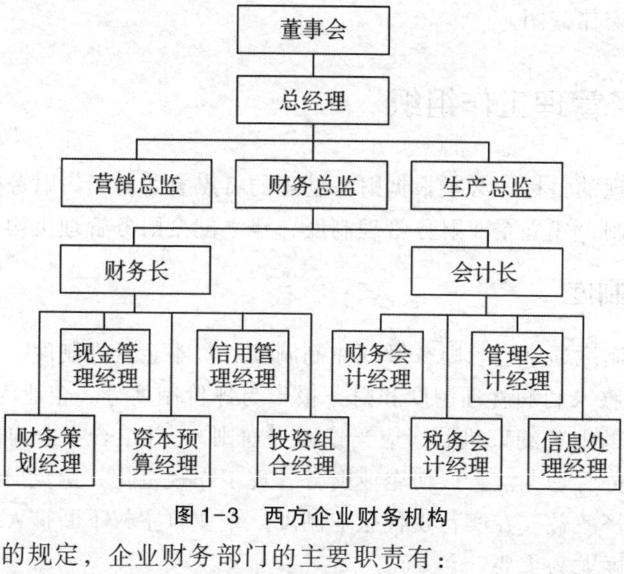

图1-3 西方企业财务机构

根据《通则》的规定，企业财务部门的主要职责有：

（1）拟定企业内部财务管理制度、财务战略、财务规划，编制财务预算。

（2）组织实施企业筹资、投资、担保、捐赠、重组和利润分配等财务方案，诚信履行企业偿债义务。

（3）执行国家有关职工劳动报酬和劳动保护的规定，依法缴纳社会保险费、住房公积金等，保障职工合法权益。

（4）组织财务预测和财务分析，实施财务控制。

（5）编制并提供企业财务会计报告，如实反映财务信息和有关情况。

（6）配合有关机构依法进行审计、评估、财务监督等工作。

2.财务人员

古代的财务管理人员被称为“账房先生”，主要职责是事后算流水账，管理内容单一、管理方法简单，因而地位低下、收入微薄。现代企业的财务管理人员已不再是昔日的账房先生，他们的作用也不再是被动地反映和事后监督，他们从后台走上前台，凭借对财务数据及其变化的敏锐反应，通过对企业财务过程的管理整合，在企业管理中发挥着核心作用。他们所要解决的财务问题已经不仅仅限于对财务过程和会计核算的管理。财务管理对内渗透到企业组织结构、业务流程、资本运营、人力资源管理等各环节；对外则延伸至资本市场、金融服务、税务协调等各个领域。当然，财务管理内涵的扩大对企业财务管理人员的知识结构和自身素质提出了更高的要求。

本章小结

企业财务管理是组织企业财务活动，处理财务关系的一项经济管理工作，是具有协调性、综合性的价值管理活动。财务活动包括资金筹集、资金投放、资金耗费、资金收回和资金分配。财务关系主要包括企业与投资者、债权人、政府、其他企业、内部各单位、职工之间的经济关系。财务管理主要包括筹资管理、投资管理和利润分配管理。财务管理与会计学有着密切联系但又有着明显区别。

财务管理环境构成企业财务活动的客观条件，包括内部环境和外部环境两个方面。对企业财务管理影响比较大的外部环境主要有经济环境、法律环境和金融环境。财务管理目标可分为财务管理总体目标和具体目标，财务管理总体目标主要有利润最大化、股东财富最大化和企业价值最大化等代表性观点。由于目标不同，所有者与经营者之间、所有者与债权人之间存在代理冲突，如何有效解决委托人与代理人之间的冲突是财务理论与实务界需要长期研究的问题。财务管理假设是建立财务管理理论体系的向导和前提条件，主要包括理财主体假设、持续经营假设、有效资本市场假设、资金增值假设和理性理财假设。在财务管理过程中，企业的财务管理人员应遵循资本金保全、价值最大化、风险收益均衡、资金合理配置、成本效益等原则。财务管理过程一般要经历财务预测、财务决策、财务预算、财务控制和财务分析5个基本环节。

1897年,美国人格林(Thomas L.Greene)撰写的《公司理财》(Corporate Finance)一书出版，标志着财务管理学科的产生，西方财务管理的发展经历了筹资管理、内部管理、投资管理以及新型财务管理四个阶段。改革开放后，我国财务管理的发展较快。为实现财务管理的目标，我们必须建立企业财务管理法规制度，完善企业财务管理体制，建立健全财务管理机构。

推荐读物

[1] 罗斯，威斯特菲尔德，杰夫，等. 公司理财 [M]. 13版. 机械工业出版社，2024.

[2] 牛彦秀. 财务管理目标实务与理论背离的深层原因及其理性选择 [J]. 现代财经，2010 (1)：53-58.

[3] 刘婷. 中国国有企业财务治理模式的演化与改进 [J]. 经济体制改革，2010 (1)：75-80.

[4] 王卫星. 基于多学科视角的企业财务管理拓展与创新探讨 [J]. 会计研究，2016 (11)：30-37.

[5] 秦荣生. 世界一流财务管理体系建设：目标使命、现实挑战与实现路径 [J]. 会计研究，2023 (1)：38-44.

本章练习

一、思考题

1.什么是财务管理？其主要特点是什么？

2.什么是财务活动？企业财务活动的主要内容有哪些？

3.什么是财务关系？企业的财务关系主要包括哪些方面？

4.什么是财务目标？企业财务的总体目标和具体目标是什么？

5.企业的有关利益主体在财务目标上的冲突主要表现在哪些方面？如何加以协调？

6.财务管理的假设和原则有哪些？

7.如何组织企业的财务管理工作？

二、综合案例题

企业价值最大化的理论基础：ESG相关理论

ESG（环境、社会和治理）相关理论为企业提供了多维度视角，以指导企业在可持续发展方面的决策和行为。

1.利益相关者理论

利益相关者可以分为主要利益相关者及次要利益相关者。其中，企业所有者（股东）、客户、员工、供应商、社会、社区这六类主体则属于主要利益相关者。利益相关者理论认为，企业应对所有利益相关者履行社会责任。积极主动承担社会责任，将有助于协调各方利益关系，从而减少交易过程中的摩擦，降低企业的潜在经营风险，为企业创造良好的经营环境。在企业发展过程中，各利益方通过直接或间接的方式为企业提供生存所需的资源，如股东为企业提供资金支持，社会为企业构建良好的外部环境，雇员为企业贡献劳动力等，而企业自身则是连接各利益方的纽带，各利益主体都以各自的方式为企业发展作出贡献。因此，企业应当履行相关社会责任，满足各利益相关者的期待，最终达到多赢的目标。

2.可持续发展理论

可持续发展理论是因人们对人类中心主义的思维模式带来的环境和社会问题不断进行反思以及对过度工业化的警醒而逐渐形成的。长期以来，企业为了追求经济效益，造成了资源短缺、环境污染等诸多问题。随着保护环境与经济发展之间的矛盾日益突出，谋求可持续发展成为了解决这些问题的必然选择。可持续发展理论认为，企业在追求经济发展的同时，也要关注对环境和社会的影响，注重三者协调发展，这与ESG评价体系的建立初衷是一致的。

3.信息不对称理论

信息不对称理论是公司财务理论的重要基础理论，乔治·阿克尔洛夫(George A. Akerlof)（1970）研究描述了当市场上交易双方掌握的信息差异较大时，卖方拥有比买方更多的私有信息，买方在价格既定的情况下难以辨别商品质量好坏，卖方为了更好地推销次品而隐藏负面信息，这就产生了严重的信息不对称问题。信息不对称问题对市场造成的后果就是买方会尽量压低商品价格，又进一步削弱了卖方销售高质量商品的意愿，加剧了其推销次品的行为，导致市场出现“劣币驱逐良币”的恶性循环现象（“柠檬原理”）。由此，学术界展开了对信息不对称理论的系统性研究。

ESG（环境、社会和公司治理）研究中的信息不对称理论涉及多个层面。在企业可持续性和责任投资领域，信息不对称主要指的是公司内部与外部利益相关者之间在环境、社会和治理方面信息的不平衡分布。这种不对称可能影响投资者、消费者、政策制定者和其他利益相关者的决策。

4.三重底线理论

1997年，英国学者约翰·埃尔金顿（John Elkington）首次提出三重底线的概念。三重底线是指经济底线、环境底线、社会底线，意即企业必须履行最基本的经济责任、环境责任和社会责任。三重底线理论为构建绩效评价体系提供了方法和依据，进行企业绩效评价时也应从经济、环境、社会三个维度出发，促使企业实现三者协调发展。企业在经营过程中不得越过这三条底线，否则很难长远健康发展。

5.契约成本理论

康奈尔（Cornell）和夏皮罗（Shapiro）（1987）根据弗里曼（Freeman）等（1984）提出的利益相关者理论，进一步提出利益相关者契约成本理论（Stakeholder Contract Costs Theory）。根据契约成本理论，企业和利益相关者之间的关系可以分为显性的契约关系和隐性的契约关系。显性的契约关系是指企业和各利益相关者之间借由劳动合同等法律文件直接以确定的形式约定各自的权利义务。隐性契约关系指企业和利益相关者之间主要依赖彼此的信任和默契来达成约定，而不需使用法律合同。显然，由于没有相关法规条文的约束，隐性契约关系建立在彼此信任的基础上，这就需要企业具有较好的社会责任意识。对隐性契约的忽视将会增加各方利益主体之间的摩擦，从而损害企业的长期发展。隐性契约不像显性契约约束性强，因此容易被企业忽略或放在次要地位。

6.声誉交易理论

普雷斯顿（Preston）和欧班农（O'Bannon）（1997）根据利益相关者理论提出社会影响假说（Social Impact Hypothesis），发现社会绩效之所以会影响财务绩效的机制，是先透过提高企业外部声誉，然后才会为企业带来财务绩效的结果。在20世纪70年代，有越来越多的学者将此理论应用在企业社会回应、企业社会绩效（CSP）以及企业社会责任

(CSR)研究议题上。企业声誉一般包括企业的责任感、可靠性、诚信度等特征，是企业的一种重要的无形资产。良好的声誉能够给企业带来正面的社会影响，从而帮助企业创造收益。企业积极践行社会责任，满足利益相关者的需求，有助于其树立良好的社会形象并为其赢得声誉，而良好的声誉能够为企业赢得利益相关者的支持，从而帮助其获取更多有利于发展的内外部资源，降低交易摩擦以及因摩擦带来的成本，进而提升企业价值。

7.社会资本假说

社会资本是指个体或团体之间的关联社会网络、互惠性规范和由此产生的信任，是人们在社会结构中所处的位置给他们带来的资源。根据国际综合报告委员会（IIRC）所制定的国际IR框架的定义，社会与关系资本是指：在社区、利益相关者群体和其他网络的内部或相互之间的制度和关系，以及为增进个人和集体的福利而共享信息的能力。社会与关系资本包括：共同的规范以及共同的价值观和行为；机构与外部利益相关者已经形成并力图构建和保护关键利益相关者的关系、信任和参与意愿；机构形成的与品牌和声誉相关的无形资本；机构经营的社会许可。卡瓦科（Cavaco）等（2014）提出社会资本假说（Social Capital Hypothesis），主张对员工负责的行为（人力资源维度）和对客户和供应商的责任行为（商业行为维度）有助于累积社会资本，因此与财务绩效存在协同效应，具有互补性。

问题：ESG影响企业价值的逻辑是什么？

立德树人

构建一流财务管理体系[①]

2022年3月国务院国资委印发了《关于中央企业加快建设世界一流财务管理体系的指导意见》，提出了建设世界一流财务管理体系的目标，应以数字技术与财务管理深度融合为基础，实施四项变革、强化五项职能、建设五大体系（即“1455”框架——，并要求绝大多数中央企业在2035年前后建成与世界一流企业相适应的世界一流财务管理体系。“1455”框架的构想具体为：

（1）明确一个总体要求：建设世界一流财务管理体系。推动财务管理理念变革、组织变革、机制变革、手段变革，更好地统筹发展和安全，更加注重质量和效率，更加突出“支撑战略、支持决策、服务业务、创造价值、防控风险”功能作用，以“规范、精益、集约、稳健、高效、智慧”为标准，以数字技术与财务管理深度融合为抓手，固根基、强职能、优保障，加快构建世界一流财务管理体系，有力支撑服务国家战略，有力支撑建设世界一流企业目标。

（2）着力推动四个变革。①理念变革：立足实际、守正创新、开放协同、精益求精、技术赋能、坚守底线；② 组织变革：健全职能配置、优化管控模式、转变运行机制、拓展服务对象；③机制变革：加强关键指标硬约束、加强资源配置硬约束、加强风控规则硬约束、加强政策激励软引导；④功能手段变革：支撑战略、支持决策、服务业务、创造价值和防控风险。

① 国务院国有资产监督管理委员会.关于中央企业加快建设世界一流财务管理体系的指导意见［EB/OL］.(2022-03-02).http: //www.sasac.gov.cn/n2588030/n16436136/c23471965/content.html.

（3）重点强化五项职能。①强化核算报告，实现合规精准；②强化资金管理，实现安全高效；③强化成本管控，实现精益科学；④强化税务管理，实现规范高效；⑤强化资本运作，实现动态优化。

（4）持续完善五大体系。①纵横贯通的全面预算管理体系；②全面有效的合规风控体系；③智能前瞻的财务数智体系；④系统科学的财务管理能力评价体系；⑤面向未来的财务人才队伍建设体系。

第2章 财务价值观念

导读

拿破仑1797年3月在卢森堡第一国立小学演讲时，说了这样一番话："为了答谢贵校对我，尤其是对我夫人约瑟芬的盛情款待，我不仅今天呈上一束玫瑰花，并且在未来的日子里，只要我们法兰西存在一天，每年的今天我将亲自派人送给贵校一束价值相等的玫瑰花，作为法兰西与卢森堡友谊的象征。"时过境迁，拿破仑最终惨败而被流放到圣赫勒拿岛，把卢森堡的诺言忘得一干二净。

可卢森堡这个小国对这位"欧洲巨人与卢森堡孩子亲切、和谐相处的一刻"念念不忘，并将其载入他们的史册。1984年年底，卢森堡向法国提出违背"赠送玫瑰花"诺言的索赔：要么从1797年起，用3路易作为一束玫瑰花的本金，以5厘复利（即利滚利）计息全部清偿这笔"玫瑰花"的债；要么法国政府在法国各大报刊上公开承认拿破仑是个言而无信的小人。

起初，法国政府准备不惜重金"赎回"拿破仑的声誉，但却被电脑算出的数字惊呆了：原本3路易的许诺，本息竟高达13 204 259.73法郎。经苦思冥想，法国政府斟词酌句的答复是："以后，无论在精神上还是在物质上，法国将始终不渝地对卢森堡大公国的中小学教育事业予以支持与赞助，来兑现我们的拿破仑将军那一诺千金的玫瑰花承诺。"这一措辞最终换取了卢森堡人民的理解。

请思考：为何本案例中，每年赠送价值3路易的玫瑰花相当于在187年后一次性支付13 204 259.73法郎？

学习目标

通过本章的学习，理解货币时间价值、单利、复利、年金、风险报酬等概念，熟悉复利现值和终值、普通年金、预付年金、递延年金、永续年金和风险的计算思路，掌握货币时间价值和风险价值的计算方法，具备运用时间价值和风险价值的理念思考和分析问题的能力。形成清晰的抽象思维能力，准确掌握货币时间价值和风险价值计算的原理和方法；形成高度理性的风险意识，分析和思考资本市场和上市公司发展中的历史经验教训，善于总结风险与报酬关系的历史发展规律。树立正确的价值观念，认识劳动和实际生产经营活动创造价值的本质原理，摒弃投机取巧的观念。深刻理解收益与风险之间的关系，既要有大无畏精神，也要有理性思维。

◎2.1 货币时间价值

2.1.1 货币时间价值概述

日常生活中，有这样一个浅显的道理：存在银行中的100元，假如银行存款年利率是3.25%（不考虑风险和通货膨胀），1年之后可以成为103.25元。这100元经过1年时间的投资增加了3.25元。换句话讲，今天的100元钱和将来的100元钱不等值，货币在不同时点上，其价值是不一样的，这就是货币时间价值的作用。

1.货币时间价值的概念

货币时间价值也称为资金时间价值，是指在不考虑风险和通货膨胀的条件下，货币在周转使用中由于时间因素而形成的差额价值，这个概念可以从以下三个方面来理解：

（1）货币时间价值是在不考虑风险和通货膨胀的条件下形成的；

（2）货币时间价值的多少与时间的长短同方向变动；

（3）货币时间价值是货币在周转使用中形成的差额价值。

2.货币时间价值的表现形式

货币时间价值可以有两种表现形式：一是相对数，即时间价值率，简称利率，是指不考虑风险和通货膨胀时的社会平均资金利润率；二是绝对数，即时间价值额，简称利息额，是资金在再生产过程中带来的真实增值额，也就是一定金额的资金与利率的乘积。例如，购入20 000元国库券，在不存在风险和通货膨胀的条件下，1年后可获得本利和21 000元，其中差额1 000元就是货币的时间价值，1 000元的利息额和5%的利率都是货币时间价值的表现形式。在财务管理实务中，更多地采用相对数来体现货币的时间价值。

3.货币时间价值的计算对象

从长期来看，人们衡量现金流量时，并不是单纯不同时点现金流量的累加，而是考虑到货币时间价值的作用，要么对其计算终值，要么对其计算现值。所谓终值是指资金投入一定时期后，投入时的资金与资金增值的合计值，即俗称的本利和，是一个未来值。所谓现值是指投入时的资金，即俗称的本金。实际工作中，终值与现值的形式很多，既可以计算单利的终值与现值，也可以计算复利的终值与现值，还可以计算年金的终值与现值。

4.货币时间价值的计算制度

货币时间价值的计算有两种制度：一是单利制，指只就本金计算利息。它是当期利息不计入下期本金，从而不改变计息基础，各期利息额不变的计算制度；二是复利制，指不仅本金要计算利息，利息也要计算利息，当期未被支取的利息计入了下期本金，改变了计息基础，使每期利息递增、利上生利的计息制度，俗称“利滚利”。在扩大再生产条件下，企业运用资金所取得的收益往往要再投入经营周转中去（至少要存入银行，参加社会资金周转），不使之闲置。这一过程与复利制的原理一致，因此按复利计算和评价企业货币时间价值比使用单利制更合理。在西方国家及国际贸易惯例中，也按复利制计算货币时间价值，以反映货币不断运动、不断增值的规律。因此，在财务管理决策中考虑货币时间价值因素时，通常是按复利制计算的。

2.1.2 一次性收付款项的终值与现值

一次性收付款项是指在某一特定时点一次性收取（或支付）的款项。一次性收付款项的货币时间价值的计算包括终值和现值的计算。

为方便计算，符号设定如下：P表示现值（也称本金或期初金额）；F表示终值（也称本利和）；i表示利率（没有特别说明时，一般是年利率。对于天利率可以按1年360天来换算，月利率、季利率或半年利率可以依此换算，在本节所有涉及货币时间价值的举例中，均假定不考虑风险和通货膨胀的利率）；I表示利息额；n表示计息期数（除非特别指明，一般1年按360天计算，一个季度按90天计算，一个月按30天计算，期数与利率要匹配）。

1. 单利的终值与现值

（1）单利利息的计算

单利利息的计算公式如下：

$$I = P \cdot i \cdot n \tag{2-1}$$

【例2-1】某人将10 000元存入银行，假定银行的年利率为4%，1年后某人可得到的利息（不考虑利息税）为：

解：$I=10\,000 \times 4\% \times 1 =400$（元）

（2）单利终值的计算

单利终值的计算公式如下：

$$F=P+P \cdot i \cdot n = P \cdot (1+i \cdot n) \tag{2-2}$$

在上例中，1年后某人存入银行的终值，即本利和为：

$F=10\,000+ 10\,000 \times 4\% \times 1=10\,000 \times (1+4\% \times 1) =10\,400$（元）

（3）单利现值的计算

单利现值的计算是单利终值的逆运算，其公式如下：

$$P = F \div (1+i \cdot n) \tag{2-3}$$

【例2-2】假定某人想在4年后从银行取款11 600元，用来归还欠款。那么，在利率为4%，单利计算方式下，某人需要现在向银行存入多少现金？

解：$P=11\,600 \div (1+4\% \times 4) =10\,000$（元）

2. 复利的终值与现值

（1）复利终值的计算

复利终值是指按复利计算方法，计算一定量的本金在若干期以后的本利和。

$$F=P \cdot (1+i)^n \tag{2-4}$$

式中：$(1+i)^n$称为复利终值系数，也称1元的复利终值，记为（F/P，i，n）。其实质是，不包含时间因素的1元货币n年后的价值。

【例2-3】某人将10 000元存入银行，若年利率为6%，按复利计算，5年后的本利和为多少？

解：$F=10\,000 \times (1+6\%)^5$

$=10\,000 \times$（F/P，6%，5）

$=10\,000 \times 1.3382$

$=13\,382$（元）

故5年后的本利和为13 382元。

在实际工作中，复利终值的计算主要有三种方法：

方法一是利用有统计功能的计算器确定复利终值系数，即计算（1+*i*）的*n*次幂。如上例，计算（1+6%）的5次幂，即 $(1+6\%)^5=1.338226$，然后再计算出复利终值 $F=10\ 000\times1.338226=13\ 382.26$。

方法二是利用“复利终值系数表”（本教材末附表1），查出复利终值系数，该表第一行是利率i，第一列是期数*n*，$(1+i)^n$的值就在利率和期数的相交处。例如，通过该表可以查出上例中（*F/P*，6%，5）=1.3382，然后再计算出复利终值 $F=10\ 000\times1.3382=13\ 382$，但该表通常只编制整利率和整数期数的情况，如果利率为5.25%或期数为5.5年，无法从表中查到。

方法三是利用Excel的函数功能直接计算出复利终值。其计算函数为：*FV*（*rate*，*nper*，*pmt*，*pv*，*type*）。其中：*rate*代表利率；*nper*代表总投资期，即该项投资总的付款期数；*pmt*代表各期支出金额，在整个投资期内不变，若该参数为0或省略，则函数值为普通复利终值；*pv*代表现值，也称本金，若省略此参数或为0，则函数值为年金终值（*pmt*不为0）；*type*只有数值0或1，0或忽略表示收付款时间是期末，1表示是期初。如上例，可以在Excel表的单元格*A*1中输入“= *FV*（6%、5，0，-10 000，0）”，则返回结果为13 382.26，即5年后某人得到的本利和将为13 382.26元。

在使用Excel的函数功能计算资金时间价值时，凡是投资（或支出）的金额都用负数的形式表示，收益（或收入）的金额用正数形式表示。

（2）复利现值的计算

复利现值是指按复利计算方法，计算未来一定量的货币的现时总价值，是复利终值的逆运算，其计算公式如下：

$$P=F\cdot(1+i)^{-n} \tag{2-5}$$

式中：$(1+i)^{-n}$称为复利现值系数，记为（*P/F*，*i*，*n*），其实质是包含时间因素的1元货币，消除时间因素的影响后第n年的价值。

【例2-4】 假设某人拟在5年后获得本利和100 000元，用于支付房款，如果年利率为5%，按复利计算，那他现在应存入银行多少钱？

解：$P=100\ 000\times(1+5\%)^{-5}$

$=100\ 000\times(P/F,\ 5\%,\ 5)$

$=100\ 000\times0.7835$

$=78\ 350$（元）

故现在应存入78 350元。

在实际工作中，复利现值的计算同样有三种方法：

方法一是利用有统计功能的计算器确定复利现值系数，然后再计算出复利现值。

方法二是利用“复利现值系数表”，查出复利现值系数，然后再计算出复利现值。

方法三是利用Excel的函数功能直接计算出复利现值。其计算函数为：*PV*（*rate*，*nper*，*pmt*，*fv*，*type*），与复利终值函数相比，它们的区别在于参数的设定：*pmt*代表各期所获得的金额，*fv*代表未来值（终值），如果省略*fv*，系统默认值为年金现值（*pmt*不为0）。如上例，可以在Excel表的单元格A2中输入“= *PV*（5%、5，0，10 000，0）”，则返回结果为“-78 352.6”，即现在某人要拿出78 352.6元存入银行。

2.1.3 等额系列收付款项中复利年金终值与复利年金现值

年金是指在一定时期内每隔相同时间（如1年）就发生相同数额的系列收入或支出的款项。

在现实经济生活中，分期等额形成或发生的各种偿债基金、折旧费、养老金、保险金、租金、等额分期收款或付款、零存整取储蓄存款中的零存数、整存零取储蓄存款中的零取金额、定期发放的固定奖金、债券利息和优先股股息以及等额回收的投资额以及定期等额归还的购房贷款等都属于年金的范畴。

年金又包括普通年金、预付年金、递延年金和永续年金。其中，普通年金应用最为广泛，其他几种年金均可在普通年金的基础上推算出来。以后凡涉及年金问题，若无特殊说明，均指普通年金。

1.普通年金终值

凡在每期期末发生的年金称为普通年金，又称后付年金、期末年金，用A表示。普通年金（复利）终值又可简称年金终值，是指各期普通年金A的终值之和，是按复利计息方法计算的各个相同间隔期末收到或付出的等额款项的未来总价值。普通年金终值的含义可用图2-1表示如下（设利率为5%，共4年期）：

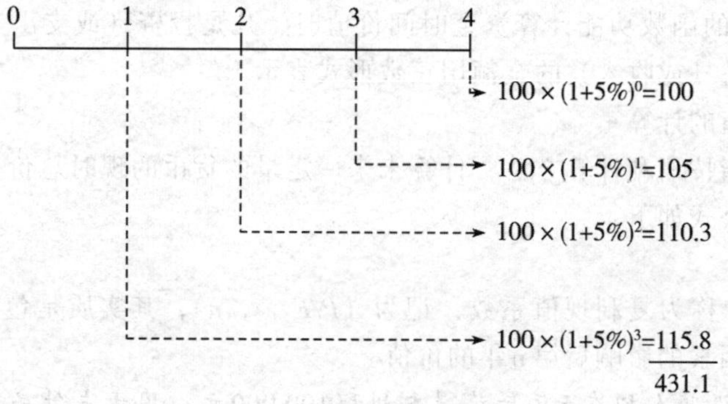

图2-1 普通年金终值

图2-1中，0指第1年年初，1、2、3、4分别指第1至第4年年末，从第1年年末至第4年年末，每年年末都收到或付出100元，至第4年年末，这一系列款项的本利之和共计431.1元，即该笔年金的终值。

如果年金的期数很多，用上述方法计算终值显然相当烦琐。由于每年支付额相等，折算终值的系数又是有规律的，所以可找出简便的计算方法。

设每年的支付额为A，利率为i，期数为n，则按复利计算的年金终值F_A为：

$$F_A=A(1+i)^0+A(1+i)^1+A(1+i)^2+A(1+i)^3+\cdots+A(1+i)^{n-1}$$

等式两边同乘$(1+i)$，则：

$$(1+i)F_A=A(1+i)^1+A(1+i)^2+A(1+i)^3+A(1+i)^4+\cdots+A(1+i)^{n-1}+A(1+i)^n$$

上述两式相减：

$$(1+i)F_A-F_A=A(1+i)^n-A$$

$$F_A=A\frac{(1+i)^n-1}{i} \tag{2-6}$$

式中：$\frac{(1+i)^n-1}{i}$称为普通年金终值系数，也称1元年金终值，记作（F/A，i，n），其实质是不包含时间因素的1元年金n年后的币值。

【例2-5】某企业每年年末从税后利润中提取50 000元存入A银行建立奖励基金，以奖励有突出贡献的科研人员，若银行存款年利率为5%，问4年后这笔基金共有多少元？

解：$F_A=A$（F/A，5%，4）

=50 000×4.3101

=215 505（元）

在实际工作中，普通年金终值的计算同样有三种方法：

方法一是利用有统计功能的计算器确定普通年金终值系数，然后再计算出普通年金终值。

方法二是利用“普通年金终值系数表”（本教材末附表3），查出普通年金终值系数，然后再计算出普通年金终值。

方法三是利用Excel的函数功能直接计算出普通年金终值。其计算函数为：*FV*（*rate*，*nper*，*pmt*，*pv*，*type*）。其中：*rate*代表利率；*nper*代表总投资期，即该项投资总的付款期数；*pmt*代表各期支出金额，在整个投资期内不变，若该参数为0或省略，则函数值为普通复利终值；*pv*代表现值，也称本金，若省略此参数或为0，则函数值为年金终值（*pmt*不为0）；*type*只有数值0或1，0或忽略表示收付款时间是期末，1表示是期初。如上例，可以在Excel表的单元格A3中输入“= *FV*（5%，4，-50 000，0，0）”，则返回结果为215 506.25，即4年后这笔基金共有215 506.25元。

综上所述，公式（2-4）与公式（2-5）涉及F、P、i、n这4个因素，实际上只要知道其中任意3个因素，都可以求出剩下的那一个因素；公式（2-6）涉及F_A、A、i、n这4个因素，只要知道其中任意3个因素，都可以求出剩下的那一个因素。比如，已知F_A、i、n求A，则有：

$$A=F_A\cdot\frac{i}{(1+i)^n-1}$$

$$=F_A\div(F/A,\ i,\ n)$$

此时，A称为年偿债基金，是指为使年金终值达到既定金额，每期应支付的年金数额。

式中：$\frac{i}{(1+i)^n-1}$是年金终值系数的倒数，称偿债基金系数，记作（A/F，i，n）。它可以把年金终值折算为每期需要支付的金额。

【例2-6】某企业5年后需偿还一笔长期借款，计200万元，该企业为了保证到期能偿还该笔债务，计划从现在起每年年末向银行存入一笔钱，设立偿债基金，若银行存款利率为5%，则每年应存入多少钱，才能保证到期偿还债务？

解：A=200÷（F/A，5%，5）

=200÷5.5256

=36.195（万元）

2.普通年金现值

普通年金（复利）现值简称年金现值，是指各期普通年金A的现值之和，是按复利计息方法计算的若干相同间隔期末收到或付出的系列等额款项的现时总价值。可用图2-2表示如下（设利率为5%，期数为4）：

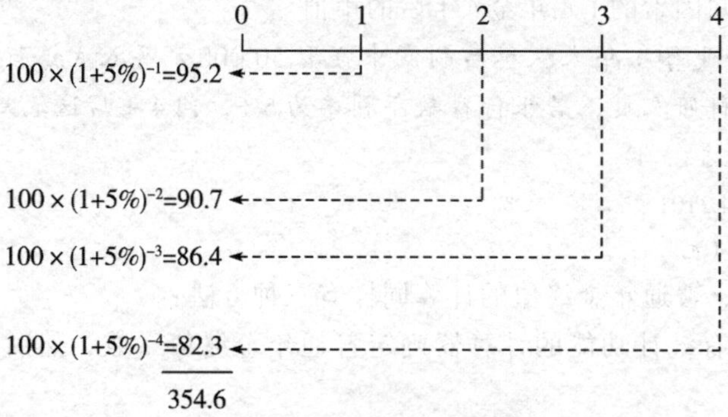

图2-2 普通年金现值

图2-2中，0表示第1年年初，1、2、3、4分别表示第1至第4年年末，每年年末收到（付出）的100元，按复利现值的计算方法计算的现值之和共计354.6元，即为该笔4年期普通年金的现值。

同理，可找出简便的计算方法。设每年的支付额为A，利率为i，期数为n，则按复利计算的年金现值P_A为：

$$P_A = A(1+i)^{-1} + A(1+i)^{-2} + A(1+i)^{-3} + \cdots + A(1+i)^{-n}$$

等式两边同乘（1+i）：

$$(1+i)P_A = A + A(1+i)^{-1} + A(1+i)^{-2} + \cdots + A(1+i)^{-(n-1)}$$

上述两式相减：

$$(1+i)P_A - P_A = A - A(1+i)^{-n}$$

$$P_A = A\frac{1-(1+i)^{-n}}{i} \tag{2-7}$$

式中：$\frac{1-(1+i)^{-n}}{i}$称为普通年金现值系数，也称1元年金现值，记作（P/A，i，n），其实质是包含n年时间因素的1元年金，消除时间因素的影响后第n年的币值。

【例2-7】某企业计划现在存入一笔款项，以便在将来的5年内每年年终向有突出贡献的科研人员发放10 000元春节慰问金，若银行年利率为5%，现在应存入的款项为多少？

解：P_A=10 000（P/A，5%，5）

=10 000×4.3295

=43 295（元）

在实际工作中，普通年金现值的计算同样有三种方法：

方法一是利用有统计功能的计算器确定普通年金现值系数，然后再计算出普通年金现值。

方法二是利用“普通年金现值系数表”，查出普通年金现值系数，然后再计算出普通年金现值。

方法三是利用Excel的函数功能直接计算出普通年金终值。其计算函数为：*PV*（*rate*，*nper*，*pmt*，*fv*，*type*）。参数*rate*、*nper*、*pmt*、*fv*、*type*的含义同上。如上例，可以在Excel表的单元格A4中输入“= *PV*（5%，5，10 000，0，0）”，则返回结果为-43 294.77，即

企业现在应存入的款项为43 294.77元。

同样的，就公式（2-7）中P_A、A、i、n 4个因素而言，已知其中任意3个因素，可推导出剩下的一个因素。如果已知P_A、i、n求A，则有：

$$A = P_A \cdot \frac{i}{1-(1+i)^{-n}} = P_A \div (P/A,\ i,\ n)$$

此时A称为年投资回收额，可用于计算为收回一笔现时进行的长期投资，以后每年必须收回的等额款项。

式中：$\frac{i}{1-(1+i)^{-n}}$是年金现值系数的倒数，称为投资回收系数，记作（A/P，i，n），它可以把年金现值折算为每期需要收回的金额。

【例2-8】某企业以5%的年利率向银行贷款500万元投资某大型项目，该项目有效期为10年，问每年年末至少应收回多少钱，才能在10年内收回投资？

解：A=500÷（P/A，5%，10）

=500÷7.7217

=64.753（万元）

3.预付年金终值

凡在每期期初发生的年金称为预付年金，又称先付年金、即付年金、期初年金。其终值是指各期预付年金A的终值之和，是按复利计息方法计算的若干相同间隔期期初收到或付出的系列等额款项的未来总价值。预付年金终值可用图2-3表示如下（假设年利率为5%，期数为4）：

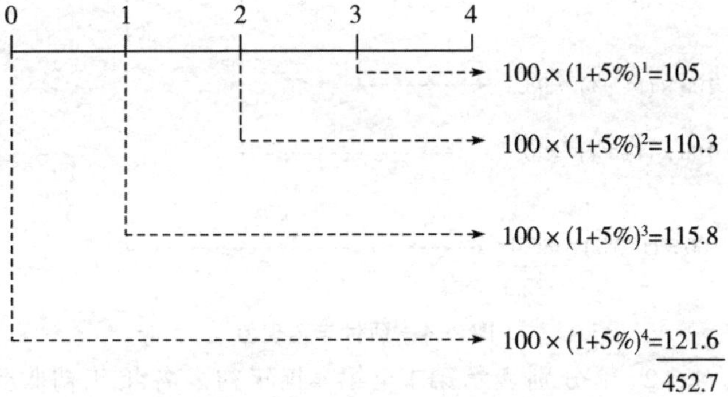

图2-3　预付年金终值

图2-3中，0、1、2、3分别指第1至第4年年初，每年年初都收到或付出100元，至第4年年初，这一系列款项的本利之和共计452.7元，即该笔年金的终值。

设每年的支付额为A，利率为i，期数为n，则按复利计算的预付年金终值F_A为：

$$F_A = A(1+i)^1 + A(1+i)^2 + A(1+i)^3 + \cdots + A(1+i)^n$$

等式两边同乘（$1+i$）：

$$(1+i)F_A = A(1+i)^2 + A(1+i)^3 + A(1+i)^4 + \cdots + A(1+i)^{n+1}$$

上述两式相减：

$$(1+i)F_A - F_A = A(1+i)^{n+1} - A(1+i)$$

$$F_A = A\left[\frac{(1+i)^{n+1}-1}{i} - 1\right] = A\frac{(1+i)^n - 1}{i}(1+i) \qquad (2\text{-}8)$$

式中：$\frac{(1+i)^{n+1}-1}{i}-1=\frac{(1+i)^{n}-1}{i}(1+i)$ 是期数为n，利率为i时1元预付年金的终值，称为预付年金终值系数。比较普通年金终值与预付年金终值的计算公式，可以看出，n期预付年金终值系数就是$n+l$期普通年金终值系数减去1之后的差额，即期数加1，系数减1。也等于n期普通年金终值系数乘以（$1+i$）。预付年金终值系数（F/A，i，$n+1$）$-1=$（F/A，i，n）（$1+i$）可通过计算普通年金终值系数，经过简单计算求得。

【例2-9】某企业出租一设备，每年年初可收到租金20 000元，若银行存款利率为5%，则5年后，该笔租金的本利和共有多少？

解：F_A=20 000×［（F/A，5%，5+1）−1］

=20 000×（6.8019−1）

=116 038（元）

或　F_A=20 000×（F/A，5%，5）×（1+5%）

=20 000×5.5256×1.05

=116 037.6（元）

4.预付年金现值

预付年金现值是指各期预付年金A的现值之和，是按复利计息方法计算的若干相同间隔期期初收到或付出的等额系列款项的现时总价值。预付年金现值可用图2-4列示如下（设年利率为5%，期数为4）：

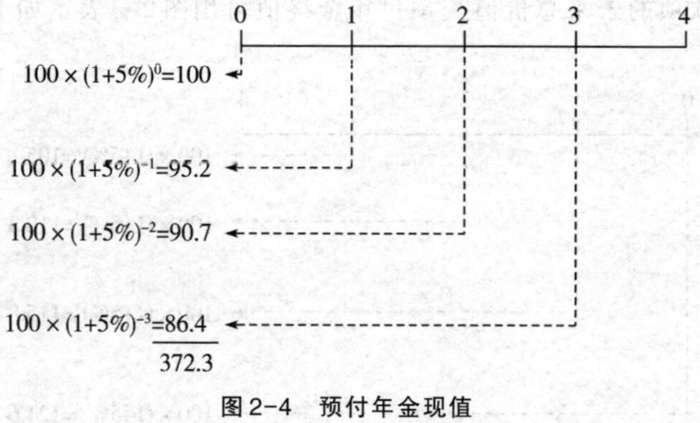

图2-4　预付年金现值

图2-4中，0、1、2、3分别表示第1至第4年年初。各年年初收到（付出）的等额系列款项，按复利现值计算方法计算的现值之和372.3元，就是这笔4年期预付年金的现值。

设每年的支付额为A，利率为i，期数为n，则按复利计算的年金现值P_A为：

$$P_A=A+A(1+i)^{-1}+A(1+i)^{-2}+A(1+i)^{-3}+\cdots+A(1+i)^{-(n-2)}+A(1+i)^{-(n-1)}$$

等式两边同乘（1+i）：

$$(1+i)P_A=A(1+i)+A+A(1+i)^{-1}+A(1+i)^{-2}+\cdots+A(1+i)^{-(n-3)}+A(1+i)^{-(n-2)}$$

上述两式相减：

$$(1+i)P_A-P_A=A(1+i)-A(1+i)^{-(n-1)}$$

$$P_A=A\left[\frac{1-(1+i)^{-(n-1)}}{i}+1\right]=A\frac{1-(1+i)^{-n}}{i}(1+i) \qquad (2\text{-}9)$$

式中：$\frac{1-(1+i)^{-(n-1)}}{i}+1=\frac{1-(1+i)^{-n}}{i}(1+i)$，是期数为$n$，利率为$i$时，1元预付

年金的现值，称为预付年金现值系数。可以看出，n期预付年金现值系数就是$n-1$期年金现值系数加上1，即期数减1，系数加1，也等于n期普通年金现值系数乘以（$1+i$）。预付年金现值系数（P/A，i，$n-1$）+1=（P/A，i，n）（$1+i$）可利用普通年金终值系数，经过简单计算求得。

【例2-10】某人分期付款购买汽车一辆，预计每年年初需付款30 000元，5年付清，若银行年利率为5%，则分期购买该部汽车相当于现在一次性付款多少元？

解：P_A=30 000×［（P/A，5%，5-1）+1］
=30 000×（3.5460+1）
=136 380（元）

或　P_A=30 000×（P/A，5%，5）×（1+5%）
=30 000×4.3295×1.05
=136 379.25（元）

两种方法产生的误差0.75元是由于系数表的尾数误差而形成的。本节以后同一内容的不同公式所产生的误差均系此种情况，并不影响其公式的正确性。

5.递延年金现值

递延年金是指在一定时期内（如n期），从第0期开始隔m期（$n>m\geqslant 1$）以后才发生系列等额收付款项的一种普通年金形式。显然，凡不是从第1年年末开始的普通年金都是递延年金。递延年金的终值和普通年金终值的计算没有什么两样。递延年金现值用图2-5表示如下（设银行年利率为5%，期数为4）：

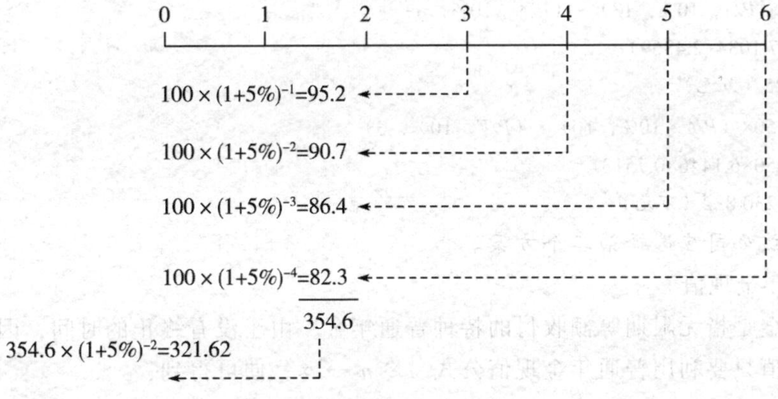

图2-5　递延年金现值

图2-5中，第1、2期称为递延期，通常用字母m表示。

递延年金现值的计算公式可以表示如下：

$$
\begin{aligned}
P_A &= A(1+i)^{-(m+1)} + A(1+i)^{-(m+2)} + \cdots + A(1+i)^{-n} \\
&= A[(P/A,\ i,\ n)-(P/A,\ i,\ m)] \qquad (2\text{-}10) \\
&= A(P/A,\ i,\ n-m)(P/F,\ i,\ m)
\end{aligned}
$$

【例2-11】某投资项目从投资到投产需3年时间，投产后，预计每年年末能收到100 000元，该项目经营期为6年，若投资报酬率为10%，则该项目6年的收入相当于现在多少元？

解：据题意，A=100 000，n=9，m=3，i=10%，则：

P_A=100 000×［（P/A，10%，9）－（P/A，10%，3）］
=100 000×（5.7590-2.4869）

=327 210（元）

或　P_A=100 000×（P/A，10%，6）×（P/F，10%，3）

=100 000×4.3553×0.7513

=327 213.69（元）

【例2-12】某公司拟购置一处房产，房主提出两种付款方案：

（1）从现在起，每年年初支付40万元，连续支付10次，共400万元；

（2）从第5年开始，每年年初支付50万元，连续支付10次，共500万元。

假设该公司的资本成本率（即最低报酬率）为10%，则该公司应选择哪个方案？

解：为选择成本较低的付款方案，需计算出两种付款方法之下所付系列款项的现值，即两种不同的付款方式之下所付的款项相当于现在一次性付款多少。

（1）采用第一种付款方式时，所付款项的现值可直接运用预付年金现值的计算方法：

P_A=40×［（P/A，10%，9）+1］

=40×（5.7590+1）

=270.36（万元）

（2）采用第二种付款方式时，付款方式如图2-6所示：

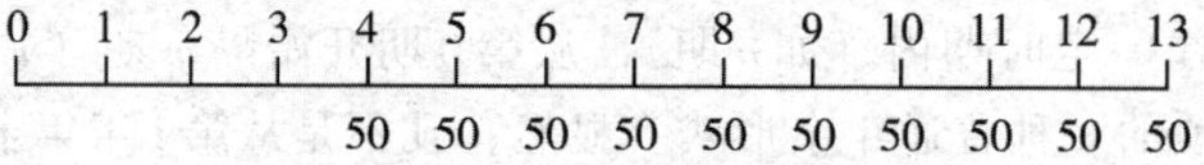

图2-6　5年后付款示意图

据题意，A=50，n=13，m=3，i=10%，则：

P_A=50×［（P/A，10%，13）-（P/A，10%，3）］

=50×（7.1034-2.4869）

=230.825（万元）

或　P_A=50×（P/A，10%，10）×（P/F，10%，3）

=50×6.1446×0.7513

=230.822（万元）

因而，该公司应选择第二个方案。

6.永续年金现值

永续年金是指无限期等额收付的特种普通年金。由于没有终止的时间，因此也就没有终值。其现值只要利用普通年金现值公式，令$n \to \infty$，便可得到：

$$P_A = A \div i \tag{2-11}$$

【例2-13】某科研机构计划设立一项永久性的科研奖金，拟每年发放10万元的奖金。如果年利率为5%，现在需要存入基金多少钱？

解：$P = A \div i = \frac{10}{5\%}$=200（万元）

2.1.4　货币时间价值计算的其他几个问题

上节中，在讨论系列收付款的货币时间价值时，可以用年金计算方法来计算等额系列收付款，在现实经济生活中，现金流量的不规则以及时间分布的不统一，使得货币时间价值的计算比较复杂。本节主要讨论一些货币时间价值计算的特殊问题。

1.不等额系列收付款项的货币时间价值的计算

不等额系列收付款项是指一定时期内多次收付，而每次收付的金额不完全相等的款项。不等额系列收付款项的货币时间价值的计算包括终值和现值的计算。

（1）不等额系列收付款项的终值计算

不等额系列收付款项的终值等于每期收付款项的终值之和。

【例2-14】某人的存钱计划如下：第1年年末存3 000元，第2年年末存3 500元，从第3年年末起，每年存4 000元。如果年利率为5%，那么他在第5年年末可以得到的本利和是多少？

解：方法一：

F=3 000×（F/P，5%，4）+3 500×（F/P，5%，3）+4 000×（F/P，5%，2）+4 000×（F/P，5%，1）+4 000

=3 000×1.2155+3 500×1.1576+4 000×1.1025+4 000×1.050+4 000

=20 308.1（元）

方法二：

F=3 000×（F/P，5%，4）+3 500×（F/P，5%，3）+4 000×（F/A，5%，3）

=3 000×1.2155+3 500×1.1576+4 000×3.1525

=20 308.1（元）

（2）不等额系列收付款项的现值计算

不等额系列收付款项的现值等于每期收付款项的现值之和。

【例2-15】某人想现在存一笔钱到银行，希望在第1年年末可以取3 000元，第2年年末可以取3 500元，第3、4、5年每年年末可以取4 000元。如果年利率为5%，那么他现在应该存多少钱到银行？

解：方法一：

P=3 000×（P/F，5%，1）+3 500×（P/F，5%，2）+4 000×（P/F，5%，3）+

4 000×（P/F，5%，4）+4 000×（P/F，5%，5）

=3 000×0.9524+3 500×0.907+4 000×0.8638+4 000×0.8227+4 000×0.7835

=15 911.7（元）

方法二：

P=3 000×（P/F，5%，1）+3 500×（P/F，5%，2）+

4 000×（P/A，5%，3）×（P/F，5%，2）

=3 000×0.9524+3 500×0.907+4 000×2.7232×0.907

=15 911.47（元）

2.增长年金现值的计算

除了不等额系列收付款项或年金的货币时间价值的计算外，还有一种情形在日常经济生活中也是比较常见的。如希望每年从银行存款里取出的钱以固定比率增长以应对日常生活，或设立一个逐年增长的奖学金基金等，这些都是在一定时期内按固定增长率增长的系列收付款项，称之为增长年金。

设第1年的收付款额为A，每年收付款额的增长率为g，则第2年的收付款额为$A(1+g)$，第3年的收付款额为$A(1+g)^2$，以此类推，第n年的收付款额为$A(1+g)^{n-1}$。其现值的计算如下：

$$P_A=\frac{A}{(1+i)^1}+\frac{A(1+g)}{(1+i)^2}+\frac{A(1+g)^2}{(1+i)^3}+\cdots+\frac{A(1+g)^{n-1}}{(1+i)^n}$$

将上式两边分别乘以$\frac{1+g}{1+i}$，得：

$$P_A\left(\frac{1+g}{1+i}\right)=\frac{A(1+g)}{(1+i)^2}+\frac{A(1+g)^2}{(1+i)^3}+\frac{A(1+g)^3}{(1+i)^4}+\cdots+\frac{A(1+g)^n}{(1+i)^{n+1}}$$

上式减下式，得：

$$P_A\left(1-\frac{1+g}{1+i}\right)=\frac{A}{(1+i)^1}-\frac{A(1+g)^n}{(1+i)^{n+1}}$$

$$P_A=\frac{A}{i-g}\cdot\left[1-\frac{(1+g)^n}{(1+i)^n}\right]\quad（式中，i>g）$$

当$n\to\infty$时，增长年金即为永续增长年金，其现值计算公式为：

$$P_A=\frac{A}{i-g}$$

【例2-16】某科学家想在母校设立一个永久的科研人员奖励基金，计划第1年年末拿出15 000元奖励有突出贡献的科研人员，以后逐年增长2%。假设存款年利率为5%，该科学家现在应存入基金多少钱？

解：$P_A=\frac{15\,000}{5\%-2\%}=500\,000$（元）

3.名义利率与实际利率的换算

在前面的复利计算中，假设所涉及的利率均为年利率，并且每年复利一次。但在实际业务中，复利的计算期不一定是1年，可以是半年、一季、一月或一天。当利息在1年内要复利几次时，给出的年利率称为名义利率，用r表示，根据名义利率计算出的每年复利一次的年利率称为实际利率，用i表示。若每年计息期数为m，则：

每期利率（计息期利率）$h=r\div m$

总计息期数$n=mt$

式中：m为每年计、付息的期数；t为年数；r为名义利率；其余字母含义同前。

【例2-17】某人将10 000元存入银行，若年利率为6%，按复利计算，若银行每半年计息一次，5年后的本利和将为多少？

解：$F=10\,000\times(1+6\%\div2)^{10}$

$=10\,000\times(F/P，3\%，10)$

$=10\,000\times1.3439$

$=13\,439$（元）

故5年后的本利和为13 439元。

比较【例2-3】的计算结果，每年计息两次的终值比计息一次的终值多57元。可见，因为银行每年计息两次，使投资者实际获得的报酬率高于银行规定的年利率。在这种情况下，通常将银行规定的年利率称为名义利率，而把投资者实际获得的报酬率称为实际利率。名义利率与实际利率，可由以下简便公式加以换算：

$$i=\left(1+\frac{r}{m}\right)^m-1$$

式中：i为实际利率；r为名义利率；m为每年计、付息的期数。

按【例2-17】的资料，该投资者获得的实际年利率为：

$i=(1+r\div m)^{m}-1$

$=(1+6\%\div2)^{2}-1$

$=6.09\%$

故 $F=P(1+i)^{5}=10\,000\times(1+6.09\%)^{5}=13\,439$（元）

小资料2-1　　校园贷宣称月息0.99% 实则40%

有大学生曾向某校园贷平台借了10 000元，分12期还款。但实际上，每个月的利息并非99元。由于借款平台要先扣除2 000元服务费，该借款人拿到手就只有8 000元，而还款单显示每月要还款932.33元。12个月实际要还11 187元，其中实际利息就有3 187元，如此一算，实际年化利息竟高达40%。

4.利率（折现率）的推算

在前面计算现值和终值时，都假定利率（折现率）是已知的，但在财务管理中，有时也会遇到已知终值、现值、计息期数，求利率（折现率）的问题。

（1）单利利率（折现率）的推算

根据单利终值或现值的计算公式，可得：

$$i=(F\div P-1)\div n$$

（2）一次性收付款项利率（折现率）的推算

根据复利终值或现值的计算公式，可得：

$$i=\sqrt{\frac{F}{P}}-1$$

（3）永续年金利率（折现率）的推算

根据永续年金现值的计算公式，可得：

$$i=\frac{A}{P_A}$$

（4）永续增长年金利率（折现率）的推算

根据永续增长年金现值的计算公式，可得：

$$i=\frac{A}{P_A}+g$$

（5）普通年金利率（折现率）的推算

普通年金利率（折现率）的推算比较复杂，在已知P_A或F_A、A和n的情况下，推算普通年金利率（折现率）的步骤如下：

①计算$\frac{P_A}{A}$（或$\frac{F_A}{A}$）的值，假定$\frac{P_A}{A}$（或$\frac{F_A}{A}$）$=\alpha$。

②查“普通年金现值系数表”或“普通年金终值系数表”，沿着n所在行横向查找，若能找到某一数字等于α，则该数字所在列对应的利率即为所求的普通年金利率（折现率）。

③若不能找到某一数字正好等于α，就需要沿着n所在行查找与α最接近的两个左右相邻的数值，设为β_1、β_2（$\beta_2<\alpha<\beta_1$），找出β_1、β_2所对应的利率，设为i_1、i_2，则普通年金利率（折现率）i必在i_1和i_2之间，可用内插法计算。

④内插法的计算公式如下：

$$i=i_1+\frac{\beta_1-\alpha}{\beta_1-\beta_2}\cdot(i_2-i_1)$$

【例2-18】某公司第1年年初借款80 000元，每年年末还本付息总额均为16 000元，连续9年还清。则该公司的实际借款利率为多少？

解：①计算$\frac{P_A}{A}=\frac{80\,000}{16\,000}=5$。

②9年还清。问该公司的实际借款利率，沿着$n=9$这一行横向查找，找不到某一数字正好等于5，则继续沿着$n=9$这一行查找与5最接近的两个左右相邻的数值，是5.3282和4.9464，令$\beta_1=5.3282$，$\beta_2=4.9464$，找出β_1、β_2所对应的利率，则$i_1=12\%$、$i_2=14\%$。

利率　　　　　　　　　　　　年金现值系数

$$\left.\begin{array}{l}\left.\begin{array}{l}12\% \\ i\end{array}\right\} i-12\% \\ \quad 14\%\end{array}\right\} 14\%-12\% \qquad \left.\begin{array}{l}\left.\begin{array}{l}5.3282 \\ 5\end{array}\right\} -0.328 \\ \quad 4.9464\end{array}\right\} -0.3818$$

$$\frac{i-12\%}{14\%-12\%}=\frac{5-5.3282}{4.9464-5.3282}$$

$$i=12\%+\frac{5-5.3282}{4.9464-5.3282}\times(14\%-12\%)$$

$$=13.72\%$$

也可直接用内插法的计算公式，计算如下：

$$i=12\%+\frac{5.3282-5}{5.3282-4.9464}\times(14\%-12\%)$$

$$=13.72\%$$

（6）计息期数的推算

在财务管理中，有时也会遇到已知终值、现值、年金、利率（折现率），求计息期数的问题。例如，某人想在若干年后存够30万元用于支付商品房的首付款，如果现在起每年年末存4万元，在银行存款利率为4%的条件下，需要存多少年？

计息期数的推算，其原理和步骤与利率（折现率）i的推算方法类似，区别只是沿着已知i所在列纵向查找计息期数n。现以普通年金为例，在已知P_A或F_A、A和i的情况下，推算普通年金计息期数的步骤如下：

①计算$\frac{P_A}{A}$（或$\frac{F_A}{A}$）的值，假定$\frac{P_A}{A}$（或$\frac{F_A}{A}$）$=\alpha$。

②查“普通年金现值系数表”或“普通年金终值系数表”，沿着i所在列纵向查找，若能找到某一数字等于α，则该数字所在行对应的n即为所求的普通年金计息期数。

③若不能找到某一数字正好等于α，就需要沿着i所在列查找与α最接近的两个上下相邻的数值，设为β_1、β_2（$\beta_1<\alpha<\beta_2$），找出β_1、β_2所对应的计息期数，设为n_1、n_2，则普通年金计息期数n必在n_1和n_2之间，可用内插法计算。

④内插法的计算公式如下：

$$n=n_1+\frac{\beta_1-\alpha}{\beta_1-\beta_2}\cdot(n_2-n_1)$$

【例2-19】某人想在若干年后存够30万元用于支付购买商品房的首付款，如果现在起每年年末存5万元，在银行存款利率为4%的条件下，需要存多少年？

解：①计算$\frac{F_A}{A}=\frac{300\,000}{50\,000}=6$。

②查“普通年金终值系数表”，沿着$i=4\%$这一列纵向查找，找不到某一数字正好等于

6，则继续沿着i=4%这一列查找与6最接近的两个上下相邻的数值，是6.6330和5.4163，令β_1=6.6330，β_2=5.4163，找出β_1、β_2所对应的计息期数，则n_1=6，n_2=5。

计息期数 年金终值系数

$$\left.\begin{array}{l}\left.\begin{array}{l}5\\ n\end{array}\right\}n-5\\ \quad 6\end{array}\right\}6-5 \qquad \left.\begin{array}{l}\left.\begin{array}{l}5.4163\\ 6\end{array}\right\}0.5837\\ \quad 6.6330\end{array}\right\}1.2167$$

$$\frac{n-5}{6-5}=\frac{6-5.4163}{6.6330-5.4163}$$

$$n=5+\frac{6-5.4163}{6.6330-5.4163}\times(6-5)$$

$$=5.48（年）$$

也可直接用内插法的计算公式计算如下：

$$n=6+\frac{6.6330-6}{6.6330-5.4163}\times(5-6)$$

$$=5.48（年）$$

当然，也可以不用内插法，直接用代数方法求解：

如本例中，根据普通年金终值公式$F_A=A\frac{(1+i)^n-1}{i}$，有：

$$300\,000=50\,000\times\frac{(1+4\%)^n-1}{4\%}$$

$$1+0.24=(1+4\%)^n$$

两边取对数，整理得：

n=5.48年

2.2 风险价值

2.2.1 风险的概念及分类

1.风险的概念

风险的英文单词是“Risk”，它来自古希腊单词“Rhiza”，意思是靠近峭壁航行的危险：可能撞上礁石，也可能碰上暗流，还可能遇上从崖上掉下的石头。从财务角度看，风险是指在某种特定状态下和给定时间内可能发生的结果的变动。当人们只能够事先确定采取某种行动有多种可能的结果，以及每种结果出现可能性的大小，而行动的最终结果究竟会怎样，人们不能预知，这就是风险。例如，掷一枚硬币，我们可以事先知道硬币落地时有正面朝上和反面朝上两种结果，当实验次数足够多时，每种结果出现的可能性各为50%，但谁也无法事先知道硬币落地时是正面朝上，还是反面朝上。

与风险相关的另一个概念是不确定性，即人们事先只知道采取某种行动可能形成的各种结果，但不知道它们出现的概率，或者两者都不知道，而只能作些粗略的估计。如购买股票，投资者无法在购买前确定所有可能达到的期望报酬率以及该报酬率出现的概率。而风险问题出现的各种结果的概率一般可事先估计和测算，只是不准确而已。如果对不确定性问题先估计一个大致的概率，则不确定性问题就转化为风险性问题了。在实践中很难对二者加以区分，因为对风险问题的概率往往只能进行估计和测算，而不能准确知道，而对不确定性问题也可以估计一个概率，因此，当说到风险时，可能指的是确切意义上的风险，但更可能指的是不确定性，对二者不加区分。某一行动的结果不确定，此时有风险；反之，若某一行动的结果是肯定的，此时没有风险。

风险是客观的、普遍的，广泛地存在于企业的财务活动中，并影响着企业的财务目标。由于企业的财务活动经常是在有风险的情况下进行的，因此各种难以预料和无法控制的原因可能使企业遭受风险，蒙受损失，如果只有损失，没人会去冒风险，企业冒着风险投资的最终目的是得到额外收益。因此，风险不仅可能带来预期的损失，还可能带来预期的收益。仔细分析风险，以承担最小的风险来换取最大的收益，是十分必要的。

2.风险的类型

（1）从个别投资主体的角度，风险可分为市场风险和企业特有风险

①市场风险。市场风险是指影响所有企业的风险。它是由企业的外部因素引起的风险，如战争、自然灾害、利率的变化、经济周期的变化等。这类风险企业无法控制、无法分散，涉及所有的投资对象，故又称系统风险或不可分散风险。例如，一个人投资于股票，不论买哪一种股票，他都要承担市场风险，金融危机导致经济衰退时，各种股票的价格都会出现不同程度的下跌。

②企业特有风险。企业特有风险是指由个别企业的特有事件造成的风险，如工人罢工、新产品开发失败、没有争取到重要合同、诉讼失败、销售份额减少等。这类事件是随机发生的，只与个别企业和个别投资项目有关，不涉及所有企业和所有项目，可以通过多元化投资来分散，即发生于一个企业的不利事件可以被其他企业的有利事件所抵消，这类风险又称非系统风险或可分散风险。例如，一个人投资于股票时，买几种不同的股票比只买一种股票风险小。

（2）从企业本身的角度，风险可分为经营风险和财务风险

①经营风险。经营风险是指由于企业生产经营条件的变化给企业收益带来的不确定性，又称商业风险。这些生产经营条件的变化可能是企业内部的原因，也可能是企业外部的原因。例如，由于原材料价格变动、供应渠道改变、新材料的出现等引起的供应方面的风险；由于设备故障、产品质量问题、新产品开发失败、生产组织不合理等引起的生产方面的风险；由于消费者偏好的变化、新的竞争对手的出现、销售决策失误等引起的销售方面的风险。此外，经济危机、通货膨胀、宏观经济政策的变化等，也会给企业的经营带来风险。这些内外因素的共同作用，会使企业的生产经营产生不确定性，最终引起收益变化。

②财务风险。财务风险是指由于企业举债而给财务成果带来的不确定性，又称筹资风险。企业借款，虽可以解决企业资金短缺的困难，提高自有资金的盈利能力，但也改变了企业的资金结构和自有资金利润率，还必须还本付息，并且借入资金所获得的利润是否大于支付的利息额，具有不确定性，因此借款就有风险。在全部资金来源中，借入资金所占的比重大，企业的负担就重，风险程度也就增加；借入资金所占的比重小，企业的负担就轻，风险程度也就减轻。因此，必须确定合理的资金结构，既提高资金盈利能力，又防止财务风险加大。

小资料2-2　　硅谷银行破产

2023年3月8日，硅谷银行宣布出售约210亿美元的证券投资组合，因此损失18亿

美元。美国监管文件显示，投资者和储户3月9日试图从硅谷银行提取420亿美元，这是十多年来美国最大的银行挤兑之一。2023年3月9日，股票价格暴跌，跌幅超过60%，10日暴跌68%，进入停牌状态。2023年3月10日，硅谷银行被宣布破产，并成为美国历史上第二大破产银行。据统计，2023年美国至少有5家银行倒闭。2024年4月26日，美国联邦存款保险公司（FDIC）宣布，宾夕法尼亚州监管机构已关闭费城共和第一银行（Republic First Bank），美国联邦存款保险公司成为接管人。

2.2.2 风险的衡量

由于风险具有普遍性和广泛性，那么正确地衡量风险就十分重要。如前所述，风险是与各种可能的结果及其概率分布相关的，是可能值对期望值的偏离，因而利用概率统计中的方差、标准差、标准离差率等反映实际结果与期望结果偏离程度的指标，往往被用来计算与衡量风险的大小。

1.概率

在完全相同的条件下，某一事件可能发生，也可能不发生，可能出现这种结果也可能出现另外一种结果，这类事件称为随机事件。例如，财务管理中的投资收益率、现金流量等都是随机事件。

概率就是用来反映随机事件发生的可能性大小的数值，一般用X表示随机事件，X_i表示随机事件的第i种结果，P_i表示第i种结果出现的概率。随机事件的概率在0与1之间，即$0 \leq P_i \leq 1$，P_i越大，表示该事件发生的可能性越大；反之，P_i越小，表示该事件发生的可能性越小。所有可能的n种结果出现的概率之和一定为1，即$\sum P_i = 1$。肯定发生的事件概率为1，肯定不发生的事件概率为0。

【例2-20】 某公司拟对外投资，现有A公司、B公司的股票可供选择，在不同市场情况下，A、B公司的股票收益率资料见表2-1，试分析其风险的大小。

表2-1 A、B公司股票收益率及概率分布表

市场情况	发生概率P_i	A公司股票收益率	B公司股票收益率
繁荣	0.3	25%	30%
正常	0.5	20%	20%
萧条	0.2	15%	10%
合计	1.0	—	—

从表2-1中可见，所有的P_i均在0和1之间，且$P_1+P_2+P_3=0.3+0.5+0.2=1$。

如果我们将一项活动各种可能结果及相应的概率按一定规则排列出来，构成分布图，则称为概率分布。概率分布一般用平面直角坐标系的图示来反映，横坐标表示某一事件的结果，纵坐标表示每一结果发生的概率。

概率分布有两种类型：一是离散型概率分布，其特点是各种可能结果只有有限个值，概率分布在各个特定点上，是不连续的图像，如图2-7（【例2-19】中的A公司）所示；二是连续型概率分布，其特点是各种可能结果有无数个值，概率分布在连续图像上的两点之间，如图2-8所示。

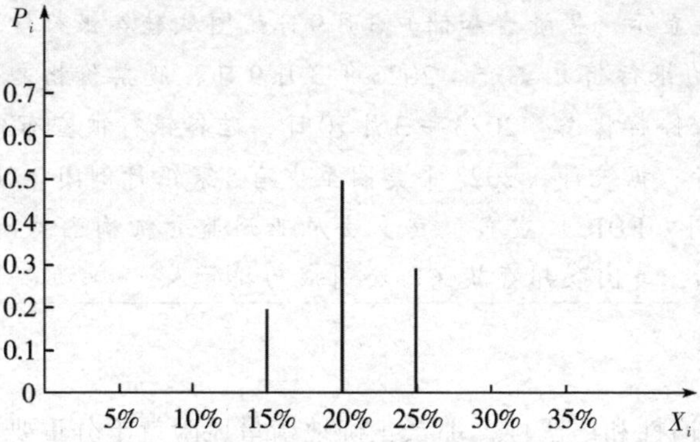

图 2-7 离散型概率分布

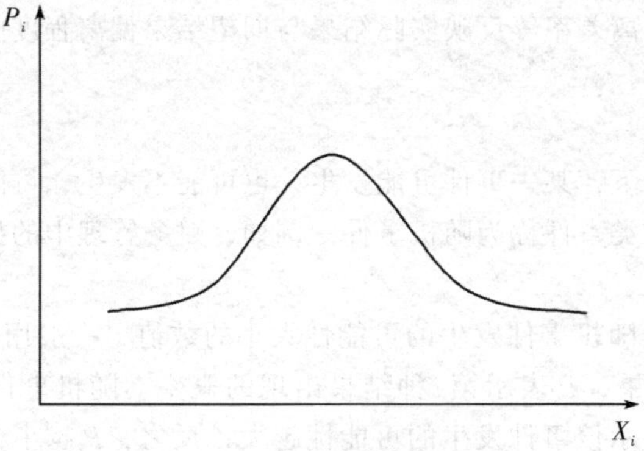

图 2-8 连续型概率分布

2.期望值

期望值是一个概率分布中的所有可能的结果，以各自相应的概率为权数计算的加权平均值。通常用符号E表示，根据概率统计知识，一个随机变量的期望值为：

$$E=\sum_{i=1}^{n}X_iP_i$$

【例 2-21】利用【例 2-20】中的资料，计算A、B公司股票收益率的期望值。

解：$E_A=25\%\times0.3+20\%\times0.5+15\%\times0.2=20.5\%$

$E_B=30\%\times0.3+20\%\times0.5+10\%\times0.2=21\%$

3.标准差

标准差被用来衡量概率分布中各种可能值对期望值的偏离程度，以反映风险的大小，标准差用σ表示。标准差的计算公式为：

$$\sigma=\sqrt{\sum_{i=1}^{n}(X_i-E)^2P_i}$$

标准差被用来反映决策方案的风险，是一个绝对数。在存在n个方案的情况下，若期望值相同，则标准差越大，表明各种可能值偏离期望值的程度越大，结果的不确定性越大，风险也越大；反之，标准差越小，表明各种可能值偏离期望值的程度越小，结果的不确定越小，则风险也越小。

【例 2-22】利用【例 2-20】、【例 2-21】中的数据，计算标准差。

解：$\sigma_A=\sqrt{(25\%-20.5\%)^2\times0.3+(20\%-20.5\%)^2\times0.5+(15\%-20.5\%)^2\times0.2}=3.5\%$

$\sigma_B=\sqrt{(30\%-21\%)^2\times0.3+(20\%-21\%)^2\times0.5+(10\%-21\%)^2\times0.2}=7\%$

4.标准离差率

标准差作为一个绝对数，反映了可能值与期望值的偏离程度，可用来衡量风险，但它只适用于在期望值相同的条件下风险程度的比较，对于期望值不同的决策方案，则不适用，为此，我们需要引入标准离差率这一指标。

标准离差率是指标准差与期望值的比值，也称离散系数，用V表示，计算公式如下：

$$V=\frac{\sigma}{E}$$

标准离差率是一个相对数，标准离差率越大，表明可能值与期望值偏离程度越大，结果的不确定性越大，风险也越大；反之，标准离差率越小，表明可能值与期望值偏离程度越小，结果的不确定性越小，风险也越小。

【例2-23】 利用【例2-21】~【例2-22】中的数据，计算A、B股票的标准离差率。

解：$V_A=\frac{3.5\%}{20.5\%}=0.1707=17.07\%$

$V_B=\frac{7\%}{21\%}=0.3333=33.33\%$

可见，A股票的标准离差率小于B股票的标准离差率，即A股票的风险程度小于B股票。

有了标准离差率，我们就可以确定不同方案风险的大小，选择决策方案。对单个方案，决策者可将标准离差率与设定的可接受的此项指标最高限值进行比较；对于多个方案，决策者应选择低风险、高收益的方案，即标准离差率低、期望值高的方案。但在实际的经济生活中，高收益往往伴随着高风险，低收益的方案往往风险也较低，这就需要决策者在风险和收益之间进行权衡，具体情况具体分析。

2.2.3 风险报酬的计算

1.风险报酬的含义

如上所述，企业的财务活动和经营管理活动总是在有风险的状态下进行的，只不过风险有大有小。投资者冒着风险投资，是为了获得更多的报酬，冒的风险越大，要求的报酬就越多。风险和报酬之间存在密切的对应关系，高风险的项目通常有高报酬，低风险的项目通常伴随着低报酬，因此，风险报酬是投资报酬的组成部分。

那么，什么是风险报酬呢？它是指投资者冒着风险进行投资而获得的超过货币时间价值（不考虑通货膨胀）的那部分额外收益，是对人们所遇到的风险的一种价值补偿，也称风险价值。它的表现形式有两种：风险报酬额和风险报酬率。

风险报酬额是指投资者因冒风险进行投资而获得的超过时间价值的额外报酬，是对人们所遇到风险的一种价值补偿，也称为风险价值。

风险报酬率是风险报酬额与原始投资额的比率，也叫风险收益率。在财务管理实务中，风险报酬一般用风险报酬率来表示。

2.风险报酬的计算

标准离差率仅反映一个投资项目的风险程度，并未反映真正的风险报酬，要将其换算为风险报酬率，必须借助一个转换系数——风险报酬系数，又叫风险报酬斜率。风险报酬率、风险报酬系数和标准离差率之间的关系可用公式表示如下：

$R_R=bV$

式中：R_R表示风险报酬率；b表示风险报酬系数（风险的价格）；V表示标准离差率（风险的大小）。

其中，b的设定方法主要有以下几种：

①根据以往同类投资项目的历史资料进行确定。

②根据标准离差率、风险报酬系数和风险报酬率的历史数据进行测算。

③由企业领导或企业组织有关财经专家加以确定。如缺乏历史资料，可由企业领导如*CEO*、*CFO*等根据经验确定，也可由企业组织有关财经专家加以确定。

④由国家有关部门组织专家确定。

风险报酬率是指投资者因冒风险进行投资而要求的、超过货币时间价值的那部分额外的收益率，在金额上等于风险报酬额与原始投资额的比率。如果不考虑通货膨胀，投资者冒着风险进行投资所希望得到的投资报酬率是无风险报酬率与风险报酬率之和，即：

$K=R_f+R_R=R_f+bV$

式中：K表示投资报酬率；R_f表示无风险报酬率。

无风险报酬率就是货币的时间价值，是在没有风险状态下的投资报酬率，是投资者投资某一项目，肯定能够得到的报酬，具有预期报酬的确定性，并且与投资时间的长短有关，可用政府债券利率或存款利率表示。

风险报酬率是风险价值，是超过货币时间价值的额外报酬，具有预期报酬的不确定性，风险报酬率与风险大小成正比。

风险和投资报酬率的关系如图2-9所示。

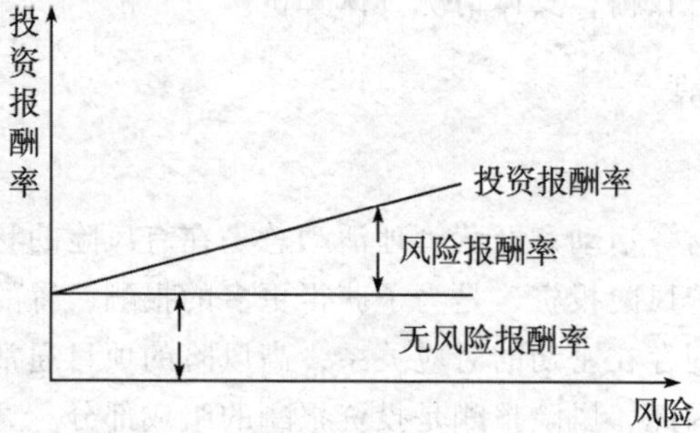

图2-9 风险和投资报酬率的关系图

【例2-24】利用【例2-20】~【例2-23】中的数据，假设无风险报酬率为4%，股票投资的风险报酬系数为0.3，则投资A、B公司股票的风险报酬率和期望投资报酬率分别为多少？

解：A公司股票的风险报酬率=0.3×17.07%=5.12%

A公司股票的期望投资报酬率=4%+5.12%=9.12%

B公司股票的风险报酬率=0.3×33.33%=10%

B公司股票的期望投资报酬率=4%+10%=14%

由结果可见，由于B公司股票的风险程度大于A公司股票，按理论上计算出来的B公司股票的风险报酬率和期望投资报酬率就会高于A公司。

◎ 2.3　投资组合的风险与报酬

证券投资的风险大而且复杂，因此，如何降低和分散证券投资风险成为了现代企业财务管理的重要课题。“不把所有鸡蛋放在同一个篮子里”是分散和降低证券投资风险最基本的手段。

2.3.1　证券投资组合概述

在投资学中，组合通常是指个人或机构投资者同时拥有股票、债券、商品、不动产、流动资产或其他资产。证券投资的高收益性吸引了众多的投资者，但是证券投资的高风险性又使许多投资者望而却步。解决这一难题的有效办法就是科学地组建证券投资组合。所谓证券投资组合是指证券投资者有意识地将资金分散用于购买多种有价证券所形成的金融资产投资项目群组。证券投资组合的理论来源于以马科威茨为代表的现代投资组合理论。

1952年，马科威茨发表论文《资产组合的选择》，它标志着现代投资组合理论的诞生。他将经济学中的效用理论应用于投资研究之中，认为投资者都是理性投资者，在进行投资时总是追求自身效用最大化。投资收益是投资于某种资产给人带来的正效用，投资收益越大，正效用也越大；而投资损失是投资于某种资产给人带来的负效用，投资损失越大，负效用也越大。一个理性的投资者总是要比较投资所带来的正效用和负效用，只有当一种资产的正效用大于负效用时，投资者才会对这种资产进行投资。投资者在进行投资时总是追求投资收益最大化，并规避风险，从而实现总效用的最大化。他利用均值方差的分析方法将投资收益和风险数量化，建立最佳投资组合基本模型，为现代投资组合理论的发展奠定了基础。

现代投资组合理论从20世纪50年代形成以来，经过了几十年的发展，到20世纪80年代已趋于成熟，形成了较完整的理论体系。20世纪80年代以后，这些理论逐渐转化为投资实践所应用。马科威茨等人也因在投资组合理论方面的突出贡献而获得了1990年的诺贝尔经济学奖。

2.3.2　证券投资组合的收益与风险

1. 证券投资组合的期望收益率

如果投资者投资于两种或两种以上证券，其期望收益率为：

$$E(r_p)=\sum_{i=1}^{n}w_i r_i$$

式中：w_i——第i种证券在全部投资额中的比重；

r_i——第i种证券的期望收益率；

n——组合中的证券种类总数。

2. 证券投资组合的方差、标准差与相关性

方差是标准差的平方。证券组合的方差，并不是单个证券方差的简单加权平均，而是各种证券收益率方差的加权平均数，加上各种证券收益率的协方差。

$$\sigma_p^2=\sum_{i=1}^{n}\sum_{j=1}^{n}w_iw_j\sigma_{ij}=\sum_{i=1}^{n}w_i^2\sigma_i^2+\sum_{i=1}^{n}\sum_{j=1}^{n}w_iw_j\sigma_{ij}(i\neq j)$$

式中：σ_i^2——第i种证券的方差；

w_i——第i种证券在全部投资额中的比重；

w_j——第j种证券在全部投资额中的比重；

σ_{ij}——第i种证券与第j种证券期望收益率的协方差；

n——组合中的证券种类总数。

（1）协方差的计算

协方差（covariance）是两个变量（证券收益率）离差之积的预期值，可用来衡量它们之间共同变动的程度。

$$\sigma_{12}=\sum_{i=1}^{n}[r_{1i}-E(r_1)][r_{2i}-E(r_2)]P_i$$

式中：$[r_{1i}-E(r_1)]$——证券1的收益率在经济状态i下对其预期值的离差；

$[r_{2i}-E(r_2)]$——证券2的收益率在经济状态i下对其预期值的离差；

P_i——在经济状态i下发生的概率。

如果证券A与证券B收益率的协方差大于0，则表明两种证券收益变化的方向相同；如果协方差小于0，则表明两种证券收益变化的方向相反；如果协方差等于0，则表明两种证券收益变化不具有互动性。从公式也可看出，如果两种证券收益率的不确定性较大，即其投资收益率的标准离差较大，协方差也将较大；反之，则协方差较小。表2-2给出了4种证券预期收益率概率分布情况。

表2-2 **证券预期收益率概率分布表**

概率	预期收益率分布（%）			
	A	B	C	D
0.1	10.0	6.0	14.0	2.0
0.2	10.0	8.0	12.0	6.0
0.4	10.0	10.0	10.0	9.0
0.2	10.0	12.0	8.0	15.0
0.1	10.0	14.0	6.0	20.0
预期收益率	10.0	10.0	10.0	10.0
标准差	0.0	2.2	2.2	5.0

则证券B和证券C之间的协方差为：

$$\sigma_{BC}=(6-10)\times(14-10)\times0.1+(8-10)\times(12-10)\times0.2+(10-10)\times(10-10)\times0.4+(12-10)\times(8-10)\times0.2+(14-10)\times(6-10)\times0.1=-4.8$$

证券B和证券C的协方差为负，表示这两种证券的收益呈反方向变动；同理，证券B和证券D之间的协方差为σ_{BD}=10.8，表示两种证券的收益变动方向相同；证券A和其他三种证券的协方差为0，表明它们之间的收益不相关，彼此独立。证券A的标准差为0，则它与其他任何证券之间的协方差都为0。

反映两个变量之间相互关系的另一个统计指标是相关系数。相关系数是用来描述投资组合中各种资产收益率变化的数量关系，即一种资产的收益率发生变化时，另一种资产的收益率将如何变化。相关系数用ρ表示，其计算公式为：

$$\rho_{12}=\frac{\sigma_{12}}{\sigma_1\sigma_2}$$

相关系数仍然保留协方差的性质，但其取值范围在-1和+1之间。当相关系数为-1时，表明证券之间完全负相关；当相关系数为+1时，表明证券之间完全正相关；当相关系数为0时，表明证券之间完全不相关；当相关系数大于0而小于1时，表明证券之间正相关；当相关系数小于0而大于-1时，表明证券之间负相关。

（2）协方差与方差的比较

当投资组合是由N种证券组成时，组合总体的方差是由N个方差和N（N-1）个协方差组成的。例如，由3项证券组成的投资组合，一共有9项，其中3个方差项和6个协方差项（3个计算了两次的协方差项）。

由此可见，证券组合的方差，不仅取决于组合中单个证券本身的方差大小，还取决于各证券之间的协方差大小。证券组合中证券数量越多，协方差所起的作用就越大，而各个证券本身的方差起的作用就越小。例如，在由20种证券组成的证券组合中，计算证券组合的方差公式中包括了20个方差和380个协方差，而在由40种证券组成的证券组合中，计算证券组合的方差公式中则包括了40个方差和1 560个协方差。在投资组合中加入更多证券时，协方差就显得更加重要了，而与各证券本身的方差无关，有效分散的投资组合的风险主要反映的是协方差。

这种通过增加组合中证券的个数来减弱和消除资产的个别风险对投资组合收益的影响，称为风险分散。其根本原因在于资产组合的方差项中个别风险的影响在证券数目趋于无穷时趋于零，而风险不可能完全消除（系统风险存在）的根本原因在于组合的方差中的协方差项在证券数目趋于无穷时不趋于零，从而使得资产组合的方差趋于各资产之间的协方差。

影响证券收益的风险有系统风险和非系统风险两大类，如果一个组合中包含足够多的负相关的证券，则完全有可能消除非系统风险，但分散化投资不能消除系统风险。那么，是不是证券组合所包含的证券个数越多就越能消除更多的非系统风险呢？

实证研究结果表明，当证券组合中证券种类从1种增加到10种左右时，证券组合风险的下降程度很明显，但是，随着组合中证券种类的增加，组合风险降低的边际效果在迅速递减。一般来说，当证券组合中证券种类增加到20种时，证券组合的风险几乎降低到只包含系统风险的水平，再增加证券的种类，对组合风险的降低作用就不大了。特别是当组合中证券种类增加到30种以上时，就会出现风险降低的边际效果小于由此而增加的边际成本，因为增加证券种类是要增加管理成本的。因此，一般来说，证券组合中的证券种类在15~20种比较适宜。图2-10描述了投资组合方差和投资组合样本数之间的关系。

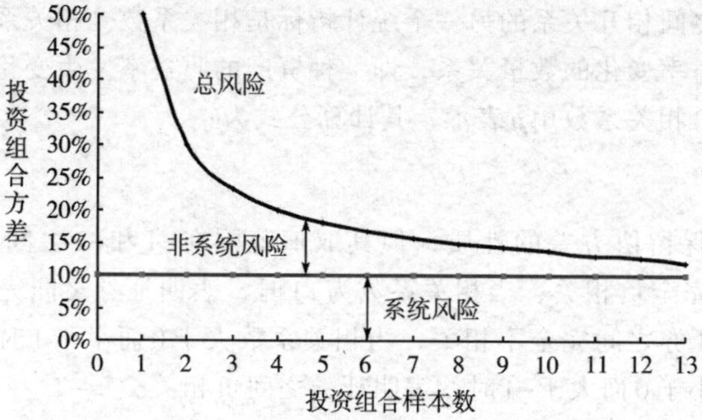

图2-10 投资组合方差和投资组合样本数之间的关系

2.3.3 最优投资组合的确定

1.风险证券组合机会集与有效边界

投资组合理论认为，证券市场上有千百种证券可供投资者选择，这些证券可以组成无数种证券组合，如何在这个庞大证券组合群中选择最优的投资组合，就成为投资者所面对的一个重要的问题。

多种证券可以组成无数种证券组合，每一种证券组合都会在风险收益坐标中找到一点与之对应，所有这些点在坐标系内形成一个区域，这个区域就称为证券组合的机会集或可行集（如图2-11中的阴影部分所示）。所有可能的组合都位于该机会集的内部或边界上。

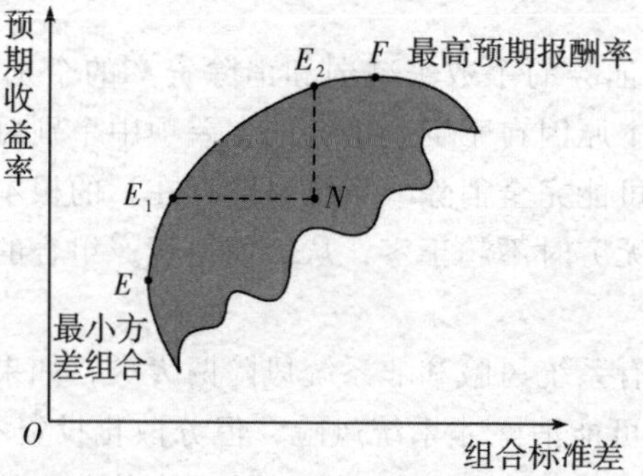

图2-11 证券投资组合的机会集

在确定了机会集后，接下来就要在机会集中确定哪些组合是有效的，哪些组合是无效的。对于一个理性的投资者来说，他在进行投资组合的选择时，会遵循两项原则：一是对于同样风险水平的投资组合，他会选择预期收益率较大的组合；二是对于同样预期收益率的投资组合，他会选择风险较小的组合。凡是能够同时满足这两项原则的投资组合就是有效证券组合，有效证券组合的集合必定处于图2-11中的阴影左上方的边缘上。

因为除此之外再也不可能找到标准差相同而收益率更高的投资组合，也不可能找到收益率相同而标准差更小的投资组合。由所有的有效证券组合组成的曲线就称为有效边界，也称为马科威茨边界。

在图2-11中，从点E到点F之间曲线上的各点为有效边界。在它左方的投资组合是不可能的，而位于它右方的投资组合是无效率组合。因为在有效边界上的投资组合较其右方与之风险相同的投资组合有较高的收益率，而较其右方与之收益率相同的投资组合有较低的风险。以图2-11中的N点为例，N组合与有效边界上的E_1组合有相同的收益率，但E_1组合的风险低于N组合，而有效边界上的E_2组合，其风险与N组合相同，但其收益率却高于N组合。可见，位于曲线EF上的任何组合必然比其右边的各组合更优。所以，边界曲线EF上所有的证券组合称为有效边界。

2.投资者效用无差异曲线与有效边界

马科威茨通过对投资者的行为特征进行研究发现，理性投资者具有两个基本特征：一是追求收益最大化；二是厌恶风险。这两个特征决定了理性投资者在投资决策时必定会遵循以下两条基本原则：①在两个风险水平相同的投资项目中，投资者会选择预期收益较高的投资项目；②在两个预期收益相同的投资项目中，投资者会选择风险较小的投资项目。尽管人们对风险的厌恶程度不完全相同，有的人对风险的厌恶程度较强，有的较弱，甚至有的人可能偏好风险，但是，从理论上讲，理性投资者一般是厌恶风险的。对于厌恶风险的理性投资者来说，要使之接受风险较大的投资项目，就必须给予风险补偿，风险越大，风险补偿也应越高。投资者在进行投资时总是追求效用最大化，效用最大化就是投资者上述两个行为特征的综合反映，投资者效用函数就取决于投资的预期收益率和风险两个因素。

现代投资组合理论利用“无差异曲线”来说明收益率和风险对投资者效用的影响程度。无差异曲线是给投资者带来相同预期效用的所有组合点的轨迹。图2-12中的X、Y、Z三条曲线即为投资者的效用无差异曲线。

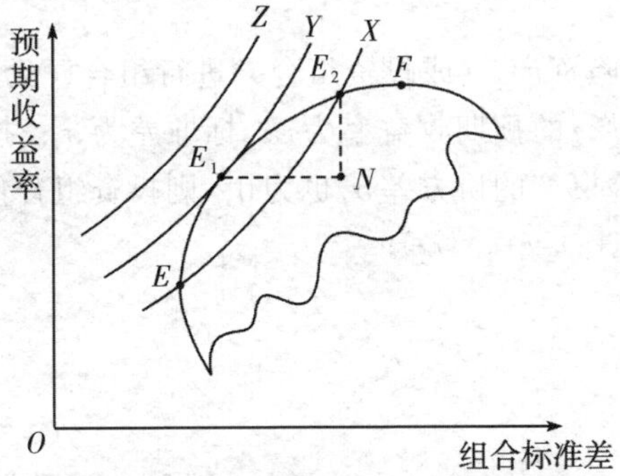

图2-12 效用无差异曲线与有效投资组合

投资者的效用无差异曲线是由一组互不交叉、平行的曲线组成的，每一条曲线上的任何一点所代表的证券组合对于同一位投资者而言其效用都是相同的，即投资者可获得相同的满足感。当然，这三条曲线之间是有差别的。曲线Y上的证券组合肯定优于曲线X上的组合，而曲线Z上的证券组合又优于曲线Y上的组合。可见，越左边的无差异曲线越好。

归纳起来，投资者的效用无差异曲线有如下特征：①无差异曲线是以无风险收益率为起点向右上方延伸的，即其斜率为正；②同一条曲线上的各个点的效用相同，左边曲线优于右边曲线；③同一投资者的任意两条无差异曲线不会相交；④无差异曲线一般凸向右下方。

每个投资者对风险的态度不相同，所以，不同的投资者会有不同的无差异曲线。一般而言，风险偏好型的投资者为了追求高一些的收益率而不会太计较标准差的增大，故无差异曲线通常比较平缓，而风险厌恶型的投资者只愿意少增大标准差而多提高一些收益，故其无差异曲线通常较为陡峭。

图2-12中，投资者的效用程度以X、Y和Z三条无差异曲线表示，投资组合有效边界为EF。效用水平最大的无差异曲线Z不能与有效边界相切，不能形成任何投资组合；无差异曲线X、Y都与有效边界相接触，接触点是E、E_1和E_2三点。但只有E_1点是两线相切之点，它代表的证券组合为最优证券投资组合。

效用无差异曲线向下凸的特性与有效边界向上凸的特性决定了二者的相切点有且只有一个，因此，对于某一个投资者来说，最优证券投资组合是唯一的。至于最优证券投资组合在有效边界上的位置，则主要取决于投资者厌恶风险的程度。对风险厌恶程度越高的投资者，其效用无差异曲线越陡峭，因此，其最优证券投资组合越靠近有效边界的左下方；反之，对风险厌恶程度越低的投资者，其效用无差异曲线越平缓，其最优证券投资组合越靠近右上方。

3.风险资产与无风险资产的有效组合

根据投资组合理论，在不存在无风险证券的条件下，投资者可选择的各种有效的风险证券组合在有效边界上。实际上，市场上还有大量的无风险资产，如国库券。当考虑无风险资产时，就产生了资本市场线（capital market line，CML），资本市场线要优于有效边界。

(1) 风险资产与无风险资产

将无风险资产与风险资产进行组合，其新的组合在方差均值模型中是一条直线。证明如下：

假设无风险资产f与风险资产i（或投资组合）进行组合，无风险资产f的预期收益率为r_f，标准差为$\sigma_f=0$；风险资产i的预期收益率为r_i，标准差为σ_i；投资比例分别为w_f和w_i，且$w_f+w_i=1$。无风险资产和风险资产的协方差σ_{fi}也为0，则投资组合预期收益率和风险分别为：

$$E(r_p)=w_f r_f+w_i r_i=(1-w_i)r_f+w_i r_i=r_f+w_i(r_i-r_f)$$

$$\sigma_p^2=w_f^2\sigma_f^2+w_i^2\sigma_i^2+2w_iw_f\sigma_{fi}=w_i^2\sigma_i^2$$

上面两式联立可得：

$$E(r_p)=r_f+\frac{(r_i-r_f)}{\sigma_i}\sigma_p$$

上式表明，组合的收益率是风险的线性函数。如图2-13所示，无风险资产和风险资产构成的投资组合风险与收益率对应的集合形成一条直线，从无风险资产伸向所选定的风险资产组合。

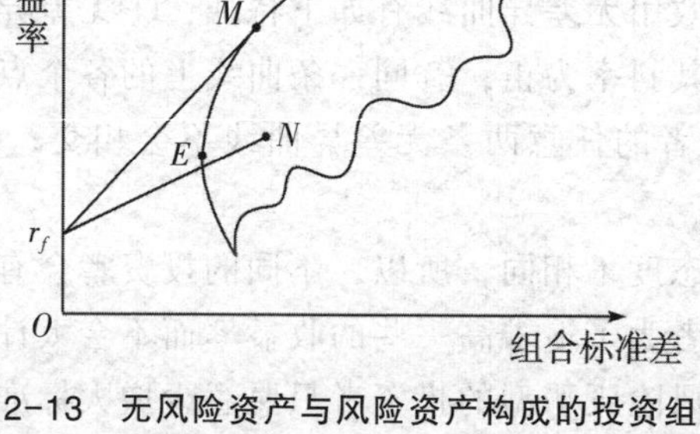

图2-13 无风险资产与风险资产构成的投资组合

如图2-13所示，在无风险资产和风险资产形成的组合中，有效边界上的风险资产除了点M之外不再有效了，M点为从无风险收益率r_f开始做有效边界的切线的切点。如图2-13所示，直线r_fM的任一投资组合都优于直线r_fN的投资组合。切点M是市场均衡点，它代表唯一最有效的风险资产组合。

（2）资本市场线

在图2-13中，假设投资者是使用自己的资本进行投资的。如果允许通过无风险利率借入资本，再加上其自有资本，增加对点M这个组合的投资，则所有可能投资组合的连线会超过M，并以相同的斜率继续上升，形成如图2-14所示的直线r_fMZ，人们通常称其为“资本市场线”。

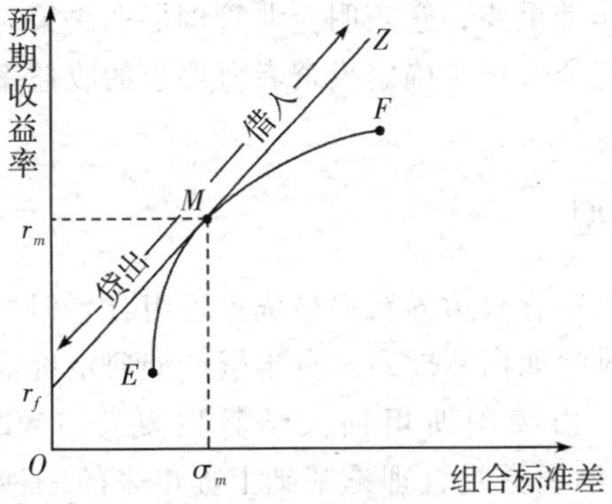

图2-14 资本市场线

由于资本市场线通过无风险资产点及市场均衡点，于是资本市场线的方程为：

$$E(r_p)=r_f+\frac{(r_m-r_f)}{\sigma_m}\sigma_p$$

资本市场线的方程是对有效组合的期望收益率和风险之间关系的一种十分完整的描述。有效组合的期望收益率由两部分构成：一部分是无风险利率r_f；另一部分是对承担风险σ_p的补偿，通常称为风险溢价，它与承担的风险σ_p的大小成正比。其中，系数（也就是资本市场线的斜率）代表了对单位风险的补偿，通常称为风险的价格。通过利用CML的计算公式，可测算出某一有效投资组合的必要收益率，从而作出相应的决策。

由于每个人均投资于相同的风险组合M，因而在均衡状态下，作为一个整体，这个组合中所含各种风险证券的比例应该与整个市场上的风险证券的市值比例一致。任何一个与市场中各风险证券市值比例一致的风险证券组合均可称为一个市场组合。根据上面的分析，在资本资产定价模型假设的均衡状态中，市场组合等于最优风险组合M。

（3）分离定理

投资者个人对风险的态度仅仅影响借入或贷出的资金量，而不影响最优证券资产组合。其原因是当存在无风险资产并可按无风险利率自由借贷时，市场组合优于所有其他组合。对于不同风险偏好的投资者来说，只要能以无风险利率自由借贷，他们都会选择市场组合M。这就是所谓的分离定理，即投资者的个人效用偏好与最优证券资产组合相独立（或称相分离）。它也可以表述为最优证券资产组合的确定独立于投资者的风险偏好。投资者在构建无风险资产与风险资产的组合时，会进行相互独立的两步决策。第一步先确定最优证券资产组合。第二步是确定最优证券资产组合与无风险资产的理想组合。只有第二步受投资人风险承受能力的影响。

在资本市场线（*CML*）上，如图7-5所示，投资者可作出如下选择：

①按照无风险利率r_f贷放其所有的资金，即r_f点。

②按照无风险利率贷放其部分资金，而将剩余资金投资于市场组合*M*上，即直线r_fM，故r_fM上的任何一点均称为“贷出组合”。

③将其全部资金投资于市场组合*M*上，即*M*点。

④按照无风险利率r_f借入资金连同其原有资金投资于市场组合*M*上，即直线r_fM的延长线*MZ*上，其任何一点均称为“借入组合”。利用杠杆投资组合，投资者可获得超过单纯用自己的投资资金投资的收益率，但也须承担更大的风险。

分离定理在理财方面非常重要，它表明企业管理层在决策时不必考虑每位股东对风险的态度。证券的价格信息完全可用于确定投资者所要求的收益率，该收益率可指导管理层进行有关决策。

2.3.4 资本资产定价模型

如前所述，投资者可以在有效边界获得最优投资组合。但最优投资组合中风险与收益的关系如何，投资组合的风险如何测度乃至资本资产如何定价等问题在投资组合理论中并没有作出进一步的阐述。由美国斯坦福大学教授夏普（William F.Sharpe）与林特纳（Lintner）等人在马科威茨的证券组合理论基础上提出来的一种证券投资理论——资本资产定价模型（capital asset pricing model，CAPM）则回答了上述问题。资本资产定价模型是财务学形成和发展过程中最重要的里程碑。它第一次使人们可以量化市场的风险程度，并且能够对风险进行具体定价。夏普因此于1990年获得诺贝尔经济学奖，还被瑞典皇家科学院评价为20世纪60年代对金融经济学理论作出第二大贡献的学者。

将资本资产定价模型与马科威茨的证券组合理论进行比较不难发现，证券组合理论研究的是人们应该如何投资，属于规范经济学的范畴；夏普的资本资产定价模型研究的是如果每个投资者都按马科威茨的证券组合理论描述的方式投资的话，证券价格将会发生什么变化，可用于回答“为了补偿某一特定程度的风险，投资者应该获得多大的收益率？”这一问题，属于实证经济学的范畴。目前，资本资产定价模型被公认为金融市场现代价格理论的主干，它被广泛地用于经验分析，使丰富的金融统计数据可以得到系统而有效的利用。不仅如此，此模型亦被广泛用于实证研究，并因而成为不同领域中决策的一个重要基础。

资本资产定价模型的研究对象，是充分组合情况下风险与必要收益率之间的均衡关系。根据投资组合理论，人们可以将风险区分为系统风险和非系统风险，知道了在高度分散化的资本市场里只有系统风险，并且会得到相应的回报。下面讨论如何衡量系统风险以及如何给风险定价等问题。

资本市场线对有效投资组合的风险与收益的关系进行了衡量，但并没有说明非有效投资组合及单个证券的风险与收益的关系。由于非有效投资组合和单个证券位于有效边界之外，因此，资本市场线并不能给出它们的期望收益和风险之间的均衡关系。

1.系统风险的度量

一项资产的期望收益率取决于它的系统风险，那么如何度量系统风险呢？

度量一项资产系统风险的指标是贝塔系数，用希腊字母β表示。贝塔系数被定义为某个资产的收益率与市场组合之间的相关性。

$$\beta_i=\frac{\sigma_{iM}}{\sigma_M^2}=\frac{\rho_{iM}\sigma_i\sigma_M}{\sigma_M^2}=\rho_{iM}\frac{\sigma_i}{\sigma_M}$$

式中：σ_{iM}为第i种证券的收益率与市场组合收益率之间的协方差，它等于该证券的标准差乘以市场组合的标准差再乘以两者相关系数的乘积。

可见，一种股票的β系数的大小取决于：（1）该股票与整个股票市场的相关性；（2）它自身的标准差；（3）整个市场的标准差。

β系数的经济意义在于，它告诉我们相对于市场组合而言，特定资产的系统风险是多少。例如，市场组合相对于它自己的β系数是1；如果$\beta>1$，说明这项资产的系统风险大于市场组合的系统风险；如果$\beta<1$，说明这项资产的系统风险小于市场组合的系统风险。总之，某一股票的β系数的大小反映了这种股票收益率的变动与整个股票市场收益率变动之间的相关关系，计算β系数就是确定这种股票与整个股票市场收益率变动的影响的相关性及程度。

2. 投资组合的β系数

投资组合的β系数是组合中各证券β系数的加权平均数，权重为投资于各证券的比例。

$$\beta_P=\sum_{i=1}^{n}W_i\beta_i$$

式中：W_i——某个证券的投资比例；

β_i——某个证券的β系数。

3.证券市场线

按照资本资产定价理论模型，单一证券的系统风险可由β系数来度量，而且其风险与收益之间的关系可由证券市场线来描述。证券市场线用公式表示为：

$$r_i=r_f+\beta_i\ (r_m-r_f)$$

式中：r_i——证券i或证券组合i的预期收益率或要求收益率；

r_f——无风险收益率；

β_i——证券i或市场组合的β系数，用来衡量系统风险；

r_m——市场投资组合收益率。

在均衡状态下，（r_m-r_f）是投资者为补偿承担超过无风险收益率的平均风险而要求的额外收益率，即市场风险价格。证券市场线可用图2-15来表示。

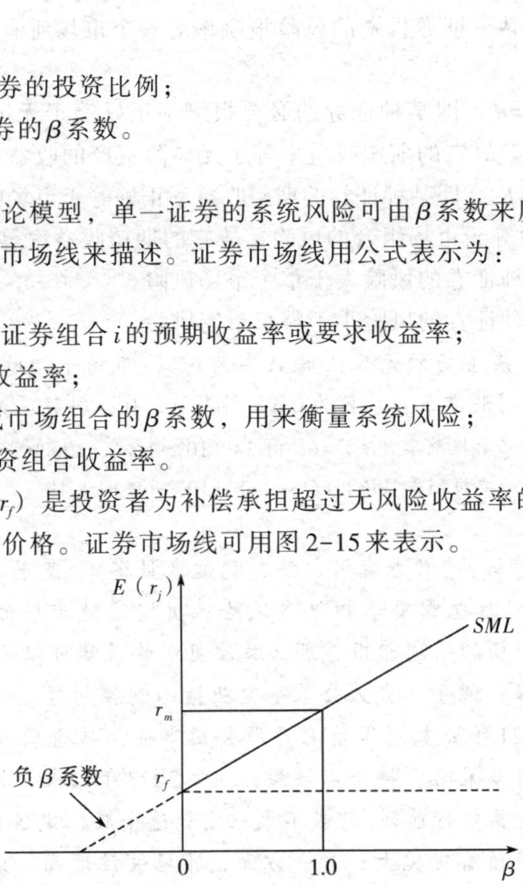

图2-15 证券市场线

证券市场线的含义如下：

（1）纵轴为预期收益率，横轴为由β系数表示的风险。

（2）无风险资产的β系数等于0，故r_f为证券市场线在纵轴的截距。

（3）证券市场线的斜率为（r_m-r_f），表示经济系统中风险厌恶感的程度。一般来说，投资者对风险的厌恶感越强，证券市场线的斜率越大，对风险资产所要求的风险补偿越大，对风险资产的要求收益率越高。

从证券市场线可以看出，投资者要求的收益率不仅仅取决于市场风险，而且取决于无风险收益率和市场风险补偿程度。因为这些因素始终处于变动之中，所以证券市场线也不会一成不变。

【例2-25】假设无风险收益率为5%，市场组合预期收益率为11%，某证券组合的β系数为1.3，则该证券组合的预期收益率为：

5%+1.3×（11%-5%）=12.8%

需要注意的是，证券市场线与资本市场线有着明显的区别。资本市场线描述的是由风险资产和无风险资产构成的投资组合的有效边界。测度风险的工具是整个资产组合的标准差，此直线只适用于有效组合。而证券市场线描述的是市场均衡条件下单项资产或资产组合（无论是否已经有效地分散风险）的期望收益率与风险之间的关系。测度风险的工具是单项资产或资产组合对于整个市场组合方差的贡献程度，即β系数。

β系数实际上是某一证券投资的风险报酬率对整个市场所有证券投资平均风险报酬率的变化率。

假设$\beta=0$，则$R_i=R_f$，即某种证券的必要报酬率正好等于无风险资产的收益率，显然，$\beta=0$的证券没有风险，故它的期望收益率等于无风险资产的收益率。

假设$\beta=1$，则$R_i=R_m$，即某种证券的期望收益率正好等于市场的平均收益率，显然，$\beta=1$的证券表明它的风险等于市场组合的风险，故它的期望收益率等于市场的平均收益率。

假设$\beta>1$，则某种证券的风险大于整个市场风险。

假设$\beta<1$，则某种证券的风险小于整个市场风险。

【例2-26】若股票市场的无风险收益率为6%，市场平均收益率为10%，A公司股票的β系数为1.2，B公司股票的β系数为0.6。计算A、B公司股票的必要报酬率。

解：A公司股票的必要报酬率（R_A）=6%+1.2×（10%-6%）=10.8%

B公司股票的必要报酬率（R_B）=6%+0.6×（10%-6%）=8.4%

小资料2-3

投资市场有句谚语："激进者阿尔法，稳健者贝塔。"意思是阿尔法是主动出击，希望获得更多收益的同时也需要承担更多风险；贝塔跟随市场波动，不用自己去主动获得，如果只想取得市场的平均回报，那么关注贝塔收益就可以了。

对于贝塔的把握，似乎正成为公募基金业绩的制胜利器。如2020年公募基金冠军农银汇理工业4.0，2021年公募冠军前海开源公用事业，持仓均以新能源为主，2022年公募冠军万家宏观择时多策略，持仓以煤炭为主。2023年以来，持仓以AI、传媒为主的基金至今仍占据年度收益排行前列。"我不太注重精选个股，定了行业，选龙头为主。它既然是龙头，一方面市值肯定偏大；另一方面，市场关注度高，成交量肯定也大。市值和成交量是我最关注的。"一位基金经理表示，任何阿尔法都是服从于贝塔的，这是投资框架里非常重要的东西。在他看来，做资产组合，如果总的贝塔是非常好的、向上的，就会忽略个别股票一些基本面的瑕疵。

（资料来源：[1] 陈书玉.靠跟随轮动拿“第一”基金经理追逐行业贝塔 [N]. 证券时报，2023-09-11. [2] 张荣. 赚取时代的贝塔 [N]. 山西经济日报，2023-01-29.）

本章小结

货币时间价值是货币在周转使用中由于时间因素而形成的差额价值。单利是仅就本金计算利息，即本生利而利不生利的计算制度。复利是指利息也要计算利息，即本利均生利的计算制度。

年金是指在一定时期内每隔相同时间就发生相同数额的系列收入或支出的款项，包括普通年金、预付年金、递延年金和永续年金。普通年金应用最为广泛。凡在每期期末发生的年金称为普通年金；凡在每期期初发生的年金称为预付年金；递延年金是指在一定时期内，从第0期开始隔m期以后才发生系列等额收付款项的一种特殊普通年金形式；永续年金是指无限期等额收付的特殊普通年金。

风险是指在某种特定状态下和给定时间内可能发生的结果的变动。企业面临的风险主要两种：市场风险和企业特有风险。通常利用概率统计中的方差、标准差、标准离差率等来计算与衡量风险的大小。风险报酬是指投资者冒着风险进行投资而获得的超过货币时间价值的那部分额外收益。资本资产定价模型(CAPM)表明某种证券的必要报酬率与其β系数相关，它第一次使人们可以量化市场的风险大小，并且能够对风险价值进行计量。

推荐读物

[1] 布洛克，赫特，丹尼尔森. 财务管理基础 [M]. 王静，译. 16版. 北京：中国人民大学出版社，2019.

[2] 段絮飞. 基于CAPM模型的白酒类上市公司股票β系数实证研究——以招商中证白酒指数基金为例 [J]. 中国商论，2023（04）：112-115.

[3] 段永琴，何伦志. 数字金融与银行贷款利率定价市场化 [J]. 金融经济学研究，2021，36（02）：18-33.

[4] 刘芳，彭耿，廖凯诚. 家庭股票市场参与效率的影响因素研究——基于金融素养与风险偏好的比较分析 [J]. 技术经济与管理研究，2022（07）：79-83.

本章练习

一、思考题

1.什么是货币时间价值？如何计量？

2.什么是年金？如何分类？怎样计算？

3.什么是风险？如何衡量？

4.什么是风险报酬？如何计量风险报酬？

二、计算分析题

1.某人决定在2021年、2022年、2023年和2024年各年的1月1日分别存入10 000元，按5%的利率，每年复利一次，要求计算2024年12月31日的存款余额是多少？

2.某企业想现在租用一套设备，在以后的10年中每年年初要支付租金10 000元，年利率为5%，问这些租金的现值是多少？

3.某企业向银行借入一笔钱，银行贷款的年利率为7%，银行规定前10年不用还本付息，但从第11年至第20年每年年末偿还本息100 000元，问这笔款项的现值为多少？

4.某企业有甲、乙两个投资项目，计划投资额均为2 000万元，其收益率的概率分布见表2-3。

表2-3 **甲、乙两个投资项目的收益率的概率分布表**

市场状况	概率	甲项目	乙项目
好	0.3	20%	25%
一般	0.5	15%	15%
差	0.2	10%	5%

要求：

（1）分别计算甲、乙两个项目收益率的期望值。

（2）分别计算甲、乙两个项目收益率的标准差。

（3）分别计算甲、乙两个项目收益率的标准离差率。

（4）比较甲、乙两个投资项目风险的大小。

三、综合案例题

瑞士田纳西镇的巨额账单①

如果你突然收到一张事先不知道的1 260亿美元的账单，你一定会大吃一惊。而这样的事件却发生在瑞士的田纳西镇的居民身上。纽约布鲁克林法院判决田纳西镇应向美国投资者支付这笔钱。最初，田纳西镇的居民以为这是一件小事，但当收到账单时，他们被这张巨额账单惊呆了。他们的律师指出，若高级法院支持这一判决，为偿还债务，所有田纳西镇的居民在其余生中不得不靠吃麦当劳等廉价快餐度日。

田纳西镇的问题源于1966年的一笔存款。斯兰黑不动产公司在内部交换银行（田纳西镇的一个银行）存入一笔6亿美元的存款。存款协议要求银行按每周1%的利率（复利）付息（难怪该银行第2年破产）。1994年，纽约布鲁克林法院作出判决：从存款日到田纳西镇对该银行进行清算的7年中，这笔存款应按每周1%的复利计息，而在银行清算后的21年中，每年按8.54%的复利计息。

请思考：

（1）请用你学的知识说明1 260亿美元是如何计算出来的。

（2）如利率为每周1%，按复利计算，6亿美元增加到12亿美元需多长时间？增加到1 000亿美元需多长时间？

（3）本案例对你有何启示？

---

① 梁国萍，许小青，徐新华.财务管理——实务与案例［M］.上海：上海财经大学出版社，2008.

附：分析参考

解：1.若每周按1%的复利计算，则到1973年时，n=365×7年÷7天=365。

到1973年时的终值为：$F=6\times(F/P, 1\%, 365)=6\times(1+1\%)^{365}=226.7$（亿美元）

到1994年时的终值为：$F=6\times(F/P, 1\%, 365)(F/P, 8.54\%, 21)=1\,267$（亿美元）

2.每周按1%的复利计算，则增加到12亿美元需要多长时间呢？

$12=6\times(F/P, 1\%, n)$ 则：$n\approx70$周。

增加到1 000亿美元需要多长时间呢？

$1\,000=6\times(F/P, 1\%, n)$ 则：$n\approx514$周。

3.通过本案例的学习，我们应该知道复利的威力。

立德树人

货币时间价值中，复利终值的概念是指计算一定量的本金在若干期以后的本利和，它的特点在于将每期的本金和利息作为下一期的本金进行计算。以1%的期利率来进行核算，72年后就能够翻一番。

2024年3月，中国人民大学重阳金融研究院联合美国、俄罗斯、加拿大、印度等国智库学者合作撰写的《大国复利：中国高质量发展与2035年趋势畅想》提出了“大国复利”的概念，充分利用主体的持续获利能力，以创新、全面深化改革推动中国经济实现内生式增长，夯实高质量发展的根基，最终实现GDP显著增长和收入翻番等成就，充分发挥复利效应。

（资料来源：李婕．“复利式”发展 中国经济潜力巨大［EB/OL］．(2024-04-01)．http：//finance.people.com.cn/n1/2024/0401/c1004-40207209.html.）

第3章 企业财务分析

导读

巴菲特曾经说过一句话："如果想在球场获胜，那么请盯住球场而不是记分牌"，放在股市上也是同样的道理。如果想在股市长期赚钱，请盯住上市公司本身而不是股价的表现。多年来我们发现，那些业绩造假的公司不管短期股价表现如何，最后都会成为投资者输掉大笔财富的销金窟。绿大地（002200）自2009年就开始了疯狂的业绩造假，公司在2008年苗木被冻坏的情况下不仅没有通过年报宣布计提巨额损失，反而虚构收入和盈利蒙骗投资者。如果投资者细心一点，在进行投资之前能够仔细阅读一下公司年报，怎么会迎来股价暴跌7成的厄运？从另一角度来看，经过市场三年半的调整，很多上市公司的盈利水平随着经济复苏开始提高，但市场却没有任何反应，股价还在底部匍匐，我们却可以通过公司毛利率和收入的变化发现先机。通过上市公司财务分析去发现一些市场不能通过股价异动发现的东西，可以了解和掌握公司盈利的真实情况和未来变化的趋势，也可以衡量一些所谓的绩优公司是否真实可靠，且能长期保持成长优势。①

学习目标

通过本章学习，掌握财务分析的基本原理、财务指标分析和综合财务分析，理解财务分析的意义和步骤，掌握和运用财务分析的方法、财务分析指标的计算、杜邦分析法以及沃尔评分法；提高业财融合视角下的财务分析能力，养成系统化的思维方式，提升全局素养，捕捉局部变动对整体财务状况的影响与作用。

◎ 3.1 企业财务分析概述

3.1.1 财务分析的意义

财务分析是以会计资料及其他资料为依据，采用专门的技术和方法，对企业过去和现在财务活动的营利能力、营运能力、偿债能力和发展能力进行分析和评价，为企业的经营者、债权人、投资者及其他相关的组织和个人了解企业的过去，评价企业的现状，预测企业的未来，为决策提供有用的信息。财务分析既是对已完成的财务活动的总结，又是财务

① 根据证券网博客——李萤投资整理（http：//blog.stockstar.com/liyingstar）。

预测的前提。

1.财务分析的目的

（1）财务分析是评价财务状况和经营成果的重要依据

通过财务分析，便于企业管理当局及其他报表使用人了解企业财务状况和经营成果，并区分影响财务状况和经营成果的主观因素与客观因素、微观因素和宏观因素，以划分经济责任，合理评价经营者工作业绩，并据此奖优罚劣，激励经营者不断改进工作。

（2）财务分析是实现理财目标的重要手段

通过财务分析，了解企业的盈利能力和资产周转状况，不断挖掘企业改善财务状况和扩大财务成果的内部潜力，充分认识未被利用的人力资源和物质资源，寻找利用不当的原因，发现进一步提高利用效率的可能性，以便从各方面揭露矛盾，找出差距，寻求措施，改进工作，促使企业生产经营活动良性运行，实现企业价值最大化的理财目标。

（3）财务分析是科学决策的重要前提

通过财务分析，可以了解投资后的收益水平和风险程度，从而为投资决策提供必需的信息。

2.财务分析信息的使用者

（1）投资者。为决定是否投资，需要分析公司的盈利能力；为决定是否转让股份，需要分析盈利状况、股权变动和发展前景；为考察经营者业绩，需要分析资产盈利水平、破产风险和竞争能力；为决定股利分配政策，需要分析筹资状况。

（2）债权人。为决定是否给企业贷款，需要分析贷款的报酬和风险；为了解债务人的短期偿债能力，需要分析其资产流动性；为了解债务人的长期偿债能力，需要分析其盈利状况和资本结构。

（3）经营者。为改善财务决策，需要进行内容广泛的财务分析，几乎包括外部使用人关注的所有问题。

（4）供应商。为决定建立长期合作关系，需要分析企业的长期盈利能力和偿债能力；为了决定信用政策，需要分析企业的短期偿债能力。

（5）政府。为履行政府职能，需要了解企业纳税情况、遵守政府法规和市场秩序的情况以及职工收入和就业状况。

（6）注册会计师。为减少审计风险，需要评估企业的盈利性和破产风险；为确定审计重点，需要分析财务数据的异常变动情况。

3.财务分析的内容

尽管不同利益主体进行财务分析有着各自的侧重点，但财务分析的基本内容可以分四个方面：偿债能力分析、营运能力分析、盈利能力分析和发展能力分析。四者相辅相成，其中偿债能力是财务目标实现的稳健保证，营运能力是财务目标实现的物质基础，营利能力是上述两者共同作用的结果，同时也对两者起着推动作用。

3.1.2 财务分析的步骤和方法

1.财务分析的步骤

财务分析的具体步骤，是根据分析目的和分析主体不同分别设计的。财务分析的一般步骤如下：

（1）明确分析的目标；

（2）收集有关的数据资料；

（3）根据分析目的把整体的各部分分列，给予适当组织，使之符合需要；

（4）深入研究各个部分的特殊本质；

（5）进一步研究各个部分的联系；

（6）解释结果，提供决策有用的信息。

2.财务分析的方法

（1）水平分析法

水平分析法，是将反映企业报告期财务状况的信息（特别是会计报表信息资料）与反映企业前期或历史某一时期财务状况的信息进行对比，研究企业各项经营业绩或财务状况的发展变动情况的一种财务分析方法。一般而言，水平分析法不是指单项指标对比，而是对反映某方面情况的报表全面、综合地对比，尤其在会计报表分析中应用较多。因此通常也将水平分析法称为会计报表分析法。水平分析法的基本特点是，将报表资料中不同时期的同项数据进行对比，对比的方式有以下几种：

1）绝对值变动。

$$绝对值变动数量 = 分析期某项指标实际数 - 基期同项指标实际数$$

2）增减变动率。

$$变动率（\%）= \frac{绝对值变动数量}{基期实际数量} \times 100\%$$

3）变动比率值。

$$变动比率值 = \frac{分析期实际数值}{基期实际数值}$$

上式中所说的基期，可指上年度，也可指以前年度。水平分析中应同时进行绝对值和变动率或比率两种形式的对比，因为仅以某一种形式对比，可能得出相悖的结论。

水平分析法将企业报告期的财务会计资料与前期对比，揭示存在的问题，为全面深入分析财务状况奠定了基础，可以说，水平分析法是财务分析的基本方法。水平分析法还可用于一些可比性较高的同类企业之间的对比分析，以找出不同企业之间的差距。当然，水平分析法在不同企业的应用中，一定要注意其可比性问题。即使在同一个企业，对于差异的评价也应考虑其对比基础。

（2）垂直分析法

垂直分析法与水平分析法不同，它的基本点不是将企业报告期的分析数据直接与基期进行对比来求出增减变动量和增减变动率，而是通过计算报表中各项目占总体的比重或结构，反映报表中的项目与总体关系情况及其变动情况。会计报表经过垂直分析处理后，通常称为同度量报表，或称为总体结构报表。如同度量资产负债表、同度量利润表、同度量成本表等，都是应用垂直分析法得到的。垂直分析法的一般步骤是：

1）确定报表中各项目占总额的比重或百分比。

$$某项目的比重 = \frac{该项目金额}{各项目总金额} \times 100\%$$

2）通过各项目的比重，分析各项目在企业经营中的重要性。一般项目比重越大，说明其重要程度越高，对总体的影响越大。

3）将分析期各项目的比重与前期同项目比重进行对比，研究各项目的比重变动情况。也可以将本企业报告期项目比重与同类型企业的可比项目比重进行对比，找出存在的问题。

（3）趋势分析法

趋势分析法是根据企业连续几个时期的分析资料，运用指数或完成率的计算，确定分析各相关项目的变动趋势的一种分析方法。趋势分析法既可以用于对会计报表的整体分析，即研究一定时期报表各项目的变动趋势，也可以对某些主要指标的发展趋势进行分析。一般步骤是：

1）计算趋势比率或指数。通常指数的计算有两种方法：一是定基指数，二是环比指数。定基指数就是指各个时期的指数都是以某一固定时期为基期来计算的。环比指数则是指各个时期的指数都是以前一期为基础来计算的。趋势分析法通常采用定基指数。

2）根据指数计算结果，评价和判断企业各项指标的变动趋势和合理性。

3）预测未来的发展趋势。根据企业以前各期的变动情况，研究其变动趋势或规律，从而可预测出企业未来发展变动情况。

【例3-1】 某企业20×1—20×5年有关财务指标资料见表3-1，对该企业进行趋势分析见表3-2。

表3-1　　**财务指标表**

年份	20×5	20×4	20×3	20×2	20×1
销售额（万元）	17 034	13 305	11 550	10 631	10 600
净利润（万元）	1 397	1 178	374	332	923
每股收益（元）	4.31	3.52	1.10	0.97	2.54
每股股利（元）	1.90	1.71	1.63	1.62	1.60

表3-2　　**趋势分析表**

年份	20×5	20×4	20×3	20×2	20×1
销售额（%）	160.7	125.5	109.0	100.3	100.0
净利润（%）	151.4	127.6	40.5	36.0	100.0
每股收益（%）	169.7	138.6	43.3	38.2	100.0
每股股利（%）	118.8	106.9	101.9	101.3	100.0

从表3-2可看出，该企业的销售额和每股股利在逐年增长，特别是20×4年和20×5年增长较快；净利润和每股收益在20×2年和20×3年有所下降，20×4年和20×5年有较大幅度增长。从总体状况来看，企业自20×1年以来，20×2年和20×3年的盈利状况有所下降，20×4年和20×5年各项指标的完成情况都比较好。企业几年来的发展趋势说明，企业的经营状况和财务状况不断改善，如果这个趋势能保持下去，今后的状况也会较好。

(4) 因素分析法

因素分析法是依据分析指标与其影响因素之间的关系，按照一定的程序和方法，确定各因素对分析指标差异影响程度的一种技术方法，是经济活动分析中最重要的方法之一，可分为连环替代法和差额计算法两种。

①连环替代法

连环替代法是因素分析法的基本形式，有人甚至将它与因素分析法看成同一概念。连环替代法的名称是由其分析程序的特点决定的。其计算步骤如下：

A.确定分析对象，即确定需要分析的财务指标，比较其实际数额和标准数额（如上年实际数额），并计算两者的差额。

B.确定该财务指标的驱动因素，即该财务指标的形成过程，建立财务指标与各驱动因素之间的函数关系模型。

C.确定驱动因素的替代程序，即根据各驱动因素的重要性进行排序。

D.按顺序计算各驱动因素脱离标准的差异对财务指标的影响。

E.检验分析结果。检验分析结果是将各因素对分析指标的影响额相加，其代数和应等于分析对象。

连环替代法的程序或步骤是紧密相连、缺一不可的，尤其是前4个步骤，任何一步出现错误，都会出现错误结果。

【例3-2】某企业20×7年3月某种材料费用的实际数是6 720元，而其计划数是5 400元，实际比计划增加1 320元。由于材料费用由产品产量、材料单耗和材料单价3个因素的乘积构成。因此，可以把材料费用这一总指标分解为3个因素，然后逐个分析它们对材料费用总额的影响程度。具体分析见表3-3。

表3-3 **因素分析法**

项目	单位	计划数	实际数	差异
产品产量	件	120	140	20
材料单耗	千克/件	9	8	−1
材料单价	元/千克	5	6	1
材料费用	元	5 400	6 720	1 320

根据连环替代法的程序和上述材料费用的因素分解式，可以得出：

实际指标体系：140×8×6=6 720（元）

计划指标体系：120×9×5=5 400（元）

分析对象：6 720−5 400=1 320（元）

在此基础上，按照第三步的做法进行连环顺序替代，并计算每次替代后的结果：

计划指标：120×9×5=5 400（元）①

第一次替代：140×9×5=6 300（元）②

第二次替代：140×8×5=5 600（元）③

第三次替代：140×8×6=6 720（元）（实际数）④

根据第四步，确定各因素变动的影响程度：

②-①=6 300-5 400=900（元）产量增加的影响

③-②=5 600-6 300=-700（元）材料节约的影响

④-③=6 720-5 600=1 120（元）价格提高的影响

最后，检验分析结果：

900-700+1 120=1 320（元）全部因素的影响

连环替代法作为因素分析法的主要形式，在实践中应用比较广泛，但是，必须注意因素分解的相关性、分析前提的假设性和顺序替代的连环性。

②差额计算法

差额计算法作为连环替代法的简化形式，其因素分析的原理与连环替代法是相同的，区别在于分析程序上，差额计算法比连环替代法简单，即它可以直接利用各影响因素的实际数与基期数的差额，在其他因素不变的假定条件下，计算各因素对分析指标的影响程度。或者说差额计算法就是将连环替代法的第三步和第四步合并为一个步骤进行。

这个步骤的基本点是：确定各因素实际数与基期数之间的差额，并在此基础上乘以排列在该因素前面各因素的实际数和排列在该因素后面各因素的基期数，所得出的结果就是该因素变动对分析指标的影响数。

◎ 3.2 财务指标分析

总结和评价企业财务状况与经营成果的分析指标包括偿债能力指标、营运能力指标、盈利能力指标、和发展能力指标，以及上市公司普遍使用的市价比率指标。

先列出美的集团股份有限公司（下称美的）年度资产负债表、利润表、现金流量表、所有者权益变动表（见表3-4、表3-5、表3-6）。

表3-4 合并资产负债表

编制单位：美的集团股份有限公司 2021年12月31日 单位：千元

资产	期末余额	期初余额	负债和所有者权益	期末余额	期初余额
流动资产			流动负债		
货币资金	71 875 556	81 210 482	短期借款	5 381 623	9 943 929
交易性金融资产	5 879 202	28 239 601	向中央银行借款	178 878	—
衍生金融资产	545 865	420 494	吸收存款及同业存放	78 180	87 535
应收票据	4 784 914	5 304 510	衍生金融负债	157 602	161 225
应收账款	24 636 440	22 978 363	应付票据	32 752 007	28 249 939
应收款项融资	10 273 552	13 901 856	应付账款	65 983 559	53 930 261
预付款项	4 352 807	2 763 710	合同负债	23 916 595	18 400 922
合同资产	3 823 476	3 236 848	应付职工薪酬	7 535 168	6 954 822
发放贷款和垫款	20 656 600	16 469 069	应交税费	5 404 267	5 758 058
其他应收款	3 104 065	2 973 945	其他应付款	4 288 104	4 501 391

续表

资产	期末余额	期初余额	负债和所有者权益	期末余额	期初余额
存货	45 924 439	31 076 529	一年内到期的非流动负债	28 947 540	6 310 181
一年内到期的非流动资产	19 851 577	—	其他流动负债	48 227 953	49 852 239
其他流动资产	33 156 012	33 079 918	流动负债合计	222 851 476	184 150 502
流动资产合计	248 864 505	241 655 325	非流动负债		
非流动资产			长期借款	19 734 020	42 827 287
其他债权投资	7 893 935	21 456 155	租赁负债	1 533 552	—
长期应收款	871 356	981 623	长期应付款	—	13 260
发放贷款和垫款	851 927	1 113 501	预计负债	310 571	298 110
长期股权投资	3 796 705	2 901 337	递延收益	1 228 459	779 729
其他权益工具投资	45 747	46 651	长期应付职工薪酬	1 825 016	2 159 675
其他非流动金融资产	5 912 873	3 360 849	递延所得税负债	4 950 245	5 223 954
投资性房地产	859 195	405 559	其他非流动负债	687 689	692 986
固定资产	22 852 848	22 239 214	非流动负债合计	30 269 552	51 995 001
在建工程	2 690 930	1 477 302	负债合计	253 121 028	236 145 503
使用权资产	2 297 354	—	股东权益		
无形资产	17 173 072	15 422 393	股本	6 986 564	7 029 976
商誉	27 874 752	29 557 218	资本公积	20 516 930	22 488 105
长期待摊费用	1 394 240	1 300 962	减：库存股	−14 044 550	−6 094 347
递延所得税资产	8 192 309	7 208 635	其他综合收益	−1 758 948	−1 549 003
其他非流动资产	36 374 356	11 255 879	一般风险准备	719 922	587 984
非流动资产合计	139 081 599	118 727 278	专项储备	15 542	12 730
			盈余公积	9 449 901	7 966 362
			未分配利润	102 982 763	87 074 453
			归属于母公司股东权益合计	124 868 124	117 516 260
			少数股东权益	9 956 952	6 720 840
			股东权益合计	134 825 076	124 237 100
资产总计	387 946 104	360 382 603	负债和股东权益总计	387 946 104	360 382 603

表3-5　　合并利润表

编制单位：美的集团股份有限公司　　2021年12月31日　　单位：千元

项目	期末余额	期初余额
一、营业总收入	343 360 825	285 709 729
其中：营业收入	341 233 208	284 221 249
利息收入	2 127 043	1 488 211
手续费及佣金收入	574	269
减：营业成本	−264 525 999	−216 798 413
利息支出	−87 066	−105 168
手续费及佣金支出	−13 015	−6 972
税金及附加	−1 609 384	−1 533 646
销售费用	−28 647 344	−23 563 455
管理费用	−10 266 283	−9 264 148
研发费用	−12 014 907	−10 118 667
财务收入	4 386 111	2 638 032
其中：利息费用	−1 357 564	−1 305 591
利息收入	5 181 658	3 663 028
加：其他收益	1 307 504	1 424 090
投资收益	2 365 773	2 362 462
其中：对联营企业的投资收益	560 679	402 528
公允价值变动损益	−166 406	1 762 950
信用减值损失	−383 451	−247 605
资产减值损失	−483 420	−705 209
资产处置收益/（损失）	58 257	−60 523
二、营业利润	33 281 195	31 493 457
加：营业外收入	624 744	384 986
减：营业外支出	−188 395	−214 904

续表

项目	期末余额	期初余额
三、利润总额	33 717 544	31 663 539
减：所得税费用	-4 702 168	-4 156 997
四、净利润	29 015 376	27 506 542
（一）按经营持续性分类		
持续经营净利润	29 015 376	27 506 542
终止经营净利润	—	—
（二）按所有权归属分类		
归属于母公司股东的净利润	28 573 650	27 222 969
少数股东损益	441 726	283 573
五、其他综合收益的税后净额	-237 306	-1 177 809
归属于母公司股东的其他综合收益的税后净额	-207 079	-837 449
（一）不能重分类进损益的其他综合收益	-6 748	112 388
1.重新计量设定受益计划变动额	-7 172	111 895
2.其他权益工具投资公允价值变动	424	493
（二）将重分类进损益的其他综合收益	-200 331	-949 837
1.权益法下可转损益的其他综合收益	-3 032	-20 445
2.现金流量套期储备	-6 997	298 721
3.外币财务报表折算差额	-190 302	-1 228 113
归属于少数股东的其他综合收益的税后净额	-30 227	-340 360
六、综合收益总额	28 778 070	26 328 733
归属于母公司股东的综合收益总额	28 366 571	26 385 520
归属于少数股东的综合收益总额	411 499	-56 787
七、每股收益		
基本每股收益（人民币元）	4.17	3.93
稀释每股收益（人民币元）	4.14	3.90

表3-6　　　　　　　　　　　　　**合并现金流量表**

编制单位：美的集团股份有限公司　　　2021年12月31日　　　　　　单位：千元

项目	期末余额	期初余额
一、经营活动产生的现金流量		
销售商品、提供劳务收到的现金	310 489 824	240 052 501
吸收存款和同业存放款项净增加额	—	25 058
存放中央银行款项净减少额	1 287 927	—
向中央银行借款净增加额	178 878	—
收取利息、手续费及佣金的现金	1 889 716	1 381 851
收到的税费返还	9 968 330	6 574 762
收到其他与经营活动有关的现金	6 600 822	4 950 874
经营活动现金流入小计	330 415 497	252 985 046
购买商品、接受劳务支付的现金	−209 216 044	−139 660 744
发放贷款和垫款净增加额	−4 062 432	−6 078 053
吸收存款和同业存放款项净减少额	−9 355	—
存放中央银行款项净增加额	—	−1 274 496
支付利息、手续费及佣金的现金	−101 110	−113 517
支付给职工以及为职工支付的现金	−32 095 846	−28 460 318
支付的各项税费	−15 613 276	−13 407 607
支付其他与经营活动有关的现金	−34 225 730	−34 433 194
经营活动现金流出小计	−295 323 793	−223 427 929
经营活动产生的现金流量净额	35 091 704	29 557 117
二、投资活动产生/（使用）的现金流量		
收回投资收到的现金	121 628 148	141 821 724
取得投资收益所收到的现金	5 648 277	4 874 990
处置固定资产、无形资产和其他长期资产收回的现金净额	336 186	273 544
处置子公司及其他营业单位收到的现金净额	188 490	42 398
投资活动现金流入小计	127 801 101	147 012 656
购建固定资产、无形资产和其他长期资产支付的现金	−6 825 357	−4 656 582
投资支付的现金	−105 347 246	−176 621 347
取得子公司及其他营业单位支付的现金净额	−2 028 912	−1 045 390
投资活动现金流出小计	−114 201 515	−182 323 319

续表

项目	期末余额	期初余额
投资活动产生/（使用）的现金流量净额	13 599 586	−35 310 663
三、筹资活动使用的现金流量		
吸收投资收到的现金	1 550 951	2 657 489
其中：子公司吸收少数股东投资收到的现金	63 159	114 933
取得借款收到的现金	16 033 803	18 070 961
发行短期融资券收到的现金	2 999 629	33 998 238
收到其他与筹资活动有关的现金	560 838	22 725
筹资活动现金流入小计	21 145 221	54 749 413
偿还债务支付的现金	−18 225 351	−8 354 338
兑付短期融资券支付的现金	−6 000 000	−31 000 000
分配股利、利润或偿付利息支付的现金	−12 894 125	−12 822 636
其中：子公司支付给少数股东的股利、利润	−426 947	−425 461
支付其他与筹资活动有关的现金	−15 230 284	−3 328 734
筹资活动现金流出小计	−52 349 760	−55 505 708
筹资活动使用的现金流量净额	−31 204 539	−756 295
四、汇率变动对现金及现金等价物的影响	−485 220	−383 411
五、现金及现金等价物净增加/（减少）额	17 001 531	−6 893 252
加：年初现金及现金等价物余额	23 548 508	30 441 760
六、年末现金及现金等价物余额	40 550 039	23 548 508

3.2.1 偿债能力指标

偿债能力是指企业偿还到期债务（包括本金和利息）的能力。偿债能力分析包括短期偿债能力分析和长期偿债能力分析。

1. 短期偿债能力比率

短期偿债能力是企业流动资产对流动负债及时足额偿还的保证程度，是衡量企业当前财务能力特别是流动资产变现能力的重要标志。短期偿债能力的衡量指标主要有流动比率、速动比率和现金比率。

（1）流动比率

流动比率是流动资产与流动负债的比率，它表明企业每一元流动负债有多少流动资产作为偿还的保证，反映企业用可在短期内变成现金的流动资产偿还到期流动负债的能力。

$$流动比率=\frac{流动资产}{流动负债}$$

从表3-4中得出：

2020年：$流动比率=\frac{241\ 655\ 325}{184\ 150\ 502}\approx 1.31$

2021年：$流动比率=\frac{248\ 864\ 505}{222\ 851\ 476}\approx 1.12$

一般认为2：1的比率比较适宜。一般情况下，流动比率越高，反映企业短期偿债能力越强，债权人的权益越有保证。究竟应保持多高水平的比率，主要视企业对待风险与收益态度予以确定。运用流动比率应注意以下三个方面的问题：

1）虽然流动比率越高，企业偿还短期债务的流动资产保证程度越强，但这并不等于说企业已有足够的现金或存款来偿债。流动比率高也可能是存货积压、应收账款增多且收账期限延长，以及待摊费用和待处理财产损失增加所致，而真正可用来偿债的现金或和存款却严重短缺。所以，企业应在分析流动比率的基础上，进一步对现金流量加以考虑。

2）从短期债权人的角度来看，自然希望流动比率越高越好。但从企业经营者角度来看，过高的流动比率通常意味着企业闲置现金的持有量过多，必然造成企业机会成本的增加和获利能力降低，因此，企业应尽可能将流动比率维持在不使货币资金闲置的水平。

3）流动比率是否合理，不同企业以及同一企业不同时期的评价标准是不同的，因此，不应用统一的标准来评价各企业流动比率合理与否。

（2）速动比率

速动比率是企业速动资产与流动负债的比率。所谓速动资产，是指速动资产是可以迅速转换成为现金或已属于现金形式的资产，计算方法为流动资产减去变现能力较差且不稳定的存货、预付账款、一年内到期的非流动资产和其他流动资产等之后的余额。也就是说，存货、预付账款、一年内到期的非流动资产和其他流动资产不属于速动资产。速动资产由于剔除变现能力较差且不稳定的存货、待摊费用、待处理流动资产损失等后的余额，因此，速动比率较之流动比率能够更加准确、可靠地评价企业资产的流动性及其偿还短期负债的能力，通常是考察企业偿债能力的常用指标之一。

$$速动比率=\frac{速动资产}{流动负债}$$

从表3-4中得出：

2020年：

$$\begin{aligned}速动比率&=\frac{241\ 655\ 325-2\ 763\ 710-31\ 076\ 529-33\ 079\ 918}{184\ 150\ 502}\\&=\frac{174\ 735\ 168}{184\ 150\ 502}\approx 0.95\end{aligned}$$

2021年：

$$\begin{aligned}速动比率&=\frac{248\ 864\ 505-4\ 352\ 807-45\ 924\ 439-19\ 851\ 577-33\ 156\ 012}{222\ 851\ 476}\\&=\frac{145\ 579\ 670}{222\ 851\ 476}\approx 0.65\end{aligned}$$

一般认为，速动比率为1是安全标准。因为如果速动比率小于1，必使企业面临很大的偿债风险；如果速动比率大于1，尽管债务偿还的安全性很高，但却会因企业现金及应收账款资金占用过多而大大增加企业的机会成本。

应注意的是，尽管速动比率较之流动比率更能反映流动负债偿还的安全性和稳定性，但并不能认为速动比率较低的企业的流动负债绝对不能偿还。实际上，如果企业存货流转顺畅，变现能力较强，即使速动比率较低，只要流动比率高，企业仍然有望偿还到期的债务本息。

（3）现金比率

现金比率是在企业因大量赊销而形成大量的应收账款时，考察企业的变现能力时所运用的指标，其计算公式为：

$$现金比率 = \frac{货币资金 + 有价证券}{流动负债}$$

现金比率是速动资产扣除应收账款后的余额与流动负债的比率，最能反映企业直接偿付流动负债的能力。现金比率越高，说明变现能力越强，现金比率一般认为0.2以上为好。但这一比率过高，就意味着企业流动资产未能得到合理运用，从而现金类资产获利能力低，这类资产金额太高会导致企业机会成本增加。

从表3-4、表3-6中得出：

2020年：$现金比率 = \frac{81\,210\,482 + 28\,239\,601}{184\,150\,502} = \frac{109\,450\,083}{184\,150\,502} \approx 0.59$

2021年：$现金比率 = \frac{71\,875\,556 + 5\,879\,202}{222\,851\,476} = \frac{77\,754\,758}{222\,851\,476} \approx 0.35$

2.长期偿债能力比率

长期偿债能力分析，指企业偿还长期负债的能力。其分析指标主要有：资产负债率、产权比率、利息保障倍数、现金流量利息保障倍数、现金流量债务比率。

（1）资产负债率

资产负债率又称负债比率，是企业负债总额对资产总额的比率。它表明企业资产对负债人权益的保障程度。

$$资产负债率 = \frac{负债总额}{资产总额} \times 100\%$$

从表3-4中得出：

2020年：$资产负债率 = \frac{236\,145\,503}{360\,382\,603} \times 100\% \approx 65.53\%$

2021年：$资产负债率 = \frac{253\,121\,028}{387\,946\,104} \times 100\% \approx 65.25\%$

该比率越小，表明企业的长期偿债能力越强。如果比率较大，从企业所有者来说，利用较少的自由资金投资，形成较多的生产经营资产，不仅扩大了生产经营规模，而且在经营状况良好的情况下，还可以利用财务杠杆作用，得到较多的投资利润。如果比率过大，则表明企业的债务负担重，企业资金实力不强，不仅对债权人不利，而且企业有濒临倒闭的危险。

小资料3-1　　昔日养猪大户资产负债率超100%

2024年5月17日，*ST傲农（SH603363，股价4.18元，市值36.38亿元，原证券简称傲农生物）收到上交所开出的《2023年年度报告的信息披露监管问询函》。截至去年底，*ST傲农货币资金余额2.08亿元，同比下降71.12%；短期借款余额38.35亿元，应付票据及应付账款余额35.57亿元，其他应付款余额14.73亿元，一年内到期的非流动负债余额18.72亿元。期末流动比率为0.25，资产负债率超100%，已出现资不抵债的问题。对此，上交所要求公司“结合营运资金需求、债务期限结构等，补充披露现阶段的资金安排和偿债安排等，以及为保障生产经营稳定和维持上市地位已采取或拟采取的具体措施”。

（资料来源：赵李南．资产负债率超100% 昔日养猪大户*ST傲农遭问询［N］．每日经济新闻，2024-05-21（5）.）

（2）产权比率

产权比率是指负债总额与所有者权益的比率，是企业财务结构稳健与否的重要标志，也称资本负债率。它反映企业所有者权益对负债人权益的保障程度。

$$产权比率 = \frac{负债总额}{所有者权益总额} \times 100\%$$

从表3-4中得出：

2020年：$产权比率 = \frac{236\,145\,503}{124\,237\,100} \times 100\% \approx 190.08\%$

2010年：$产权比率 = \frac{253\,121\,028}{134\,825\,076} \times 100\% = 187.74\%$

该指标越低，表明企业的长期偿债能力越强，债权人权益的保障程度越高，承担的风险越小，但企业不能充分地发挥负债的杠杆效应。所以，评价产权比率适度与否时，应从提高获利能力和增强偿债能力两个方面综合进行，即在保障债务偿还安全的前提下，应尽可能提高产权比率。

产权比率与资产负债率对评价偿债能力的作用基本相同，主要区别是：资产负债率侧重于分析债务偿付安全性的物质保障程度，产权比率则侧重于揭示财务结构的稳健程度以及自有资金对偿债风险的承受能力。

（3）利息保障倍数

利息保障倍数，又称已获利息倍数，是指企业息税前利润与利息支出的比率，它可以反映获利能力对债务偿付的保障程度。

$$利息保障倍数 = \frac{息税前利润}{利息支出} = \frac{利润总额 + 利息支出}{利息支出}$$

从表3-5中得出：

2020年：$利息保障倍数 = \frac{利润总额 + 财务费用^{*}}{财务费用} = \frac{31\,663\,539 + 1\,305\,591}{1\,305\,591} \approx 25.25$

2021年：$利息保障倍数 = \frac{利润总额 + 财务费用^{*}}{财务费用} = \frac{33\,717\,544 + 1\,357\,564}{1\,357\,564} \approx 25.84$

为了便于数据取得，一般将财务费用当作利息支出。

息税前利润是指包括利息支出和所得税前的正常业务经营利润，不包括非正常项目。这是由于由负债与资本支持的项目一般属于正常业务经营范围，因此计算利息保障倍数时就应当以正常业务经营的息税前利润为基础。为了更准确地反映利息的保障程度，利息支出应包括企业在生产经营中实际支出的借款利息、债券利息等。

该指标不仅反映企业获利能力的大小，而且反映获利能力对偿还到期债务的保证程度，它既是企业举债经营的依据，也是衡量企业长期偿债能力大小的重要标志。由此可以得出这样的启示：若要维持正常偿债能力，从长期看，利息保障倍数至少应大于1，且比值越高，企业长期偿债能力一般也就越强。如果利息保障倍数过小，企业将面临偿债的安全性与稳定性下降的风险。究竟企业利息保障倍数应是利息的多少倍，才算偿付能力强，这要根据往年经验结合行业特点来判断。

（4）现金流量利息保障倍数

$$现金流量利息保障倍数 = \frac{经营活动产生的现金流量净额}{利息费用}$$

现金流量利息保障倍数，是经营现金流量对利息费用的倍数。

从表3-5、3-6中得出：

$$2020年：现金流量利息保障倍数 = \frac{29\,557\,117}{1\,305\,591} \approx 22.64$$

$$2021年：现金流量利息保障倍数 = \frac{35\,091\,704}{1\,357\,564} \approx 25.85$$

现金流量利息保障倍数是现金基础的利息保障倍数，表明1元利息费用有多少倍的经营现金净流量作保证。它比以利润为基础的利息保障倍数更可靠。

（5）现金流量债务比率

现金流量债务比率，是指经营活动现金净流量与债务总额的比率。其计算公式如下：

$$经营活动现金流量净额债务比 = \frac{经营活动产生的现金流量净额}{负债总额} \times 100\%$$

从表3-5、3-6中得出：

$$2020年：经营活动现金流量净额债务比 = \frac{29\,557\,117}{236\,145\,503} \times 100\% \approx 12.52\%$$

$$2021年：经营活动现金流量净额债务比 = \frac{35\,091\,704}{253\,121\,028} \times 100\% \approx 13.86\%$$

一般而言，该比率中的债务总额采用期末数而非平均数，简便起见可以采用期末数。该比率表明企业用经营现金净额偿付全部债务的能力，比率越高，偿还债务总额的能力越强。

3.2.2 营运能力

营运能力是指企业基于外部市场环境的约束，通过内部人力资源和生产资料的配置组合而对财务目标所产生作用的大小。

1.应收账款周转率

它是一定时期内赊销净收入与平均应收账款余额之比。它是衡量企业应收账款周转速度及管理效率的指标。在实务中，由于企业财务报表上不提供赊销收入数据，通常使用营业收入来代替赊销收入进行计算。

$$应收账款周转率（次数）= \frac{赊销收入净额}{应收账款平均余额}$$

其中：

$$赊销收入净额 = 当期销售净收入 - 当期现销收入应收账款平均余额$$
$$=（期初应收账款余额 + 期末应收账款余额）/2$$

$$应收账款周转天数 = \frac{360}{应收账款周转率}$$

从表3-4、3-5中得出：

$$2021年：应收账款周转率 = \frac{341\,233\,208}{(22\,978\,363 + 24\,636\,440)/2} = 14.33（次/年）$$

应收账款周转率反映企业应收账款变现速度的快慢及管理效率高低，周转率高表明：收账迅速，账龄较短；资产流动性强，短期偿债能力较强；可以减少收账费用和坏账损失，从而相对增加企业流动资产的投资收益。同时借助应收账款周转期与企业信用期限的比较，还可以评价购买单位信用程度，以及企业原来的信用条件是否适当。

利用上述公式计算应收账款周转率时，应当注意以下几个问题：

（1）公式中的应收账款包括会计核算中的“应收账款”和“应收票据”等全部赊销账款在内，且其金额应为扣除坏账准备后的净额；

（2）如果应收账款余额的波动较大，应尽可能使用更详尽的计算资料，如按月的应收账款余额来计算其平均占用额；

（3）分子、分母的数据应注意时间的对应性。

2.存货周转率

它是一定时期内企业主营业务成本与存货平均资金占用额的比率，是衡量企业生产经营各环节中存货运营效率的一个综合指标。

$$存货周转率（次数）=\frac{营业成本}{平均存货}$$

$$平均存货=\frac{存货年初数+存货年末数}{2}$$

$$存货周转天数=\frac{360}{存货周转率}$$

从表3-4、3-5中得出：

$$2021年：存货周转率=\frac{264\,525\,999}{(31\,076\,529+45\,924\,439)}=6.87（次/年）$$

一般来说，存货周转率越高越好，存货周转率越高，表明其变现的速度越快，周转额越大，资金占用水平越低。因此，通过存货周转率分析，有利于找出存货管理存在的问题，尽可能降低资金占用水平。存货既不能储存过少，否则可能造成生产中断或销售紧张；又不能储存过多，否则可能形成呆滞、积压。存货是流动资产的重要组成部分，其质量和流动性对企业流动比率具有举足轻重的影响，并进行影响企业的短期偿债能力。故一定要加强存货管理，保持结构合理、质量可靠，提高其变现能力和盈利能力。

存货计价方法对存货周转率具有较大的影响，因此，在分析企业不同时期或不同企业存货周转率时，应注意存货的计价方法口径是否一致。分子、分母的数据应注意时间上的对应性。

3.流动资产周转率

它是流动资产的平均占用额与流动资产在一定时期所完成的周转额（营业收入）之间的比率，是反映企业流动资产周转速度的指标。

$$流动资产周转率（次数）=\frac{营业收入净额}{平均流动资产总额}$$

$$流动资产周转期（天数）=\frac{360}{流动资产周转率}$$

从表3-4、3-5中得出：

$$2021年流动资产周转率（次数）=\frac{341\,233\,208}{(241\,655\,325+248\,864\,505)/2}=1.39（次/年）$$

流动资产周转次数越多，表明以相同的流动资产完成的周转额越多，流动资产利用效果越好。流动资产周转率用周转天数表示时，周转一次需要的天数越少，表明流动资产在经历生产和销售各阶段所占用的时间越短。

4.固定资产周转率

它是指企业年销售收入净额与固定资产平均净值的比率。它是反映企业固定资产周转情况，从而衡量固定资产利用效果的一项指标。

$$固定资产周转率（次数）=\frac{营业收入净额}{固定资产平均净值}$$

从表3-4、3-5中得出：

$$2021年：固定资产周转率=\frac{341\ 233\ 208}{(22\ 239\ 214+22\ 852\ 848)/2}=15.13（次/年）$$

固定资产周转率高，表明企业固定资产利用充分，同时也能表明企业固定资产投资得当，固定资产结构合理，能充分发挥效率。反之，如果固定资产周转率不高，则表明固定资产使用效率不高，企业的营运能力不强。

运用固定资产周转率时，需要考虑固定资产因计提折旧的影响，其净值在不断地减少以及因更新重置，其净值突然增加的影响。同时，由于折旧方法不同，可能影响其可比性。故在分析时，一定要剔除这些不可比因素。

5.总资产周转率

它是企业营业收入净额与资产总额的比率，它可用来反映企业全部资产利用效率。

$$总资产周转率（次数）=\frac{营业收入净额}{平均资产总额}$$

从表3-4、3-5中得出：

$$2021年：总资产周转率=\frac{341\ 233\ 208}{(360\ 382\ 603+387\ 946\ 104)/2}=0.91（次/年）$$

值得说明的是，如资金时间占用的波动性较大，企业应采用更详细的资料进行计算，如按各月份的资金占用额来计算。如果各期占用额比较稳定，波动不大，季度、年度的平均资金占用可以直接用（期初+期末）÷2的公式来计算。

总资产周转率高，表明企业全部资产的使用效率高；如果这个比率较低，说明使用效率较差，最终会影响企业的盈利能力。企业应采用各项措施来提高企业的资产利用程度，如提高销售收入或处理多余资产以减少资产占用额。

3.2.3 盈利能力比率

对增值的不断追求是企业资金运动的动力源泉与直接目的。盈利能力就是企业资金增值的能力，它通常体现为企业收益数额的大小与水平的高低，主要有营业利润率总资产报酬率、净资产收益率和资本保值增值率等指标。

1.营业利润率

它是营业利润总额与营业收入净额的比率。

$$营业利润率=\frac{营业利润}{营业收入}\times 100\%$$

从利润表来看，企业的利润包括营业利润、利润总额和净利润三种形式，其中利润总额和净利润包含着非销售利润因素，所以能够直接反映销售获利能力的指标是营业利润。通过考察营业利润占整个利润总额比重的升降，可以发现企业经营理财状况的稳定性、面临的危险或可能出现的转机迹象。

从表3-5中得出：

$$2020年营业利润率=\frac{营业利润}{营业收入}\times 100\%=\frac{31\ 493\ 457}{284\ 221\ 249}\times 100\%=11.08\%$$

$$2021年营业利润率=\frac{营业利润}{营业收入}\times 100\%=\frac{33\ 281\ 195}{341\ 233\ 208}\times 100\%=9.75\%$$

2.总资产报酬率

它是企业一定时期内的报酬总额与企业平均资产总额的比率。它是反映企业资产综合利用效果的指标，也是衡量企业利用债权人和所有者权益总额所取得盈利的重要指标。

$$\text{总资产报酬率}=\frac{(\text{利润总额}+\text{利息费用})}{\text{平均资产总额}}\times 100\%$$

从表3-4、3-5中得出：

$$2021\text{年总资产报酬率}=\frac{33\ 717\ 544+1\ 357\ 564}{(360\ 382\ 603+387\ 945\ 104)/2}\times 100\%=9.37\%$$

平均资产总额为年初资产总额与年末资产总额的平均数。该比率越高，表明企业的资产利用效率越好，整个企业盈利能力越强，经营管理水平越高。

3.净资产收益率

它又称权益净利率，是指企业一定时期内的净利润同平均净资产的比率。它可以反映投资者投入企业的自有资本获取净收益的能力，即反映投资与报酬的关系，因而是评价企业资本经营效益的核心指标，在我国上市公司业绩综合排序中，该指标居于首位。

$$\text{净资产收益率}=\frac{\text{净利润}}{\text{平均净资产}}\times 100\%$$

从表3-4、3-5中得出：

$$2021\text{年净资产收益率}=\frac{29\ 015\ 376}{(124\ 237\ 100+134\ 825\ 076)/2}\times 100\%=22.40\%$$

平均净资产是企业年初所有者权益同年末所有者权益的平均数。净资产收益率是评价企业自有资本及其积累获取报酬水平的最具综合性与代表性的指标，通用性强，适应范围广，不受行业局限。通过对比分析，可以看出企业获利能力在同行业中所处的地位，以及同类企业的差异水平。一般认为，企业净资产收益率越高，企业自有资本获取收益的能力越强，运营效率越好，对企业投资人、债权人的保证程度越高。

4.资本保值增值率

它是指企业本年年末所有者权益扣除客观增减因素后同年初所有者权益的比率。资本保值增值率表示企业当年资本在企业自身努力下的实际增减变动情况，是评价企业财务效益状况的辅助指标。

$$\text{资本保值增值率}=\frac{\text{年末所有者权益}}{\text{年初所有者权益}}\times 100\%$$

从表3-4中得出：

$$2021\text{年资本保值增值率}=\frac{134\ 825\ 076}{124\ 237\ 100}\times 100\%=108.52\%$$

资本保值增值率是根据资本保全原则设计的指标，更加谨慎、稳健地反映了企业资本保全的增值状况。它充分体现了对所有者权益的保护，能及时、有效地发现侵蚀所有者权益的现象。该指标越高，表明企业的资本保全状况越好，所有者的权益增长越快，债权人的债务越有保障，企业发展后劲越强。如该指标出现负值，表明企业资本受到侵蚀，没有实现资本保全，损害了所有者的权益，也妨碍了企业进一步发展壮大。

3.2.4 发展能力比率

发展能力是企业在生存的基础上，扩大规模，壮大实力的潜在能力。在分析企业发展能力时，主要考察以下指标：

1. 销售（营业）增长率

销售（营业）增长率是指企业本年销售（营业）收入增长额同上年销售（营业）收入总额的比率。这里，企业销售（营业）收入，是指企业的主营业务收入。销售（营业）增长率表示与上年相比，企业销售（营业）收入的增减变化情况，是评价企业成长状况和发展能力的重要指标。其计算公式为：

$$销售（营业）增长率=\frac{本年销售（营业）增长额}{上年销售（营业）增长额}\times 100\%$$

该指标是衡量企业经营状况和市场占有能力、预测企业经营业务拓展趋势的重要标志，也是企业扩张增量和存量资本的重要前提。不断增加的销售（营业）收入，是企业生存的基础和发展条件，世界500强就是主要以销售收入的多少进行排序。该指标越高，表明增长速度越快，企业市场前景越好；若指标小于零，则说明企业产品不适销对路、质次价高，或是在售后服务等方面存在问题，产品销售不出去，市场份额萎缩。该指标在实际操作时，应结合企业历年的销售（营业）水平、企业市场占有情况、行业未来发展及其他影响企业发展的潜在因素进行前瞻性预测，或者结合企业前三年的销售（营业）收入增长率作出趋势性分析判断。

2. 资本积累率

资本积累率是指企业本年所有者权益增长额同年初所有者权益的比率，它可表示企业当年资本的积累能力，是评价企业发展能力的重要指标。

$$资本积累率=\frac{本年所有者权益增长额}{年初所有者权益}\times 100\%$$

该指标是企业当年所有者权益总的增长率，反映了企业所有者权益在当年变动水平。资本积累率体现了企业资本的积累情况，是企业发展强盛的标志，也是企业扩大再生产的源泉，展示了企业的发展活力。资本积累率反映了投资者投入企业资本的保全性和增长性，该指标越高，表明发展的能力越大。该指标如为负值，表明企业资本受到侵蚀，所有者利益受到损害，应予充分重视。

3. 总资产增长率

总资产增长率是企业本年总资产增长额同年初资产总额的比率，它可以衡量企业本期资产规模的增长情况，评价企业经营规模总量上的扩张程度。其计算公式为：

$$总资产增长率=\frac{本年资产总额增长额}{年初资产总额}\times 100\%$$

该指标是从企业资产总量扩张方面衡量企业的发展能力，表明企业规模增长水平对企业发展后劲的影响。该指标越高，表明企业一个经营周期内资产经营规模扩张的速度越快。但实际操作时，应注意资产扩张的质和量的关系，以及企业的后续发展能力，避免资产盲目扩张。

4. 固定资产成新率

固定资产成新率是企业当期平均固定资产净值同平均固定资产原值的比率。其计算公式为：

$$固定资产成新率=\frac{平均固定资产净值}{平均固定资产原值}\times 100\%$$

平均固定资产净值是指企业固定资产净值的年初数同年末数的平均值。平均固定资产原值是指企业固定资产原值的年初数与年末数的平均值。

固定资产成新率反映了企业所拥有的固定资产的新旧程度，体现了企业固定资产更新的快慢和持续发展能力。该指标越高，表明企业固定资产比较新，对扩大再生产的准备比较充足，发展的可能性比较大。运用该指标分析固定资产新旧程度时，应剔除企业应提未提折旧对房屋、机器设备等固定资产真实状况的影响。

3.2.5 市价比率

我国的证券化率近年来迅速提高。股票市价总值已由1991年的109.19亿元增加到2020年底的80万亿元，占国内生产总值（GDP）的比重已分别由1991年的0.505%跃升至70%以上。这表明我国的股票市场已构成市场体系的重要组成部分，在国民经济中的地位作用日益增强，这也从一个侧面表明上市公司在我国经济生活中是非常重要的个体，下面我们介绍几个与上市公司有关的指标。

1.市盈率

它是指普通股每股市价与每股收益的比率，它反映普通股股东愿意为每1元净利润支付的价格。其中，每股收益是指可分配给普通股股东的净利润与流通在外的普通股加权平均股数的比率，它反映每只普通股当年创造的净利润。

市盈率 = 每股市价 ÷ 每股收益每股收益 = 普通股股东净利润 ÷ 流通在外普通股加权平均数

假设美的集团2021年无优先股，2021年12月31日普通股股价市价70.31元，每股收益4.17元（2021年会计报表附注四（60）a），则：

$$2021\text{年市盈率} = \frac{70.31}{4.17} \approx 16.86$$

每股市价实际上反映了投资者对未来收益的预期。然而，市盈率是基于上年的收益。因此，如果投资者预期收益将大幅增长，市盈率将会相当高。但是如果投资者预期收益将下降，市盈率将会相当低。成熟市场上的成熟公司有非常稳定的收益，通常市盈率达到10～12倍。因此，市盈率反映了投资者对公司未来前景的预期，相当于每股收益的资本化。

使用该指标应注意问题：

（1）每股市价实际上反映了投资者对未来收益的预期。

（2）市盈率被广泛评估股票价值，原因是：该方法易于修改，即可用于交易的股票，也可用于未交易的股票，具有很强的适应性，非常简单，不需要耗费大量时间进行数据分析。

（3）应用该方法仅需知道两个数字：准备评估企业的收益和企业所属行业的市盈率。

小资料3-2　　茶百道上市首日跌超26%

继“奈雪的茶”之后的现制茶饮第二股终于诞生了。近日，四川茶百道实业股份有限公司（以下简称“茶百道”）正式在港交所主板挂牌上市。据悉，茶百道（02555.HK）创下了2024年港股最大IPO。但伴随着这一消息的是茶百道开盘即破发。港股开盘，茶百道就跌破17.5港元/股的发行价，截至当日收盘，股价已跌超26%至12.8港元/股，市值189.1亿港元。IPO定价过高也可能是其破发的重要原因。外界有声音表示，4月23日，以茶百道发行价计算的市盈率约为20.77，而瑞幸咖啡的市盈率为17.6，显然，破发让茶百道的估值回归到了应有水平。

（资料来源：刘旺. 上市首日跌超26% 茶百道加盟模式还“灵”吗［N］. 中国经营报，2024-04-29（2）.）

2.市净率

市净率也称为市账率，是指普通股每股市价与每股净资产的比率，它反映普通股股东愿意为每1元净资产支付的价格，说明市场对公司资产质量的评价。其中，每股净资产也称为每股账面价值，是指普通股股东权益与流通在外普通股股数的比率，它反映每只普通股享有的净资产，代表理论上的每股最低价值。

$$市净率=\frac{每股市价}{每股净资产}$$

$$每股净资产=\frac{普通股股东权益}{流通在外普通股股数}$$

假设美的集团2021年无优先股，2021年12月31日普通股股价市价70.31元，流通在外普通股加权平均数6 837 497千股，每股收益4.17元（2021年会计报表附注四（60）a)，则：

$$每股净资产=\frac{普通股股东权益}{流通在外普通股股数}=\frac{134\ 825\ 076}{6\ 837\ 497}\approx 19.72（元/股）$$

$$市净率=\frac{每股市价}{每股净资产}=\frac{70.31}{134\ 825\ 076/6\ 837\ 497}\approx 3.57$$

既有优先股又有普通股的公司，通常只为普通股计算净资产。在这种情况下，普通股每股净资产的计算要分两步完成。首先，从股东权益总额中减去优先股权益，包括优先股的清算价值及全部拖欠的股利，得出普通股权益。其次，用普通股权益除以流通在外普通股股数，确定普通股每股净资产。该过程反映了普通股股东是公司剩余所有者的事实。

在计算市净率和每股净资产时，应注意使用的是资产负债表日流通在外普通股股数，而不是当期流通在外普通股加权平均股数，因为每股净资产的分子为时点数，分母应与其口径一致，应当选择同一时点数。

市净率对已经存在 ·定年限的旧经济股票公司是有用的。但是，对丁新经济公司，该比率不是非常有用。而且，该比率仅可用于整个企业的评估，不能用于企业某一部分（如一个部门，一个产品或一个品牌）的评估。该比率依赖于资产负债表中的数据，会计政策和会计估计将会扭曲该比率；净资产受过去留存收益政策影响，如果一家公司持续支付比较低的股利，而把利润投入到经营中，那么其账面价值可能比较高，比较低的市净率是市场关于该企业股利政策和未来成长评价的度量。

3.市销率

市销率也称为收入乘数，是指普通股每股市价与每股销售收入的比率，它反映普通股股东愿意为1元销售收入支付的价格。其中每股销售收入是指销售收入与流通在外普通股加权平均股数的比率，它反映每只普通股创造的销售收入。

$$市销率=\frac{每股市价}{每股销售收入}$$

$$每股销售收入=\frac{销售收入}{流通在外普通股加权平均股数}$$

假设美的集团2021年无优先股，2021年12月31日普通股股价为70.31元/股，营业（销售）收入为341 233 208千元，流通在外普通股加权平均数6 837 497千股，每股收益4.17元（2021年会计报表附注四（60）a)，则：

$$每股销售收入=\frac{341\ 233\ 208}{6\ 837\ 497}\approx 49.91（元/股）$$

$$市销率=\frac{70.31}{49.9}\approx 1.41$$

市销率的最大优势在于相当程度上独立于会计政策和股利支付政策，因此，在评估联营企业、分部以及新经济公司（如互联网、网上销售、生物技术公司等）股票非常有用。

◎ 3.3 综合财务分析

前面介绍的指标分析，通常都是就企业某一方面的经营活动所作的分析，这种分析不足以全面评价企业的总体状况，为弥补这一不足，有必要将有关指标按其内在联系结合起来进行综合分析。综合财务分析的目的在于：（1）明确企业财务活动与经营活动的相互关系，找出制约企业发展的“瓶颈”所在；（2）全面评价企业财务状况及经营业绩，明确企业的经营水平、位置及发展方向，为完善企业财务管理和经营管理提供依据；（3）为企业利益相关者进行投资决策提供参考。

3.3.1 杜邦财务分析体系

杜邦财务分析体系，亦称杜邦财务分析法，是指根据各主要财务比率指标之间的内在联系，建立财务分析指标体系，综合分析企业财务状况的方法。由于该指标体系是由美国杜邦公司最先采用的，故称为杜邦财务分析体系。

该体系是一个多层次的财务比率分解体系，各项财务比率可在每个层次上与本企业历史或同行财务比率比较，逐级向下分解，逐步覆盖企业经营活动的每个环节，以实现系统、全面评价企业经营成果和财务状况目的。

（1）净资产收益率是综合性最强的财务指标，是企业综合财务分析的核心。这一指标反映了投资者的投入资本获利能力的高低，能体现企业经营的目标。从企业财务活动和经营活动的相互关系来看，净资产收益率的变动取决于企业资本经营、资产经营和商品经营。所以净资产收益率是企业财务活动和经营活动效率的综合体现。

（2）总资产周转率是反映企业营运能力最重要的指标，是企业资产经营的结果，是实现净资产收益率最大化的基础。企业总资产由流动资产和非流动资产构成，流动资产体现企业的偿债能力和变现能力，非流动资产则体现企业经营规模、发展潜力和盈利能力。各类资产的收益性又有很大区别，如现金、应收账款几乎没有收益。所以，资产结构是否合理、营运效率的高低是企业资产经营的核心，并最终影响企业的经营业绩。

（3）销售净利率是反映企业商品经营盈利能力最重要的指标，是企业商品经营的结果，是实现净资产收益率最大化的保证。企业从事商品经营，目的在于获利，其途径只有两条：一是扩大营业收入；二是降低成本费用。

（4）权益乘数既是反映企业资本结构的指标，也是反映企业偿债能力的指标，是企业资本经营即筹资活动的结果，它对提高净资产收益率起着杠杆作用。适度开展负债经营，合理安排企业资本结构，可以提高净资产收益（如图3-1、图3-2所示）。

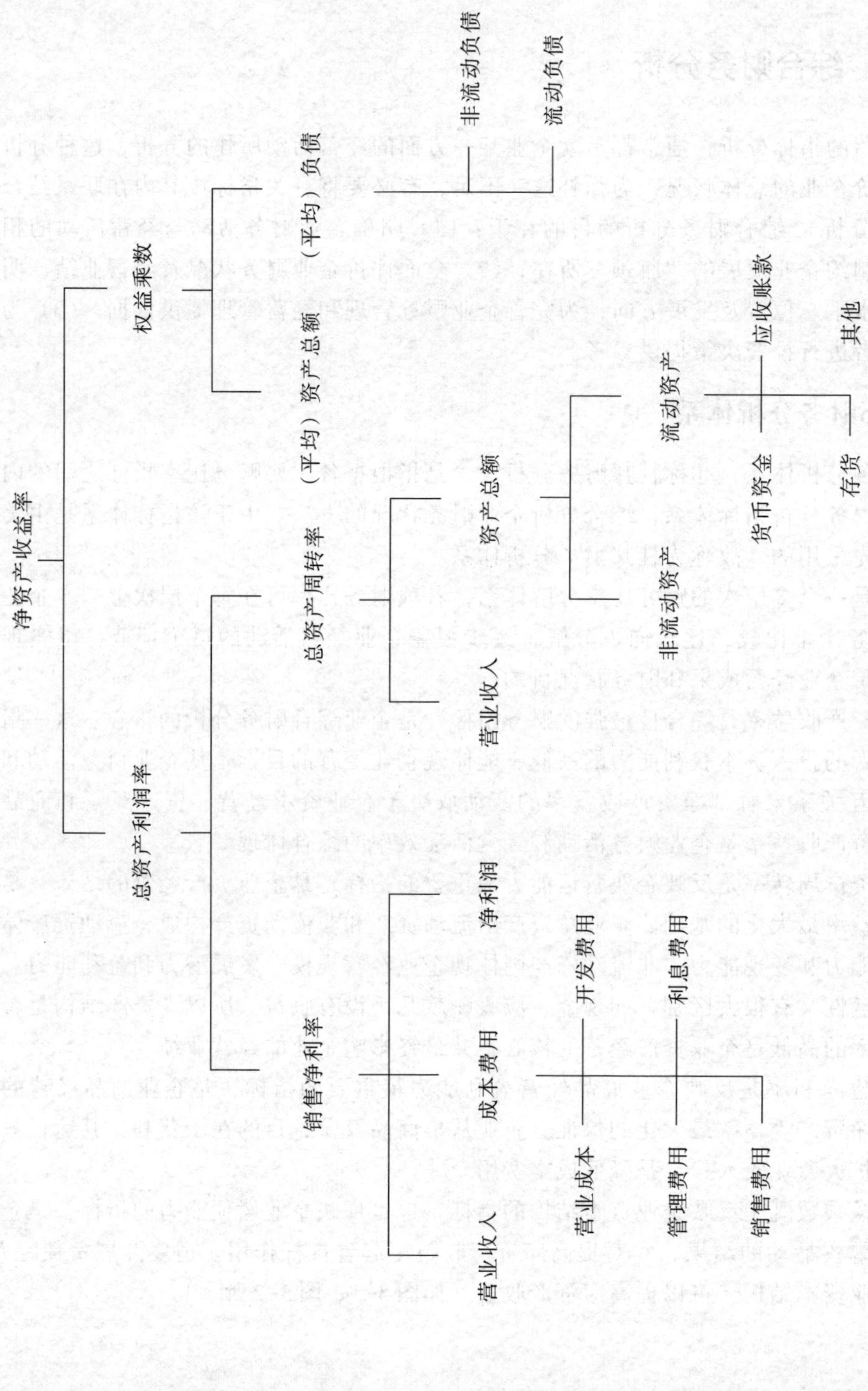

图 3-1 杜邦财务分析体系分解图

从相关的报表中得出：

2021年

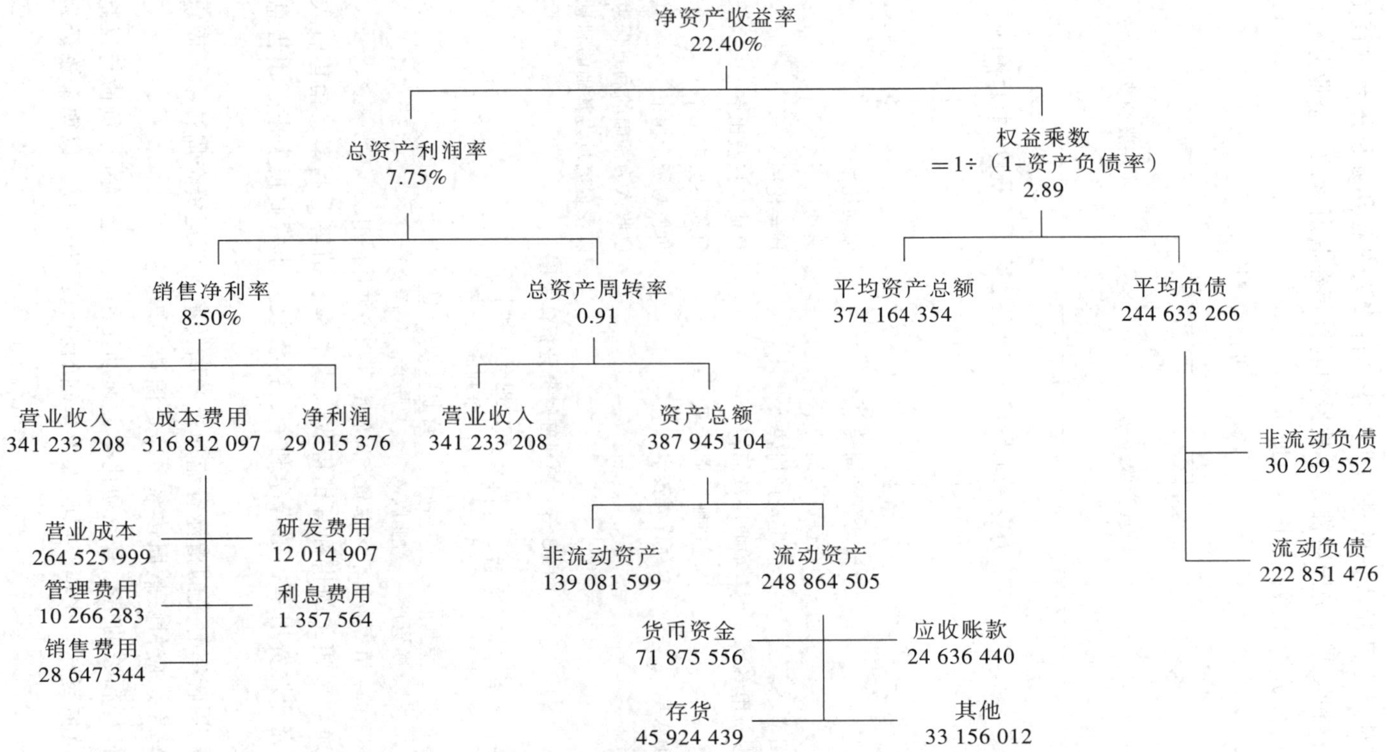

图3-2 美的集团2021年杜邦财务分析（金额单位：千元）

3.3.2 帕利普财务分析体系

杜邦财务分析体系自从产生以后在实践中得到广泛应用和好评。随着经济和环境的发展、变化和人们对企业目标认识的进一步升华，许多人对杜邦分析体系进行了变形、补充，使其不断完善和发展。美国哈佛大学教授帕利普等在其所著的《企业分析评价》一书中，提出帕利普财务分析体系，如图3-3所示。

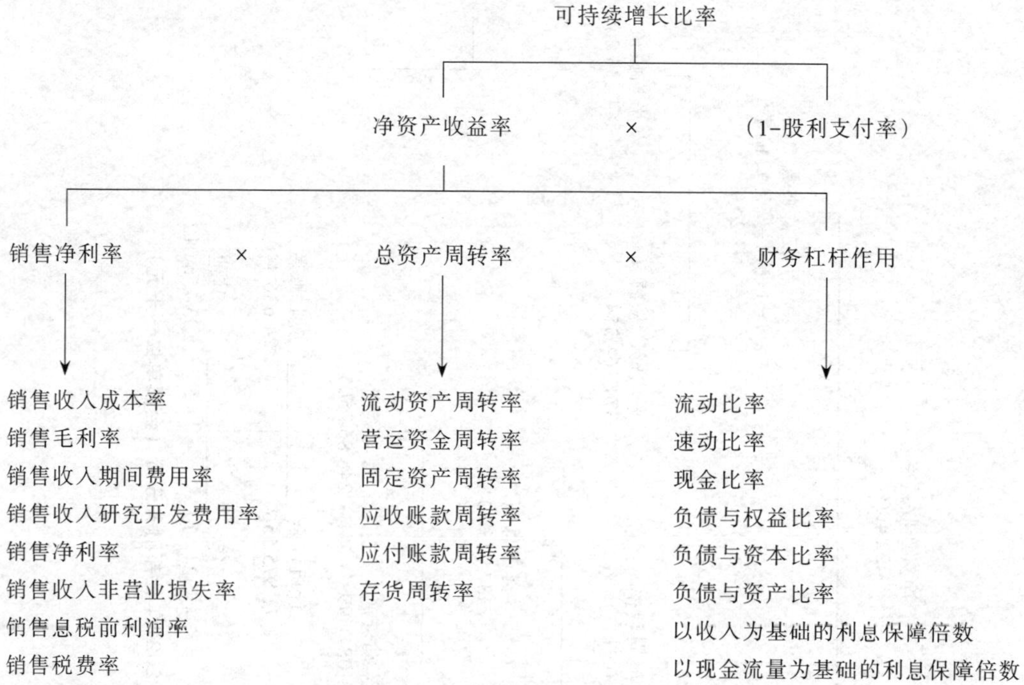

图3-3 帕利普财务分析体系图

（1）$\text{可持续增长率}=\text{净资产收益率}\times\left(1-\dfrac{\text{支付现金股利}}{\text{净利润}}\right)$

（2）$\text{净资产收益率}=\dfrac{\text{净利润}}{\text{净资产}}=\dfrac{\text{净利润}}{\text{营业收入}}\times\dfrac{\text{营业收入}}{\text{总资产}}\times\dfrac{\text{总资产}}{\text{净资产}}$

$=\text{销售净利率}\times\text{总资产周转率}\times\text{财务杠杆作用}$

（3）与销售净利率相关的指标有销售收入成本率、销售毛利率、销售收入期间费用率、销售收入研究开发费用率、销售净利率、销售收入非营业损失率、销售息税前利润率、销售税费率。

（4）与总资产周转率有关的指标有流动资产周转率、营运资金周转率、固定资产周转率、应收账款周转率、应付账款周转率、存货周转率等。

（5）与财务杠杆相关的指标有流动比率、速动比率、现金比率、负债与权益比率、负债与资本比率、负债与资产比率、以收入为基础的利息保障倍数、以现金流量为基础的利息保障倍数等。

3.3.3 沃尔评分法

1. 沃尔评分法的概念

沃尔评分法是指将选定的财务比率用线性关系结合起来，并分别给定各自的分数比重，然后通过与标准比率进行比较，确定各项指标的得分及总体指标的累计分数，从而对企业的信用水平作出评价的方法。1928年，亚历山大·沃尔（Alexander. Wole）出版的《信用晴雨表研究》和《财务报表比率分析》中提出了信用能力指数的概念，他选择了7种财务比率即流动比率、产权比率、固定资产比率、存货周转率、应收账款周转率、固定资产周转率和自有资金周转率，分别给定各指标的比重，然后确定标准比率（以行业平均数为基础），将实际比率与标准比率相比，得出相对比率，将此相对比率与各指标比重相乘，得出总评分，以此来评价企业的财务状况。

2. 沃尔评分法的步骤

（1）选择评价指标并分配指标权重。评价指标有：①盈利能力：资产净利率、销售净利率、净值报酬率；②偿债能力：自有资本比率、流动比率、应收账款周转率、存货周转率；③发展能力：销售增长率、净利增长率、资产增长率。按重要程度确定各项比率指标的评分值，三类指标的评分值比例约为5：3：2，评分值之和为100。

（2）确定各项比率指标的标准值，即各该指标在企业现时条件下的最优值。

（3）计算企业在一定时期各项比率指标的实际值。

（4）形成评价结果。

①实际值>标准值，理想关系比率=实际值÷标准值；

②实际值<标准值，不理想关系比率=［标准值-（实际值-标准值）］÷标准值；

③实际值≠标准值，不理想计算同2）。

沃尔评分法最主要的贡献就是它将互不关联的财务指标按照权重予以综合联动，使得综合评价成为可能。沃尔的评分法从理论上讲有一个明显的问题，就是未能证明为什么要选择这7个指标，未能证明每个指标所占比重的合理性。尽管此方法在理论上还有待证明，但它还是在实践中被广泛应用。

3. 沃尔评分法的应用

国资委2006年颁布的《中央企业综合绩效评价暂行办法》和《中央企业综合绩效评价实施细则》，实质上就是沃尔评分法的运用。实施细则中，选择的企业综合绩效评价指标包括22个财务绩效定量评价指标和8个管理绩效定性评价指标（表3-7），并列出具体的企业综合绩效评价类型与评价级别（表3-8）。①

① 该部分根据国务院国有资产监督管理委员会令第14号整理。

表3-7 **企业综合绩效评价指标及权重表**

财务绩效定量指标（权重70%）					管理绩效定性指标（权重30%）	
指标类别（100）	基本指标（100）		修正指标（100）		评议指标（100）	
盈利能力状况（34）	净资产收益率 总资产报酬率	20 14	营业利润率 盈余现金保障倍数 成本费用利润率 资本收益率	10 9 8 7	战略管理 发展创新 经营决策 风险控制 基础管理 人力资源 行业影响 社会贡献	18 15 16 13 14 8 8 8
资产质量状况（22）	总资产周转率 应收账款周转率	10 12	不良资产比率 流动资产周转率 资产现金回收率	9 7 6		
债务风险状况（22）	资产负债率 已获利息倍数	12 10	速动比率 现金流动负债比率 带息负债比率 或有负债比率	6 6 5 5		
经营增长状况（22）	营业增长率 资本保值增值率	12 10	营业利润增长率 总资产增长率 技术投入率	10 7 5		

表3-8 **企业综合绩效评价类型与评价级别一览表**

评价类型	评价级别	评价得分
优（A）	A++ A+ A	A++≥95分 95分＞A+≥90分 90分＞A≥85分
良（B）	B+ B B-	85分＞B+≥80分 80分＞B≥75分 75分＞B-≥70分
中（C）	C C-	70分＞C≥60分 60分＞C-≥50分
低（D）	D	50分＞D≥40分
差（E）	E	E＜40分

本章小结

财务分析是以会计资料及其他资料为依据，采用专门的技术和方法，对企业过去和现在财务活动的盈利能力、营运能力、偿债能力和发展能力进行分析和评价，为决策提供有用的信息。财务分析的具体步骤，是根据分析目的和分析主体不同分别设计的。财务分析的方法主要功能有水平分析法、垂直分析法、趋势分析法、因素分析法和差额计算法。

单项财务分析指标有偿债能力指标、营运能力指标、盈利能力指标、发展能力指标以及市价比率指标。偿债能力是指企业偿还到期债务的能力，包括短期偿债能力分析和长期偿债能力分析。短期偿债能力的衡量指标有流动比率、速动比率和现金比率。长期偿债能力指标有资产负债率、产权比率、利息保障倍数、现金流量利息保障倍数和现金流量债务比率。营运能力指标有应收账款周转率、存货周转率、流动资产周转率、固定资产周转率和总资产周转率。盈利能力就是企业资金增值的能力，主要有营业利润率、总资产报酬率、净资产收益率和资本保值增值率等指标。发展能力指标有销售（营业）增长率、资本积累率、总资产增长率、固定资产成新率等指标。市价比率指标有市盈率、市净率和市销率，主要用于上市公司的股价比率分析。

杜邦财务分析体系，是综合分析企业财务状况的方法。该体系是一个多层次的财务比率分解体系，各项财务比率可在每个层次上与本企业历史或同行财务比率比较，逐级向下分解，其中净资产收益率是综合性最强的财务指标，是企业综合财务分析的核心。沃尔评分法是指将选定的财务比率用线性关系结合起来，并分别给定各自的分数比重，然后通过与标准比率进行比较，确定各项指标的得分及总体指标的累计分数，从而对企业的信用水平作出评价的方法。国资委2006年颁布的中央企业综合绩效评价体系，实质上就是沃尔评分法的运用。

推荐读物

［1］张先治．构建中国财务分析体系的思考［J］．会计研究，2001（6）：33-39.

［2］张先治．财务分析［M］．5版．大连：东北财经大学出版社，2010.

［3］白华，高立．财务报告内部控制［J］．会计研究，2011（3）：68-75.

［4］张新民，钱爱民，陈德球．上市公司财务状况质量：理论框架与评价体系［J］．管理世界，2019，35（07）：152-166；204.

本章练习

一、思考题

1. 请简要说明财务分析的方法。

2. 盈利能力比率如何计算，其相关的驱动因素是什么？

3. 如何实际运用市盈率指标？

4. 杜邦分析体系有哪三个层次，为什么净资产收益率是该体系的核心指标？

二、计算分析题

ABC公司简要资产负债表、利润表及同行业财务比率的平均标准分别如下（见表3-9、表3-10、表3-11）：

表3-9

资产负债表（简表）

编制单位：ABC公司　　2021年12月31日　　单位：万元

资产	期末数	年初数	负债及所有者权益	期末数	年初数
流动资产：			流动负债：		
货币资金	29 355	30 717	短期借款	20 055	6 375
应收账款	11 883	10 986	应付账款	7 118	5 174
存货	18 213	11 755	其他流动负债	11 857	14 076
流动资产合计	59 451	53 458	流动负债合计	39 030	25 625
非流动资产：			股东权益：		
长期投资	8 696	2 163	长期负债	78	954
固定资产原价	9 708	8 290	股本	16 248	16 248
减：累计折旧	1 747	1 160	资本公积	13 412	13 412
固定资产净值	7 961	7 130	盈余公积	4 979	4 029
无形资产	968	468	未分配利润	4 487	4 152
递延资产	1 158	1 201	股东权益合计	39 126	37 841
资产合计	78 234	64 420	负债及股东权益合计	78 234	64 420

表3-10

利润表

编制单位：ABC公司　　2021年度　　单位：万元

项 目	2021年度
营业收入	195 311
减：营业成本	78 887
税金及附加	347
销售费用	6 461
管理费用	4 218
财务费用	1 695
利润总额	103 703
减：所得税	25 926
净利润	77 777

表3-11 同行业标准财务比率

流动比率	2.01
资产负债率	48.50%
存货周转天数	67.67
应收账款周转天数	43.37
销售净利率	26.67%

要求：(1) 根据资产负债表和损益表计算下列比率：流动比率、速动比率、资产负债率、销售净利率、资产收益率、净资产收益率、存货周转率和应收账款周转率。

(2) 根据上述计算结果和同行业标准财务比率评价该公司的偿债能力、营运能力和获利能力。

(3) 若公司用银行存款8 000万元偿还即将到期的短期借款，则流动比率是下降还是上升了呢？此时企业的短期偿期能力如何？

(4) 请用杜邦分析法综合分析公司净资产收益率高或低的原因。

三、综合案例题

是不是营业收入增长得越快越好？[①]

上海事业发展股份有限公司（600748，简称上实发展）是上海市人民政府重点扶持的大型企业集团，投资业务涉及房地产、高新技术、金融投资、工业投资、现代农业和国内贸易等。上实发展以房地产为主，属于房地产上市公司。在国内房地产市场面临宏观调控及行业整合不断加快的严峻形势下，在"加息、提高准备金率"等房地产宏观调控手段进一步趋紧的市场背景下，面对日益激烈的市场竞争环境，为持续、平稳地推进公司的经营发展，公司积极寻求优质项目资源，强化资本运作，如加大并购力度，不断整合、提升公司资产质量和运行效益。根据该公司的相关数据整理出以下表格（见表3-12）：

表3-12 上实发展2004—2006年可持续增长率

会计年度	总资产周转率	销售净利率	权益乘数	留存收益比率	可持续增长率
2004	0.1852次	14.22%	2.61	63.82%	4.58%
2005	0.3349次	10.22%	3.00	68.51%	7.56%
2006	0.3531次	11.28%	2.48	60.36%	6.34%

根据上实发展2004年年报数据计算出2005年企业可持续增长率为4.58%。如果企业保持2004年既定的财务政策和经营政策不变，则其2005年的营业收入实际增长率应该等于可持续增长率4.58%，然而企业2005年的实际增长率为123.78%，是可持续增长率的27倍，如此高速的增长，企业是如何实现的呢？

由上表可以看出，与2004年相比，上实发展除了销售净利润率在2005年有一定的下降外，其他三项指标在2005年均有较大幅度的提高。可见，上实发展通过加速资产周转率速度、提高权益乘数、增加留存收益比率三个途径来支持营业收入高速增长。进一步分

① 马忠：《公司财务管理：理论与案例》，237页，北京，机械出版社，2008.

析企业资产周转率发现，对于2004年，企业在2005年的固定资产周转率、流动资产周转率都有较大幅度的提高，分别有19.80%、0.24%提高到52.66%、0.42%。进一步分析企业的资产负债结构发现，上实发展通过短期借款的增加提高了企业的负债程度。

为了支持营业收入高速增长，上实发展联合采取了加速资产周转、大幅度增加短期借款以及提高留存收益比率三种方式。然而这些方式只能维持短期内营业收入的高速增长，无法支持企业持续高速增长。资产周转率不能无限提高。短期借款需要归还，如果企业高速增长，资金甚至无法满足营业收入增长带来的资产增长，更无法归还短期借款。此外，留存收益比率也不能无限制地提高，其上限为100%。可见上实发展在短期内虽然可以通过多种方式的联合作用来实现营业收入的高速发展，但从长远来看，这种高速增长无法实现，企业仍应结合可持续发展来安排收入的增长。

2006年上实发展的营业收入增长率为-7.47%，说明企业已经意识到高速增长会带来资金链断裂，开始对营业收入增长进行控制，适当降低了营业收入增长率。通过2006年对营业收入增长的调整后，上实发展2007年实际营业收入增长率为31.06%，可持续增长率为6.34%。由此可见，可持续增长率对企业管理营业收入起到了重要的作用，可以使企业对营业收入增长及时进行控制，避免由于高速的增长带来资金链的断裂。

立德树人

不断创新发展中国特色国有资产监管体制

中共十八大以来，各级国有资产监管机构坚决贯彻党中央、国务院重大部署，推动国有企业深入实施创新驱动发展战略，加快产业转型升级步伐，发展质量和效益不断提高，有效发挥了国民经济“顶梁柱”“压舱石”作用。快报数据显示，截至2023年底，全国国资系统监管企业资产总额达317.1万亿元，比2012年底增长3.4倍；2023年实现营业收入、利润总额分别为80.3万亿元、4.5万亿元，比2012年分别增长1.1倍、1.2倍；2012—2023年累计实现增加值146.9万亿元，年均增长8.1%。

当前，国际形势异常严峻复杂，我国经济持续回升向好的基础还不稳固，需要国有经济、国有企业更好地发挥主导作用和战略支撑作用，但目前国有企业不管是“质”还是“量”，与承担的使命责任都还有一定差距。在这种情况下，做好国有资产监管工作，必须把做强做优做大国有企业作为总目标，进一步完整、准确、全面贯彻新发展理念，扎实推动国有企业高质量发展。特别是要在做强做优上下更大功夫，完善考核奖惩和激励约束机制，引导国有企业统筹质的有效提升和量的合理增长，持续增强国有经济竞争力、创新力、控制力、影响力、抗风险能力，为中国式现代化提供更为坚实的物质基础。

（资料来源：国务院国资委党委.不断创新发展中国特色国有资产监管体制［J］. 求是，2024（08）.）

第4章 筹资管理

导读

三国时期，群雄并起，曹操、刘备、孙权纷纷招贤纳士。曹操、孙权阵营似家族企业，自有资本比较雄厚，二人志存高远，内举不失亲，外举不弃仇，唯才是举，基业越做越大，初期争霸中，一个独占鳌头，一个一枝独秀。刘备白手起家，但由于是皇室后裔，具有正统优势，社会美誉度较高，先是桃园结义、郫城聚义收服了当时一流战将关羽、张飞与赵云，可刘备旗下武强文弱，人才结构不合理，以致屡战屡败，颠沛流离，寄人篱下，难成大事，刘备痛定思痛，求贤若渴，后得上苍垂怜，遇到了“天使投资人”徐庶、卧龙及凤雏，文武兼备之后，刘备便大展宏图，奠定川蜀基业，与曹操、孙权三分天下！

学习目标

通过本章学习，了解企业筹资动因、资金预测、筹资渠道、筹资方式，领会企业各类筹资方式的特点，掌握筹资数量预测的基本方法和筹资方式选择的基本技巧；具有依法依规处理企业与股东之间、企业与债权人之间利益关系的职业能力。提升经济活动中的法治意识，养成自觉信守契约承诺的品德。

◎4.1 筹资概述

4.1.1 企业筹集资金的动因

1.筹集企业资本金

资金是企业运行的血液，企业成立需要以一定的资金为基础，对外承担民事责任。

2.扩大生产经营规模

追求利润是企业的本性，企业在维持生存的情况下还要考虑长远的发展，需要抓住有利的投资机会扩大再生产。当预期能够获得超额利润时，企业就需要追加投资，需要通过各种渠道筹集资金。

3.调整资金结构

资金结构是企业长期资金与短期资金、自有资金与借入资金的比例关系，不同的资金结构会影响企业的综合资本成本与财务风险。长期资金的财务风险较低，但资本成本较高；短期资金的资本成本相对较低，但财务风险较高，企业在经营过程中需要权衡资本成本与财务风险。当财务风险过大时，可通过多筹集长期资金使企业的财务风险得到有效控制；当资本成本过大时，可通过多筹集短期资金来适当降低综合资本成本。

4.偿还债务

企业所使用的资金往往有多种形式，自有资金可长久使用不需要归还，而借入资金通常都有固定的使用期限，到期如果不能归还，企业就有可能被提起诉讼甚至被宣告破产清算，企业为避免这种后果产生，通常会通过对外发行股票或举借新债等方式偿还原有债务。

4.1.2 筹资渠道与筹资方式

1.筹资渠道

筹资渠道是指企业取得资金的来源，即资金从哪里来。目前我国企业的筹资渠道主要有：

（1）国家财政资金，是国家以财政拨款或注资的方式投入企业的资金。这种筹资渠道主要适用于国有企业。

（2）银行信贷资金，是各商业银行贷给企业的资金，是企业非常重要的债务资金来源。

（3）非银行金融机构资金。非银行金融机构将社会闲散资金集中起来，向需要资金的企业提供借款，也是企业重要的债务资金来源。

（4）其他企业资金。企业有时会有闲置资金，这些资金可以用于购买其他企业的股票或债券，将暂时不用的资金提供给需要资金的企业使用。

（5）居民的资金。随着居民收入水平不断提高，居民的理财意识也日益增强，民间资金越来越多地流向了资本市场，逐渐成为企业筹资的重要渠道。

（6）企业的留存收益。当企业当年取得利润以后，可以留给企业使用，等以后取得更多的利润后一起分配给投资者。

2.筹资方式

筹资方式是指企业筹集资金的手段，即资金如何取得。

（1）按资金属性不同，筹资方式可分为权益性筹资和债务性筹资。

通过权益性筹资方式筹集的资金即自有资金，具有不返还性，可以永久使用，除非企业破产清算或终止经营，该类筹资方式有吸收直接投资、发行股票及留存收益等；通过债务性筹资方式筹集的资金也即借入资金，需要付息还本，并且有固定的使用期限，该类筹资方式有发行债券、银行借款、融资租赁、商业信用等。

（2）按资金占用期限不同，筹资方式可分为长期筹资和短期筹资。

长期筹资方式筹集的资金一般使用时间超过1年，对筹资方来说，资金使用的财务风险相对较低，但由于占用他人资金的时间较长，资本成本相对较高。长期筹资方式主要包括长期银行借款、发行长期债券、融资租赁及各种权益性筹资方式。短期筹资方式筹集的资金一般需要在1年内归还，由于使用时间较短，筹资方的财务风险相对较高，但资本成本相对较低，短期筹资方式主要包括短期银行借款、商业信用等。

（3）按筹资的范围不同，筹资方式可分为内源筹资和外源筹资。

内源筹资即企业将自己的留存收益和折旧转化为投资的过程；外源筹资即企业吸收其他经济主体的资金，以转化为投资的过程。随着技术的进步和生产规模的扩大，单纯依靠内源筹资已很难满足企业的资金需求，外源筹资已逐渐成为企业获取资金的重要方式。目前企业外源筹资主要有以下几种方式：发行股票、发行债券、银行借款、商业信用、融资租赁、吸收直接投资等。

4.1.3 筹资管理的目标

筹资管理目标是企业财务管理目标在筹资活动中的具体化，服从于财务管理的总目标。企业的筹资决策要贯彻总体财务目标的要求，就必须在资本成本、财务风险等因素之间进行权衡，以筹资渠道多样化、筹资方式多元化、筹资成本最小化、筹资风险最低化和资本结构最优化作为筹资决策的主要目标。而达到这一目标就需要企业在选择筹资方式时充分考虑权益性筹资与债务性筹资的结构比例及长期筹资与短期筹资的结合比例。

◎ 4.2 资金需求量的预测

资金需求量是企业为达到生产经营的预期目标所需要的资金数额，对其必须科学合理地加以预测。资金需求量预测是筹资决策的前提，常用的方法有销售百分比法、线性回归法等。

4.2.1 销售百分比法

销售百分比法是指以资金与销售额的比率为基础，预测未来短期资金需求量的方法。该种方法有两个基本假设：（1）企业的部分资产和负债与销售额同比例变化；（2）企业各项资产、负债与所有者权益结构已达到最优。

这种方法一般借助于预计利润表和预计资产负债表来确定资金需求量，即通过预计利润表预测企业的留存收益（内部资金来源的增加额），通过预计资产负债表来测定企业筹资总规模与外部筹资规模的需要量。

1.编制预计利润表，预测留存收益

预计利润表是利用销售百分比法的原理预测留存收益的一种报表，其基本格式与实际的利润表相同。用预计利润表预测留存收益，其基本步骤为：（1）取得基年实际利润表资料，计算确定利润表各项目与销售额的百分比；（2）取得预测年度销售额的预计数，以此乘以基年实际利润表各项目占实际销售额的比率，计算预测年度利润表各项目的预计数，编制预计利润表；（3）利用预测年度税后利润预计数与预定的留用比率，计算留存收益额。

【例4-1】A企业20×6年度实际利润表及有关项目与销售额的百分比见表4-1，试确定20×7年预计利润表并预测留存收益。如果该企业20×7年预计销售额为600万元，则可测定20×7年度的预计利润表见表4-2（假定该企业的所得税税率为25%）。

表4-1 **实际利润表**

编制单位：A企业 20×6年度 金额单位：元

项目	金额	占销售额的百分比（%）
营业收入	5 000 000	100
减：营业成本	3 500 000	70
销售费用	500 000	10
管理费用	500 000	10
财务费用	100 000	2
税前利润	400 000	8
减：所得税费用	100 000	
税后利润	300 000	

表4-2 **预计利润表**

编制单位：A企业 20×7年度 金额单位：元

项目	占销售额的百分比（%）	金额
营业收入	100	6 000 000
减：营业成本	70	4 200 000
销售费用	10	600 000
管理费用	10	600 000
财务费用	2	120 000
税前利润	8	480 000
减：所得税费用		120 000
税后利润		360 000

如果企业税后利润的留用比率为30%，则20×7年的预计留存收益额为108 000元。

2.编制预计资产负债表，预测外部筹资额

预计资产负债表与实际资产负债表的内容、格式相同。通过编制预计资产负债表，可预测资产、负债和留存收益等有关项目的数额，确定企业的外部筹资需要量。

运用销售百分比法需要确定与销售额有稳定比例关系的项目，这些项目统称为敏感项目。敏感资产项目通常包括库存现金、应收账款、存货等；敏感负债项目通常包括应付账款、应付票据等。与敏感项目相对应的是非敏感项目，如对外投资、固定资产净值、非流动负债和实收资本等，它们在短期内都不会随销售额的变化而改变。

【例4-2】A企业20×6年的实际资产负债表及其敏感项目与销售额间的比例关系见表4-3。

表4-3 实际资产负债表

编制单位：A企业 20×6年12月31日 金额单位：元

项　目	金　额	占销售额的百分比（%）
资产		
库存现金	50 000	1
应收账款	500 000	10
预付款项	50 000	1
存货	800 000	16
固定资产	1 400 000	—
资产总计	2 800 000	28
负债		
应付票据	200 000	4
应付账款	450 000	9
预收款项	60 000	1.2
非流动负债	900 000	—
负债合计	1 610 000	14.2
所有者权益		
实收资本	1 100 000	—
留存收益	90 000	—
所有者权益合计	1 190 000	—
负债及所有者权益总计	2 800 000	—

上述资料表明，销售每增加100元，相应的敏感资产将增加28元，而敏感负债将增加14.2元，因此实际需要追加的资金量为13.8元（28−14.2）。

在本例中，已知销售额由20×6年的5 000 000元增加到20×7年的6 000 000元，增加了1 000 000元。因此所需要筹资的数量应为138 000元（1 000 000×13.8%）。2014年预计资产负债表略。

由于通过预计利润表测定的20×7年能够提供的留存收益为108 000元，因此A企业20×7年需要追加的外部筹资规模应为30 000元（138 000−108 000）。

4.2.2 线性回归法

线性回归法又称资金习性预测法，是假定资金需求量与业务量之间存在线性关系，根据有关历史资料，用回归直线方程确定参数来预测资金需求量的方法。回归直线方程式如下：

$y=a+bx$

式中：y表示资金需求量；x表示业务量；a表示固定资金；b表示单位业务量所需要的变动资金。

方程式中的常数项a与系数b的值，可按下列公式计算：

$$a=\frac{\sum x^2\sum y-\sum x\sum xy}{n\sum x^2-(\sum x)^2}$$

$$或=\frac{\sum y-b\sum x}{n}$$

$$b=\frac{n\sum xy-\sum x\sum y}{n\sum x^2-(\sum x)^2}$$

使用该方法前，首先要确定自变量x和因变量y之间是否存在线性关系，可通过计算“相关系数”（r）进行验证。

$$r=\frac{n\sum xy-\sum x\sum y}{\sqrt{[n\sum x^2-(\sum x)^2][n\sum y^2-(\sum y)^2]}}$$

r的数值越接近于1，说明x与y之间的相关性越强，二者的关系越接近于线性关系。

【例4-3】某企业要预测20×7年1月的资金需求量，预计20×7年1月的营业收入为420万元。20×6年7~12月有关的营业收入和资金需求量的资料见表4-4。

表4-4 **营业收入和资金需求量** 单位：万元

月　份	营业收入	资金需求量
7	380	121
8	410	128
9	400	123
10	350	110
11	330	109
12	380	121
合计	2 250	712

预测过程是：

（1）计算回归直线方程相关数据（见表4-5）：

表4-5 **回归直线方程数据计算表**

月　份	营业收入（x）	资金需求量（y）	xy	x^2	y^2
7	380	121	45 980	144 400	14 641
8	410	128	52 480	168 100	16 384
9	400	123	49 200	160 000	15 129
10	350	110	38 500	122 500	12 100
11	330	109	35 970	108 900	11 881
12	380	121	45 980	144 400	14 641
合计	2 250	712	268 110	848 300	84 776

（2）计算相关系数：

$$r=\frac{6\times 268\,110-2\,250\times 712}{\sqrt{(6\times 848\,300-2\,250^2)\times(6\times 84\,776-712^2)}}\approx 0.97$$

r的数值接近于1，说明营业收入（x）与资金需求量（y）之间具有密切的线性关系，可用直线方程$y=a+bx$来描述。

（3）把表4-5的有关数据代入a、b的计算公式，得：

$$a=\frac{848\,300\times 712-2\,250\times 268\,110}{6\times 848\,300-2\,250^2}\approx 27.183$$

$$b=\frac{6\times 268\,110-2\,250\times 712}{6\times 848\,300-2\,250^2}\approx 0.244$$

可得：$y=27.183+0.244x$

（4）计算该企业20×7年1月份的资金需求量：

$y=27.183+0.244\times 420\approx 129.66$（万元）

线性回归法作为时间序列预测的一种方法，根据企业过去的资金占用变化趋势预测未来的资金需求量，其前提是假设事物的过去会同样延续到未来。这一方法因突出时间序列暂不考虑外界因素影响，因而存在着预测误差的缺陷，当遇到外界发生较大变化时，往往会有较大误差，线性回归法对于中短期预测的效果要比对长期预测的效果好。

◎4.3 负债筹资

负债，又称债务资金或借入资金，是企业债权人按契约约定借给企业，要求其按时付息并归还本金的资金。其特点有：（1）所有权属于债权人。企业按规定的时间偿还本金和支付利息，债权人不享有企业的生产经营管理权；不能参与企业的利润分配；对企业生产经营活动也不承担责任。（2）由于债务资金按契约要求必须按时还本付息，企业只能在规定的时间内使用。负债筹资方式主要有银行借款、公司债券、融资租赁、商业信用、短期融资券等。

4.3.1 银行借款

1.长期借款

长期借款是指从银行或其他金融机构和企业借入的，期限在1年以上的借款，它是企业长期负债的主要来源之一。长期借款主要用于企业的固定资产购置和满足永久性流动资金占用的需要，企业筹集长期借款资金的主要来源包括：银行、保险公司和信托投资公司等各种金融机构。

（1）长期借款的种类

①按提供贷款的机构分为政策银行贷款、商业银行贷款和非银行金融机构贷款。

②按有无抵押品作担保分为抵押贷款和信用贷款。抵押贷款是指以特定的抵押品作为担保的贷款。作为贷款担保的抵押品可以是不动产、机器设备等实物资产，也可以是股票、债券等有价证券。信用贷款是指不以抵押品作为担保的贷款，即仅凭借款企业或保证人的信用而发放的贷款。信用贷款通常仅由借款企业出具签字的文书，一般是贷给资信优良的企业。

（2）长期借款的程序

①企业提出申请。企业申请借款必须符合借款原则和贷款条件。其中，我国金融部门对贷款规定的原则是：按计划发放，择优扶植，有物资保障，按期归还。企业申请贷款应具备的条件主要有：借款企业实行独立核算，自负盈亏，具有法人资格；生产经营方向和业务范围符合国家政策，且贷款用途符合银行贷款办法规定的范围；借款企业具有一定的物资和财产保证，或担保单位具有相应的经济实力；具有还贷能力；借款企业财务管理和经济核算制度健全，资金使用效益及企业经济效益良好；在银行开立账户，办理结算。

②审批。银行按照有关政策和贷款条件，对借款企业进行审查，依据审批权限，核准企业申请的借款金额和用款计划。审查的内容有：企业的财务状况；企业的信用情况；企业的盈利稳定性；企业的发展前景；借款投资项目的可行性；抵押品和担保情况等。

③签订借款合同。借款申请获批准后，银行与借款企业需要进一步协商贷款的具体条件，签订正式的合同，规定贷款的数额、利率、期限和一些约束性条款。

④取得借款。借款合同生效后，银行可在核定的贷款指标范围内，根据用款计划和实际需要，一次或分次将贷款转入企业的存款结算户，以便企业支用借款。

（3）长期借款合同的内容

①长期借款合同的基本条款。借款合同应具备下列基本条款：借款种类、借款用途、借款金额、借款利率、借款期限、还款资金来源及还款方式、保证条款、违约责任等。

②长期借款合同的限制条款。对贷款人而言，长期借款风险大，贷款人为了保护自身的经济利益，通常都会在借款协议中注明各种保护性条款，包括例行性限制条款、一般性限制条款和特殊性限制条款。

例行性限制条款，又称非限制性条款，是指所有的借贷合同中均有规定，所有借款均应遵守的条款。其主要内容有：定期提供财务报表；及时支付到期债务和税金；不得以资产作为其他承诺的担保或抵押；不得在正常情况下出售较多的资产；对补偿性余额的要求。补偿性余额是银行要求贷款企业在银行中保持按贷款限额或实际借用额的一定百分比（一般为10%~20%）计算的最低存款余额。银行一般均会作出补偿性余额的规定，以降低银行的贷款风险，但补偿性余额会提高贷款企业的实际利率。

一般性限制条款，是指对借款企业资产流动性、现金支付能力和偿债能力等方面的要求条款，它是维护银行利益的最重要的条款，主要包括：最低流动比率限制；最高资产负债率限制；固定资产处置限制；资本性支出限制；增加负债限制；现金流出限制。

特殊性限制条款，是指在个别借贷合同中特别规定的条款，目的在于避免在特殊情况下可能出现的意外，如规定贷款专款专用；公司主要管理者要参加人寿保险；主要管理人员的改变或企业改组须经贷款人核准等，以确保该公司的管理层是在提供贷款当时银行所信赖的人控制之下。

（4）长期借款利率

①固定利率。固定利率是指在债务存续期间内采用固定不变的利率。此固定利率的大小通常由借贷双方按市场利率并视公司信誉情况而定。此种利率计息方式一般在资金市场利率波动不大，资金供应比较平稳的情况下才使用。

②变动利率。变动利率是指在债务存续期间内根据市场利率而作出调整的利率。调整以后贷款余额按新确定的利率计息。变动利率计息方式在高通货膨胀以及市场利率上升的

情况下被广泛采用。在国际上，长期借款多采用变动利率计算方式。

（5）企业长期借款的偿还

借款到期时，借款企业应依借款合同规定按期清偿借款本息或续签合同。一般而言，企业的还款方式主要有：分期付息到期还本，分期还本付息，分期等额偿还本息等多种方式。

①分期付息到期还本。所谓分期付息，就是按既定的期间，如一年或半年，对借款本金支付利息；所谓到期还本，就是在借款到期时，一次偿还借款本金。

分期付息到期还本的偿还方式在实际中极为普遍。就借款企业而言，该还款方式较其他方式有两方面的优点：一是前期偿债压力比较小，即使企业经营状况不理想，也能将偿债风险后置，从而给予企业较长时期的调整，有利于企业扭转被动的经营局面；二是可以实实在在地在整个借款期内占用全部借款本金，从而有利于保证企业的资金需要。但该种还款方式，在长期借款到期日的偿债压力较大。该种还款方式虽然对借款企业而言好处较多，但是对于贷款方而言，其风险较大，因此，按该种还款方式筹措长期借款的利率也会较高。

②分期还本付息。该种还款方式的基本特征是分期等额偿还本金，对未还本金则按期支付利息。因随着本金的偿还，利息支付额会逐渐降低，所以每期偿债的金额并不相等。

这种还款方式有利于减少贷款人的风险，故贷款人普遍喜欢这种还款计划。但对于借款人而言，前期还款金额多，风险大；且随着本金的偿还，企业的可用资金不断减少，可能会导致企业资金供应紧张。一般而言，对于借款企业来讲，专门用来购建固定资产的长期借款可以采用这种还款计划，特别是借款期与固定资产折旧期一致时，采用分期还本付息的还款计划较优。因为以折旧形式流入的现金正好可以用来偿还借款本金，而固定资产产生的收益则只需用来保证利息支付，其负担较轻，风险也相对较低。相反，在借款前期没有足够现金流入量的企业则不能采用分期还本付息的还款方式。

③分期等额偿还本息。该种还款方式的基本特征是在借款期内按某一相等的金额偿付借款的本金和利息。由于借款前期的利息多，后期的利息少，因此，按相等金额偿付借款本息的结果必然是前期偿还的本金少，后期偿还的本金多。

（6）长期借款筹资的优缺点

①长期借款筹资的优点。

筹资速度快。企业利用长期借款筹资，一般所需时间较短，程序较为简单，可以快速获得现金。

资本成本较低。利用长期借款筹资，其利息可在所得税前列支，故可减少企业实际负担的成本，因此比股票筹资的成本要低得多。由于借款属于间接筹资，筹资费用也极少。

弹性较大。在借款时，企业与银行直接商定贷款的时间、数额和利率等；在用款期间，企业如因财务状况发生某些变化，亦可与银行再行协商，变更借款数量及还款期限等。因此，长期借款筹资对企业来说具有较大的灵活性。

可以发挥财务杠杆的作用。

②长期借款筹资的缺点。

筹资风险较高。借款通常有固定的利息负担和偿付期限，一旦企业经营不善，无力偿还到期债务，就有可能被债权人申请破产，故借款企业的筹资风险较高。

限制条件较多。借款合同中有多种限制性条款，这可能会影响企业以后的筹资、投资和生产经营活动。

筹资数量有限。一般不像股票、债券那样可以一次筹集到大笔资金。

2.短期借款

短期借款是向银行借入期限不超过1年的款项。

（1）短期借款的分类

①信用借款，又称无担保借款，是指没有保证人作保证或没有财产作抵押，仅凭借款人的信用而取得的借款。信用借款一般都由贷款人给予借款人一定的信用额度或双方签订循环贷款协议。因此，这种借款又分为两种：信用额度借款和循环协议借款。前者是商业银行与企业之间决定的在未来一段时间内银行能向企业提供无担保贷款的最高限额。后者是一种特殊的信用额度，企业和银行之间要协商确定贷款的最高限额，在最高限额内，企业可以借款、还款，再借款、再还款，不停地周转使用。

②担保借款，是指有保证人作保证或利用财产作抵押或质押而取得的借款。担保借款又分为以下3类：保证借款、抵押借款和质押借款。保证借款是指按《担保法》规定的保证方式以第三人承诺在借款人不能偿还借款时，按约定承担一般保证责任或连带责任而取得的借款；抵押借款是指按规定的抵押方式以借款人或第三人的财产作抵押而取得的借款；质押借款是指按规定的质押方式以借款人或第三人的动产或权利作为质押物而取得的借款。

③票据贴现，是商业票据持有人把未到期的商业票据转让给银行，贴付一定的利息以取得银行资金的一种借贷行为。票据贴现是商业信用发展的产物，实为一种银行信用。银行在贴现商业票据时，所付金额要低于票面金额，其差额为贴现息。贴现息与票面金额的比率为贴现率。银行通过贴现把款项贷给销货单位，到期向购货单位收款，要收取利息。采用票据贴现的形式，企业一方面给购买单位以临时资金融通；另一方面在本身需要资金时又可及时得到现金，有利于企业用活资金。

（2）短期借款筹资的优缺点

①短期借款筹资的优点。

银行资金充足，实力雄厚，能随时为企业提供较多的短期借款。对于季节性和临时性的资金需求，采用银行短期借款尤为方便。而那些规模大、信誉好的大企业，更能以较低的利率借入资金。

短期借款具有较好的弹性，可在资金需要增加时借入，在资金需要减少时还款。

②短期借款筹资的缺点。

资本成本较高。短期借款成本比较高，不仅不能与商业信用相比，与短期融资券相比也高出许多，而抵押借款因需要支付管理和服务费用，成本更高。

限制较多。银行要对企业的经营和财务状况进行调查以后，才能决定是否借款，有些银行还要求对企业有一定的控制，需要企业把流动比率、负债比率维持在一定的范围之内，这些都会构成对企业的限制。

4.3.2 公司债券

公司债券，是指公司依照法定程序发行、约定在一定期限内还本付息的有价证券。发行公司债券是企业筹集债务资金的重要途径。发行债券募集资金应当载明下列主要事项：公司名称、债券募集资金的用途、债券总额与债券的票面金额、债券利率的确定方式、还本付息的期限与方式、债券担保情况、债券的发行价、发行的起止日期、公司的净资产额、已发行的尚未到期的公司债券总额、公司债券的承销机构。

1.公司债券的种类

（1）按债券有无担保品可分为担保债券和信用债券

担保债券，是指有指定的财产作担保品的债券。担保债券又可分为不动产抵押债券、动产抵押债券和证券信托债券。信用债券，是指单凭债券发行公司的信用，而没有特定的抵押财产作为担保品的企业债券。该种债券无特定财产作担保，发行企业必须具备财务信誉高与未来获利能力强等条件。信用程度高的企业所发行的信用债券，其投资价值远远大于一般公司发行的担保债券。

（2）按债券偿还方式可分为一次还本债券、分期还本债券和通知还本债券

一次还本债券，是指到期时全部本金一次归还的企业债券。分期还本债券，是指定期分次归还本金的企业债券，该种债券可以减轻公司筹措现金还债的压力。通知还本债券，是指可以在债券到期前，通知债务人提前还本的企业债券。当市场利率低于债券利率时，企业愿意提前收回债券，一般规定要溢价收回，补偿给投资者一定的好处。企业也可以在债券到期前公开以市价收回。

（3）按债券发行方式可分为记名债券、无记名债券、可转换债券和息票债券

记名债券，是指债券上记有持券人姓名的债券。这种债券只偿付给券面上的记名人，要凭印鉴支息取本；转让时由债券持有人背书并向发行公司登记。无记名债券，是指债券上不载明持有人的姓名，还本付息时以债券为凭证，一般实行剪票付息。可转换债券，是指可转换为普通股股票的债券。发行该种债券的目的是吸引债权人的投资，发行可转换债券的公司，有义务按规定的办法向债券持有人核发股份，债券持有人有权选择是否将债券转为股票。息票债券，是指企业债券上附有息票，持券人凭息票取得债券利息的债券。

（4）按债券利率是否固定可分为固定利率债券和浮动利率债券

固定利率债券，是指利率在发行债券时已确定并载于债券票面。浮动利率债券，是指利率水平在发行债券之初不固定，而是根据有关利率，如银行存贷款利率等加以确定。典型的浮动利率债券的运作是：先规定发行后前6个月的票面利率，以后根据市场利率为基础每6个月调整一次。在浮动利率债券中可能包括附加条款，如一些条款规定，几年后可以转换成固定利率债券，另外一些条款规定了利率浮动范围的最高点和最低点。

2.债券发行的条件

根据《证券法》、《公司法》和《公司债券发行试点办法》的规定，发行公司债券必须符合下列条件：

（1）股份有限公司的净资产额不低于人民币3 000万元，有限责任公司的净资产额不低于人民币6 000万元；

（2）本次发行后累计债券余额不超过最近一期期末公司净资产的40%；

（3）最近3年平均可分配利润足以支付公司债券1年的利息；

（4）筹集的资金投向符合国家产业政策；

（5）债券的利率不得超过国务院限定的利率水平；

（6）公司内部控制制度健全；

（7）经资信评级机构评级，债券信用级别良好。

此外，公开发行公司债券筹集的资金，必须用于核准的用途，不得用于弥补亏损和非生产性支出。

发行公司发生下列情况之一的，不得再次发行公司债券：前一次公开发行的公司债券尚未募足；对已公开发行的公司债券或者其他债务有违约或者延迟支付本息的事实，仍处于继续状态；违反规定，改变公开发行公司债券所募资金的用途。

小资料 4-1

根据《中国绿色债券原则》，绿色债券是指将募集资金专门用于支持符合规定条件的绿色产业、绿色项目或绿色经济活动，依照法定程序发行并按约定还本付息的有价证券。随着我国绿色低碳转型的深入，绿色债券将成为其重要的融资渠道之一，绿色债券正逐渐成为一条“长坡厚雪”的赛道，其投资价值正在逐渐凸显。据Wind最新数据显示，2023年我国共发行802只共计11 180.5亿元的绿色债券，已连续两年发行规模超万亿元。

与美国、德国和法国等其他主要市场相比，我国绿色债券的发行期限较短，以三年期和五年期债券为主。从到期年份来看，我国有超过70%的存续绿色债券将会在2024—2026年到期，这表明未来几年发行绿色债券的潜力较大。我国低碳转型也将带来大量的投资需求，预计2030年前，中国碳减排需每年投入2.2万亿元；2030—2060年，需每年投入3.9万亿元。以比亚迪为例，其在2018年12月18日和2019年6月11日分别完成了两期绿色债券发行，基本信息见表4-6。

表4-6 比亚迪两期绿色债券的基本信息

发行首日	2018年12月19日	2019年6月12日
发行规模	10亿元	10亿元
债券期限	5年（3+2）	5年（3+2）
票面利率	4.98%	4.86%
信用评级	AAA	AAA
债券种类	企业债	企业债
募集资金用途	50%用于青海磷酸铁锂建设、汕尾锂离子电池极片生产线扩产、武汉新能源客车零部件制造项目；50%用于补充企业流动资金	50%用于包头能量型动力电池生产、太原年产4.5GWh动力电池组装、西安年产10GWh动力电池组装项目；50%用于补充企业流动资金

（资料来源：邵鹏璐．绿色债券将成低碳转型发展重要融资渠道[N].中国经济导报，2023-08-29.）

3.债券发行价格的确定

公司债券的发行价格是发行公司（或其承销机构代理）发行债券时所使用的价格，亦即投资者向发行公司认购债券时实际支付的价格。公司在发行债券之前，必须考虑相关因素，运用一定的方法，确定债券的发行价格。

（1）债券发行价格的计算

债券的发行价格取决于债券的内在价值，因此可以通过计算债券的价值并据此确定债券的发行价格。债券的价值大小取决于债券将给债券持有人带来收益的大小，即债券未来收益的现值之和。对于投资者而言，购买债券后可获得两项现金流入：每年固定的利息收入和债券到期时的本金偿还额。因此，债券的价值计算公式是：

$$V = I\cdot(P/A,\ k,\ n) + MV\cdot(P/F,\ k,\ n)$$

式中：V为债券的价值；I为债券的年利息额，按“面值×票面利率”计算得到；MV为债券的到期值（面值）；k为市场利率或必要报酬率；n为债券期限。

假定债券的发行价格（P）就等于其价值，则：

$$P = V = I\cdot(P/A,\ k,\ n) + MV\cdot(P/F,\ k,\ n)$$

可知，债券的价值由两部分构成：债券到期还本面额按市场利率折现的现值；债券各期利息（年金形式）的现值。

债券的发行价格通常有三种情况，即等价、溢价、折价。等价是指以债券票面金额的价格发行债券；溢价是指以高于债券面额的价格发行债券；折价是指以低于债券面额的价格发行债券。溢价或折价发行债券，主要是由于债券的票面利率与市场利率不一致所造成的。债券的票面利率在债券发行前即已参照市场利率确定下来，并标明于债券票面，无法改变，但市场利率经常发生变动。在债券发售时，如果票面利率与市场利率不一致，就需要调整发行价格（溢价或折价），以协调债券购销双方的利益。当票面利率高于市场利率时，投资者投资于该债券将获得更大的收益，因此，发行公司将抬高发行价格，即采用溢价发行；当票面利率低于市场利率时，发行企业估计债券若等价发行将可能出现销售困难，因此往往采用折价发行。

债券发行价格还受利息的计算方法和支付方式的影响，现举例说明不同情况下公司债券发行价格的计算方法。

①分期付息、到期一次还本的债券发行价格的计算方法。一般采用复利方式计算，其计算公式与债券价值的计算公式相同。

【例4-4】 某公司发行面值为1 000元、票面利率为10%、期限为10年的债券。该债券每年付息一次，到期按面值偿还本金。分别按市场利率9%、10%和12%三种情况计算其发行价格。

当市场利率为9%时，下列发行价格计算可证实债券应该溢价发行：

$$P=1\,000\times10\%\times(P/A,\ 9\%,\ 10)+1\,000\times(P/F,\ 9\%,\ 10)$$
$$=100\times6.4177+1\,000\times0.4224$$
$$=1\,064.17\text{（元）}$$

当市场利率为10%时，下列发行价格计算可证实债券应该等价发行：

$$P=1\,000\times10\%\times(P/A,\ 10\%,\ 10)+1\,000\times(P/F,\ 10\%,\ 10)$$
$$=100\times6.1446+1\,000\times0.3855$$
$$=1\,000\text{（元）}$$

当市场利率为12%时，下列发行价格计算可证实债券应该折价发行：

$$P=1\,000\times10\%\times(P/A,\ 12\%,\ 10)+1\,000\times(P/F,\ 12\%,\ 10)$$
$$=100\times5.6502+1\,000\times0.3220$$
$$=887.02\text{（元）}$$

②一次还本付息且不计复利的债券发行价格的计算方法。这种债券的利息采用单利法计算，在债券的存续期间不支付利息，到期一次性支付本金和利息，我国的债券大多属于

这一种。其计算公式为：

$$P = MV\cdot(1 + i\cdot n)\times(P/F,\ k,\ n)$$

式中：i为债券的票面利率。

【例4-5】某公司计划发行面值为1 000元、票面利率为10%、期限为10年的公司债券。该债券按单利法计息，到期一次还本付息。假设目前市场利率为12%，要求计算该债券的发行价格。

该债券的发行价格计算如下：

P=1 000×（1+10%×10）×（P/F，12%，10）

=2 000×0.3220

=644（元）

③贴现发行债券的价格计算方法。这种债券没有票面利率，采用低于票面金额的方式发行，债券存续期间没有利息，到期时按票面金额偿还。其计算公式为：

$$P = MV\times(P/F,\ k,\ n)$$

【例4-6】某公司计划发行面值为1 000元、期限为10年的债券。该债券没有票面利率，按贴现方式发行，到期按面值偿还。假设市场利率为11%，要求计算该债券的发行价格。

该债券的发行价格计算如下：

P=1 000×（P/F，11%，10）

=1 000×0.3522

=352.20（元）

（2）债券发行价格的影响因素

①债券面值。债券票面金额是决定债券发行价格的最基本因素。一般而言，债券面值越大，发行价格越高。

②票面利率。债券的票面利率是债券发行公司向债券投资者作出的将据此支付利息的承诺，一项债券对投资者吸引力的大小主要取决于其票面利率的高低。一般而言，债券的票面利率越高，发行价格也越高。

③市场利率。债券发行时的市场利率是衡量债券票面利率高低的参照系，也是债券投资者的最低必要报酬率。显然投资者要求的最低必要报酬率越高，则债券的价格就越低。

④债券的期限。债券期限越长，计息次数越多，未来现金流量的现值总和越大，债券的价格也就越高。

4.债券的信用评级

债券信用评级是指根据发行企业的经营状况和财务状况，对债券的风险进行衡量，并用简单直观的符号表示其风险程度，以评价发行公司履行债券契约，按期还本付息的可靠性。债券的信用评级只对债券的违约风险进行评级，而对债券的其他风险不作评估。

债券的信用等级表示债券质量的优劣，反映债券还本付息能力的强弱、债券违约的可能性大小和债券投资风险的高低。它在很大程度上会影响债券的发售能力和到期成本，因此，在考虑发行债券筹资时，财务经理必须认真对待预期的债券等级。

按照国际惯例，可以把债券的级别按风险程度的大小分为三等九级两大类。其中两大类指投资类（包括一等的AAA、AA、A级与二等的BBB级）和投机类（包括二等的BB、

B级与三等的CCC、CC、C级）。具体的债券信用等级设置及说明见表4-7。

表4-7 **债券信用等级设置及说明**

级别分类	级别划分	级位次序	计分标准		说明
			下限	上限	
投资类	一等	AAA	90	100	该债券具有极高的清偿支付能力，投资者没有风险
		AA	80	89	该债券具有很高的清偿支付能力，投资者基本没有风险
		A	70	79	该债券到期具有一定的清偿支付能力，经采取保护措施后，很可能会按期还本付息，投资者风险较低
	二等	BBB	60	69	企业资产、财务、信用状况较差，各项经济指标处于中等水平，经营管理不佳，经济实力不强，清偿支付能力差，投资者有一定风险
投机类		BB	50	59	该债券到期清偿支付能力低，投资者的风险较大
		B	40	49	该债券到期清偿支付能力脆弱，投资者的风险很大
	三等	CCC	30	39	该债券到期清偿支付能力很低，投资者的风险极大
		CC	20	29	该债券到期清偿支付能力极低，投资者的风险最大
		C	0	19	企业面临破产，该债券到期没有清偿支付能力，投资者绝对有风险

债券评级是基于定性和定量因素结合而得到的结果，其中主要受以下因素影响：

（1）偿债能力比率。该比率包括资产负债率、产权比率及利息保障倍数等。偿债能力越强，评级越高。

（2）抵押条款。如果债券有抵押保障，而且抵押物的价值大于债务价值，则债券的评级会上升。

（3）附属条款。如果债券附属其他债券，那么要比没有附属的债券评级低一等。

（4）担保条款。如果实力较弱公司的债券由一家实力强的公司（通常是发行公司的母公司或关联方）作担保，则债券的评级会上升。

（5）偿债基金。如果债券有偿债基金来保证系统性的偿付，则债券的评级会上升。

（6）到期时间。在其他条件不变的情况下，到期时间较短的债券风险小于到期时间较长的债券，因此，一般地，短期债券比长期债券的评级要高。

（7）稳定性。如果发行公司的销售收入和利润趋于稳定，则债券的评级会上升。

（8）政府管制。政府管制能够降低债券发行人的违约风险，比如公用事业类和电信类公司等受政府管制比较多。如果债券发行人受政府管制，则债券的评级会上升。

（9）跨国经营。如果当地政治环境比较差，则公司的收入、资产和利润中来自跨国经营的比例较高，风险的分散效应越好，因此，跨国经营能够分散风险，债券的评级会上升。

（10）劳工动荡。如果公司存在潜在的劳工问题，使得公司员工不稳定，则会导致债券评级降低。

（11）会计政策。如果公司采用相对保守的会计政策，其报告的利润比不使用保守政策得到的数据“质量高”。因此，保守的会计政策能够使债券的评级上升。

公司债券评级的变化会影响其借入长期资本的能力以及这些资本的成本。债券评级机构会定期重新评估流通在外的债券，偶尔会因为发行者条件的变化调高或调低债券的等级。

小资料 4-2　　恒大地产债券欺诈

恒大地产2020年5月至2021年4月在深交所公开发行的5期公司债券，分别为20恒大02、20恒大03、20恒大04、20恒大05、21恒大01。恒大地产在发行这5期债券过程中公告的发行文件里分别引用了存在虚假记载的2019年、2020年年度报告的相关数据。2024年5月31日，证监会通过网站发布公告，依法对恒大地产债券欺诈发行及信息披露违法案作出行政处罚决定，对恒大地产给予警告责令其改正并罚款41.75亿元，对恒大地产时任董事长、实际控制人处以顶格罚款4 700万元并采取终身证券市场禁入措施。处罚决定显示，2019年至2020年，恒大地产通过提前确认收入的方式虚增收入及利润，致使在交易所市场公开发行债券存在欺诈发行，所披露的相关年度报告存在虚假记载。

（资料来源：蔡越坤. 恒大债券欺诈发行案余震[N]. 经济观察报，2024-06-10.）

5. 发行债券筹资的优缺点

（1）发行债券筹资的优点

①资本成本较低。发行债券筹资的风险小，支付的利息少，而且债券利息在税前收益中列支，企业可以抵减应纳税所得，其成本比较低。

②能获得财务杠杆收益。企业负债经营，债务利率是固定不变的，当资产利润率提高时，债券利息不会增加，而所有者的利润会有更大的提高。

③保障所有者对企业的控制权。发行债券筹集的资金是企业的借入资金，债权人无权参与企业的经营管理，因此，债券筹资不会影响所有者对企业的控制权。

（2）发行债券筹资的缺点

①财务风险较高。运用债券筹集资金，企业要按规定的时间偿还本金并支付固定的利息，而负债的增加会使企业的财务风险增加。

②限制条件较多。企业发行债券的限制条件要比其他债务筹资方式的限制条件多。

4.3.3 融资租赁

租赁是出租人与承租人签订契约或合同，约定在一定期限内，出租人将其资产的占有权与使用权租借给承租人，并向承租人收取租金的一种经济行为。租赁行为从表面上看只涉及物而不涉及钱，但在实质上具有借贷性质，因此，在租赁双方之间形成了债权债务关系。在租赁业务中，出租人既可以是各种专业租赁公司，也可以是拥有闲置资产的企业，承租人主要是需要某项资产的企业，租赁物大多为设备等固定资产。

1. 租赁的种类

（1）经营租赁

经营租赁，又称营运租赁、服务租赁或业务租赁，是指由出租人向承租人提供租用资产，并承担其维修保养、人员培训等专门技术服务的租赁方式。经营租赁通常为短期租赁，一般用于满足承租人对资产的临时性需要，它具有短期筹资功能，是一种传统方式的租赁。

（2）融资租赁

融资租赁，亦称为资本租赁、财务租赁，是由出租人按照承租人的要求，出资购入预定的资产，然后租给承租人长期使用的租赁方式。融资租赁是现代租赁的主要类型，是融物与融资的结合。从承租人的角度来看，融资租赁的主要目的是融通资本，它使出租人与承租人之间形成了长期的借贷关系，是承租人筹集长期借入资本的一种特殊方式。

2.融资租赁的形式

（1）直接租赁

直接租赁是承租人直接向生产厂商或租赁机构租赁生产经营所需资产的租赁形式，它是融资租赁的典型形式，通常所说的融资租赁大多属于直接租赁的形式。如果是承租人向租赁机构租赁，则承租人需先向租赁公司提出租入资产的申请，然后由租赁公司根据承租人的要求出资购买承租人所需的资产，再出租给承租人。

（2）转租赁

转租赁是指租赁机构一方面作为承租人从其他出租人处租入资产，另一方面作为出租人，把租入资产再转租给其他承租人。租赁机构具有承租人和出租人双重身份。这种租赁形式在我国较为常见，比如20世纪80年代中期到90年代中期，我国电力供应普遍紧张，沿海一带小型的燃油发电厂遍地开花，对燃油发电机组的需求量极大，为了满足这种需要，我国一些租赁公司，就大量从国外租赁公司手中租入燃油发电机组，然后再转租给国内厂商。[①]这种租赁形式，对最终承租人而言，与直接租赁并无太大差异。其具体过程如图4-1所示。

图4-1 转租赁示意图

（3）杠杆租赁

当出租人接到承租人需要租赁价值高昂的资产（如飞机）时，出租人并不希望将大量资金长期占用在出租的资产上，但又不能将这一租赁业务拒之门外，解决办法就是：出租人以自有资金垫支购买资产所需现金的一部分（一般为20%~40%），其余部分则以该资产为担保向贷款人借款支付。出租人将资产购入后出租给承租人。在这种情况下，租赁公司既是出租人又是借款人，它既要收取租金又要偿还债务。当然，租赁公司所收取的租金显然要大于借款成本支出，出租人借款购物出租可获得财务杠杆利益，所以，这种租赁称为杠杆租赁。在杠杆租赁下，由于将出租资产的所有权抵押给了贷款人，因此，在出租人不能偿还贷款时，贷款人对承租人支付的租金有优先索偿权，也有对出租资产的处置权。其具体过程如图4-2所示。

① 宋献中，熊楚熊.公司理财［M］.杭州：浙江人民出版社，2000：160.

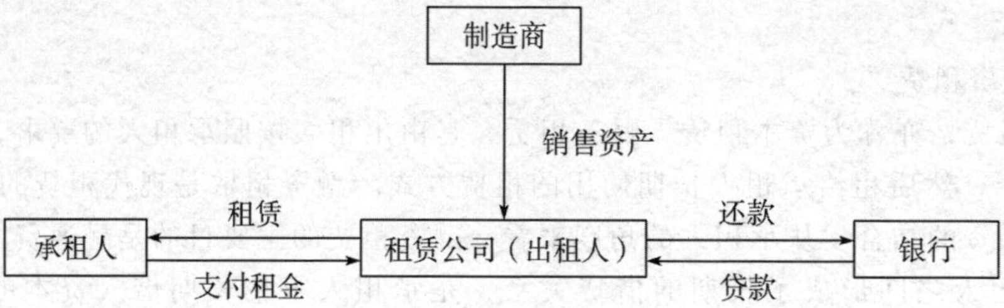

图4-2 杠杆租赁示意图

（4）售后租回

售后租回是指企业将自己的资产出售给出租人，然后再将该项资产租回使用，并按合同约定分期支付租金。采用售后租回方式，所出售或租赁的资产实物并不需要发生转移，只需由租赁双方签订售后租回协议。按照协议规定，承租人要按照市价将资产出售给出租人，然后再从出租人处将资产租回，并定期向出租人支付租金。这样资产的所有权掌握在出租人手中，企业对资产只有使用权。但企业通过放弃对某些资产的所有权可以解决企业现金严重短缺的问题，并且可以立即增加企业资产的流动性，优化企业的财务状况。

3.租金的计算与确定

（1）租金的构成

租金是出租人转让财产使用权而获得的收入，也是承租人使用该项财产而支付的成本。根据租金理论，租金的最终来源应当是生产者创造的价值增值部分，即出租人获得的租金收入从本质上讲是对承租人利用该项财产所创造的利润的分割。租金的计算和支付是租赁合同的主要内容。租金一般都包括以下几部分：

①租赁物品的购置成本，是指出租人向供货商购买承租人选定的租赁物品而付出的资金，主要包括设备的买价、运输费和途中保险费。若运费与途中保险费由承租人负担，则应从中扣除。

②租赁期间的利息。出租人为购买设备所筹集资金应负担的利息、税金、筹资费用等包括在此项。

③租赁手续费。它包括出租人的必要利润和出租人为承租人办理设备租赁业务所开支的经营费用（如办公费、工资、差旅费等）。

④其他费用。例如，物品投保的保险费支付，由承租人投保的，计算租金时应予扣除；由出租人投保的，则应加上这部分保险费。

（2）租金的计算方法

①平均分摊法。这种方法是根据租金由租赁物品购置成本、利息、手续费和其他费用构成来确定每次或每期应分摊的租金的办法。

$$\text{租金}=\frac{(\text{租赁物品购置成本}-\text{估计残值})+\text{利息}+\text{手续费}+\text{其他费用}}{\text{租期（或租金支付次数）}}$$

在计算租金时，属于承租人负担的有关费用，应予以扣除。此方法的主要特点是简便。

②附加率法。它是在租赁资产的概算成本（一般包括租赁资产的实际价格、费用和税金等）的基础上再附加一个特定的比例来计算租金的方法。

$$R=\frac{P\cdot(1+n\cdot i)}{n}+P\cdot r$$

式中：R为每期租金；P为租赁资产的概算成本；n为还款次数；i为每期利率；r为附加率。

这种方法的主要特点是：每期支付的租金金额相等；融资利息采用单利计算，这对承租人比较优惠。

③年金法。将一项租赁物品未来各租赁期间的租金金额按一定比率予以折现，使其现值总和恰好等于租赁物品的概算成本，这种方法就叫年金法。在采用年金法时，租金可分为先付租金和后付租金。

先付租金：

$$R=\frac{P}{(P/A,\ i,\ n)\cdot(1+i)}$$

后付租金：

$$R=\frac{P}{(P/A,\ i,\ n)}$$

这种方法的特点是：每期支付的租金金额不变；采用复利公式计算，增加承租人的成本；租金余额逐渐减少，符合息随本减的原理；承租人租金费用均匀负担，不符合成本与收益相配比的原则。后付租金的方式一般在企业资金短缺时采用。企业有资金时，应采用先付租金的方式。

4.融资租赁决策

如果企业缺乏资金但又期望获得某项资产的使用权，可以采用举债购置或通过融资租赁方式获得该项资产的使用权，那么就需要在这两种方案中进行选择。比较两种筹资方式的优劣，必须充分考虑到不同方案的现金流量和资金的机会成本，将不同方案的现金流量折算为现值，现金流出现值低者为优。

【例4-7】某公司已决定添置一台价值为100万元的设备。该设备的使用期为10年，预计10年后的残值为零。现有融资租赁和长期借款购置两种方案可供选择。(1) 融资租赁合同规定：租赁期为5年，每年年初支付租金20万元，并需按未付租金部分价值的8%支付利息，在租赁期届满时，企业还需一次性支付30万元以取得该设备的所有权。(2) 长期借款合同规定：借款期限为5年，借款利息率为10%，每年年末付息，到期还本。已知该公司资本的机会成本为5%，所得税税率为25%，租金可作为费用抵减应税收益。

根据例中资料，可分别编制融资租赁和长期借款购置的现金流出量现值计算表见表4-8、表4-9。

表4-8 **融资租赁现金流出量现值计算表** 金额单位：万元

年份	租金及转让费	利息支付额	税前现金流出量	税后现金流出量	资本成本为5%的折现系数	现金流出量现值
0	20	—	20	15.0	1	15.00
1	20	6.4	26.4	19.8	0.952	18.85
2	20	4.8	24.8	18.6	0.907	16.87
3	20	3.2	23.2	17.4	0.864	15.03
4	20	1.6	21.6	16.2	0.823	13.33
5	30	—	30	22.5	0.784	17.64
合计	130	16	146	109.5		96.72

表4-9 举债购置现金流出量现值计算表 金额单位：万元

年份	利息支付额	税前现金流出量	税后现金流出量	资本成本为5%的折现系数	现金流出量现值
1~5	10	10	7.5	4.330	32.48
5	—	100	100	0.784	78.40
合计	50	150	137.5		110.88

比较表4-8和表4-9，可以看出，融资租赁的现金流出量现值小于举债购置的现金流出量现值，因此，该公司应采取融资租赁的方式获得该项设备的使用权。

5.融资租赁筹资的优缺点

（1）融资租赁筹资的优点

①能转嫁所有权风险。如果企业要拥有某项资产的所有权，必然要相应地承担该项资产可能变得陈旧过时的风险，特别是那些技术发展迅速的资产，而融资租赁可以避免设备陈旧过时的风险。

②避免借款筹资或发行债券筹资对生产经营的种种限制，使得公司的筹资与理财富有弹性。

③租金分期支付，且全部可以节税。

④可以迅速获得资产的使用权。

（2）融资租赁筹资的缺点

①资本成本较高。由于出租人承受的风险大，要求的回报必然会相应地提高，因此，租赁的实际成本往往会高于借款或债券的成本。

②增加固定的债务。租金是一种固定的债务，如果过多地租赁资产，必然会降低公司的偿债能力，加大公司的财务风险。

③不利于资产的改良。承租人不能擅自进行技术更新和改造，从而有碍于设备使用效能的提高。

4.3.4 商业信用

1.商业信用的概念

商业信用是指在商品交易中，以延期付款或预收货款的形式进行购销活动而形成的借贷关系，是企业间的直接信用行为。

商业信用是由商品交换中的商品与货币在空间上和时间上的分离而产生的。其基本形式不外乎两种：一是先取货后付款；二是先付款后取货。商业信用在我国的经济生活中正在日益广泛地发展，它已成为企业筹集短期资金的一种重要方式，由于商业信用是企业间相互提供的，因此在大多数情况下，商业信用筹资属于“免费”筹资。

2.商业信用的形式

商业信用是短期资金的重要来源。在传统的“钱货两清”制结算关系下，企业间不存在信用行为。但随着市场经济的发展，商业信用已成为企业间加强竞争的主要手段。从筹资的角度来看，商业信用的偿还压力和风险较大，但成本低，有时是无成本的。其主要形式有应付账款、应付票据和预收货款等。

（1）应付账款

应付账款是由赊购商品形成的、以记账方法表达的商业信用形式。在这种形式下，买方通过商业信用筹资的数量与是否享有折扣有关。一般认为，企业存在3种可能性：

①享有现金折扣，从而在现金折扣期内付款，其占用卖方货款的时间短，信用筹资数量相对较少。

②不享有现金折扣，而在信用期内付款，其筹资量的大小取决于所提供信用期的长短。

③超过信用期的逾期付款（即拖欠），其筹资量最大，但它对企业的副作用也最大，成本是最高的，企业一般不宜以拖欠货款的形式来进行筹资。

（2）应付票据

应付票据是买方根据购销合同，向卖方开出或承兑的商业票据。利用商业票据筹资的方法为票据法。从应付票据的付款期限来看，一般为1~6个月，最长不超过9个月，应付票据分为带息和不带息两种。带息票据要加计利息，不属于免费资金；而不带息票据则不收利息，从而与应付账款一样属于免费资金。我国目前大多数票据属于不带息票据。

应付票据筹资，其基本属性与应付账款相似。所不同的只是其限期相对比应付账款要长一些。从西方企业结算业务来看，一般是企业在无力按期支付应付账款时才由买方开出票据的（大多为带息的）。因此，它是在应付账款逾期未付时，以票据的方式重新建立信用的一种做法。我国商业票据的应用与此相比有一定的差异。

（3）预收货款

预收货款是指卖方按合同或协议规定，在交付商品之前向买主预收部分或全部货款的信用方式。买方对于紧俏商品乐意采用这种方式办理结算。同时，生产周期长、售价高的商品，生产者经常要向订货者分次预收货款，以缓和本企业经营收支不平的矛盾。

小资料4-3　　上海票据交易所供应链票据平台上线试运行

为更好地服务中小企业，支持供应链金融规范发展，上海票据交易所（以下简称票交所）积极推动应收账款票据化，建设开发了供应链票据平台。供应链票据平台依托于电子商业汇票系统，与供应链金融平台对接，为企业提供电子商业汇票的签发、承兑、背书、到期处理、信息服务等功能，通过供应链票据平台签发的电子商业汇票称为供应链票据。供应链企业之间产生应收应付关系时，可以通过供应链票据平台直接签发供应链票据，供应链票据可以在企业间转让，通过贴现或标准化票据进行融资。

2020年4月24日，供应链票据平台成功上线试运行。首批参与试运行的4家供应链金融平台中的企业覆盖了制造业、软件和信息技术服务业、电力、热力生产和供应业、批发和零售业等行业。当日，共有17家企业签发票据17笔、104.42万元，2家企业背书流转票据3笔、5.1万元。

（资料来源：王慧文. 上海票据交易所供应链票据平台上线试运行［EB/OL］.（2020-04-26）. https：//www.rmzxb.com.cn/c/2020-04-26/2561176.shtml）

3.商业信用条件

商业信用条件是指销货人对付款时间和现金折扣所作的具体规定。这些规定从总体上来看，主要有以下3种形式：

(1) 预付货款

在这种信用条件下，买方须在卖方发出货物之前支付货款。它通常只在卖方对买方的信用缺乏了解或表示怀疑，以及销售生产周期长、售价高的产品时使用。在这种情形下，销售单位可以暂时获得资金来源，但购货单位则要预先垫支一笔资金。

(2) 按发票面额付款，无现金折扣

在这种信用条件下，卖方允许买方在交易发生后一定时期内按发票票面金额支付货款，即便买方提前付款也无现金折扣。如“net 30”表示要求在30天内按发票面额如数付清；而“net 15EOM”则表示买方要将当月所有购货款项在下月15日前付清。在这种情形下，买卖双方存在商业信用，买方可因延期付款而融通到短期资金。

(3) 按发票面额付款，但早付有折扣

在这种信用条件下，卖方允许买方在一定期限内按发票面额付清金额，但若提前付款，可享受一定的现金折扣优惠。如“2/10，*N*/30”表示在开票之日起10天内付款，可享受2%的现金折扣；如果放弃，则全部货款应在30天内付清。

4.商业信用成本

利用商业信用筹资的成本，只有在信用条件中预定了现金折扣，但买方企业未加利用时才会发生，即产生放弃现金折扣的机会成本。其具体计算公式为：

$$放弃折扣的筹资成本=\frac{CD}{1-CD}\times\frac{360}{N}$$

式中：*CD*表示现金折扣的百分比；*N*表示失去折扣后延期付款的天数。

在“2/10，*N*/30”的信用条件中，如果购货企业不是在前10天付款，而是在第30天付款，则该企业利用信用筹资的成本近似为：

$$放弃折扣的筹资成本=\frac{2\%}{1-2\%}\times\frac{360}{20}=36.73\%$$

实际情况下，放弃折扣的信用筹资成本比这还要高。因为，如果将20天作为一个计息期，1年就有18个（360÷20）计息期。考虑复利因素，则放弃折扣的商业信用成本应为：

$$实际成本率=\left(1+\frac{2\%}{1-2\%}\right)^{18}-1=43.86\%$$

计算结果表明，买方企业如果放弃现金折扣，利用商业信用筹资的近似成本是36.73%，实际成本是43.86%，其代价是很高的。因此企业一般不应放弃现金折扣，即使是万不得已，企业也应将付款时间推迟到信用期限的最后一天，以最大限度地缩小筹资成本。

另外，如果多次不能支付货款，长时间拖欠，企业还将承担商业信用的另一种成本，即企业信用等级的下降，以至于不能利用商业信用购买商品，被迫接受货到付款或货前付款的苛刻要求。

5.商业信用筹资的优缺点

(1) 商业信用筹资的优点

①筹资方便。商业信用的使用权由买方企业自行选择，买方什么时候需要、需要多少等，在限定的额度内由其自行决定。多数企业的应付账款是一种连续性的信用筹资，无须作特殊的筹资安排，也不需要事先计划，随时可以随着购销行为的产生而得到该项资金。

②限制条件少。商业信用比其他筹资方式条件宽松，无需担保或抵押，选择余地大。

③资本成本低。大多数商业信用都是由卖方免费提供的，因此与其他筹资方式相比，成本较低。

（2）商业信用筹资的缺点

①期限短。它属于短期筹资方式，不能用于长期资产占用。

②风险大。各种应付款项经常发生、次数频繁，因此需要企业合理安排现金的调度。

4.3.5 短期融资券

1.短期融资券的形成过程

短期融资券是由商业票据演变而来的新兴筹资方式。商业票据是一种古老的商业信用工具，产生于18世纪，最初是随商品和劳务的交易而签发的一种债务凭证。持有商业票据的公司可以向商业银行或贴现公司贴现。有些大公司发现了商业银行的这一特点，便凭借自己的信誉，开始脱离商品交易过程来签发商业票据，以筹措短期资金。这样，商业票据便与商品、劳务的交易相分离，演变成为一种在货币市场上融资的票据，发行人与投资者成为一种单纯的债务债权关系，而不是商品买卖或劳务供应关系。商业票据上用不着再列明收款人，只需列明付款人，成为单名票据。为了与传统商业票据相区别，通常把这种专门用于融资的票据称为短期融资券或短期商业债券。

2.短期融资债券的种类

（1）按发行方式不同，可分为经纪人代销的融资券和直接销售融资券

①经纪人代销的融资券，又称间接销售融资券，是指先由发行人卖给经纪人，然后由经纪人再卖给投资者的融资券。经纪人主要有银行、投资信托公司、证券公司等。企业委托经纪人发行融资券，要支付一定数额的手续费。

②直接销售融资券，是指发行人直接销售给最终投资者的融资券。直接销售融资券的发行公司通常是指经营金融业务的公司或有附属金融机构的公司，它们有自己的分支网点，有专门的金融人才，因此，有力量自己组织推销工作，从而节省了间接发行时应付给证券公司的手续费。直接销售融资券目前已占有相当大的比重。

（2）按发行人不同，可分为金融企业的融资券和非金融企业的融资券

①金融企业的融资券，主要是指由各大公司所属的财务公司、各种投资信托公司、银行控股公司等发行的融资券。这类融资券一般都采用直接发行的方式。

②非金融企业的融资券，是指那些没有设立财务公司的工商企业所发行的融资券。这类企业一般规模不大，多数采用间接的方式来发行融资券。

（3）按融资券的发行和流通范围不同，可分为国内融资券和国际融资券

①国内融资券，是一国发行者在其国内金融市场上发行的融资券。发行这种融资券一般只要遵循本国法律法规和金融市场惯例即可。

②国际融资券，是一国发行者在其本国以外的金融市场上发行的融资券。发行这种融资券，必须遵循有关国家的和国际金融市场上的惯例。在美国货币市场和欧洲货币市场上，这种国际短期融资券很多。

3. 短期融资券筹资的优缺点

（1）短期融资券筹资的优点

①资本成本较低。短期融资券的利率加上发行成本，通常要低于银行的同期贷款利率。但目前我国短期融资券的利率一般要比银行贷款利率高，这主要是因为我国短期融资券市场刚刚建立，随着短期融资券市场的不断完善，短期融资券的利率会逐渐接近银行贷款利率，直到略低于银行贷款利率。

②筹资数额较大。银行一般不会向企业发放巨额的流动资金借款，西方商业银行贷给个别公司的最大金额不能超过该公司资本的10%。因而，对于需要巨额资金的企业，短期融资券这一方式尤为适用。

③短期融资券能提高企业的信誉。能在货币市场上发行短期融资券的公司都是著名的大公司，因而，一家公司如果能在货币市场上发行自己的短期融资券，就说明该公司的信誉很好。

（2）短期融资券筹资的缺点

①财务风险较大。短期融资券到期必须归还，一般不会有延期的可能，到期不归还，就会产生严重后果。

②融资弹性较小。只有当企业的资金需求达到一定数量时才能使用短期融资券，如果数量少，则不宜采用短期融资券方式。另外，短期融资券一般不能提前偿还，即使公司资金比较宽裕，也要等到到期才能还款。

③发行条件较严。并不是任何公司都能发行短期融资券，必须是信誉好、实力强、效益高的企业才能发行，一些小企业或信誉不太好的企业则不能利用短期融资券来筹集资金。

4.3.6 供应链融资

1. 供应链融资的概念与特点

供应链融资是指金融机构围绕核心企业，通过对信息流、物流、资金流的有效控制，将资金有效注入处于供应链上下游的中小企业，以解决其融资难、融资贵的问题。这一模式打破了传统融资方式中“一对一”的局限，实现了“一对多”的链式融资，极大地提高了资金的使用效率和覆盖面。供应链融资的核心在于“信用共享”和“风险共担”。核心企业凭借其良好的信用评级和强大的议价能力，为上下游合作伙伴提供担保或增信，使得原本难以获得银行贷款的中小企业能够享受到更加便捷、低成本的融资服务。同时，金融机构通过监控供应链的真实交易背景，有效降低了信贷风险，实现了风险与收益的平衡。

2. 供应链融资的形式

供应链融资的运作模式多样，主要包括以下几种形式。

（1）应收账款融资

上游供应商将应收账款转让给金融机构，提前获得现金流，而金融机构则根据应收账款的回收情况向供应商支付款项。

（2）预付账款融资

下游采购商向金融机构申请贷款，用于支付上游供应商的预付款，同时供应商承诺在未来按照约定条件交货。

(3) 存货融资

企业以其存货作为抵押，向金融机构申请贷款，用于日常运营或扩大生产。金融机构通过对存货的监控和管理，确保贷款安全。

(4) 信用保证融资

核心企业为上下游合作伙伴提供担保，帮助其获得金融机构的贷款支持。

3.供应链融资优缺点

(1) 供应链融资优缺点

①促进供应链协同。通过融资纽带，上下游企业之间的合作关系更加紧密，信息共享、风险共担的机制得以建立，提升了供应链的整体竞争力。

②优化资金配置。供应链融资使得资金能够更高效地流向最需要的地方，减少了资金闲置和浪费，提高了整个社会的资金使用效率。

③推动金融创新。供应链融资的发展促进了金融产品的创新和服务模式的升级，为金融机构提供了新的业务增长点。

④助力中小企业发展。中小企业是供应链的重要组成部分，也是经济发展的生力军。供应链融资为其提供了宝贵的资金支持，有助于其突破发展瓶颈，实现快速成长。

(2) 短期融资券筹资的缺点

供应链融资过程中，不同融资方式可能对金融机构和融资企业带来各种潜在风险与损失。

①信息不对称风险。供应链上的融资企业在向金融机构申请贷款时，为获得更多资金和降低融资成本，往往会隐瞒自身经营不利的信息，从而导致金融机构面临逆向选择问题。同时，融资企业在获得金融机构的资金后，可能存在不按事先约定的用途使用资金而投资于高风险项目，从而导致金融机构面临道德风险的问题。

②抵押风险与损失。融资企业以应收账款和存货为抵押向银行申请借款时，银行可能面临应收账款无法收回及存货滞销无法变现的风险，处置抵押品势必产生相应的额外费用，既增加了金融机构贷款风险，又会带来融资企业资产变现贬值损失。在信用保证融资下，当上下游企业无法按时还本付息时，进行担保的核心企业将面临连带责任，将承担还本付息的连带风险与损失。

◎4.4 股权筹资

股权资金，又称权益资金或自有资金，是企业所有者投入企业的资本金和企业在生产经营期间形成的留存收益等，留存收益包括累积的盈余公积金和未分配利润。资本金分为国家资本金、法人资本金、个人资本金及外商资本金；盈余公积金是企业按一定比例从税后利润中提取的部分；未分配利润是企业历年利润分配以后累积结余的部分。

权益资金的特点如下：(1) 所有权属于企业所有者。所有者权益资金的所有者凭借所有权参与企业的生产经营管理和利润分配，对企业经营情况承担有限责任。(2) 企业及其经营者能长期占有和自主使用。为保证企业生产经营活动的持续进行，所有者投入企业的资本金，除依法转让外，不得抽逃出资；对于企业积累的盈余公积金和未分配利润，也由企业的经营者使用。

权益融资方式主要有发行普通股、私募股权筹资、留存收益等。

4.4.1 普通股

股票是股份有限公司为筹措股权资本而发行的有价证券，是持股人拥有公司股份的凭证。它代表持股人在公司中拥有的所有权，股票持有人即公司的股东，股东作为出资人按投入公司的资本额享有获取投资收益、参与公司重大决策和选择管理者的权利，并以其所持股份为限对公司承担责任。

1.股票的种类

（1）按股票的权利不同，可以分为普通股和优先股

普通股，是指股利随着公司利润变动而变动的股票。它是最基本的股票，构成股份公司权益资本的基础部分。普通股的股东享有比较全面的权利。

优先股是公司发行的优先于普通股股东分取公司盈利和剩余财产的股票，对于持续经营的企业而言，"优先权"意味着只有在优先股股东获取股利后，普通股股东才有资格获得股利。多数国家的公司法规定，优先股可以在公司设立时发行，也可以在公司增发新股时发行。但有些国家的法律则规定，优先股只能在特殊情况下，如公司增发新股或清理债务时才准予发行。优先股在我国并没有被广泛运用，在证券市场上更是盲点。

（2）按投资主体不同，可分为国有股、法人股、个人股和外资股

国有股是有权代表国家投资的部门或机构以国有资产向公司投入而形成的股份。国有股由国务院授权的部门或机构持有，并向公司委派股权代表。

法人股是指企业法人依法以其可支配的资产向公司投入而形成的股份，或具有法人资格的事业单位和社会团体以国家允许用于经营的资产向公司投入而形成的股份。

个人股为社会个人或本公司职工以其个人合法财产投入公司而形成的股份。

外资股是指外国和我国港澳台地区投资者购买的人民币特种股票，如B股。

（3）按发行对象和上市地点不同，可分为A股、B股、H股和S股等

A股是面向我国大陆地区个人或法人发行的、以人民币标明票面金额并以人民币认购和交易的股票。B股主要是面向境外投资者（包括我国港澳台同胞）发行，以人民币标明金额，以外币认购和交易的股票，但从2001年2月起，境内投资者只要有外币也可交易B股。H股在香港联交所上市，N股在纽约证券交易所上市，T股在东京证券交易所上市，S股在新加坡证券交易所上市等。

2.普通股股东的权利

（1）盈利分配权

普通股股东有权获得股利。但普通股股利的发放与公司债券利息和优先股股利的支付不同，除了前者的支付顺序次于后两者之外，它的发放与否完全取决于公司董事会是否决定将公司的一部分利润作为股利分配。

（2）投票表决权

普通股股东既然是公司的所有者，他们就有资格参与公司董事会的选举。大公司的众多股东只能通过由他们选举产生的董事会来间接控制公司。公司的直接控制权掌握在董事会和由董事会选出的经理人员手中。股东对公司的间接管理，在于行使其表决权。

（3）剩余资产索偿权

公司在进行清算时，普通股股东有权在债权人、优先股股东分得公司资产之后，分享剩余资产。如清算之后公司资产不能补偿自己的投资，普通股股东也只好作罢。普通股股东与公司存在着风险共担、利益共享的关系。

（4）优先购股权

公司在发行新股时，必须给予现有股东优先认购的权利。这种对增发新股的优先认购权，也是股东的权利之一。优先购股权的目的是：维护股东在公司的既得利益，为股东提供免于股票价值被稀释的保障；维持股东对公司所有权的比例，保护现有股东对公司的控制权。

（5）查账权

按照我国法律规定，公司应按每个会计年度，在股东大会召开15日前，将经会计师事务所验证过的公司当年的资产负债表、利润表、现金流量表、利润分配方案等会计账表和其他有关文件资料，置备于公司注册所在地，供股东查阅。股东还可进一步检查公司会计账册，拥有监督公司经营和财务管理的权利，以及提供建议或质询的权利。

3.股票发行价格的确定

股票的发行价格，是股份公司将股票出售给投资者所采用的价格，也就是投资者认购股票时所支付的价格。以募集设立方式设立的公司，首次发行股票时，股票发行价格由发起人决定；在公司成立后再次增资发行新股时，由股东大会或董事会决定。股份公司可以参照以下两种方法来确定股票发行价格：

（1）根据每股利润、市盈率确定股票发行价格

每股市价=每股利润×市盈率

其中：每股利润根据本年度预测税后利润除以平均股数确定；市盈率的确定较为复杂，实际工作中通常参考同行业上市公司的市盈率并与证券承销商协商确定。

现以东安动力（公司代码：600178）的新股发行价格的计算为例：

$$\text{发行价格}=\frac{\text{本年度预测税后利润}}{\text{发行前总股本数}+\text{本次公开发行股本数}\times\frac{12-\text{发行月份}}{12}}\times\text{市盈率}$$

【例4-8】 东安动力新股发行当年预测税后利润为1.4125亿元，发行前总股本数为2.43亿股，当年9月公开发行股本数为0.82亿股，市盈率为13.06倍，则：

$$\text{东安动力的新股发行价格}=\frac{1.4125}{2.43+0.82\times\frac{12-9}{12}}\times13.06=7\ (\text{元/股})$$

（2）根据股票的内在价值确定股票发行价格

股票与其他商品一样，其价格是由价值决定的，而且围绕价值上下波动。因此可以通过计算股票的价值来确定股票的发行价格。股票价值的大小取决于股票将给股票的持有人带来的股利的大小。由于股票没有到期日，所以股票的价值计算公式如下：

$$V=\sum_{t=1}^{\infty}\frac{D_t}{(1+K_c)^t}$$

式中：D_t为普通股第t年的股利；K_c为普通股投资必要报酬率。

4.股票上市

（1）股票上市的意义

股票上市是指股份有限公司公开发行的股票，经过申请批准后在证券交易所作为交易

的对象。股份有限公司申请股票上市，基本目的是增强本公司股票的吸引力，形成稳定的资本来源，能在更大范围内筹措大量资本，主要意义有：

①提高公司所发行股票的流动性和变现性，便于投资者认购、交易；

②促进公司股权的社会化，防止股权过于集中；

③提高公司的知名度；

④有助于确定公司增发新股的发行价格；

⑤便于确定公司的价值，以利于促进公司实现财富最大化目标。

当然，股票上市也会给公司带来不利的一面，主要是：各种“公开”的要求可能会暴露公司的商业秘密；股价的人为波动可能歪曲公司的实际状况，损害公司的声誉；可能分散公司的控制权。

（2）股票发行体制

几十年来，我国股票发行体制共出现多次变革，先后经历了行政审批制、核准制、询价制、注册制4个阶段。

①1990年—2000年：行政审批制

行政审批制指的是政府分配股票发行的指标和额度，由地方或行业主管部门推荐企业发行股票的一种发行制度。这期间大量国有企业通过改制完成了上市融资。这一期间是我国新股发行制度建设的探索期，政府通过不断调整制度来解决资本市场初建时期发生的问题。

②2001年—2004年：核准制

核准制一定程度上避免了审批制那种需要各级政府批准的繁琐，需要发行人充分公开企业的真实状况，然后根据《证券法》和《公司法》，监管部门再来决定是否通过审核。这一阶段新股发行上市由券商进行辅导，再由证监会发行审核委员会审核。

③2005年—2019年：询价制

这一阶段首次公开发行股票的公司及其保荐机构应通过向机构投资者询价的方式确定发行价格，询价应采用累计投标询价的方式。2009年6月和2010年10月，中国证监会对询价制度做了进一步改革，强化了新股定价的市场约束机制。

④2020年以来：核准制与注册制并行

注册制下，上市基本由市场需求决定，只要达到必要条件即可IPO。而监管部门的职责则是对申报文件作真实性、准确性、完整性和及时性合规形式审查。我国政府将科创板作为注册制的“试验田”。2020年3月1日随着新《证券法》的出台，创业板和新三板“精选层”在注册制方面的改革成为了监管层工作的重心。新证券法实施后，虽然会在IPO审核中全面推行注册制，但在一定时间内，主板和中小板仍实行核准制，注册制和核准制将继续在IPO审核中并存，这一过渡期可能长达两年之久。

小资料4-4　　专精特新企业成IPO主力军

专精特新企业表现出了发展的韧性和活力，已经成为IPO的“主力军”。据同花顺iFinD资讯数据统计显示，截至10月30日收盘，2023年以来有275家企业在A股首发上市，IPO募资额合计3 315.54亿元。其中，198家属于专精特新企业，占比72%；IPO募资额合计1 791.46亿元，占比71%。再融资方面，年内已上市的专精特新企业再融资（包含增发、配股、可转债）合计达458.79亿元。

从所属行业来看，制造业企业比例较大，共计148家，占比逾七成，涉及专用设备制造业、通用设备制造业、仪器仪表制造业、化学原料和化学制品制造业、医药制造业等。从专精特新企业所获融资的计划使用情况看，资金主要用于新产品研制、新技术开发，以及产线新建扩建、产线或车间智能化改造。

（资料来源：谢若琳，毛艺融. 专精特新企业成IPO主力军 年内首发募资额达1 791亿元［N］. 证券日报，2023-10-31.）

（3）股票上市的资格与条件

我国股票市场经过多年的培育与发展，逐步形成了主板、创业板、科创板、北交所、新三板等多层次股权资本市场体系，不同板块市场适应不同特征类别的企业上市融资，其融资资格与条件有所不同。

①主板上市的资格与条件

在主板上市融资的企业，具体各项财务指标应达到以下要求：

第一，发行前3年的累计净利润超过3 000万元人民币。

第二，发行前3年的累计净经营性现金流超过5 000万元人民币或累计营业收入超过3亿元。

第三，无形资产与净资产比例不超过20%；发行前不少于3 000万股。

第四，上市股份公司的股本总额不低于人民币5 000万元。

第五，公众持股比例不低于25%，如果发行时股份总数超过4亿股，公众持股比例不得低于10%。

第六，过去3年的财务报告中无虚假记载。

②创业板上市的资格与条件

为鼓励具有发展潜力的中小企业上市融资，我国在2009年9月推出了创业板市场。创业板是指交易所主板市场以外的另一个证券市场，其主要目的是为新兴公司提供集资途径，帮助其发展和扩展业务。在创业板市场上市的公司大多从事高科技业务，具有较高的成长性，但往往成立时间较短，规模较小，业绩较好。发行人申请首次在创业板公开发行股票应当符合下列条件：

发行人是依法设立且持续经营3年以上的股份有限公司。

最近2年连续盈利，最近2年净利润累计不少于1 000万元，且持续增长；或者最近1年盈利，且净利润不少于500万元，最近1年营业收入不少于5 000万元，最近2年营业收入增长率均不低于30%。

最近1期期末净资产不少于2 000万元，且不存在未弥补亏损，发行后股本总额不少于3 000万元。

③科创板上市的资格与条件

上海证券交易所于2019年4月30日发布了修订后的《上海证券交易所科创板股票上市规则》，在科创板申请首次公开发行上市的公司其财务状况应当符合下列条件：

第一，发行后股本总额不低于人民币3 000万元。

第二，公开发行的股份达到公司股份总数的25%以上；公司股本总额超过人民币4亿元的，公开发行股份的比例为10%以上。

第三，市值及财务指标应当至少符合下列标准中的一项：其一，预计市值不低于人民币10亿元，最近两年净利润均为正且累计净利润不低于人民币5 000万元，或者预计市值不低于人民币10亿元，最近一年净利润为正且营业收入不低于人民币1亿元。其二，预计市值不低于人民币15亿元，最近一年营业收入不低于人民币2亿元，且最近三年累计研发投入占最近三年累计营业收入的比例不低于15%。其三，预计市值不低于人民币20亿元，最近一年营业收入不低于人民币3亿元，且最近三年经营活动产生的现金流量净额累计不低于人民币1亿元。其四，预计市值不低于人民币30亿元，且最近一年营业收入不低于人民币3亿元。其五，预计市值不低于人民币40亿元，主要业务或产品需经国家有关部门批准，市场空间大，目前已取得阶段性成果。

在科创板申请上市的发行人可以就表决权进行差异安排。表决权差异安排是指发行人依照《公司法》的规定，在一般规定的普通股份之外，发行具有特别表决权的股份。每一特别表决权股份拥有的表决权数量大于每一普通股份拥有的表决权数量，其他股东权利与普通股相同。简言之，表决权差异就是"同股不同权"。发行人具有表决权差异安排，其市值及财务指标应当至少符合下列标准中的一项：第一，预计市值不低于人民币100亿元；第二，预计市值不低于人民50亿元，且最近一年营业收入不低于人民币5亿元。

④北交所上市的资格与条件

北京证券交易所（北交所）的成立时间是2021年9月，是中国第一家股份合作制证券交易所，受中国证监会监管。业务范围包括依规为证券集中交易提供场地和设备、监管证券交易以及证券市场管理服务等业务。北交所上市规则主要包括：

第一，公司的市值至少2亿元，并且在上市前近一年的时间内纯利润均不低于1 500万元且加权平均值资产总额回报率均值不低于8%。

第二，总市值不低于4亿元，近期2年主营业务收入均值不低于1亿元，且最近一年运营收入增长率不低于30%，最近一年生产经营发生的现金流净收益为正。

第三，总市值不低于8亿元，近一年主营业务收入不低于2亿元，近两年研发投入占主营业务收入的累计比例不低于8%。

第四，总市值不低于10亿元，最近2年研发投入累计不低于5 000万元。

北交所和科创板均为我国资本市场发展的重要力量，但二者在功能定位、上市条件、交易流程及市场表现等方面有着明显区别。

第一，交易所定位不同。北交所是一家股权交易中心，旨在推动股权交易市场的发展，为企业提供融资和退出机会；科创板是上海证券交易所推出的创新创业板块，主要面向科技创新型企业，为其提供融资渠道。北交所坚持服务创新型中小企业，重点支持先进制造业和现代化服务业等领域的专精特新企业。专精特新企业是指具备专业化、精细化、特色化、新颖化优势的中小企业。科创板主要服务自主创新型高科技企业，重点支持六大战略性新兴行业。六大战略性新兴行业即新一代信息技术产业、生物医药产业、高端装备制造产业、新材料产业、新能源汽车产业、节能环保产业。

第二，上市条件不同。北交所对上市企业的条件相对宽松，主要要求企业有稳定的经营业绩和良好的管理机制；科创板对上市企业提出较高的要求，包括企业拥有核心技术和创新能力，具有较高的成长性和市场竞争力。

第三，交易流程不同。北交所采用集中竞价方式进行交易，交易时间较短，流程相对简单；科创板采用集中竞价和限价交易相结合的方式，交易时间较长，流程相对繁琐。

第四，市场表现不同。北交所面向特定的企业和机构投资者，交易规模相对较小，市场流动性较差；科创板面向广大投资者，交易规模较大，市场流动性较好，能够吸引更多投资者。

⑤新三板上市的资格与条件

三板市场起源于2001年的“股权代办转让系统”，最早承接STAQ（全国证券交易自动报价系统）、NET系统两网公司和退市公司，称为“旧三板”。2006年，中关村科技园区非上市股份公司进入代办转让系统进行股份报价转让，称为“新三板”。2012年，经国务院批准，决定扩大非上市股份公司股份转让试点，首批扩大试点新增上海张江高新技术产业开发区、武汉东湖新技术产业开发区和天津滨海高新区。2012年9月正式注册成立全国中小企业股份转让系统，这是继上海证券交易所、深圳证券交易所之后成立的第三家全国性证券交易场所，主要是为创新型、创业型、成长型中小微企业提供企业发展、资本投入与退出服务。2013年年底，新三板方案突破试点（国家高新区）限制，扩容至所有符合新三板条件的企业。在准入条件上，不设财务门槛，申请挂牌的公司可以尚未盈利，只要股权结构清晰、经营合法规范、公司治理健全、业务明确并履行信息披露义务均可以经主办券商推荐申请在新三板市场挂牌。

5.普通股筹资的优缺点

（1）普通股筹资的优点

①普通股筹集的资金没有固定的到期日，是一项永久性的资金来源。普通股也没有固定的费用负担，有盈利才支付股利，无盈利则不必支付股利。甚至在有盈利的情况下，也可不支付或少支付股利。因此，普通股筹资的风险小。

②普通股筹资，由于从整体上减少了公司的财务风险，保障了债权人的利益，会增加公司债券的价值，使债券筹资成本降低。

③普通股筹资比债券筹资更容易。这是因为普通股股票的预期收益比债券高，而且普通股代表着对公司有一定的控制权，因此特别受某些希望参与管理的投资者欢迎。

（2）普通股筹资的缺点

①资本成本较高。投资股票的风险较高，股东相应地要求得到较高的报酬率，股利从税后利润中支付，不允许从税前利润中扣除，普通股的发行、上市等方面的费用也很庞大。

②可能会分散公司的控制权。利用普通股筹资，发行新股，可能会因分散公司的控制权而遭到现有股东的反对。

③公司过度依赖普通股筹资，会被投资者视为消极的信号，从而导致股票价格下跌，进而影响公司其他筹资手段的使用。

另外，上市交易的普通股股票增加了对社会公众股东的责任，其财务状况和经营成果都要公开，接受公众股东的监督。一旦公司经营出现了问题或遇到财务困难，公司有被他人收购的风险。

4.4.2 私募股权

1.私募股权筹资及其资金来源

私募股权筹资是指公司以非公开方式向潜在的投资者筹集股权资本的行为，其资金来源主要包括风险投资公司、天使投资者、机构投资者等。

（1）风险投资公司是为初创公司提供启动资本的有限合伙企业，通过风险投资基金来进行投资；而天使投资者则是为初创公司提供资本的个人，与风险投资公司受托管理资本不同，天使投资者使用自己的资金进行投资。

（2）风险投资公司为公司发展开辟了新的融资渠道，解决了公司创业发展阶段的融资难题，打破了公司发展初期的资金瓶颈，为培育具有发展潜力的创新科技型公司作出了贡献。

（3）机构投资者通常指用自有资本或者从分散的公众手中筹集的资本专门进行有价证券投资活动的法人机构。在西方国家，以有价证券投资为其重要收入来源的证券公司、投资公司、保险公司、各种福利基金、养老基金及金融财团等，一般称为机构投资者。在中国，机构投资者目前主要是具有证券自营业务资格的证券经营机构，符合国家有关政策规定的投资管理基金等。

2.风险投资的特点

风险投资公司和天使投资者的投资都属于风险投资，两者的共同点主要表现在：

（1）投资对象多为初创期的中小型企业，而且多为高新技术企业，高风险与高收益并存；

（2）投资期限比较长，从风险资本投入到撤出投资为止，这一过程至少需要3~5年，甚至更长的时间；

（3）投资方式一般为股权投资，通常占被投资企业30%的股权，而不要求控股权，也不需要任何担保与抵押；

（4）风险投资人一般积极参与被投资企业的经营管理，提供增值服务；除了种子期融资外，风险投资人一般也对被投资企业以后各发展阶段的融资需求予以满足；

（5）投资的目的不是获得企业的所有权，不是控股，更不是经营，而是通过投资和提供增值服务的方式把投资企业放大，然后通过公开上市（IPO）、兼并收购或其他方式退出，在产权流动中实现投资回报。

小资料4-5　　天使投资者慧眼识珠

专注二次元游戏原创开发的米哈游，因为押对了赛道，更因为长达11年的坚持，凭借爆款游戏《原神》赚得盆满钵满，一跃成为估值2 000亿元的游戏巨头，连腾讯、网易、字节跳动都为之侧目。

可惜，VC/PE们因对二次元游戏的误判，集体错失米哈游这个“印钞机”。只有唯一的天使投资人宋涛，慧眼识珠，押宝成功，早年间以100万元的本金取得米哈游15%股权，如今以202亿元身家，在2022年中国《新财富500富人榜》排名第231位。

（资料来源：赵思蕊．投资家：估值2 000亿，3个技术宅搞出“超级巨无霸”，唯一投资人赚翻了［EB/OL］.（2022-06-14）. https://baijiahao.baidu.com/s?id=1735621066689791703&wfr=spider&for=pc）

3. 私募股权筹资的优缺点

（1）私募股权筹资的优点

①私募股权筹资所筹措的资本属于企业的股权资本，与债权资本相比较，它能提高企业的资信和借款能力，对扩大企业规模、壮大企业发展实力具有重要意义。

②企业根据自己的经营状况向投资者支付报酬，支付报酬的多少与企业经营状况的好坏有直接关系，比较灵活。

③财务风险较低。

（2）私募股权筹资的缺点

①私募股权筹资成本较高。因为向投资者支付的报酬是根据其出资额和企业的经营状况确定的，而且是在税后利润中支付，所以在企业盈利较多时付出的现金流量较大。

②私募股权筹资不利于产权流动。私募股权筹资由于没有证券作媒介，产权关系有时不清晰，所有者进行产权交易比较困难。

4.4.3 留存收益

留存收益，又称保留盈余或保留利润，是指留存于企业的税后利润，包括盈余公积与未分配利润两部分。它是普通股所代表的资本的增加额，可以用于未来股利的发放，亦可将其资本化，作为扩大再生产的资金来源。正是从这个意义上讲，可将留存收益作为一种筹资方式。

1. 留存收益筹资的优点

（1）不发生实际的现金支出。不同于负债筹资，不必支付定期的利息；也不同于股票筹资，不必支付股利。同时还免去了与负债、权益筹资相关的手续费、发行费等开支。但是这种方式存在机会成本，即股东将资金投放于其他项目上的必要报酬率。

（2）保持企业的举债能力。留存收益实质上属于股东权益的一部分，可以作为企业对外举债的基础。先利用这部分资金筹资，减少企业对外部资金的需求，当企业遇到回报率很高的项目时，再向外部筹资，就不会因企业的债务已达到较高的水平而难以筹集到资金。

（3）企业的控制权不受影响。增发新股会使原股东的控制权分散，而采用留存收益筹资则不会存在此类问题。

2. 留存收益筹资的缺点

（1）期间限制。企业必须经过一定时期的积累才可能拥有一定数量的留存收益，因此企业难以在短期内获得扩大再生产所需的资金。

（2）与股利政策的权衡。如果留存收益过高，现金股利过少，则可能影响企业的形象，并给今后的筹资增加困难。利用留存收益筹资需要考虑公司的股利政策，不能随意变动。

◎ 4.5 混合筹资

企业在筹资过程中发行的一些证券，同时具有股票和债券的某些特点，这种具有双重性质的筹资活动往往被称为混合筹资，主要有发行优先股、发行认股权证和发行可转换债券。

4.5.1 优先股

优先股在法律地位上与普通股一样都是公司股权资金，具有普通股特征，但它又是一种股息固定的股票，类似于债券，具有财务杠杆的作用，优先股股东一般没有表决权和管理权。因而，它常被普通股股东视为债券，而被债权人视为主权资本。发行优先股对于优化公司资本结构，提高公司的效益水平具有重要的意义。

1.优先股的种类

优先股按发行条款和股利的分配条款不同，可分为若干种类，最常见的分类是：

（1）按股利能否累积，优先股分为累积优先股和非累积优先股

①累积优先股。它指公司由于种种原因而未能在营业年度内按期支付的股利积累到以后年度一并支付的优先股，是一种最常见的优先股。公司必须付清了优先股股利之后才能支付普通股股利。在大量拖欠优先股股利时，公司若想支付普通股股利，可以采用将优先股调换为普通股而使优先股股东放弃对拖欠股利的要求权来达到。

②非累积优先股。它指不论上年度公司对其优先股股利是否进行过分配，一律以本年度所获得的盈余和比率为限进行分配的优先股。公司不负有累计补付优先股股利的义务，优先股股东也无权要求公司予以补发。它会损害优先股股东所获得的优先地位，在实际中很少发行该类优先股，一般只有在公司改组的情况下才可能发行。

（2）按能否参与剩余利润分配，优先股分为参加优先股和不参加优先股

①参加优先股。它指优先股在其所应得的固定股利之外，还有权与普通股一同参加利润分配的优先股。根据参与利润分配的方式不同，又可分为全部参加分配的优先股和部分参加分配的优先股。前者表现为优先股股东有权与普通股股东共同等额分享本期剩余利润，后者则表现为优先股股东有权按规定额度与普通股股东共同参与利润分配，超过规定额度部分的利润，归普通股股东所有。

②不参加优先股。它指优先股股东所获得的股利只限于按事先规定的股利率计算，如果公司有额外盈余，应全部归普通股股东所有的优先股。其特点表现在优先股股东只有权分取定额股利。

（3）按是否可转换为普通股，优先股分为可转换优先股和不可转换优先股

①可转换优先股。它亦称为可调换优先股，指在发行契约中规定，优先股的持有人可以在既定条件下将其优先股按照事先规定的兑换率转换为公司的普通股。

②不可转换优先股。它指优先股的持有人无权要求将其优先股转换成普通股，只能享受固定股利的优先股。

（4）按发行公司是否可赎回，优先股分为可赎回优先股和不可赎回优先股

①可赎回优先股。它又称为可收回优先股，指发行公司可按一定的价格收回的优先股。在发行这种股票时，一般都附有收回性条款，规定了赎回该股票的价格。

②不可赎回优先股。它指不能收回的优先股。由于优先股都有固定股利，这种股票一经发行，便会成为一项永久性的财务负担，因此，在实际工作中很少发行。

可见，累积优先股、参加优先股、可转换优先股对股东有利，而可赎回优先股则对股份公司有利。

2.优先股股东的权利

优先股股东比普通股股东具有一些优先权利，主要表现在：

（1）优先分配股利权

优先分配股利的权利是优先股最主要的特征。优先股股东可以从发行公司当年可供分配的利润中优先得到股利，一般按面值的一定比例计算。如果有剩余，普通股股东才可获取股利。对于累积优先股而言，这种优先权更为突出。

（2）优先分配剩余财产权

公司破产清算时，在清偿了所有债务后，剩余财产应先偿还优先股股本，其金额只限于优先股的票面金额加上累积未支付的股利，如有剩余才能按股份比例对普通股股东进行分配。

（3）部分管理权

优先股股东的管理权限是有严格限制的。通常，在公司的股东大会上，优先股股东没有表决权。但是，当公司研究与优先股有关的问题时，如讨论将一般优先股改为可转换优先股、推迟支付优先股股利时，优先股股东就有权参加股东大会并有权表决。

3.优先股筹资的优缺点

（1）优先股筹资的优点

①没有固定到期日，不用偿还本金。公司事实上等于获得了一笔无限期的贷款，且一般优先股又附有收回条款，这就使得资金更具有弹性，可以控制公司的资本结构，从而使公司获得较稳定的资金。

②股利支付既固定，又有一定弹性。一般而言，优先股固定股利的支付并不构成公司的法定义务。如果公司财务状况不佳，则可暂时不支付优先股股利。

③保持普通股股东的控制权。由于优先股股东一般无表决权，所以发行优先股既可增加公司的资本金，又能够维持原股东的控股格局，可使公司按预定规划稳定发展。

④降低负债比例，增强举债基础。发行优先股增加了公司的股本，提高了公司的信誉，并且增强了公司的举债能力。

（2）优先股筹资的缺点

①筹资成本高。优先股所支付的股利要从税后盈余中支付，不同于债券利息可在税前扣除，因此，优先股成本很高。

②财务负担重。优先股需要支付的股利固定，当盈余下降时，优先股股利会成为一项较重的财务负担，有时不得不延期支付。

③筹资限制多。发行优先股通常有许多限制条款，如对普通股股利支付的限制，对公司举债的限制等。

4.5.2 认股权证

1.认股权证及其特征

（1）认股权证的概念

认股权证是公司向股东发放的一种凭证，授权其持有者在一个特定期间以特定价格购买特定数量的公司股票。认股权证是一种有价证券，一般是附在公司债券或优先股上发行的，但认股权证在发行后，就可以同它所附着的公司债券或优先股相分离，单独流通与交易。

认股权证给了其持有者在未来以较低的价格买入具有较高价值的公司股票的权利，作为回报，它使得附有认股权证的公司债券或优先股的发行公司可以为它们所发行的公司债券或优先股支付较低的利息或股利，降低了债券或优先股的资本成本。对那些有良好发展前途的中小企业来说，由于受实力限制，发行普通公司债券需要支付较高的利息，这对营运资金紧张的发展中的中小企业来说，是一个较大的压力，而发行附有认股权证的公司债券，既可以吸引那些对公司的前途感兴趣，目前又不愿意直接购买公司股票的投资者购买，又可以减少债券利息或优先股股利的支付，缓解资金压力。

20世纪70年代以前，认股权证主要是被一些中小企业利用，70年代以后，像AT&T这样的大公司也开始利用认股权证筹资，目前，这一筹资方式已得到西方国家许多企业的认可。1992年6月，沪市推出了我国第一只权证——大飞乐认股权证，此后相继有不少权证在证券交易所上市交易。

认股权证应当包括以下基本要素：

①标的物。认股权证可以认购的对象。

②有效期限。认股权证的有效期限通常为3~10年。在有效期限内，认股权证的持有者可以随时认购股份，超过此期限，认股权证将失效。一般说来，期限越长，认股权证的价格就越高。

③认股比率。一份认股权证可认购的数量，即期权合约中的标准交易量。

④认股价格。行使认股权时的结算价格，也叫履约价格。认股价格一般以认股权证发行时发行公司的股票价格为基础，或者以公司股价的轻微溢价发行。如果公司股份有所变动，可能会对认股价格进行调整。有些公司则规定当公司的股票市价过度上扬时，其发行的认股权证的认股价格可以按预定公式自动上调。

（2）认股权证的特征

①对发行公司而言，发行认股权证是一种特殊的筹资手段，通常是为了吸引广大投资者和某些投资机构购买公司发行的新债券或优先股股票。

②含有期权条款，其持有人在认购之前，对发行公司既不拥有债权也不拥有股权，而只是拥有股票认购权。

③具有价值和市场价格。用认股权证购买普通股，其价格一般低于市价，这样认股权证就有了价值。发行公司可以通过发行认股权证筹得现金，也可用于公司成立时对承销商的一种补偿。

2.认股权证的价值衡量

由于认股权证实质上是一种股票买权，因此，它的价值由确定股票买权的方法来决定，会受到所认购的股票的市场价格、权证规定的认购价格（即执行价格）、距认股权证到期日的时间长短、市场利率、是否分配现金股利等因素的影响。认股权证持有人在行使其权利时，公司向其交付的是新发行股票（或库藏股），因此，执行认股权证将增加公司流通在外的股票数量。由于执行价格低于股票的市场价格，这一权利的行使必然会对股票的市场价格产生稀释作用，而这反过来又会对认股权证本身的价值产生影响。

（1）认股权证的理论价值

认股权证的理论价值就是它在证券市场上出售的最低极限价格。

$$V=\begin{cases}(P-E)\times N & P>E\\ 0 & P\leqslant E\end{cases}$$

式中：V表示认股权证的理论价值；P表示股票市场价格；E表示股票认购价格；N表示转换比率。

按照公式，当股票市价高于认购价格，认股权证理论价值为正值；当股票市价等于或低于认购价格时，认股权证理论价值为零。认股权证理论价值与股票市价的关系可用图4-3表示。

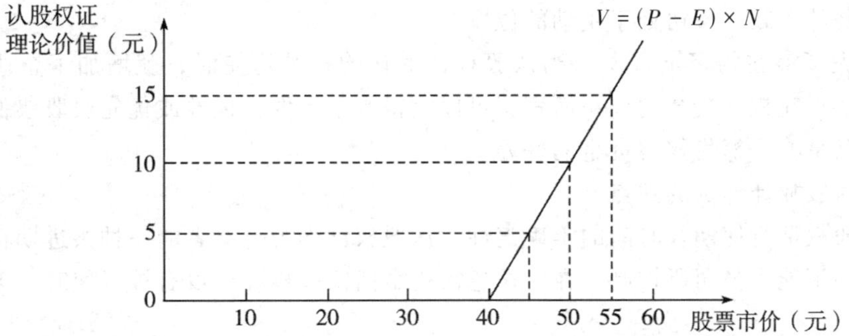

图4-3 认股权证理论价值与股票市价的关系图

【例4-9】某普通股股票现行市价为每股50元，认股权证规定认购价为40元/股，每张认股权证可购得2股普通股股票，则认股权证理论价值为：

V=（50−40）×2=20（元）

（2）认股权证的实际价值

认股权证的实际价值（即市场价格）通常高于其理论价值，其差额为认股权证溢价，原因是，认股权证市场价格是股票市价变动的函数，但认股权证的收益率高于普通股的收益率，投资损失会小于普通股。也就是说，认股权证是一种选择权，当股票市价低于认购价格时，认股权证持有人不会执行买权，其损失只限定在最初购买认股权证的费用上，但存在股票市价上涨的预期，认股权证的实际价值往往大于零；当股票市价随着时间的延长而上涨时，套利机制将促使认股权证的市场价格随之上涨；当股票市价上涨超过认购价格时，在认股权证上投资的潜在收益大于购买股票的收益，并且在股票市价上涨幅度较大时，这种潜在收益会以更快的速度增加，从而产生"以小博大"的杠杆作用。认股权证投资所体现的上方收益无限、下方损失锁定的特征，为市场投资者提供了利用杠杆效应的机遇与挑战，而投资者对股票市价未来走势的预期，将决定认股权证投资的成败。认股权证实际价值与理论价值的关系如图4-4所示。

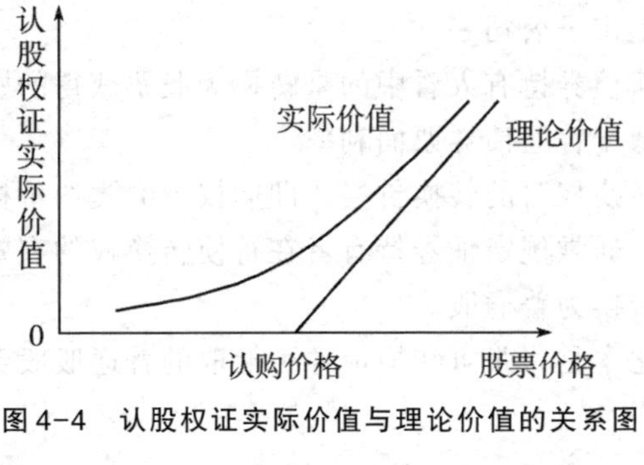

图4-4 认股权证实际价值与理论价值的关系图

3.认股权证筹资的优缺点

（1）认股权证筹资的优点

①吸引投资者。这是发行认股权证的主要优点。在企业发行债券或优先股股票时，给予投资者认购普通股股票的权利，为投资者提供了一个以小博大的投资理财工具，可有效地刺激投资者的投资欲望，使公司较容易筹得所需资金。

②筹资成本低。由于认股权证具有价值，因此企业在发行债券或优先股股票时可以适当地降低利率。同时，投资者在获取认股权所带来的利益后，往往乐意放弃对公司来说过严的某些契约条款，公司处于主动的位置。

③扩大了潜在的资金来源。当认股权证的认购权被行使时，就增加了企业的资金来源。对需要扩充权益资金的公司而言，可以获得既享受发行债券或优先股股票低资本成本的好处，又享有了筹集权益资金的好处。

（2）认股权证筹资的缺点

①认股权证行使期权时间的不确定性。认股权证作为持有者的一种买进期权，何时行使权利往往不能为公司所控制。在公司急需资金而认股权证还没有被行使时，无法满足公司的需要。

②稀释普通股每股收益。当认购权被行使时，普通股数量增多，每股收益下降。同时，也稀释了原股东对公司的控制权。

4.5.3 可转换债券

1.可转换债券及其要素

（1）可转换债券的概念

可转换债券是指发行人依照法定程序发行，在一定期限内按约定的条件可转换成股份的公司债券。

可转换债券作为债券的一种，首先具有债券的一般属性，即表现为债券的投资者有权据此领取利息和本金。可转换债券作为区别于普通债券的主要特征就在于“可转换”的选择权上，即这种债券的持有人有放弃或行使“可转换”权利的自由，一般发行公司不强迫投资者将所持有的可转换债券转换为股票，从而使可转换债券的投资者具有了买入股票的期权。因此，可转换债券实质上又是一种股票期权或股票选择权，是期权的二级派生产品。

（2）可转换债券的基本要素

①标的股票。可转换债券的标的物一般是发行公司自己的普通股股票，但也有其他公司的股票，如该公司的上市子公司。

②票面利率。可转换债券持有人看中的是转换为股票获得的资本利得，发行公司可将其票面利率设计得大大低于普通债券票面利率。

③转换价格。行使转换权时的转换价格，即期权中的履约价格。可转换债券发行时对转换价格都有明确规定，通常规定证券持有者在行使转换权的有效期内，有权按一个固定转换价格将可转换债券转换为普通股。

④转换比率。转换比率是一张可转换债券可换取的普通股股数。它与转换价格存在以下关系：

转换比率=债券面值÷转换价格

⑤转换期限。转换期限是指可转换债券持有者行使转换权的有效时间。可转换债券的转换期可以等于债券期限，也可以小于债券期限，通常有4种情形：发行日至到期日、发行日至到期日前、发行后某日至到期日前、发行后某日至到期日。超过转换期后的可转换债券，自动成为普通债券。

⑥赎回条款。赎回条款是可转换债券发行企业可以在到期日前提前赎回债券的规定。赎回条款包括下列内容：

不可赎回期，指从可转换债券发行时起，可转换债券不可被赎回的一段时间，通常为1~3年，并非所有可转换债券都设有不可赎回期。约定不可赎回期是为了防止发行企业滥用赎回权，保护投资者利益。

赎回期。可转换债券的不可赎回期结束后，即进入赎回期。在赎回期内，可转换债券的发行方可以根据规定的赎回价格赎回债券。

赎回价格。赎回价格是事先规定的、发行公司赎回债券的价格。赎回价格一般高于面值，两者之差为赎回溢价，赎回溢价随到期日的接近逐渐减少。

赎回条件。赎回条件可分为无条件赎回与有条件赎回。无条件赎回是指在赎回期内发行方可随时赎回债券；有条件赎回是指发行方规定某些条件（主要是股价的上限条件），只有满足这些条件后发行方才可赎回债券。

⑦回售条款。回售条款是当公司股价表现不佳时，投资者有权按约定的价格将可转换债券卖给发行公司的规定，是对债券投资者的保护。回售条款包括回售时间、回售价格和回售条件等内容。

⑧强制性转换条款。强制性转换条款是在某些条件具备之后，债券持有人必须将可转换债券转换为股票，无权要求偿还债券本金的规定。这是为了保证债券顺利地转换为股票，实现发行公司扩大权益筹资的目的。

（3）与认股权证的比较

可转换债券和认股权证都是发行公司暂时筹资的工具，其本意是发行普通股筹资，但两者存在差异。

①认股权证虽然多数是与公司债或优先股捆绑发行的，但发行后认股权证可以脱离公司债或优先股单独交易，可转换债券不具备这一能力。

②认股权证在执行时是用现金购买股票，公司除了获得原已发售证券筹得的资金外，还可增加一笔股权资金。而可转换债券在转股时是债券交换公司股票，并不需向公司投入额外的现金。因此，认股权证的执行和可转换债券的转换对公司现金流量和资本结构的影响不同。

③有时认股权证可以单独发行。一些企业给予其高级管理人员的认股权，虽然名为股票期权或其他名称，实际上是认股权证。这种认股权证就是脱离公司债券或优先股单独发行的。

④认股权证与可转换债券的发行和转换在税收等方面也有所差异。如可转换权行使后，原有负债的节税功能相应消除；而认股权证行权后，不影响原有的节税效果。

2.可转换债券的价值

（1）转换价值

转换价值即可转换债券在转换为公司股票时，得到的股票的市场价值。

$C_V = P \times C_r$

式中：C_V表示转换价值；P表示股票市价；C_r表示转换比率。

如果面值为1 000元的可转换债券的转换价格为40元，股票的市场价格为50元，则该可转换债券的转换价值为：

C_V=50×1 000÷40=1 250（元）

（2）非转换价值

非转换价值，也称为纯粹价值，是指可转换债券持有人不行使转换权或发行者不行使强制赎回权时，所具有的原有一般债券的价值，即可转换债券失去转换性能后所具有的价值。它等于普通债券的市价，其计算公式为：

$$P_V = \sum_{t=1}^{n} \frac{I}{(1+k)^t} + \frac{M}{(1+k)^n}$$

式中：P_V表示债券价值；I表示债券每年利息额；M表示债券到期日本金；k表示贴现率，即投资者要求的最低报酬率；n表示可转换尚余的期限（年）。

如某一可转换债券的面值为1 000元，期限为10年，票面利率为6%，市场利率为8%，转换价格为40元，则：

$$P_V = \sum_{t=1}^{10} \frac{1\,000 \times 6\%}{(1+8\%)^t} + \frac{1\,000}{(1+8\%)^{10}}$$

=60×6.7101+1 000×0.4632

=865.81（元）

可转换债券市场价格与非转换价值的差，称为转换溢价（或可转换价值），它所反映的是可转换债券所包含的股票期权（选择权）的价值。

（3）底价

可转换债券的底价是可转换债券的转换价值与非转换价值中的较高者。

$M_v = \max(C_v, P_v)$

式中：M_v表示可转换债券的底价；C_v表示可转换债券的转换价值；P_v表示可转换债券的非转换价值。

底价是可转换债券市场价格的下限，一般来讲可转换债券的交易价格不可能低于其底价。如果可转换债券规定的转换价格高于股票市价，则可转换债券不具备任何可转换价值，其底价即为非转换价值；如果可转换债券规定的转换价格低于股票市价，则可转换债券的可转换价值大于零，其底价为它的转换价值。可转换债券的三种价值形式及转换溢价关系可用图4-5表示。

可转换债券的非转换价值与股票市价无关，故而与横轴平行；转换价值与股票市价呈正比例关系，故而呈一条斜向上的直线。由图4-5可知：

①可转换债券对持有者而言，既有公司债券的价值，又可以有股票的潜在价值，若股票市价上升，可转换债券的价值主要取决于其转换价值；而若股票市价下跌，可转换债券的价值取决于一般债权的价值，即非转换价值。

②若可转换债券的非转换价值等于面值（即名义利率与市场利率相等），当股票市价

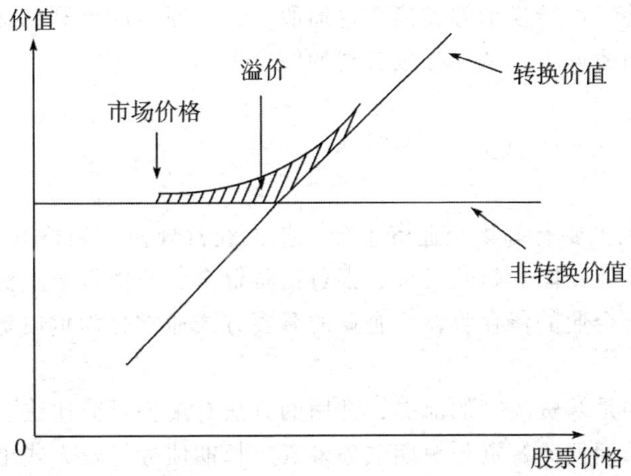

图4-5 可转换债券的价值形式及转换溢价关系图

等于转换价格时，可转换债券的转换价值与其市价相等。

③可转换债券市价，在股票市价不为零时，其价值将高于其底价，且始终高于其转换价值。

④可转换债券的溢价以转换价格为界划分为：一部分是当股票市价低于转换价格时，溢价表现为可转换债券市价与其底价的差异，溢价形成的原因是由于可转换权使债券持有者有机会成为股东，可以分享公司剩余收益；另一部分是股票市价达到转换价格后，溢价表现为可转换债券市价与其转换价值的差异，溢价形成的原因是由于股票市价在优先权有效期内还有继续上升的可能性，而转换价值将与股票市价呈正比例变化。

3.可转换债券筹资的优缺点

（1）可转换债券筹资的优点

①筹资成本较低。发行可转换债券可使公司在换股之前以低廉的费用筹集额外资金。因为可转换债券使公司能获得相对于纯债券而言利率较低且限制条款不苛刻的负债。

②便于筹集资金。可转换债券可以使投资者获得固定利息，又向其提供了进行债权投资或股权投资的选择权，对投资者具有一定的吸引力，有利于债券的发行。

③稳定股价。一般来讲，可转换债券发行者发行可转换债券的真正目的并不是发行公司债券，而是发行公司股票。由于可转换债券规定的转换价格一般要高于其发行时的股票价格，因此在公司认为股份太低、发行股票筹资时机不佳时，可先发行可转换债券，以免直接发行新股而遭受损失，以及使公司每股收益受到稀释，有利于稳定公司股价。

（2）可转换债券筹资的缺点

①股价上扬风险。虽然可转换债券的转换价格高于其发行时的股票价格，但如果转换时股票价格大幅度上扬，公司只能以较低的固定转换价格换出股票，会降低公司股权筹资额。

②财务风险加大。一旦公司普通股股价未能如预期的那样上升，无法吸引债券持有人将债券转换为股票，则会增加公司偿还债务的压力。

③丧失低息优势。可转换债券转换成普通股后，其原有的低利息优势不复存在，公司将要承担较高的普通股成本，从而导致公司的综合资本成本上升。

本章小结

企业筹资的动机主要有筹集企业资本金、扩大经营规模、调整资本结构及偿还债务。企业筹资的渠道主要有：国家财政资金、银行信贷资金、非银行金融机构资金、其他企业资金、居民的资金及企业的留存收益。企业的筹资方式通常分为负债筹资方式与股权筹资方式。

资金需求量预测是筹资决策的前提，常用的方法有销售百分比法、线性回归法。

负债筹资分为长期债务筹资与短期债务筹资。长期债务筹资方式主要包括发行债券筹资、银行长期借款及融资租赁等。短期债务筹资方式主要有商业信用、商业票据、短期融资券及银行短期借款等。负债筹资方式的优点在于资本成本低，缺点在于会增加企业的财务风险。

股权筹资主要包括发行普通股、私募股权筹资与留存收益筹资。股权筹资的优点在于不需要偿还本金、财务风险低、能增强企业实力，缺点在于资本成本高、公司的控制权容易被分散。

混合筹资是指具有股票和债券双重性质的筹资活动，主要有发行优先股、发行认股权证和发行可转换债券。

推荐读物

[1] 潘海英，董越. 绿色信贷与高污染企业资本结构调整——基于社会责任视角的分析 [J]. 产业经济评论，2023，(05)：93-108.

[2] 许艳芳，陈洲宇. 美国优先股实践及引入我国的现实意义 [J]. 财务与会计：理财版，2009 (12)：70-71.

[3] 吴海燕，兰秋军，马超群. 中美可转换债券比较研究 [J]. 财经理论与实践，2013，34 (02)：49-52.

[4] 侯迎春，门明. 关于我国认股权证市场的研究和探讨 [J]. 金融与经济，2009 (08)：31-33.

[5] 白世贞，王朝鑫，姜曼. 资金约束制造商的供应链融资策略研究 [J]. 计算机仿真，2024 (24)：1-13.

本章练习

一、思考题

1.负债筹资方式有哪些类型？各有什么优缺点？

2.股权筹资方式有哪些类型？各有什么特点？

3.优先股股东比普通股股东具有哪些优先权利？

4.什么是认股权证？它有什么特征？

5.企业为什么会选择可转换债券，而不是选择直接发行普通股或公司债来筹资？

二、计算分析题

1.某企业20×6年简化的资产负债表见表4-10。该企业20×6年营业收入为1 000 000元，销售净利率为5%，股利支付率为60%，留存可全部用于筹资需要，预计20×7年盈利和股利支付仍维持20×6年的水平。

表4-10 **资产负债表（简表）**

20×6年12月31日 单位：万元

资产	期末余额	负债及所有者权益	期末余额
货币资金	30 000	应收账款	60 000
应收账款	70 000	其他流动负债	30 000
存货	120 000	非流动负债	110 000
固定资产	300 000	实收资本	300 000
		留存收益	20 000
资产总计	520 000	负债及所有者权益总计	520 000

要求：

（1）预计20×7年营业收入为140万元，预测20×7年的外部筹资规模。

（2）预计20×7年营业收入为200万元，预测20×7年的外部筹资规模。

2.某公司拟发行面值为1 000元，年利息率为11%的5年期公司债券。分别确定当市场利率为11%、8%和13%时的债券发行价格（计算结果保留整数）。

3.某公司需要一台机器设备，有两种方式可以取得：举债购置与融资租赁。

两种筹资方案如下：

（1）采用举债购置方式。设备的购买价为80 000元，使用年限为8年，使用期满无残值，采用直线法计提折旧。另外，公司每年尚需支付600元的维修费用进行设备维修。借款期限8年，每年年末付息，到期还本。

（2）采用融资租赁方式。每年租赁费为13 200元，连续支付8期，每次支付均在期初。此外，每年支付维修费600元。假设税前借款利息为12%，公司所得税税率为25%。

要求：通过计算比较，分析应选择何种筹资方案。

4.某公司拟采购一批零部件，购货款为500万元。供应商规定的付款条件为“2/10，1/20，N/30”，每年按360天计算。

要求：

（1）假设银行短期贷款利率为15%，计算放弃现金折扣的成本（资本成本率），并确定对该公司最有利的付款日期和价格。

（2）假设公司目前有一投资报酬率为40%的短期投资项目，请确定对该公司最有利的付款日期和价格。

5. 甲公司 2018 年实现销售收入为 100 000 万元，净利润为 5 000 万元，利润留存率为 20%。公司 2018 年 12 月 31 日的资产负债表（简表）见表 4-11。

表 4-11　　**甲公司资产负债表（简表）**　　单位：万元

资产	期末余额	负债与所有者权益	期末余额
货币资金	1 500	应付账款	3 000
应收账款	3 500	长期借款	4 000
存货	5 000	实收资本	8 000
固定资产	11 000	留存收益	6 000
资产合计	21 000	负债与所有者权益合计	21 000

公司预计 2019 年销售收入比上年增长 20%，假定经营性资产和经营性负债与销售收入保持稳定的百分比关系，其他项目不随着销售收入的变化而变化，同时假设销售净利润率与利润留存率保持不变，公司采用销售百分比法预测资金需求量。要求：

（1）计算 2019 年预计经营性资产增加额。

（2）计算 2019 年预计经营性负债增加额。

（3）计算 2019 年预计留存收益增加额。

（4）计算 2019 年预计外部融资需求量。

6. 戊公司是一家设备制造商，公司基于市场发展进行财务规划，有关资料如下：

资料一：戊公司 2017 年 12 月 31 日的资产负债表简表及相关信息见表 4-12。

表 4-12　　**戊公司资产负债表简表及相关信息**

2017 年 12 月 31 日　　金额单位：万元

资产	金额	占销售额百分比	负债与权益	金额	占销售额百分比
现金	1 000	2.5%	短期借款	5 000	N
应收票据	8 000	20.0%	应付票据	2 000	5.0%
应收账款	5 000	12.5%	应付账款	8 000	20.0%
存货	4 000	10.0%	应付债券	6 000	N
其他流动资产	4 500	N	实收资本	20 000	N
固定资产	23 500	N	留存收益	5 000	N
合计	46 000	45.0%	合计	46 000	25.0%

注：表中“N”表示该项目不随销售额的变动而变动。

资料二：戊公司 2017 年销售额为 40 000 万元，销售净利率为 10%，利润留存率为 40%。预计 2018 年销售增长率为 30%，销售净利率和利润留存率保持不变。

资料三：戊公司计划于2018年1月1日从租赁公司融资租入一台设备。该设备价值为1 000万元，租期为5年。租赁期满时预计净残值为100万元，归租赁公司所有。年利率为8%，年租赁手续费为2%，租金每年末支付1次。相关货币时间价值系数为：（*P/F*，8%，5）=0.6806；（*P/F*，10%，5）=0.6209；（*P/A*，8%，5）=3.9927；（*P/A*，10%，5）=3.7908。

资料四：戊公司采用以下两种筹资方式：①利用商业信用：戊公司供应商提供的付款条件为“1/10，N/30”；②向银行借款：借款年利率为8%，一年按360天算，该公司适用的企业所得税税率为25%。不考虑增值税及其他因素的影响。

要求（1）：根据资料一和资料二，计算戊公式2018年下列各项金额：

①因销售增加而增加的资产额；

②因销售增加而增加的负债额；

③因销售增加而需要增加的资金量；

④预计利润的留存增加额；

⑤外部融资需要量。

要求（2）：根据资料三，计算下列数值：

①计算租金时使用的折现率；

②该设备的年租金。

要求（3）：根据资料四，计算并回答如下问题：

①计算放弃现金折扣的信用成本率；

②判断戊公司是否应该放弃现金折扣，并说明理由；

③计算银行借款的资本成本。

三、综合案例

深圳能源（000027）的绿色债券融资[①]

一、深圳能源简介

（一）公司背景

深圳能源股份有限公司（简称“深圳能源”）于1991年6月成立，其股票代码为000027，1993年9月在深交所上市，它是第一家在深圳上市的大型股份制企业，同时也是一家公用事业股份公司。2007年12月，该公司整体上市，成为国内首家整体上市的电力公司。深圳能源以转型发展来培育新动能，聚焦于双碳目标实现，紧紧抓住“双区”建设重大历史机遇，核心理念为“清洁的能源，清新的环境，卓越的企业，优质的服务”，战略定位为“坚持清洁能源经营特色，引领环保产业先行示范，促进能源科技创新应用”，努力构建有国际影响力的清洁能源与生态环保综合服务商。

（二）股权结构

截止至2021年12月31日，深圳能源拥有总资产1 315.07亿元，总股本4 757 389 916股，归属于母公司股东权益合计453.08亿元，拥有188 288家普通股股东。其中深圳市国资委持股43.91%，是深圳能源第一大股东，也是公司的实际控制人。

---

① 资料来源：王新蕊.绿色债券融资动因及财务绩效研究［D］.中国矿业大学，2023.

（三）主营业务

深圳能源的主营业务主要包括：常规能源和新能源的开发、生产、购销、城市固体废物处理、废水处理和城市燃气供应等。深圳能源的业务主要有能源电力、能源环保、能源燃料三大板块。

（四）经营情况

坚持绿色低碳发展，持续深入开发风电、光伏等能源项目，推动新旧发展动能的有机联动。截至2021年年底，公司在全国共开发429.02万千瓦的风能和光伏发电项目，占公司装机容量的26%。全年新核准备案各类新能源项目装机容量为131.18万千瓦，项目在全国各地多点开花。在保证原有项目顺利推进的同时，该公司也积极开拓新项目，包括：特高压外送、矿山治理、光伏制氢、农光互补、共享储能等。未来公司将进一步加快布局新能源市场，积极拓宽业务范畴，转换增长动能：一方面，紧抓市场新机遇，开发海上的风电资源，将打造基地型、规模化的海上风电项目作为目标。另一方面，让项目更多元多样、实现协同发展，建设陆上高塔筒、大机型风电项目，公司研究了深远海漂浮式风电制氢等前沿技术，探求水电站库区资源综合利用，风光水的一体化以及小型抽水蓄能改造建设等。

二、深圳能源绿色债券融资过程

深圳能源，2019年绿色债券融资的具体过程如下：

2018年4月27日召开了一次董事会会议，对本次发行的绿色债券进行了审议，并发布《深圳能源集团股份有限公司关于公开发行绿色企业债券的公告》。2018年5月24日召开股东大会，经会议审议，发布《深圳能源集团股份有限公司2017年度股东大会决议公告》。

2018年12月29日，国家发展改革委发布《国家发展改革委关于深圳能源集团股份有限公司发行绿色债券核准的批复》，同意深圳能源作为发行人发行绿色债券不超过30亿元，募集资金6.5亿元，明确资金的使用用途。

2019年1月16日，联合资信评估有限公司发布《2019年第一期深圳能源集团股份有限公司绿色债券信用评级报告》，确定深圳能源集团股份有限公司主体长期信用等级为AAA，该绿色债券信用等级为AAA，评级展望为稳定。

2019年1月17日，广东晟典律师事务所发布《关于深圳能源集团股份有限 公司发行2019年第一期绿色债券的法律意见书》。

2019年2月14日，发布《2019年第一期深圳能源股份有限公司绿色债券募集说明书》，确定发行规模为16.5亿元，债券期限为10年，附第5个计息年度末发行人调整票面利率选择权及投资者回售选择权，债券利率采用固定利率，单利按年付息，不计复利。票面利率根据上海银行间同业拆放利率的基准利率加上基本利差确定。

2019年2月14日，广东晟典律师事务所发布《关于分期发行及调整债券名称的说明》，将“2018年深圳能源集团股份有限公司绿色债券”更名为“2019年第一期深圳能源集团股份有限公司绿色债券”。

2019年2月20日，发布《2019年第一期深圳能源集团股份有限公司绿色债券申购和配售办法说明》。

2019年3月7日，发布《2019年第一期深圳能源集团股份有限公司绿色债券上市公告书》。

2019年5月15日，联合资信评估有限公司发布《2019年第二期深圳能源集团股份有限公司绿色债券信用评级报告》，确定深圳能源集团股份有限公司主体长期信用等级为AAA，2019年第二期绿色债券信用等级为AAA，评级展望为稳定。

2019年6月14日，发布《2019年第二期深圳能源股份有限公司绿色债券募集说明书》，确定发行规模为11.5亿元，债券期限、计息方式等，债券利率采用固定利率，单利按年付息，不计复利。票面利率根据上海银行间同业拆放利率的基准利率加上基本利差确定。

2019年6月14日，广东晟典律师事务所发布《关于深圳能源集团股份有限公司发行2019年第二期绿色债券的法律意见书》。

2019年7月11日，发布《2019年第二期深圳能源集团股份有限公司绿色债券上市公告书》。

三、深圳能源绿色债券基本信息与项目认定

深圳能源专注于绿色低碳项目，集聚转型发展新动能。深圳能源多次采用绿色债券的方式募集资金，本案例主要介绍2019年深圳能源两次募集绿色债券，“2019年第一期深圳能源集团股份有限公司绿色债券”，又名“19深圳能源绿色债01”，简称“19深能G1”。“2019年第二期深圳能源集团股份有限公司绿色债券”，又名“19深圳能源绿色债02”，简称“19深能G2”。募集资金总额达到28亿元。

（一）深圳能源两次绿色债券融资基本信息

2019年深圳能源发行的绿色债券是我国首单面向境内外投资者发行的企业债，开企业债“债券通”之先河。2019年两次绿色债券融资金额分别是16.5亿元和11.5亿元。

（二）深圳能源两次绿色债券融资的项目认定

2015年我国发布《绿色债券发行指引》，鼓励企业积极发挥企业债券融资对促进绿色发展、推动节能减排、解决突出环境问题等方面的作用，引导社会投入，助力经济结构调整和发展方式转变。深圳能源2019年度首次发行的绿色债券，将主要用于桂林市山口垃圾焚烧发电项目，潮州市城区环境友好型电站项目，并将用于补充流动资金。2019年第二期绿色债券募集资金主要用于妈湾城市能源生态园、扎鲁特旗保安风电场300兆瓦工程以及太仆寺旗2×25兆瓦背压机组项目。

四、深圳能源绿色债券融资动因

（一）降低环境制约程度

1.提升污染防治技术

深圳能源本身所处的电力行业属于高污染、高排放企业，也会受到环境规制的制约，导致企业生产成本提高，同时逼迫企业不断提高治理污染技术、垃圾焚烧发电技术等。为了减少或避免因违反环保法律法规而造成的罚款，深圳能源采用绿色债券融资，将资金用于技术升级，技术升级后，可以尽可能减少污染物的排放，也可以持续推动企业的绿色转型进程。

2.享受税收政策

深圳能源为了降低环境制约程度，提升技术水平，享受税收优惠政策，选择了绿色债券融资，绿色债券融资一方面为企业的绿色项目、绿色技术的研发提供资金保障，另一方面，绿色债券融资能使企业持续享受税收优惠，最终降低企业的生产成本，促进企业的可持续发展。

（二）促进企业绿色低碳转型

在国家绿色债券政策的鼓励下，深圳能源坚持走高质量发展之路，践行“绿色低碳转型发展”理念，不断拓展产业的深度和宽度。深圳能源作为电力行业企业，以火力发电为主，在企业生产运营中，主要会产生氮氧化物、二氧化硫、烟尘污染物，能源的清洁利用就显得至关重要。

2021年深圳能源的各项排放指标优良，污染物监测合格率100%。公司着力加大对节能减排技术改造和技术创新的投入，积极开拓可再生能源，全力发展以垃圾焚烧处理为核心的环保产业，大力建设资源节约型和环境友好型企业，不断推动绿色发展取得新成效。深圳能源的发展理念和战略目标与绿色债券的发行初衷相吻合。

（三）弥补绿色项目资金缺口

2019年深圳能源在建的绿色项目大幅度增加，从2018年的67.05亿元增加至2019年的123.91亿元，在建绿色项目的增加使得企业产生了很大的资金需求。就深圳能源重点的绿色项目而言，2019年需要投入的资金为139.35亿元，这些项目的资金来源主要是企业自筹和外借，主要包括长期借款和应付债券。

绿色债券募集资金只能流向绿色项目，为绿色项目的发展提供了稳定的资金支持。深圳能源在采用绿色债券融资之前一直以银行存款和短期融资券为主要资金募集方式，很容易出现短债长投的问题。而深圳能源发行的绿色债券期限比较长，以2019年绿色债券为例，均为10年期债券，而且资金规模高达28亿元，缓解了绿色项目的资金短缺情况，而且各个绿色项目的运营期较长，完工运营后所带来的经济收益足以覆盖绿色债券的本金和利息。绿色债券融资后可以适度缓解资金压力，弥补了绿色项目的资金缺口。如果没有选择绿色债券融资，而选择银行贷款来弥补资金缺口，则很可能由于银行贷款审批手续烦琐，导致资金不能及时到位，影响项目进度，因此选择绿色债券融资是明智的。

问题思考：

1.深圳能源发行绿色债券有哪些优势？

2.深圳能源发行绿色债券经过哪些程序？

3.深圳能源发行绿色债券的动因有哪些？

4.深圳能源发行绿色债券可能产生的财务影响有哪些？

立德树人

设立北交所补中小企业直接融资短板

完善多层次资本市场，更好地服务实体经济，一直是近年来国家经济工作的重点方向之一，备受关注的北京证券交易所（简称“北交所”）正是基于此设立的。支持中小企业创新发展，打造服务创新型中小企业主阵地是北交所的定位。众所周知，中小企业对中国经济作用很大，统计数据显示，中小企业占我国市场主体的90%，贡献了80%的新增就业机会和70%的创新成果。北交所将一方面与沪深交易所、区域性股权市场坚持错位发展与互联互通，发挥好转板上市功能；一方面与新三板现有创新层、基础层坚持统筹协调与制度联动，维护市场结构平衡。可以肯定的是，北交所不单单能服务好上市交易的创新型中小企业，也将激活整个资本市场对中小企业的服务能力，既让水更大，又让水更活。

国家始终高度重视中小企业的发展，始终致力于建好制度以缓解中小企业融资难、融资贵问题。北交所的设立，既弥补了中小企业提供直接融资渠道不足的短板，又进一步完善了我国多层次资本市场建设，标志着资本市场高质量发展迈入新阶段。

（资料来源：佚名.设立北交所补中小企业直接融资短板［N］. 第一财经日报，2021-09-06.）

第5章
资本成本与资本结构

导读

莫迪格莱尼被授予诺贝尔经济学奖后，芝加哥当地电视台的记者采访了他的合作伙伴米勒，希望他用10秒钟的时间简要地解释他们的资本结构理论。用10秒钟解释一生的成果？米勒感到很沮丧。当他多次努力解释后，“记者们再次私下交谈后，关了灯，折叠起设备，感谢我为他们抽出时间，说还会再来找我”。米勒顿时感到“已失去了一个开始新职业的机会，即在合适的10秒钟内向观众介绍一揽子经济知识这个新的职业。某些人有此天赋，而某些人则没有”。他是这样解释的：比如，一位农场主有一只盛着全脂奶的大桶，农场主有两种选择——卖出全脂奶，或者从全脂奶中分离出奶油，以高价卖出奶油，以低价卖出脱脂奶。因此，如果不存在分离成本，奶油加脱脂奶的价格与全脂奶相同，无论农场主作何种选择，其收入都是相同的。他以此说明其资本结构理论的结论：资本结构与企业价值无关。①

学习目标

了解资本成本的概念、作用和计算，杠杆原理，资本结构理论和资本结构决策理论。通过本章学习，领会资本成本原理、杠杆原理和资本结构原理，掌握资本成本的计算、财务风险和经营风险的度量以及最优资本结构的确定。形成风险意识，提升运用负债杠杆提升企业价值，同时有效管理债务风险的能力。深入理解资本结构对企业价值产生的双重效应，认识到唯有在平衡与协调中寻求和谐，方能确保企业长远发展之道。

◎ 5.1 资本成本

5.1.1 资本成本的概念与作用

1.资本成本的概念

资本成本，又称资金成本，是指企业为筹集和使用资金所付出的代价。资本成本包括筹资费用和用资费用两部分。筹资费用是指企业在筹集资本活动中为获得资本而付出的费用，如发行债券、股票支付的费用以及借款的手续费等。用资费用是指企业因使用资本而

① 罗斯．公司理财［M］．吴世农，沈艺峰，等，译．5版．北京：机械工业出版社，2000：297.

承付的费用，主要指利息、股利等。从投资者的角度看，资本成本是投资者进行投资所要求的必要报酬或最低报酬。企业资本成本的高低主要取决于总体经济环境、证券市场条件、企业内部的经营和筹资状况、项目筹资规模等因素。

资本成本作为企业的一种成本，具有一般商品成本的基本属性，又有不同于一般商品成本的某些特性。二者的主要区别在于商品成本是企业生产经营中的资金耗费，且带有垫支性质，故直接从销售收入中补偿；而资本成本不属于生产经营中的资金耗费，且不具垫支性质，不构成商品成本，其本质属于利润分配的范畴。

资本成本与资金时间价值有联系，但是也有区别。资金时间价值是资本成本的基础，而资本成本既包括资金时间价值，又包括投资的风险价值和通货膨胀率等，资本成本与资金时间价值在数量上是不等的。

小资料5-1　　加速绿色转型，资本成本是关键

资本成本可以反映金融市场感知风险的程度，是金融体系与实体经济之间的关键传导机制，影响着金融机构和企业的投资决策。全球范围内，推动绿色转型提速的关键在于如何进一步降低绿色能源和技术的资本成本。资本成本是决定可再生能源平均度电成本的重要因素，这在不同国家和技术路径之间存在实质性差异。以太阳能为例，成熟市场资本成本更低，这意味着可再生能源融资可以为可再生能源发电能力部署提供保证。在中国、北美和西欧等太阳能发展较成熟的市场，可再生能源发电能力与资本成本之间保持良性平衡。公用事业规模太阳能发电的区域融资成本加权平均值在中国为3.9%，其他亚太国家为6.1%、西欧为4%、东欧为7.7%、中东为8.7%、拉美为6.6%、北美为5.4%。

因此，加强对资本成本构成以及相关数据评估，对于根据不同技术和国家风险而量身定制的政策机制和市场设计至关重要。如果评估不准确，随着时间推移，在不同国家和地区以及不同技术之间，绿色电力成本也将面临严重扭曲，甚至还将误导相关政策和机制条款的制定和落实。

（资料来源：王林．加速绿色转型，资本成本是关键［N］．中国能源报，2023-05-29.）

2.资本成本的构成

企业筹集和使用任何资金，不论是短期的还是长期的，都要付出代价。对于仅仅用于满足企业经营周期性或季节性变化而筹措的短期负债，由于这些短期负债不稳定，故其资本成本一般忽略不计（短期负债成本通常与营运资本的管理相联系）。因此，资本成本通常是指筹集和使用长期资本的成本，与资本成本密切相关的资本构成要素是：长期借款、债券、优先股、普通股和留存收益等。

资本成本有3种：（1）个别资本成本，是指企业各种长期资本的成本。例如，股权资本成本、债券资本成本、长期借款资本成本。企业在比较各种筹资方式时，需要使用个别资本成本。（2）加权平均资本成本，是指企业全部长期资本的成本，企业在与其他企业的资本成本进行比较或进行长期资本结构决策时，可以采用加权平均资本成本。（3）边际资本成本，是指企业追加长期资本的成本，企业在追加筹资方案的选择中，需要运用边际资本成本。

3.资本成本的计算模式

资本成本的表示方法有绝对数和相对数两种，一般用相对数，要求计算预测数或估计数。如果对计算结果的精确度要求较高，就需要考虑资金时间价值，那么资本成本是使各年支付的报酬和本金的总现值恰好等于企业实际可用资金的折现率。用公式表示为：

$$P_0(1-f)=\frac{CF_1}{(1+K)}+\frac{CF_2}{(1+K)^2}+\cdots+\frac{CF_n}{(1+K)^n} \text{或} P_0(1-f)=\sum_{t=1}^{n}\frac{CF_t}{(1+K)^t}$$

式中：P_0——筹资总额；

f——筹资费用率，即筹资费用与筹资总额的比率；

CF_n——第 n 期支付的资金使用费；

K——资本成本。

上式中，筹资费用是筹资总额的扣减项，主要原因是筹资费用在筹资时，已作为一次性费用发生，不属于资金使用期内的预计持续付现项目。实际上，在资金使用过程中，可被企业利用的也是筹资净额而不是筹资总额，按照配比原则，只有筹资净额能与用资费用配比。

以上公式计算过程比较复杂。若不考虑资金时间价值，资本成本可近似地用资本的用资费用占筹资净额的比率表示。这种方法较为简单，但计算结果不太精确。其计算公式是：

$$K=\frac{D}{P_0-F}\times100\% \text{或} K=\frac{D}{P_0(1-f)}\times100\%$$

式中：D——资金使用费；

F——筹资费用。

4.资本成本的作用

（1）资本成本是拟定筹资方案的依据

企业资金可通过各种渠道，采用不同的筹资方式取得。各种筹资方式因其资金提供者面临的风险不同而有不同的资本成本，最佳筹资方案是使加权平均资本成本最低的各种筹资方式的最优组合。

（2）资本成本是评价投资方案的经济标准

国际上通常将资本成本视为一个投资项目必须获得的最低报酬率，视为是否采纳一个投资项目的取舍率，作为比较选择投资方案的一个经济标准。在企业投资评价分析中，可以将资本成本作为折现率，用于测算各个投资方案的净现值和现值指数，以比较选择投资方案，进行投资决策。

（3）资本成本是企业评价效绩的依据

企业的整个经营效绩可以用企业全部投资的利润率来衡量，并可与企业全部资本的成本相比较，如果利润率高于成本，可以认为企业经营有利；反之，如果利润率低于成本，则可认为企业经营不利，业绩不佳，需要改善经营管理，提高企业全部资本的利润率和降低成本。

5.1.2 个别资本成本

企业资金来源从性质上看可分为债务资本和股权资本两类，它们的资本成本在计算上也存在一定区别。因此，个别资本成本的计算也可分为债务资本成本和股权资本成本两类。

1.债务资本成本

(1) 债券资本成本

发行公司债券是企业长期负债筹资的主要方式，它具有利息率固定、利息抵税和到期还本的特点。债券的发行费用一般较高，主要包括申请费、注册费、印刷费和上市费等，因此计算其成本时不能忽略不计。债券的发行价格有等价、溢价和折价等情况，与债券面值可能存在差异，计算其成本时要按预计的发行价格确定其筹资总额。

在考虑资金时间价值时，公司债券资本成本的计算公式可表示为：

$$B_0(1-f)=\sum_{t=1}^{n}\frac{B_t+I_t(1-T)}{(1+K_b)^t}$$

式中：B_0——债券筹资额，按发行价格计算；

f——筹资费用率；

B_t——第t期偿付的债券本金；

I_t——第t期所付的利息；

T——所得税税率；

K_b——债券资本成本。

在不考虑货币时间价值时，按照一次还本、分期付息的方式，债券资本成本的计算公式为：

$$K_b=\frac{I_b(1-T)}{B_0(1-f)}$$

如果债券等价发行，则上式可以简化为：

$$K_b=\frac{i_b(1-T)}{1-f}$$

式中：i_b为债券的票面利率。

【例5-1】某公司发行面值1 000元的10年期债券，票面利率为12%，发行费用率为4%（按发行价格计算），所得税税率为25%，每年年末付息一次，到期一次还本。计算该公司债券的资本成本。

①若发行价格为1 000元（按面值发行），则有：

$$B_0(1-f)=1\,000\times(1-4\%)=\sum_{t=1}^{10}\frac{1\,000\times12\%\times(1-25\%)}{(1+K_b)^t}+\frac{1\,000}{(1+K_b)^{10}}$$

$$=1\,000\times12\%\times(1-25\%)\times(P/A,K_b,10)+1\,000\times(P/F,K_b,10)$$

$$=960\text{（元）}$$

利用试算法（或逐次测试法），求解债券资本成本：

当K_b=9%时，有：

$$1\,000\times12\%\times(1-25\%)\times(P/A,9\%,10)+1\,000\times(P/F,9\%,10)=999.99$$

当K_b=10%时，有：

$$1\,000\times12\%\times(1-25\%)\times(P/A,10\%,10)+1\,000\times(P/F,10\%,10)=938.51$$

显然，所求的K_b在9%和10%之间，运用插值法，则有：

$$\frac{999.99-960}{9\%-K_b}=\frac{999.99-938.51}{9\%-10\%}$$

可解得债券资本成本K_b为9.65%。

②若发行价格为950元（折价发行），其他条件不变，则有：

$$B_0(1-f)=950\times(1-4\%)=\sum_{t=1}^{10}\frac{1\,000\times12\%\times(1-25\%)}{(1+K_b)^t}+\frac{1\,000}{(1+K_b)^{10}}$$

$$=1\,000\times12\%\times(1-25\%)\times(P/A, K_b, 10)+1\,000\times(P/F, K_b, 10)$$

$$=912\text{（元）}$$

同理，利用试算法和插值法，可解得债券资本成本K_b为10.47%。

③若发行价格为1 050元（溢价发行），其他条件不变，则有：

$$B_0(1-f)=1\,050\times(1-4\%)=\sum_{t=1}^{10}\frac{1\,000\times12\%\times(1-25\%)}{(1+K_b)^t}+\frac{1\,000}{(1+K_b)^{10}}$$

$$=1\,000\times12\%\times(1-25\%)\times(P/A, K_b, 10)+1\,000\times(P/F, K_b, 10)$$

$$=1\,008\text{（元）}$$

同理，利用试算法和插值法，可解得债券资本成本K_b为8.88%。

若不考虑货币时间价值，以上例计算公司债券资本成本的近似值为：

①$K_b=\dfrac{1\,000\times12\%\times(1-25\%)}{1\,000\times(1-4\%)}=9.38\%$ 或 $K_b=\dfrac{12\%\times(1-25\%)}{(1-4\%)}=9.38\%$

②$K_b=\dfrac{1\,000\times12\%\times(1-25\%)}{950\times(1-4\%)}=9.87\%$

③$K_b=\dfrac{1\,000\times12\%\times(1-25\%)}{1\,050\times(1-4\%)}=8.93\%$

可见，与上述计算结果有误差，故称为近似值。因为上述简化公式是假设$n\to\infty$推导而来的，故债券的期限越长，计算误差越小。

若所发行的债券到期一次性还本付息且按单利计息，则上述债券资本成本的一般公式可简化为：

$$B_0(1-f)=\frac{I\times n\times(1-T)+B_n}{(1+K_b)^n}$$

若上例中债券到期一次性还本付息且按单利计息，将债券按面值发行时的有关数据代入，则有：

$$1\,000\times(1-4\%)=\frac{1\,000\times12\%\times10\times(1-25\%)+1\,000}{(1+K_b)^{10}}$$

利用试算法，可解得债券资本成本K_b为7.07%。

可见，到期一次付息债券的资本成本大大低于每年付息一次债券的资本成本，其原因是其利息的现值较低。

（2）长期借款资本成本

长期借款与公司债券同属于长期负债，其资本成本计算所考虑的因素与公司债券基本相同，但无折价、溢价问题。若有补偿性余额，必须将其与借款手续费一同从筹资总额中扣除。当长期借款的筹资费很少时，也可以忽略不计。一次还本、分期付息的长期借款资本成本的计算公式为：

$$L_0(1-f)=\sum_{t=1}^{n}\frac{I_t(1-T)}{(1+K_L)^t}+\frac{L_0}{(1+K_L)^n}$$

式中：L_0——长期借款筹资额（借款本金）；

f——长期借款筹资费用（主要是手续费）率；

I_t——长期借款第t期利息额；

T——所得税税率；

K_L——长期借款资本成本。

【例5-2】某公司欲从银行取得一笔期限10年的长期借款1 000万元，手续费率为3%，年利率为12%，每年结息一次，到期一次还本，所得税税率为25%。该项长期借款的资本成本为：

$$L_0（1-f）=1\,000\times（1-3\%）=\sum_{t=1}^{10}\frac{1\,000\times 12\%\times(1-25\%)}{(1+K_L)^t}+\frac{1\,000}{(1+K_L)^{10}}$$

$$=1\,000\times12\%\times（1-25\%）\times（P/A，K_L，10）+1\,000\times（P/F，K_L，10）$$

$$=970（万元）$$

利用试算法，可解得长期借款资本成本K_L为9.48%。

同样，长期借款的资本成本也可用简化公式算出，即：

$$K_L=\frac{I\times(1-T)}{1-f}$$

将例中数据代入，则：

$$K_L=\frac{12\%\times(1-25\%)}{1-3\%}=9.28\%$$

2.股权资本成本

股权资本成本包括普通股资本成本、优先股资本成本和留存收益资本成本，它是最难以测量的成本。根据所得税法的规定，企业需以税后利润向股东分派股利，故没有抵税利益，所以其成本计算有别于债务资本成本。

（1）普通股资本成本

按照筹资者的资本成本实质上就是投资者的必要报酬率的思路，普通股的资本成本就是普通股投资者的必要报酬率。其计算方法一般有3种：股利折现模型、资本资产定价模型和风险溢价法。

①股利折现模型

普通股资本成本的基本计算公式是：

$$P_0（1-f）=\sum_{t=1}^{\infty}\frac{D_t}{(1+K_s)^t}$$

式中：P_0——普通股筹资额，即发行价格；

D_t——普通股第t年的股利；

K_s——普通股投资必要报酬率，即普通股资本成本。

如果公司各年股利固定不变，即每年分派现金股利D元，由于普通股没有到期期限，此时，普通股股价为永续年金的现值，即：

$$P_0(1-f)=\frac{D}{K_s}$$

则：$K_s=\dfrac{D}{P_0(1-f)}$

在财务管理实务中，股利不可能保持不变，有的公司根本不发放股利，或者至少在一定时期内不发放股利。对于这些公司，不仅要预测公司股利支付额，还要预测公司发放股利的时间。

如果企业各年股利按照固定比例增长，即第0年股利为D_0，第1年股利为D_1，股利年

增长率为 g，即 $D_1=D_0(1+g)$，则：

$$P_0(1-f)=\frac{D_0(1+g)}{(1+K_s)}+\frac{D_0(1+g)^2}{(1+K_s)^2}+\frac{D_0(1+g)^3}{(1+K_s)^3}+\cdots$$

采用极限求值方法，上式可简化为：

$$P_0(1-f)=\frac{D_0(1+g)}{K_s-g}=\frac{D_1}{K_s-g}$$

假设上式中 g 和 K_s 是常数（且 $K_s>g$），则普通股资本成本可按下式（即股利增长模型）计算：

$$K_s=\frac{D_1}{P_0(1-f)}+g$$

【例 5-3】某公司最近 1 年发放股利 1 元/股，预计股利每年按 6% 递增，当前公司普通股市价为 10 元/股，发行费用率为 4%，则：

$$K_s=\frac{D_0(1+g)}{P_0(1-f)}+g=\frac{1\times(1+6\%)}{10\times(1-4\%)}+6\%=17.04\%$$

②资本资产定价模型

普通股资本成本在数值上与股东要求的报酬率相等。因此，普通股资本成本也可以不通过估计企业的未来股利进行计算，而直接通过估计公司普通股的预期报酬率来计算，即利用资本资产定价模型（CAPM）来估计。资本资产定价模型的含义可以简单地描述为，普通股投资的必要报酬率等于无风险报酬率加上风险报酬率，用公式表示如下：

$$K_s=R_f+\beta(R_m-R_f)$$

式中：R_f——无风险报酬率，通常以短期国库券的利息率表示；

β——某种股票的 β 系数，是用来衡量股票风险程度大小的指标（新兰德公司定期公布我国沪深两市各种股票的 β 系数，以供投资者决策使用）；

R_m——市场报酬率。

【例 5-4】某公司普通股的 β 系数为 1.5，政府发行的国库券利率为 5%，市场平均报酬率为 14%，则该普通股资本成本为：

$$K_s=5\%+1.5\times(14\%-5\%)=18.5\%$$

③风险溢价法

根据“风险与收益相匹配”的原理，股东普通股投资的风险高于债券，因而会在债券投资者要求的报酬率上再要求一定的风险溢价，则普通股资本成本的计算公式为：

$$K_s=K_d+R_P$$

式中：K_d——债务资本成本；

R_P——股东因比债券持有人承担更大的风险而要求的风险溢价。

风险溢价是凭经验和股票市场的历史表现以及无风险利率的变动估计出来的。在西方，风险溢价一般在 4%~6% 之间。

这一方法的优点是不必使用 β 系数和进行股利折现运算，但是计算结果比较粗糙。

【例 5-5】某公司已发行的债券的投资报酬率为 11%，股票风险溢价为 4%，采用风险溢价法，则该公司的股权资本成本大致为：

$$K_s=11\%+4\%=15\%$$

（2）优先股资本成本

优先股的股利通常是固定的，为企业发行优先股需支付的发行费用，因此，优先股资本成本的计算与各年股利固定不变的普通股资本成本的计算完全相同。其计算公式为：

$$K_p=\frac{D_P}{P_0(1-f)}$$

式中：K_p——优先股资本成本；

D_p——优先股年股利；

P_0——优先股的发行价格。

【例5-6】某公司准备发行一批优先股，每股发行价格为6元，发行费用为0.4元/股，预计年股利为0.6元/股。其资本成本的计算如下：

$$K_p=\frac{0.6}{6-0.4}=10.71\%$$

（3）留存收益资本成本

企业的留存收益是由企业税后利润形成的，其所有权属于股东。表面上，企业使用留存收益并没有花费代价，只是把钱“从左手转移到右手”而已。实际上，股东愿意将其留用于企业，而不作为股利取出投资于别处。因此，留存收益也是一种筹资行为，也有资本成本，只不过是一种机会资本成本，即总是要求获得与普通股等价的报酬。留存收益资本成本的计算方法与普通股相同，只是无须考虑筹资费用。

【例5-7】某公司普通股市价为10元/股，发行费用率为4%，最近1年发放股利为1元/股，股利预计每年按6%递增，则留存收益的资本成本为：

$$K_e=\frac{D_0(1+g)}{P_0}+g=\frac{1\times(1+6\%)}{10}+6\%=16.6\%$$

5.1.3 加权平均资本成本

企业往往通过多种方式筹集资金，为此，筹资决策就要确定全部长期资本的加权平均资本成本。加权平均资本成本（又称综合资本成本，简称WACC），一般是以各种资本占全部资本的比例为权重，对个别资本成本进行加权平均确定的。其计算公式为：

$$K_w=\sum_{j=1}^{n}K_jW_j$$

式中：K_w——加权平均资本成本；

K_j——第j种长期资本的资本成本；

W_j——第j种长期资本占全部长期资本的比重。

【例5-8】某小企业某年账面反映的长期资本共500万元，其中长期借款150万元、普通股250万元、留存收益100万元，其资本成本分别为7.5%、11.26%和11%。则该企业的加权平均资本成本为：

$$K_w=7.5\%\times\frac{150}{500}+11.26\%\times\frac{250}{500}+11\%\times\frac{100}{500}=10.08\%$$

账面价值与公司已存在的资本相关，或与历史筹资成本相关。以账面价值为权重，容易从资产负债表中取得数据，计算结果相对稳定；但若债券和股票的市场价值已脱离账面价值，计算的资本成本与实际就会有较大的差距，从而导致筹资决策失误。为了克服这一缺陷，个别资本占全部资本比重的确定还可以按市场价值或目标价值确定，分别称为市场价值权数和目标价值权数。

小资料 5-2

在评估或投资一个项目时，资本成本应该是多少？回答这个问题非常重要，资本成本不仅作为资本预算的决策基准，而且是使用现金流折现模型时所使用的贴现率。它由债务成本和权益成本两个部分加权平均计算，由于前者相对直观，因此，如果能够估计出权益成本，则项目的资本成本就可以计算得出。而关于权益成本的计算，国际上已经有了整套较为完整的解决方案，但是国内并没有系统的参数体系。

2015年10月，注册估值分析师（CVA）协会联合西南财经大学投资估值研究中心、Wind资讯与经管之家等主办方在上海Wind资讯总部首次发布了《中国企业资本成本参数》。针对中国资本市场的特殊性，提出了符合中国国情的市场权益风险溢价和规模溢价的参考指标。这一公布具有重要的理论和现实意义，既有利于我们加深对中国资本市场的理解，也为投资估值的实践提供了参数基准。

（资料来源：注册估值分析师协会. 中国企业资本成本参数（2021版）.［EB/OL］.（2022-01-02）. https: //cncva.cn/cms/news/details/id/41.html.）

5.1.4 边际资本成本

随着企业规模的扩大，企业需要追加筹资，然而企业按照原来的WACC或者接近它的资本成本是不可能无限度获得资金的。当其筹集的资金超过一定限度时，原来的资本成本就会增加。边际资本成本（marginal cost of capital，MCC）就是指资金每增加一个单位而增加的成本，是追加筹资时所使用的加权平均资本成本。

【例5-9】某公司目前的资本结构较为理想，拥有长期资金400万元，其中长期借款60万元，资本成本为3%；长期债券100万元，资本成本为10%；普通股240万元，资本成本为13%。加权平均资本成本为10.75%。公司根据经营需要，计划追加筹资，并以原来的资本结构为目标资本结构。根据对金融市场的分析，得出筹资规模与资本成本预测表，见表5-1。

表5-1 **筹资规模与资本成本预测表**

资本种类	目标资本结构	新筹资额（元）	个别资本成本
长期借款	15%	45 000以内 45 000~90 000 90 000以上	3% 5% 7%
长期债券	25%	200 000以内 200 000~400 000 400 000以上	10% 11% 12%
普通股	60%	300 000以内 300 000~600 000 600 000以上	13% 14% 15%

1.计算筹资总额分界点

因为一定的资本成本只能筹集到一定限度的资金，超过这一限度多筹集资金就要花费更高的成本，引起原有资本成本的变化，于是就把在保持某一资本成本的条件下可以筹集到的资金总限额称为现有资本结构下的筹资总额分界点。在筹资总额分界点范围内筹资，原来的资本成本不会改变；一旦筹资额超过筹资总额分界点，即使维持现有的资本结构，其资本成本也会增加。筹资总额分界点的计算公式为：

$$筹资总额分界点=\frac{可用某特定资本成本筹集到的某种资金额}{该种资金在资本结构中所占比重}$$

在花费3%的资本成本时，取得的长期借款筹资限额为45 000元（此限额又可称为个别资本新筹资额临界点），由于长期借款占全部资本的15%，所以其筹资总额分界点便为300 000元（45 000÷15%），反过来说，只要筹资总额不超过300 000元，长期借款新筹资额不会超过45 000元，则其资本成本就能保持在3%的水平上。而在花费5%的资本成本时，取得的长期借款筹资限额为90 000元，其筹资总额分界点则为600 000元（90 000÷15%）。同理，一个临界点即可计算获得一个筹资总额分界点，各种情况下的筹资总额分界点的计算结果见表5-2。

表5-2 **筹资总额分界点计算表**

资本种类	目标资本结构	新筹资额（元）	筹资总额分界点（元）	个别资本成本
长期借款	15%	45 000以内 45 000~90 000 90 000以上	300 000 600 000	3% 5% 7%
长期债券	25%	200 000以内 200 000~400 000 400 000以上	800 000 1 600 000	10% 11% 12%
普通股	60%	300 000以内 300 000~600 000 600 000以上	500 000 1 000 000	13% 14% 15%

表5-2显示了特定种类资本成本变动的分界点。例如，长期借款在45 000元以内时，其资本成本为3%，而在该企业的资本结构中，长期借款的比例为15%。这表明当长期借款资本成本由3%上升到5%之前，企业总共可筹资300 000元；当筹资总额大于300 000元小于600 000元时，长期借款资本成本就要上升到5%。

2.计算边际资本成本

根据上面计算得出的筹资总额分界点，可以得到7组筹资总额范围：300 000元以内；300 000~500 000元；500 000~600 000元；600 000~800 000元；800 000~1 000 000元；1 000 000~1 600 000元；1 600 000元以上。对以上7组筹资总额范围分别计算加权平均资本成本，即可得到各种筹资总额范围的边际资本成本，计算结果见表5-3。

由表5-3可见，边际资本成本随着筹资总额的增加而增加。用图形表达，可以更形象地看出边际资本成本的变化（如图5-1所示），企业可依此进行追加筹资的规划。

表 5-3 边际资本成本计算表

筹资范围（元）	筹资方式	个别资本成本 K_j	资本结构 W_j	边际资本成本 $\sum K_j W_j$
300 000 以内	长期借款 长期债券 普通股	3% 10% 13%	15% 25% 60%	10.75%
300 000~500 000	长期借款 长期债券 普通股	5% 10% 13%	15% 25% 60%	11.05%
500 000~600 000	长期借款 长期债券 普通股	5% 10% 14%	15% 25% 60%	11.65%
600 000~800 000	长期借款 长期债券 普通股	7% 10% 14%	15% 25% 60%	11.95%
800 000~1 000 000	长期借款 长期债券 普通股	7% 11% 14%	15% 25% 60%	12.20%
1 000 000~1 600 000	长期借款 长期债券 普通股	7% 11% 15%	15% 25% 60%	12.80%
1 600 000 以上	长期借款 长期债券 普通股	7% 12% 15%	15% 25% 60%	13.05%

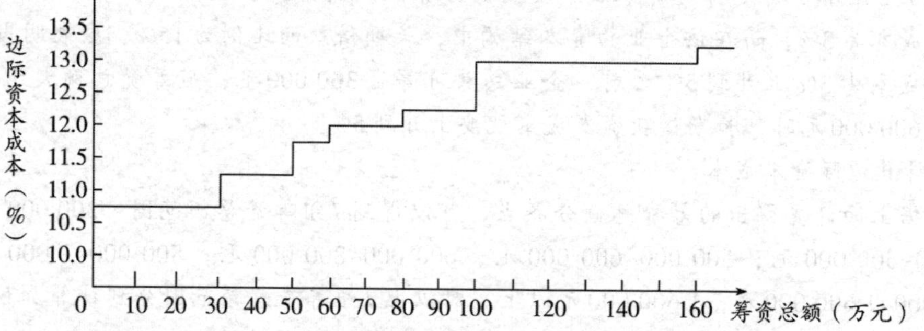

图 5-1 边际资本成本的变化

◎ 5.2 杠杆原理

财务经理必须充分利用杠杆原理，提高理财能力，规避经营风险和财务风险。在财务管理中，杠杆效应是由于存在固定费用（包括固定的经营费用和固定的财务费用），当业务量发生较小变化时，导致息税前利润或每股收益产生较大幅度变化的经济现象。根据固定费用的不同，企业的杠杆效应可分为经营杠杆和财务杠杆。

5.2.1　经营风险与经营杠杆

1.经营风险

经营风险是指由于商品经营上的原因给公司的收益（指息税前利润，*EBIT*）带来的不确定性。经营风险可以用经营杠杆系数来衡量。经营风险是决定资本结构的重要因素。经营风险的大小因具体行业、具体企业以及具体时期的不同而有所不同。影响企业经营风险的因素主要有：

（1）产品需求

市场对企业产品的需求越稳定，经营风险就越小；反之，经营风险就越大。

（2）销售价格

产品售价越稳定，则EBIT越稳定，经营风险就越小；反之，经营风险就越大。

（3）成本水平

产品成本是收入的抵减项，成本不稳定，会导致利润不稳定，因此产品成本变动大，经营风险就大；反之，经营风险就小。

（4）调整价格的能力

当产品成本变动时，若企业具有较强的价格调整能力，经营风险就小；反之，经营风险就大。

（5）开发新产品的能力

高新技术企业，如制药和计算机行业，需要不断地开发新产品，它们的产品过时得越快，企业的经营风险越大。

（6）固定成本

固定成本是指随着时间流逝而发生的成本，其总额在一定时期内与产品产销量无关。固定成本的性质使得当产品销售量发生变动时，EBIT以更大的幅度变动，从而使经营风险增加。企业的固定成本占总成本的比重越高，可能出现的经营风险越大。

2.经营杠杆

经营杠杆（operating leverage）就是由于固定成本的存在而导致的息税前利润的变动率大于销售量的变动率的经济现象。在企业一定的经营规模内，变动成本随着营业总额的增加而增加，固定成本则不因产销量的增加而增加，而是保持固定不变，所以，随着产销量的增加，单位产销量所负担的固定成本会相对减少，从而给企业带来额外的利润，这称为经营杠杆利益。当然，经营杠杆是一把双刃剑，当产销量下降时，息税前利润也会下降得更快，从而给企业带来经营杠杆损失。

经营杠杆作用的大小可用经营杠杆系数（*DOL*）来衡量。经营杠杆系数，又称经营杠杆率，是指息税前利润变动率相当于产销业务量变动率的倍数。一般而言，经营杠杆系数越大，经营风险越大。经营杠杆系数的计算公式为：

$$DOL=\frac{\Delta EBIT \div EBIT}{\Delta Q \div Q}=\frac{\Delta EBIT \div EBIT}{\Delta S \div S}$$

式中：DOL——经营杠杆系数；

$EBIT$——变动前的息税前利润；

$\Delta EBIT$——息税前利润的变动额；

Q——变动前的销量；

ΔQ——销量的变动数；

S——变动前的销售收入；

ΔS——销售收入的变动额。

通过推导可将上述公式简化为（推导过程从略）：

$$DOL=\frac{Q(p-v)}{Q(p-v)-F}=\frac{S-VC}{S-VC-F}$$

式中：p——单价；

v——单位变动成本；

F——固定成本总额；

VC——变动成本总额。

经营杠杆系数为某一销售水平下的边际贡献总额与息税前利润的比率。

【例5-10】某公司的收入成本计算表见表5-4，试计算该公司20×6年的经营杠杆系数。

表5-4 **收入成本计算表** 金额单位：万元

项　目	20×5年	20×6年	变动额	变动率
销售额	10 000	12 000	2 000	20%
变动成本	6 000	7 200	1 200	20%
边际贡献	4 000	4 800	800	20%
固定成本	2 000	2 000	0	0
息税前利润	2 000	2 800	800	40%

根据表5-4的有关数据可求得该公司20×6年的经营杠杆系数为：

$$DOL=\frac{800\div 2\,000}{2\,000\div 10\,000}=\frac{40\%}{20\%}=2$$

或 $DOL=\frac{4\,000}{2\,000}=2$

同理，可按20×6年的资料预测出20×7年的经营杠杆系数为：

$$DOL=\frac{4\,800}{2\,800}\approx 1.71$$

该公司20×6年的DOL为2，说明当企业销售增长1倍时，息税前利润将增长2倍；反之，当企业销售下降20%时，息税前利润将下降40%。前一种情况表现为经营杠杆利益，后一种情况则表现为经营杠杆损失。20×7年的DOL下降至1.71，说明在单价、单位变动成本和固定成本不变的情况下，销售量上升，DOL下降，公司的经营风险将会降低。

5.2.2 财务风险与财务杠杆

1.财务风险

财务风险是由于企业决定通过债务筹资而给企业的普通股股东增加的风险，包括丧失偿债能力的可能性和每股收益的不确定性。企业增加固定成本筹资的比例时，固定的现金流出量就会增加，丧失偿债能力的可能性也会增加。财务风险的第二个方面涉及每股收益的相对离散程度。在公司经营中，股东面临一定的内在风险。由于公司的债权人除了获得固定的利息外，并不承担公司的经营风险，如果公司采用债务筹资，那么就会将经营风险集中到少部分股东身上。除债务资金固定利息和优先股股利外，财务风险还受资本规模变动、资本结构变动、债务利率变动和息税前利润变动的影响。财务风险一般用财务杠杆系数来衡量。

2.财务杠杆

财务杠杆（financial leverage）是指企业在筹资活动中对资本成本固定的债务资金和优先股的利用。债务利息和优先股股利通常不会随着企业息税前利润的变动而变动。当息税前利润增大时，每1元盈余所负担的固定财务费用就会相对减少，普通股的盈余会大幅度增加，给普通股股东带来财务杠杆利益；反之，当息税前利润减少时，每1元盈余所负担的固定财务费用就会相对增加，普通股的盈余会大幅度减少，造成财务杠杆损失。这种由于债务和优先股的存在而导致普通股股东权益变动大于息税前利润变动的杠杆效应，称为财务杠杆效应。

财务杠杆效应的大小用财务杠杆系数（*DFL*）来衡量。财务杠杆系数，又称财务杠杆率，是指普通股每股收益的变动率相当于息税前利润变动率的倍数。一般而言，财务杠杆系数越大，财务风险就越高。财务杠杆系数的计算公式为：

$$DFL=\frac{\Delta EPS \div EPS}{\Delta EBIT \div EBIT}$$

式中：*DFL*——财务杠杆系数；

EPS——变动前的普通股每股收益；

Δ*EPS*——普通股每股收益的变动额。

通过推导可将上述公式简化为（推导过程从略）：

$$DFL=\frac{EBIT}{EBIT-I-\dfrac{D_P}{1-T}}$$

式中：*I*——债务年利息额；

D_p——优先股股利；

T——所得税税率。

若无优先股，则财务杠杆系数为某一销售水平下的息税前利润与税前利润的比率。

【例5-11】 A、B公司资本总额均为10 000万元，息税前利润均为1 000万元，所得税税率均为25%。A公司的资本来源为：普通股10 000万元，面值为25元/股，共溢价发行100万股。B公司的资本来源为：普通股5 000万元，面值为25元/股，共发行50万股；长期债券5 000万元，按面值发行，年利率为8%。A、B公司每股收益计算见表5-5。

表5-5　　**每股收益计算表**　　金额单位：万元

项　目	A公司	B公司
息税前利润	1 000	1 000
利息	0	400
税前利润	1 000	600
所得税	250	150
税后净利润	750	450
每股收益（元/股）	7.5	9.0

根据表5-5，计算A、B公司的财务杠杆系数分别为：

$$DFL_A=\frac{1\ 000}{1\ 000-0}=1$$

$$DFL_B=\frac{1\ 000}{1\ 000-400}=1.67$$

计算结果表明，上例中B公司的*DFL*为1.67，表示当*EBIT*增长1倍时，*EPS*将增长1.67倍；反之，当*EBIT*下降10%时，*EPS*将下降16.7%。前一种情形表现为财务杠杆利益，后一种情形表现为财务杠杆损失。A公司的*DFL*为1，表示当企业没有债务资金，也没有发行优先股时，则其*DFL*为1，*EPS*将与*EBIT*同幅度变化。

同时，应用财务杠杆的B公司的*EPS*为9元/股，大于没有应用财务杠杆的A公司。这种财务杠杆的应用对企业每股收益产生的有利影响，称为正财务杠杆。这时，尽管企业增加了利息负担，并导致税后净利润下降，但由于在总资本相同的情况下，利用财务杠杆的企业的普通股所占比重比较小，所以其每股收益额仍较大。只要总资产报酬率大于债务资本成本，*EPS*必然上升，这时利用财务杠杆是有利的。当然，与此相反，财务杠杆的应用也有可能使企业每股收益下降，这种不利影响称为负财务杠杆。

【例5-12】假设【例5-11】中的其他条件不变，长期债券的年利率上升为12%。则A、B公司的每股收益计算见表5-6。

表5-6　　**每股收益计算表**　　金额单位：万元

项　目	A公司	B公司
息税前利润	1 000	1 000
利息	0	600
税前利润	1 000	400
所得税	250	100
税后净利润	750	300
每股收益（元/股）	7.5	6.0

由【例5-12】可见，只要总资产报酬率小于债务资本成本，每股收益必然下降，必然出现负财务杠杆。因此，当公司总资产报酬率大于债务资本成本时，企业应适当地利用负债性资金，发挥财务杠杆作用，这样可增加每股收益，使股票价格上涨，增加企业价值。

5.2.3　总风险与总杠杆

公司总风险，又称综合风险或复合风险，是指经营风险和财务风险之和。总风险分析通常用总杠杆来衡量。将经营杠杆和财务杠杆联合在一起，就是总杠杆（total leverage），又称为联合杠杆或复合杠杆。如前所述，由于存在固定的生产经营成本，产生经营杠杆效应，使息税前利润的变动率大于产销业务量的变动率；同样，由于存在固定财务费用（如债务利息、优先股股利），产生财务杠杆效应，使企业每股收益的变动率大于息税前利润的变动率。两种杠杆共同作用的结果是，销售额稍有变动就会使每股收益产生更大的变动。这种由于固定生产经营成本和固定财务费用的共同存在而导致的每股收益变动大于产销业务量变动的数量化衡量指标就是总杠杆系数（DTL）。总杠杆系数等于经营杠杆系数与财务杠杆系数之积。一般而言，总杠杆系数越大，总风险就越大。总杠杆系数的计算公式为：

$$DTL=DOL\times DFL=\frac{\Delta EPS \div EPS}{\Delta Q \div Q}$$

通过推导可将上述公式简化为（推导过程从略）：

$$DTL=\frac{Q(p-v)}{EBIT-I-\frac{D_P}{1-T}}$$

若无优先股，则总杠杆系数为某一销售水平下的边际贡献总额与税前利润的比率。

【例5-13】某公司销售额为100万元，变动成本率为50%，固定成本总额为30万元。总资本为100万元，其中负债40万元，利率为10%；优先股20万元，股利率为15%；普通股40万元，面值为10元/股。所得税税率25%，则：

$$DTL=\frac{100\times(1-50\%)}{100\times(1-50\%)-30-40\times10\%-\frac{20\times15\%}{1-25\%}}=4.17$$

总杠杆系数为4.17，表示当企业销售增长1倍时，EPS将增长4.17倍；反之，当企业销售下降10%倍时，EPS将下降41.7%。

一般而言，公司的总杠杆系数越大，每股收益随着销售量增长而扩张的能力就越强，但风险也随之加大。公司的风险越大，投资者要求的投资报酬率就越高。过多使用总杠杆的公司将不得不为此付出较高的固定成本，而固定成本反过来又在一定程度上抵消了普通股股东因公司杠杆作用发挥而获得的收益。

公司对财务风险的控制一般易于对经营风险的控制。公司可以通过财务政策的选择，在合理的范围内控制其财务风险。但企业所采用的经营杠杆水平有时候是由企业经营的物质需要确定的。例如，一家钢厂由于大量投资于厂房和设备，因而其拥有很大的包含折旧的固定营业成本，从而经营风险水平很高。

在实际工作中，经营杠杆和财务杠杆可以按多种方式联合，以得到一个理想的总杠杆系数和企业总风险水平。合适的企业总风险水平需要在企业总风险和期望报酬率之间进行权衡，这一权衡过程必须与企业价值最大化的财务管理目标相一致。

◎ 5.3 最优资本结构的确定

企业应根据生产经营和对外投资的需要，运用资本成本和杠杆分析工具，进行筹资决策，这是财务管理的一项重要任务。企业筹资决策的核心是资本结构决策，而资本结构决策的核心是确定最优的资本结构，适度发挥财务杠杆作用，提升企业价值。

5.3.1 资本结构的含义

资本结构的概念有广义和狭义之分。广义的资本结构，又称财务结构，是指企业全部资金的构成及其比例关系，其实质是企业资产负债表中右方所有项目之间的构成及其比例关系。通常所指的资本结构是指狭义的资本结构，即企业长期资本（包括长期负债与所有者权益）的构成及其比例关系，它表明一个企业长期性的筹资项目，可以长期、稳定使用的各种资本及其相互之间的比例关系状况，而将短期资金作为营运资金的一部分进行管理。

企业的资本结构可以用负债比率来反映，负债比率的高低对企业的资本成本、股票价格和企业总价值产生不同的影响。举债经营可以获得财务杠杆利益，产生节税作用，降低资本成本，为企业和股东创造更大的经济利益。但是，随着负债比例的逐步提高，债权人在提供贷款时会逐步提高利息率或提出额外要求，企业必然增加利息等固定费用的负担，资本成本随之上升，财务风险也不断加大。企业再举债有可能会因风险过大而被贷款方拒绝。由于财务杠杆的作用，在息税前利润下降时，每股收益下降得会更快，导致企业股票价格下降。因此，负债比率是确定最优资本结构的核心问题。

所谓最优资本结构是指企业在适度财务风险的条件下，使其预期的加权平均资本成本最低的同时使企业价值最大的资本结构。不同企业的最佳负债比率有所不同，但最优资本结构可以用统一的标准来衡量。一个企业最优资本结构的确定标准主要是：

（1）加权平均资本成本最低；

（2）普通股每股收益最高；

（3）财务风险适度；

（4）股票市价和企业总体价值最大。

5.3.2 影响资本结构决策的因素

1. 企业的商业风险

企业资本结构决策包含着两层含义，那就是企业盈利能力以及它的经营风险。如果销售收入和收益的增长率超过一定限度，当固定费用一定时，负债筹资对股票报酬有扩大效应。而同时，销售收入和收益增长率达到一定水平时，普通股股价也会上涨，这就为权益资本筹资创造了有利的条件。因此，在资本结构决策时需要管理者在权益和负债筹资之间进行权衡。企业销售收入及收益越稳定，其承受低风险负债的固定费用的能力就越强，其偿付能力要大于销售收入波动较大的企业或行业，可以适当提高其负债比率。

2. 企业的资产结构

企业资本结构的稳定性和安全性，取决于资产结构与资本结构的对称性，故企业已经存在或预计将要达到的资产结构是决定其资本结构的重要因素之一。一般说来，固定资产等非流动资产占较大比重的企业，其资本结构中应有较大份额的股权资本，而流动资产占较大比重的企业，则应有较多的债务资金来支撑。具体地说，技术密集型企业的资产中固定资产所占比重较高，总资产周转速度较慢，这些企业中必须有相当数量的股权资本作后盾。劳动密集型企业的流动资产所占比重很大，资产周转速度快，负债比率可以适当提高。

3. 企业的成长性

企业的增长速度是表明企业整体实力的重要标志，是资本结构决策的重要前提。企业的成长性一般可用销售增长率来度量。成长性好的企业，在固定成本既定的情况下，息税前利润会随销售的增长而更为快速地增长。因此，一般来说，企业成长性越强，预期利润增长越快，就越可以更多地利用负债。不过，企业成长过程的稳定性或波动性，也是影响企业资本结构的一个重要方面。企业成长过程的波动性越大，说明企业经营风险越大，预期利润就越不稳定。这样的企业就应对负债持更为慎重的态度。

4.企业的财务弹性

财务弹性是指在不利的经济条件下，在适当期限内提高企业资本比例的能力。企业在确定目标资本结构时，必须对资金潜在的未来需求以及资金短缺的后果作出正确的分析和判断。企业产生现金的能力强，未来现金流入、流出在数量上和时间上比较均衡，财务状况稳定，则债务还本付息时支付现金的压力就小，其举债筹资能力强，资本结构中债务资本的比例相应就可以较大。

5.企业经营者与所有者的态度

企业管理风格主要表现在对两个因素的态度上，一个是对公司控制权的态度，另一个是对风险的态度。因此，公司所有者和经营者的态度及管理风格对公司筹资的选择会产生直接的影响，从而也影响到公司资本结构决策。对于企业负债，只需到期还本付息，除非还不起债，企业与债权人达成协议，把债权转为股权；而发行股票，会稀释原来股东的权利，普通股管理者，总希望维持对企业的控制权，当企业以发行普通股的方式筹资时，由于新股东的加入，有可能改选董事，更换企业管理人员，从而影响其对企业的控制。

6.企业的信用等级与债权人的态度

企业能否以借债的方式筹资和能筹集到多少资金，还取决于企业的信用等级和债权人的态度。如果企业的信用等级不高，而且负债率已经较高，即使企业的管理层对本企业的前途充满信心，试图在超出企业偿债能力的条件下运用财务杠杆，债权人也将不愿意向企业提供信用，从而使企业无法达到它所希望的负债水平。

此外，企业规模、经营周期、理财能力、行业因素、政府税收、法律限制、利率水平、国别差异等，也是资本结构决策考虑的因素。

5.3.3 最优资本结构的确定

企业资本结构决策的核心是确定最优资本结构，其实质是进行风险和报酬的权衡和选择，确定合适的负债比率。企业财务人员在确定其最优资本结构时不仅要综合考虑上述各影响因素，还应采取定量模型分析，常用的方法主要有综合资本成本比较法、每股收益分析法和公司价值比较法。

1.综合资本成本比较法

综合资本成本比较法是指通过测算不同资本结构的综合资本成本（加权平均资本成本），以综合资本成本最低为标准确定最优资本结构的方法，可分为初始资本结构决策和追加资本结构决策。

（1）初始资本结构决策

初始资本结构是指企业初创时期的资本结构。企业初创时的资本总额可采用多种筹资方式来筹措，而由筹资方式的种类及各种筹资在资本总额中的不同比重可形成若干综合资本成本各异的筹资方案。

【例 5-14】某公司初创时有3个筹资方案备选，有关资本成本及资本结构数据见表5-7。

表5-7 资本成本及资本结构数据表 金额单位：万元

筹资方式	方案A			方案B			方案C		
	数额	比重	资本成本	数额	比重	资本成本	数额	比重	资本成本
长期借款	60	6%	6%	120	12%	6.5%	180	18%	7%
公司债券	240	24%	9%	180	18%	8%	220	22%	9%
优先股	100	10%	13%	200	20%	13%	100	10%	13%
普通股	600	60%	16%	500	50%	15%	500	50%	15%
合　计	1 000	100%	—	1 000	100%	—	1 000	100%	—

各方案的综合资本成本为：

方案A：K_w=6%×6%+9%×24%+13%×10%+16%×60%=13.42%

方案B：K_w=6.5%×12%+8%×18%+13%×20%+15%×50%=12.32%

方案C：K_w=7%×18%+9%×22%+13%×10%+15%×50%=12.04%

计算结果表明：方案C的综合资本成本最低，在其他有关因素大致相同时，方案C是最优的筹资方案。

（2）追加资本结构决策

企业在持续的生产经营过程中会追加筹资，企业原有的资本结构会随着资金总额和筹资环境的改变而发生变化。最优资本结构是一个动态的概念，企业应在资本结构的变化中对原有的资本结构进行适当的调整，以保持最优的资本结构。

按照最优资本结构的要求，追加筹资方案的选择一般有两种方法：一是独立分析法，即直接计算各增资备选方案的边际资本成本，择其最低者作为最优方案；二是汇总分析法，即将各备选方案与原有资本结构数据汇总，计算增资后全部资本的综合资本成本，比较确定最优增资方案。

【例5-15】若上例中公司需增资200万元，有两个增资方案，有关增资资本数据见表5-8。

表5-8 增资资本数据表 金额单位：万元

筹资方式	增资方案甲			增资方案乙		
	数额	比重	资本成本	数额	比重	资本成本
长期借款	20	10%	7%	30	15%	7%
公司债券	80	40%	9%	100	50%	9.5%
普通股	100	50%	16%	70	35%	15.5%
合　计	200	100%	—	200	100%	—

①独立分析法

两个增资方案的边际资本成本（K_m）为：

方案甲：$K_m=10\%\times7\%+40\%\times9\%+50\%\times16\%=12.30\%$

方案乙：$K_m=15\%\times7\%+50\%\times9.5\%+35\%\times15.5\%=11.23\%$

由计算结果可知，该公司应采用增资方案乙。

②汇总分析法

将增资资本与原有资本的有关数据汇总，具体见表5-9。

表5-9 资本成本和结构汇总表 金额单位：万元

筹资方式	原资本结构		增资方案甲		增资方案乙		增资后资本结构	
	数额	资本成本	数额	资本成本	数额	资本成本	方案甲	方案乙
长期借款	180	7%	20	7%	30	7%	200	210
公司债券	220	9%	80	9%	100	9.5%	300	320
优先股	100	13%	—	—	—	—	100	100
普通股	500	15%	100	16%	70	15.5%	600	570
合　计	1 000	—	200	—	200	—	1 200	1 200

计算增资后的综合资本成本：

方案甲：

$$K_w=\frac{200}{1\,200}\times7\%+\frac{300}{1\,200}\times9\%+\frac{100}{1\,200}\times13\%+\frac{500}{1\,200}\times15\%+\frac{100}{1\,200}\times16\%=12.08\%$$

方案乙：

$$K_w=\frac{210}{1\,200}\times7\%+\frac{220}{1\,200}\times9\%+\frac{100}{1\,200}\times9.5\%+\frac{100}{1\,200}\times13\%+\frac{500}{1\,200}\times15\%+\frac{70}{1\,200}\times15.5\%=11.90\%$$

计算结果仍然表明增资方案乙为较优的方案。

从计算过程来看，独立分析法要简单得多。

综上所述，综合资本成本比较法易于理解，计算过程简单，但没有具体测算财务风险因素。一般适用于资本规模较小，资本结构较为简单的非股份制企业。

2.每股收益分析法

每股收益分析法，又称每股收益无差别分析法或EBIT-EPS分析法，是财务管理常用的分析资本结构和进行融资决策的方法，它通过分析息税前利润、负债比率和每股收益的关系，为确定最优资本结构提供依据。在财务管理实践中，人们往往认为财务管理的目标是实现股东财富最大化，而对于股份公司而言，财务管理的目标就是不断提高普通股每股收益。因此，资本结构合理性的评价也离不开对每股收益的测定。一般而论，能提高每股收益的资本结构是合理的，反之就是不合理的。然而，每股收益的高低不仅受资本结构的影响，还受息税前利润的影响。要处理这三者之间的关系，必须运用每股收益分析法。

每股收益分析法的核心是确定每股收益无差别点（息税前利润平衡点或筹资无差别点），即使不同筹资方案下的每股收益（EPS）相等时的息税前利润（EBIT）。每股收益无差别点有助于判断选择高或低债务比例筹资方案的EBIT取值范围，并以此安排和调整资本结构。

每股收益的计算公式为：

$$EPS=\frac{(EBIT-I)\cdot(1-T)-D_P}{N}$$

式中：I——利息；

T——所得税税率；

N——流通在外的普通股股数；

D_P——优先股股利。

假设有两个方案，分别为方案1和方案2，则其每股收益分别为：

$$EPS_1=\frac{(EBIT_1-I_1)\cdot(1-T)-D_{p1}}{N_1}$$

$$EPS_2=\frac{(EBIT_2-I_2)\cdot(1-T)-D_{p2}}{N_2}$$

则每股收益无差别点应为满足下列条件的息税前利润（$EBIT^*$）：

$$\frac{(EBIT^*-I_1)\cdot(1-T)-D_{p1}}{N_1}=\frac{(EBIT^*-I_2)\cdot(1-T)-D_{p2}}{N_2}$$

若企业预计息税前利润大于无差别点息税前利润，则应该选择债务比例较高的筹资方案；反之则应选择债务比例较低的筹资方案。

【例5-16】某公司原有资本总额1 000万元，其中，长期债券400万元，年利率为10%，普通股600万元（60万股）。现拟追加筹资500万元，有以下3种方案可供选择：（1）发行长期债券500万元，年利率为12%。（2）发行长期债券300万元，年利率为12%；发行普通股200万元（20万股）。（3）发行长期债券100万元，年利率为10%；发行优先股100万元，年股息率为5%；发行普通股300万元（30万股）。假定公司预计的息税前利润为180万元，所得税税率为25%。

由方案1与方案2的相关数据求出第一个无差别点：

$$\frac{(EBIT_1^*-400\times10\%-500\times12\%)\times(1-25\%)}{60}=\frac{(EBIT_1^*-400\times10\%-300\times12\%)\times(1-25\%)}{60+20}$$

得：$EBIT_1^*$=172万元

若只有方案1和方案2，则当预计息税前利润为180万元时（大于无差别点），负债比例较大的方案1较优。

由方案1与方案3的相关数据求出第二个无差别点：

$$\frac{(EBIT_2^*-400\times10\%-500\times12\%)\times(1-25\%)}{60}=\frac{(EBIT_2^*-500\times10\%)\times(1-25\%)-100\times5\%}{60+30}$$

得：$EBIT_2^*$=186.67万元

若只有方案1和方案3，则当预计息税前利润为180万元时（小于无差别点），负债比例比较小的方案3较优。

由方案2与方案3的相关数据求出第三个无差别点：

$$\frac{(EBIT_3^*-400\times10\%-300\times12\%)\times(1-25\%)}{60+20}=\frac{(EBIT_3^*-500\times10\%)\times(1-25\%)-100\times5\%}{60+30}$$

得：$EBIT_3^*$=230.67万元

若只有方案2和方案3，则当预计息税前利润为180万元时（小于无差别点），负债比例较小的方案3较优。

综上，如图5-2中所示，当预计息税前利润为180万元时，在3种方案中，方案3最佳，方案1次之，方案2最差。

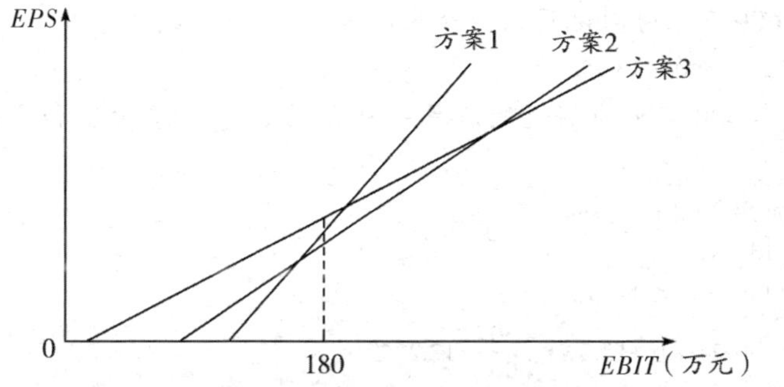

图5-2 每股收益分析法示意图

每股收益分析法较易理解，计算过程较为简单，但也没有考虑财务风险因素。可用于资本规模不大、资本结构不太复杂的股份制公司。

3.公司价值比较法

公司价值比较法是将公司风险、资本成本和公司价值相结合进行分析，通过测算和比较不同资本结构下的公司总价值，以公司总价值最大和加权平均资本成本最低为标准确定公司最优资本结构的决策分析方法。最优资本结构是使公司总价值最高，但不一定是使EPS最大的资本结构。由资本结构理论可知，最优资本结构是使公司总价值最高同时加权平均资本成本最低的资本结构。

测算公司总价值的有关公式是：

公司总价值（V）=权益资本总市价（S）+债务资本总市价（B）

权益资本总市价类似于永续年金形式，计算公式为：

$$S=\frac{(EBIT-I)(1-T)}{K_s}$$

式中：K_s为权益资本成本，可根据资本资产定价模型（$CAPM$）确定：

$$K_s=R_f+\beta(R_m-R_f)$$

公司的加权平均资本成本K_w的计算公式为：

$$K_w=K_b\times\frac{B}{V}\times(1-T)+K_s\times\frac{S}{V}$$

式中：K_b为债务资本的税前成本，即债务利率。

【例5-17】某公司无负债，资本全部由普通股资本构成，其账面价值为1 500万元，EBIT为800万元，所得税税率为25%。公司拟用发行债券购回部分普通股股票的方法调整其资本结构。假设无风险报酬率为8%，市场证券组合的必要报酬率为12%。根据上述公式计算不同债务水平下的个别资本成本，具体见表5-10。

表5-10 不同债务水平下的个别资本成本 金额单位：万元

债券市场价值（B）	债券利率（K_b）	β系数	无风险报酬率（R_f）	市场证券组合的必要报酬率（R_m）	权益资本成本（K_s）
0	—	1.1	8%	12%	12.4%
300	6%	1.2	8%	12%	12.8%
600	7%	1.3	8%	12%	13.2%
900	8%	1.5	8%	12%	14.0%
1 200	9%	1.7	8%	12%	14.8%
1 500	10%	2.0	8%	12%	16.0%

以发行债券600万元为例说明权益资本成本的计算过程：

K_s=8%+1.3×（12%-8%）=13.2%

仍以发行债券600万元为例说明股票市场价值、公司总价值和综合资本成本的计算过程：

$$S=\frac{(800-600\times7\%)\times(1-25\%)}{13.2\%}\approx4\ 307\text{（万元）}$$

V=600+4 307=4 907（万元）

$$K_w=7\%\times\frac{600}{4\ 907}\times(1-25\%)+13.2\%\times\frac{4\ 307}{4\ 907}\approx12.23\%$$

公司总价值和资本成本计算见表5-11。

表5-11 **公司总价值和资本成本计算表** 金额单位：万元

债券市场价值（B）	股票市场价值（S）	公司总价值（V）	债券利率（K_b）	权益资本成本（K_s）	综合资本成本（K_w）
0	4 839	4 839	—	12.4%	12.40%
300	4 582	4 882	6%	12.8%	12.29%
600	4 307	4 907	7%	13.2%	12.23%
900	3 900	4 800	8%	14.0%	12.50%
1 200	3 507	4 707	9%	14.8%	12.75%
1 500	3 047	4 547	10%	16.0%	13.20%

可见，无负债时公司总价值等于股票市场价值；当用债务资本部分地替换权益资本时，公司总价值开始上升，同时综合资本成本开始下降；资本结构在债券市场价值为600万元时达到最优，即公司总价值最高，综合资本成本最低；随后负债的增加导致公司总价值下降和综合资本成本增加。

◎ 5.4 资本结构理论

资本结构理论是研究资本结构变动与股票价格和公司总价值关系的理论。资本结构理论是西方企业财务理论的主要内容，并经历了一个逐步形成、不断发展和完善的过程。一般来讲，以莫迪格莱尼（Franco Modigliani）和米勒（Merton H.Miller）1958年提出的MM理论为标志，资本结构理论可分为早期资本结构理论和现代资本结构理论。

5.4.1 早期资本结构理论

1952年，美国财务学家大卫·杜兰特（David Durand）在《公司债务和所有者权益费用：趋势和问题的度量》中系统地总结和提出了西方早期资本结构理论：净收益理论、净营业收益理论和传统理论。这三种理论的区别是投资者确定企业负债和股本价值的假设条件和方法不同。当然，早期资本结构理论缺乏理论的完整性，没有建立理论逻辑模型进行严格论证，应视其为资本结构理论研究的开端。

1.净收益理论

净收益理论（net income theory）在假定负债利率固定的基础上，认为利用债务可降低企业资本成本，即加大公司的财务杠杆程度，可降低其加权平均资本成本，并提高公司的市场价值。因而，该理论主张企业要实现企业价值最大化，应使用几乎100%的债务资本，此时加权平均资本成本最低。该理论的优点是考虑了财务杠杆的作用，主要缺陷是过分强调财务杠杆的作用，而忽视财务风险，一旦企业偿债能力不足，便会导致破产，该理论没有在财务杠杆利益和财务风险之间进行很好的权衡。

2.净营业收益理论

净营业收益理论（net operating theory）同样在假定负债利率固定的基础上，认为增加成本低的负债会使权益资本成本升高，企业的资本成本和企业价值不受财务杠杆和资本结构的影响，彼此的效果没有区别，企业不存在最优资本结构的选择问题。该理论的主要缺陷是过分夸大了财务风险的作用，同时忽略了资本成本与资本结构的内在联系。

3.传统理论

20世纪50年代初，大多数学者和实际工作者都采取一种介于净收益理论和净营业收益理论之间的折中理论。杜兰特称之为传统理论（traditional theory）。该理论认为，投资者认为企业在一定限度内的债务比例是“合理和必要的”，无论是对债权人还是股东来说，企业适度使用财务杠杆并不会增加其投资风险，并主张企业可以通过财务杠杆的适当使用来降低加权平均资本成本，增加企业的总价值。当企业加权平均资本成本达到最低点时，即为企业的最优资本结构。所以，某种负债比例低于100%的资本结构可以使企业价值最大化。

5.4.2 现代资本结构理论

1.MM理论

美国著名财务学家莫迪格莱尼和米勒1958年开始系统地研究资本结构理论，其理论成果被简称为MM理论。MM理论的提出标志着现代资本结构理论的形成。

（1）不课税时的MM理论

莫迪格莱尼和米勒1958年在《美国经济观察》杂志上发表的文章《资本成本、公司理财和投资理论》中，通过深入考察企业资本结构与企业市场价值的关系，提出在完善的市场中，企业资本结构与企业的市场价值无关，即企业选择什么样的资本结构均不会影响企业的市场价值。其假设条件是：

①无企业所得税和个人所得税。

②资本市场完美，无交易成本、破产成本等。

③所有的信息公开，任何投资者都可以方便地免费获得任何信息。

④所有债务均无风险，投资者个人和企业均可以按照无风险利率、无限量地借贷。

⑤企业未来的经营利润预测值构成年金而不受负债比率的影响，负债的杠杆利益全部支付给股东。

⑥投资者可按个人意愿进行套利活动而不受法律和制度的约束，即个人运用杠杆和企业运用杠杆可相互替代。

根据前述假设，MM理论构建两个定理：

定理一：企业的价值和企业的加权平均资本成本都独立于其资本结构。

$$V_L=V_U=\frac{EBIT}{K_w}=\frac{EBIT}{K_{SU}}$$

式中：V_L——有负债企业的价值；

V_U——无负债企业的价值；

K_{SU}——无负债企业的权益资本成本。

这说明，企业价值与其资本结构无关，即 $V_L=V_U$；有负债企业的加权平均资本成本与其资本结构也无关，等于与它风险等级相同的无负债企业的权益资本成本，即 $K_w=K_{SU}$。

定理二：负债企业的权益资本成本等于同一风险等级中无负债企业的权益资本成本加上一定数量的风险报酬，风险报酬的大小视负债程度（B/S）而定。

$$K_{SL}=K_{SU}+(K_{SU}-K_b)\cdot\frac{B}{S}$$

这说明，有负债企业的权益资本成本必然会随着负债程度的增大而上升，财务杠杆利益全部转化为股利，但加权平均资本成本不会因为负债的增加而下降。

以上两个定理表明，在不课税的情况下，企业价值和加权平均资本成本均不受资本结构的影响。

这与净营业收益理论的结论是一样的，是一种典型的资本结构无关论，但MM理论的奥妙在于利用套利的方法证明了资本结构无关论的正确性。不课税时的MM理论认为，如果两个企业只存在资本结构方面的差别，其他方面完全相同，那么其价值必然相等，否则，就会发生投资者的套利行为。投资者会抛售价值被高估的企业的股票，导致其股票价格下降，购入价值被低估的企业的股票，导致其股票价格上升，最终使两个企业的总价值相等。

（2）修正的MM理论

虽然不课税时的MM理论在逻辑推理上得到了肯定，但是其资本结构与企业价值无关的结论在实践上面临挑战。现实中企业都在较大程度上重视资本结构对企业价值的影响，负债比率在各部门的分布也都有一定的规律性。1963年莫迪格莱尼和米勒又在《美国经济观察》杂志上发表文章《税收与资本成本：一个更正》，引入企业所得税，修正了最初的两个定理。

定理一：负债企业的价值等于相同风险等级的无负债企业的价值加上赋税节余价值，后者等于企业所得税税率（T_C）乘以负债额（B）。当负债比率达到100%时企业价值最大。

$$V_L=V_U+B\cdot T_C$$

定理二：负债企业的权益资本成本等于相同风险等级的无负债企业的权益资本成本加上一定数量的风险报酬，风险报酬由无负债企业的股本成本和负债成本之差、负债比率和企业所得税税率决定。

$$K_{SL}=K_{SU}+(K_{SU}-K_b)\cdot(1-T_C)\frac{B}{S}$$

其实这个公式是在无企业所得税的公式的基础上增加了一项（$1-T_C$）。由于（$1-T_C$）小于1，因此企业赋税使权益资本成本上升的幅度低于无税时上升的幅度。随着负债额的增加，企业的加权平均资本成本会逐渐下降，企业的价值逐步增加。

在有企业所得税的条件下，MM模型的负债杠杆对企业价值和资本成本确实有影响，当企业负债率达到100%时，企业价值最大，而资本成本最小。

（3）米勒模型

修正的MM理论仍然与事实不符，于是1977年米勒在《财务杂志》上发表文章《负债与税收》，阐述了同时存在企业所得税和个人所得税时资本结构对企业价值的影响，称为米勒模型。在同时存在企业所得税和个人所得税时，无负债企业和有负债企业的价值分别为：

$$V_U=\frac{EBIT\ (1-T_C)\times(1-T_{PS})}{K_{SU}}$$

$$V_L=V_U+\left[1-\frac{(1-T_C)\times(1-T_{PS})}{1-T_{PD}}\right]\times B$$

式中：T_{PS}——股息收入的个人所得税税率；

T_{PD}——利息收入的个人所得税税率。

可见，由于个人所得税的存在，企业的总价值总会小于不存在个人所得税时的企业总价值。

虽然*MM*理论是在极端假设前提下得出的，现实世界不可能满足其全部假设，但它奠定了现代资本结构研究的基础，其重大意义在于科学论证了资本结构与企业价值之间的关系，将套利方法引入到财务理论的研究过程当中，并使其成为财务理论的基本研究方法，从而实现了金融经济学与传统古典经济学在方法论方面的分离。随着*MM*理论的假设条件的放宽，引入财务风险、代理成本、不对称信息、不完全合约以及剩余控制权等因素，产生了权衡理论、信号传递理论、优序融资理论、控制理论等现代资本结构理论。

2.权衡理论

尽管课税时的MM理论得出了向实际接近的结论，但当财务拮据成本和代理成本被引入MM理论时，结论就会发生变化。企业只要运用负债经营，就可能发生财务拮据成本和代理成本。

（1）财务拮据成本

财务拮据是指公司清偿到期债务的困境，其极端情形是公司破产。公司财务拮据会给公司带来财务拮据成本。它包括两个方面：

①财务拮据的直接成本。财务拮据的直接成本，又称破产成本。破产清算需要支付律师费、诉讼费以及行政管理费等；破产企业的资产清算往往因债权人之间的争吵而延期，由此而造成企业固定资产的破损，存货变质。企业为避免破产，必须考虑合理负债，从而使企业价值难以达到最大。因此可以说，预期的破产费用的现值应从企业最大值中扣除。

②财务拮据的间接成本。企业的经理和雇员为了挽救危机，避免失业，往往在债务纠纷上花费更多的精力，从而放松对企业的管理，对公司未来现金流量产生不利影响，并采取一些次优决策从而伤害企业的长期利益，如让机器带病运转，削价变卖企业的重要资产等；而且，企业原来的客户和原材料供应商往往会在紧要关头采取规避行为，从而造成企业销售大减，成本猛增。关键管理人才的流失和融资困难也不容忽视。

企业只要有负债，就有破产的可能性。经验研究表明，破产概率随着负债的增加而上升，但两者并不是线性关系。当负债比率较低时，破产概率和财务拮据成本增长缓慢；但当负债比率超过一定界限后，破产概率和财务拮据成本加速上升。财务拮据成本的上升必然会给公司价值带来不利的影响。

（2）代理成本

詹森和麦克林最早利用代理理论来解释资本结构问题。他们在1976年发表的经典论文《企业理论：管理行为、代理成本和所有权结构》中，将代理成本定义为“包括设计、监督和约束利益冲突的代理人之间的一组契约所必须付出的成本，加上执行契约时成本超过利益所造成的损失”。

他们认为负债企业存在两种代理关系：一是债权人与股东之间的代理关系；二是股东与企业经营者之间的代理关系。虽然股东、债权人与经营者三者之间存在着利益冲突，但一般地说，企业经营者是站在股东的立场上采取行动的。经营者与债权人博弈的结果，只能形成这样一种“纳什均衡”：为了维护债权人的利益，股东和经营者往往同意在签订的贷款契约中，列入一些限制性条款。所有这些限制和监督条款无疑增加了签订债务合同的复杂性，使成本上升，同时也降低了企业的经营效率（主要表现在企业经营决策方面的灵活性降低）。监督成本增加和效率降低，即代理成本存在，会提高负债成本，从而降低企业价值。

考虑上述因素后，负债企业的价值就可以用下列公式表示：

$$V_L=V_U+B\times T_C-PV_{icfd}-PV_{ac}$$

式中：PV_{icfd}——财务拮据成本的现值；

PV_{ac}——代理成本的现值。

这一公式即被称为资本结构理论的权衡模型。其实质是：企业在建立最优资本结构时，必须审慎地权衡借债所带来的税收优惠和因举债而产生的财务拮据成本和代理成本。只有当税收优惠大于后两项成本时，借债才合算，才能提高企业的价值。过度借债将导致财务拮据成本和代理成本超过税收优惠，从而给企业带来净损失。

权衡模型与MM模型的关系可以用图5-3来表示。权衡模型的企业价值在图形上是一条抛物线，介于无债务时企业价值与MM模型的企业价值之间。B/S^*表示企业价值最大时的负债比率，即当财务拮据成本和代理成本等于税收优惠时，企业价值最大，当债务量不足或过度时，企业价值是有所降低的。

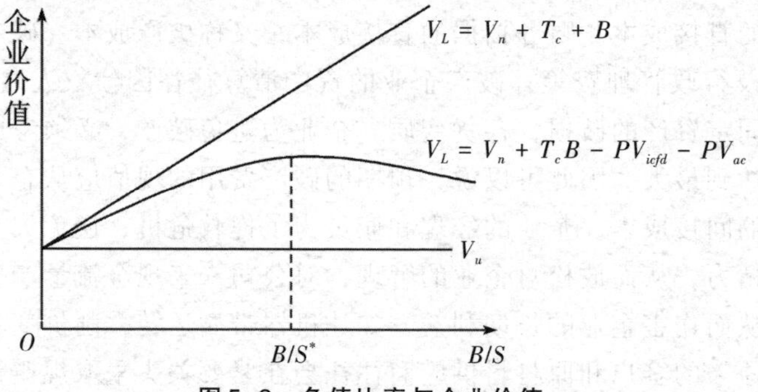

图5-3　负债比率与企业价值

3.信号传递理论

MM理论和权衡理论均假定所有投资者都可以获得与企业管理者相同的信息，即投资者与企业管理者的信息是对称的，而现实社会中这个假设是不成立的。于是财务学者将信息经济学引入财务管理，用来分析资本结构问题。罗斯（Stephen A.Rose）1977年提出，投资者与企业管理者在信息不对称的情况下，企业资本结构就是把企业内部信息传递给市场的信号工具；资产负债率的上升意味着经营者对企业未来收益较高的预期，企业的市场价值也会随之增大。因此，外部投资者把较高的负债水平视为企业经营质量高的一个信号，它向投资者表明经营者对企业未来的收益期望较高，有利于企业价值的提高。此外，因为破产的概率与企业负债水平呈正相关关系，破产是对企业管理者的惩罚与约束，从而使负债比率成为可靠的传递信号。

4.优序融资理论

优序融资理论，又称啄食顺序理论（pecking order theory），是由美国财务管理学家梅耶斯（Stewart C.Myers）和迈基里夫（Nicholas Majluf）1984年在罗斯理论的基础上建立的。他们认为，非对称信息的存在使得投资者从企业融资结构的选择来判断企业的市场价值。通常，经理在股东权益被低估时不愿意为投资项目筹措资本而发行股票，而仅在股票价格被高估时才发行股票。因而，股票融资会被投资者视为企业经营不良的信号，投资者不愿购买该企业的股票，从而低估企业的价值。

为了避免股价定价过低的缺失，企业的融资顺序应为：（1）内部融资。在优先选择内部融资时，要保持股利政策的稳定，当企业现金流量较多时，可偿还一部分债务，或投资于有价证券，当现金流量较少时，可减少企业的现金余额或卖出有价证券；另外，股利支付率要和投资机会相适应，尽量避免股利的突然变化。（2）举债融资。当需要外部融资时，企业首先选择负债，即先发行债券或银行贷款，然后是可转换债券。（3）股权融资。当负债也不能满足资金需要时，企业才会选择发行股票。

优序融资理论解释了为什么具有较好盈利能力的企业往往负债较少：不是因为它们的目标负债率较低，而是它们不需要外部资金。盈利能力较差的企业发行债券是因为它们没有足够的内部融资来满足投资需求，而发行债券又是在外部融资中排在第一位的。当然，优序融资理论可用于解释成熟的资本市场的融资偏好，但是新兴资本市场并没有显现出上述融资优先顺序。例如，我国企业对股票筹资非常热情，具有明显的股权融资偏好。

5.控制理论

控制理论是从剩余控制权的角度研究资本结构与企业价值的关系，代表性人物是阿洪（Philippe Aghion）和博尔顿（Patrick Bolton），他们是最早用不完全合约来解释企业资本结构及产业结构问题的。控制理论认为，在交易成本和合约不完全的基础上，资本结构的选择就是控制权在不同投资者之间分配的选择，最优的负债比率是在该水平上导致企业破产时将控制权由股东转移给债权人。由于过高的负债比率会使企业更容易被收购，导致企业控制权完全转移。因此，对一个企业控制权有偏好的经营者来说，较为有利的融资顺序是内部融资、债券融资、股权融资和银行融资。

本章小结

资本成本是企业筹资决策的主要依据，是企业为筹集和使用资金而付出的代价，分为个别资本成本、加权平均资本成本和边际资本成本三大类。个别资本成本包括债券、长期借款、普通股、优先股、留存收益等资本成本。债务利息可以抵税，其资本成本一般低于权益资本成本。普通股资本成本的计算方法有股利折现模型、资本资产定价模型和风险溢价法。加权平均资本成本是个别资本成本的加权平均数。边际资本成本是指资金每增加一个单位而增加的成本。

企业需要利用杠杆原理。经营杠杆是因固定成本而导致的息税前利润变动，用经营杠杆系数来衡量，经营杠杆系数越大，企业的经营风险越大。财务杠杆是指企业对资本成本固定的债务资金和优先股的利用，用财务杠杆系数来衡量，财务杠杆系数越大，企业的财务风险越大。总杠杆系数用于衡量企业的总风险，是经营杠杆系数与财务杠杆系数的乘积。

资本结构一般指企业长期资本的构成及其比例关系，其主要影响因素有企业的商业风险、资产结构、成长性、财务弹性、经营者与所有者的态度、信用等级与债权人的态度等。最优资本结构的确定方法有综合资本成本比较法、每股收益分析法和公司价值比较法。

资本结构理论研究资本结构与公司价值的关系，可分为早期资本结构理论和现代资本结构理论。早期资本结构理论有净收益理论、净营业收益理论和传统理论。MM理论开创了现代资本结构理论的先河，随着其假设条件的放宽，形成了权衡理论、信号传递理论、优序融资理论、控制理论等现代资本结构理论体系。

推荐读物

［1］章颖薇．资本结构理论历史演变综述及其评价［J］．财会通讯（学术版），2005（4）：15-17.

［2］雷新途．后现代资本结构理论的形成与发展：契约理论视角［J］．经济与管理研究，2007（6）：5-10.

［3］姜付秀，黄继承．市场化进程与资本结构动态调整［J］．管理世界，2011（3）：124-134.

［4］上官绪明．影响我国中小企业资本结构的因素研究［J］．经济研究，2016（3）：96-103.

［5］王朝阳，张雪兰，包慧娜．经济政策不确定性与企业资本结构动态调整及稳杠杆［J］．中国工业经济，2018（12）：134-151.

本章练习

一、思考题

1. 什么是资本成本？如何计算资本成本？

2. 什么是财务杠杆？如何计算确定企业的财务杠杆系数？

3. 什么是资本结构？影响资本结构的因素有哪些？确定最优资本结构的方法有哪些？

4. 资本结构理论有哪些？

5. 我国企业为什么存在股权融资偏好？请用相关的资本结构理论分析其不合理性。

二、计算分析题

1. 某公司决定向银行借款1 000万元，年利率为8%，期限为10年，借款手续费率为3%，企业所得税税率为25%，每年付息一次，到期一次还本。试计算该借款的资本成本（考虑资金时间价值）。

2. 某公司发行的债券面值为1 000元，息票利率为8%，期限为6年，每半年付息一次，假设相同期限政府债券的报酬率为7%，考虑到风险因素，投资者对公司债券要求的报酬率为9%，企业所得税税率为25%。

要求：

（1）试计算债券的发行价格；

（2）若税前筹资费率为发行额的3%，试计算债券的资本成本（年）。

3. 某公司准备在明年投资一个项目，该项投资需要资金总额为1 000万元。该公司正在着手编制有关投资及相关的筹资计划。筹资方式安排如下：银行借款150万元，借款利率为8%；发行债券350万元，面值为1元，票面利率为8%，期限为10年，分期付息，当前市价为0.85元，发行成本为市价的4%；发行普通股300万元；利用内部留存收益200万元。企业所得税税率为25%。公司普通股的β系数为1.1。当前国债收益率为5.5%，市场上普通股平均风险必要报酬率为13.5%。

要求：

（1）计算银行借款的资本成本（不考虑资金时间价值）；

（2）计算债券的资本成本（不考虑资金时间价值）；

（3）使用资本资产定价模型估计普通股和内部留存收益资本成本；

（4）计算其加权平均资本成本（取整数）。

4. 某公司是一家生产和销售通信器材的股份公司。假设该企业所得税税率为25%，对于明年的预算有3种方案：

第一种方案：维持目前的生产和财务政策。预计销售45 000件，售价为240元/件，单位变动成本为200元/件，固定成本为120万元。公司的资本结构为：400万元负债（利率为5%），普通股20万股。

第二种方案：更新设备并用负债筹资。预计更新设备需投资600万元，生产和销售量不会变化，但单位变动成本将降低至180元/件，固定成本将增加至150万元。借款筹资600万元，预计新增借款的利率为6.25%。

第三种方案：更新设备并用股权筹资。更新设备的情况与第二种方案相同，不同的只是通过发行新的普通股来筹资。预计新股发行价为每股30元，需要发行20万股以筹集600万元资金。

要求计算或回答：

（1）三种方案下的每股收益和财务杠杆系数。

（2）第二种方案和第三种方案每股收益相等时的销售量。

（3）根据上述结果分析：哪种方案的风险最大？哪种方案的报酬最高？如果公司销售量下降至30 000件，第二种和第三种方案哪一种更好些？请说明理由。

三、综合案例

保利地产的资本结构①

截至2020年9月30日，保利地产的资产为11 479.00亿元，与上年12月相比，增长11.10%；负债为8 947.41亿元，与上年12月相比，增长11.33%；所有者权益为2 531.59亿元，与上年12月相比，增长10.30%；资产负债率为77.95%，与上年12月相比，增长0.2%，近五年都保持在77%左右。近年来，保利地产一直在高负债经营，在2015年至2020年这六年中，负债总额从2015年的3 066.93亿元增长到了2020年的8 947.41 亿元，增长了1.92倍。负债中流动负债从2015年的2 218.34 亿元增长到2020年的6 558.54亿元，增长了1.96倍。负债中非流动负债从 2015 年 的 848.59 亿 元 增 长 到 了 2020 年的2 388.87亿元，增长了1.82倍。

保利地产的负债整体占比较大，增长速度也较快，2015年公司对非流动负债进行了调整，虽然短期降低了非流动负债和负债总额的增长速度，但2017年总负债突然猛增，同比增长53.82%，流动与非流动负债分别同比增长44.71%、76.86%。流动负债占负债总额的比率也长期偏高，企业偿债压力仍然较大。

2015年到2016年保利地产资产负债率有所下降，2016年达到近年内最低点74.76%，随后几年虽然一直低于行业平均水平，偿债能力相对较好，但是一直在攀升，2017年为77.28%，2018年为近六年的最大值77.97%，2019年略微有所下降，为77.79%，到2020年又增加到77.95%，略低于行业平均值。

由此可见，保利地产的发展比较激进，虽然举债经营可以发挥财务杠杆的作用，但是长此以往风险很大，容易发生债务危机，从而对企业经营产生不利影响，具体数据参见下表：

保利地产资本结构数据表

单位：亿元

年度	2020	2019	2018	2017	2016	2015
总资产	11 479.00	10 332.08	8 464.94	6 964.52	4 679.97	4 038.33
总负债	8 947.41	8 036.86	6 600.00	5 382.12	3 498.95	3 066.93
所有者权益	2 531.59	2 295.22	1 864.94	1 582.40	1 181.02	971.40
流动负债	6 558.54	5 997.00	4 448.97	3 629.50	2 507.96	2 218.34
非流动负债	2 388.87	2 039.86	2 151.03	1 752.62	990.99	848.59

请思考：在“房住不炒”的调控主基调下，保利地产可以采取哪些措施优化资本结构？

立德树人

优化融资结构 推动股票发行注册制②

中央金融工作会议强调，金融是国民经济的血脉，是国家核心竞争力的重要组成部

① 王新华，陈梦可．房地产企业资本结构优化案例研究［J］．商业会计，2021（8）：95-98.
② 梁银妍，汤立斌．优化融资结构 更好发挥资本市场枢纽功能［N］．上海证券报，2023-11-01．

分，要加快建设金融强国，全面加强金融监管，完善金融体制，优化金融服务，防范化解风险，坚定不移走中国特色金融发展之路，推动我国金融高质量发展，为以中国式现代化全面推进强国建设、民族复兴伟业提供有力支撑。

会议对下一阶段的资本市场改革发展工作作出部署，提出优化融资结构，更好发挥资本市场枢纽功能，推动股票发行注册制走深走实，发展多元化股权融资，大力提高上市公司质量，培育一流投资银行和投资机构。促进债券市场高质量发展。中泰证券首席经济学家李迅雷表示："注册制是资本市场市场化水平提升的一个体现，会议提出推动注册制'走深走实'，并不是单纯以提高股权融资规模为目标，这也是给投资者的一剂定心丸。"

第6章 项目投资决策

导读

港珠澳大桥是“一国两制”框架下、粤港澳三地首次合作共建的超大型跨海通道，全长55千米，设计使用寿命120年，总投资约1 200亿元人民币。大桥于2003年8月启动前期工作，2009年12月开工建设，筹备和建设前后历时达15年，于2018年10月开通营运。

大桥主体工程由粤、港、澳三方政府共同组建的港珠澳大桥管理局负责建设、运营、管理和维护，三地口岸及连接线由各自政府分别建设和运营。主体工程实行桥、岛、隧组合，总长约29.6千米，穿越伶仃航道和铜鼓西航道段约6.7千米为隧道，东、西两端各设置一个海中人工岛（蓝海豚岛和白海豚岛），犹如“伶仃双贝”熠熠生辉；其余路段约22.9千米为桥梁，分别设有寓意三地同心的“中国结”青洲桥、人与自然和谐相处的“海豚塔”江海桥，以及扬帆起航的“风帆塔”九洲桥三座通航斜拉桥。

珠澳口岸人工岛总面积208.87公顷，分为三个区域，分别为珠海公路口岸管理区107.33公顷、澳门口岸管理区71.61公顷、大桥管理区29.93公顷，口岸由各自独立管辖。13.4千米的珠海连接线衔接珠海公路口岸与西部沿海高速公路月环至南屏支线延长线，将大桥纳入国家高速公路网络；澳门连接线从澳门口岸以桥梁方式接入澳门填海新区。

（资料来源：港珠澳大桥管理局．港珠奥大桥项目简介［EB/OL］.（2019-10-08）. https：//www.hzmb.org.）

学习目标

通过本章学习，了解项目投资的概念、特点与分类，掌握项目现金流量的预测估算方法，以及净现值、内含报酬率、获利指数、投资回收期的计算和评价方法，熟悉特殊情况下的项目投资决策方法，理解不确定条件下的项目风险调整的基本方法。正确认识项目投资与价值创造之间的密切联系，以及有为政府与有效市场之间的互动关系；处理好投资与融资的匹配问题，以及风险与收益的匹配问题。具有项目投资的数据分析能力、风险识别和控制能力以及决策能力，形成以创业项目投资实践为导向的思维模式。通过对未来现金流量的准确测算，对各种评价指标计算原理和应用情境的学习，理解微观企业在践行“一带一路”倡议中的海外项目投资决策，提升建设以人类命运共同体为核心理念的中国智慧、中国力量与中国精神。

◎ 6.1 项目投资决策概述

6.1.1 项目投资的概念

投资，从广义上理解，是指为在未来获取更多的货币而牺牲当前的货币。根据投资对象的不同，投资可分为金融投资和实物投资。例如，金融投资为购买国库券、公司债券、公司股票等金融资产，实物投资则为购置生产设备、新建工厂等。本章的项目投资即属于实物投资。

项目投资是一种以特定项目为对象，直接与新建项目或更新改造项目有关的长期投资行为，也称为资本投资。在企业的全部投资中，项目投资是最主要的投资活动，它决定着企业的稳定与发展，对企业未来的盈利能力及长期偿债能力有着重要影响。其主要特点是：投资金额大，既需要一次性投入大笔资金以形成投资项目的初始投资，又要有相当数量的营运资本来保证项目运营过程中对流动资金的需要；回收时间长，投资决策要考虑的因素多而且复杂；风险大，投资项目一经建成，想改变是相当困难的。

一项成功的项目投资，可以使企业获得经济效益，为企业带来大量的收入，而项目投资的失误不仅不能为企业带来收入，还会让企业背上沉重的负担，有时甚至可以彻底毁灭一个企业。因此，在进行项目投资决策时，企业必须非常谨慎，综合采用各种投资决策方法，既不放过可能为企业带来经济效益的项目，又要避免因不正确的投资决策而导致的亏损。

小资料6-1　推动企业高质量和可持续发展 ESG投资发展正当时

近年来，ESG（环境、社会和公司治理）作为一种关注企业环境、社会和治理绩效的投资理念和企业评价标准，在全球范围内迅速发展。经过多年探索，我国已逐步建立上市公司ESG信息披露政策体系。从具体数据来看，上市公司ESG信息披露意愿不断上升，截至2023年6月末，有1 767家公司发布2022年度ESG相关报告，占比为35.18%，较2022年上升3个百分点。近5年来，上市公司ESG相关报告的披露数量与披露率都是不断上升的。

ESG是经济、社会发展到一定阶段的产物，不管在国内外，在经济高速增长时是不会关注ESG的。在从高速增长到高质量发展的转换后，再去单纯追逐经济效益更难，而是需要考虑创新，让创新引领经济增长，ESG就是企业在环境、社会、治理方面的创新。企业识别在环境、社会、治理方面的风险时，优秀的企业不仅能较好管控风险，还从中发现了机遇，比如对于重点能耗企业、重点排污企业而言，通过一个简单技术改进就降低了能耗、降低了碳排放，这个技术改进就是ESG时代带来的新的蓝海市场和机遇。

（资料来源：吴瞬．推动企业高质量和可持续发展 ESG投资发展正当时［N］．证券时报，2024-01-19.）

6.1.2 项目投资决策的程序

在进行项目投资时，企业应对投资机会进行评价与把握，具体包括以下步骤：

（1）确定可用投资资金。决策第一步就是弄清某一期间内有多少可供投资的资金。

（2）提出各种投资项目。投资项目由企业的各部门提出，比如，新产品方案通常来自营销部门，而设备更新的建议通常来自生产部门等。

（3）估计项目的现金流量，包括现金流入、现金流出和净现金流量。

（4）计算投资项目的投资决策指标，主要包括净现值、内含报酬率、回收期和会计收益率等指标。

（5）将项目的投资决策指标与可接受的标准进行比较，决定是否进行投资。

（6）对已接受的项目进行再评估。对已经投资的项目还要定期进行事后评价，有效的事后评价可以告诉我们预测的偏差，帮助改善企业的财务控制，有助于指导未来的决策。

6.1.3 项目投资的分类

1.项目投资按投资目的分为增加收入的投资决策和降低成本的投资决策

（1）增加收入的投资决策，是指为了扩大企业的生产经营规模、增加企业的收入和利润而作出的投资决策。

（2）降低成本的投资决策，是指企业在其发展过程中，为了有效地降低成本、提高生产经营的效率而作出的投资决策。例如，购买节能高效的新设备，对新工艺、新材料进行研究开发，都属于降低成本的投资。

2.项目投资按投资方案之间的关系分为独立方案、互斥方案和互补投资决策

（1）独立方案的投资决策。独立方案是指某一投资项目只有一种方案可以选择，没有可以与其竞争的方案。此时，只需要对独立方案的可行性进行分析，只要独立方案本身可行，即可以进行投资。如对公司新建工厂的投资决策就是一个独立方案的投资决策。

（2）互斥方案的投资决策。当某一投资项目有两种或两种以上的方案可供选择，且只有一个方案可被选中时，则各方案之间是一种竞争的互相排斥的关系，那么这几个方案就被称为互斥方案。此时，需要在几个互斥的方案中选出唯一的最优方案。如公司在对某固定资产进行更新时，可以选择进口设备也可选择国产设备，这就是互斥方案的投资决策。

（3）互补投资决策。互补投资是指需要同时进行、互相配套的各项投资，这些投资项目需要同时进行才能正常运转，如油田和输油管道、港口和码头等都属于互补投资。在进行互补投资决策时，企业应将这些互补项目结合在一起进行可行性研究，然后再作出投资决策。

◎ 6.2 现金流量的估算

6.2.1 现金流量的概念

现金流量，简称为现金流，是投资项目在整个寿命期内各项现金流入量与现金流出量的统称。这里的“现金”是广义的概念，它不仅包括各种货币资金，而且包括项目需要投入的企业所拥有的非货币资源的变现价值。例如，一个项目需要使用原有的厂房、设备和材料等，则相关的现金流量是指它们的变现价值，而不是其账面价值。

一项投资的现金流量通常包括现金流出量、现金流入量和现金净流量3个具体概念。

1. 现金流出量

一个投资项目的现金流出量，是指投资项目实施所引起的整个寿命期内所发生的现金支出增加量。通常包括以下内容：

①建设投资。它是指建设期内的固定资产、无形资产和开办费等投资的总和，包括土地购买或租赁的费用、建筑工程费用、设备购置支出、安装工程支出、人员培训费用等。但建设投资不一定等于固定资产的价值，有些投资支出，如开办费，就不会增加固定资产的价值。此外，在固定资产方面的投资与形成的固定资产价值也可能不一样，因为固定资产价值中可能包括建设期内资本化的利息。

②垫支营运资金投资。它是指当投资项目形成了生产能力而需要在流动资产上追加的投资。由于扩大了企业生产能力，存货和应收账款等流动资产规模也会随之扩大，需要追加投入日常营运资金。同时，企业营业规模扩大后，应付账款等结算性流动负债也将随之增加，自动补充了一部分日常营运资金。因此，为该投资项目垫支的营运资金是追加的流动资产扩大量与结算性流动负债扩大量的净差额，在整个投资期限内围绕企业的生产经营活动进行周而复始的循环周转。

③相关的经营支出，又称付现的营运成本。投资项目建成后投产运营，为满足正常生产经营而动用货币资金支付的成本费用，如原材料、燃料及动力费，工资及福利费，管理费，生产设备的日常维护和经营性管理费用等。经营支出是总成本费用中除去折旧、摊销以及利息的那部分成本。

④各项税费。项目所涉及的税费有税金及附加和所得税。税金及附加主要包括消费税、资源税、城市维护建设税、教育费附加、房产税、城镇土地使用税、车船税、印花税等。

2. 现金流入量

一个投资项目的现金流入量，是指投资项目实施所引起的整个寿命期内所发生的现金流入增加量。它通常包括以下内容：

①营业现金收入。它是指项目投产后，在其寿命期内由于销售产品或提供服务所取得的收入，如销售收入、其他营业收入等。一般是由产品或服务的价格和数量两个因素确定，在项目运营期内，营业现金流入可能是变化的。

②固定资产清理时的差值收入。投资项目终结时，固定资产出售或报废时残值变价收入扣除清理费用后的变价净收入也应该作为现金流入量的一部分。

③垫支营运资金的收回。投资项目终结时，与该项目相关的产品存货出售，应收账款变现，应付账款也随之偿付，营运资金又恢复到原有水平，项目初始垫支的营运资金在项目结束时得到收回。

3. 现金净流量

它是指一定时期内现金流入量和现金流出量的差额。流入量大于流出量时，现金净流量为正值；反之，现金净流量为负值。

6.2.2　现金流量估计的原则

1. 使用实际现金流量而不是会计利润

项目评估过程中使用的是现金流量而不是会计利润，主要是出于以下考虑：

①两者确认或计量的原则不同。会计利润是按照会计的权责发生制原则计算的，受会计方法选择等人为因素影响，不同的投资项目可以采取不同的固定资产折旧方法、存货估价方法或费用摊销方法，从而导致不同项目的利润额缺乏可比性，其利润信息的相关性差。而现金流量指标是在收付实现制的基础上对实际现金流入量与现金流出量的估计，不同的固定资产折旧方法、存货估价方法以及费用摊销方法并不会影响项目的现金流量，从而提高了项目信息的透明度与可比性。

②现金流量信息所揭示的是未来期间货币资金的收支运动，可以动态地反映投资项目的现金流出与现金流入之间的投入产出关系，有利于考虑资金的时间价值因素，便于决策者更完整、准确、全面地评价投资项目的经济效益。

2.增量现金流量才是相关现金流量

在确定投资项目相关的现金流量时，应遵循的最基本的原则是：只有增量现金流量才是与项目相关的现金流量。所谓增量现金流量，是指接受或拒绝某个投资项目时，企业总现金流量因此发生的变动。只有那些由于采纳某个项目引起的现金支出增加额，才是该项目的现金流出；只有那些由于采纳某个项目引起的现金流入增加额，才是该项目的现金流入。也就是说，如果有一项现金流量的发生与是否进行该项目的投资无关，那么，该现金流量就不是增量现金流量，在计算该项目的现金流量时，就不应该包括在内。

为了正确计算投资项目的增量现金流量，需要正确判断哪些现金流量会引起企业总现金流量的变动，哪些现金流量不会引起企业总的现金流量的变动，哪些现金流量是只有当新项目进行时才会发生，哪些现金流量是不管是否进行新项目都必须发生的。应注意以下问题：

（1）不能忽视机会成本

在投资方案的选择中，如果选择了一个方案，必须放弃其他投资机会，则其他投资机会可能取得的收益是投资该方案的一种代价，被称为该方案的机会成本。

例如，某投资项目需要使用公司所有的一块土地新建一个厂房，但是如果该企业不利用这块土地来建厂房，可将这块土地移作他用，或出售，或出租，并可取得租金等收入。只是由于要新建厂房才放弃了这笔收入，所以这笔收入就是新建厂房的机会成本。假如这块土地的市场价值为30万元，那么就应把这30万元视为新建厂房的一项投资支出，即如果建厂房将发生30万元的现金流出。

（2）不考虑沉没成本

沉没成本，是指已经承诺或已经发生的现金支出，这一现金支出不会因目前接受或拒绝某个投资项目的决策而得到恢复。换而言之，沉没成本已经成为过去，是不可逆转的现金支出。根据相关现金流量的定义，这一成本显然与将要作出的决策不相关，不应考虑。典型的沉没成本是与研究开发以及投资决策前进行市场调查有关的成本。

（3）要考虑项目的附加效应

在估计现金流量时，要以投资对公司所有经营活动产生的整体效果为基础，而不是孤立地考察一项投资。采纳一个新的项目后，该项目可能对企业的其他部门造成有利或不利的影响。比如，新产品上市会对原有其他产品产生影响，若是竞争型的产品，就会使原有产品的销售收入下降；若是互补产品，就会使销售收入上升。因此，企业在进行投资分析时，不应只关注新产品带来的现金流量，还应考虑其他可能增加或减少的现金流量。当然，诸如此类的相互影响，事实上很难准确计量，但企业在进行投资分析时，仍要将其考虑在内。

6.2.3　现金流量的构成与计算

从整个投资项目寿命期来看，投资项目的全部现金流量一般分为3个部分：初始现金流量、存续期现金流量和终结点现金流量。

1.初始现金流量

初始现金流量是指为投资项目建成并投入运行而发生的现金流量，是项目的投资支出。表6-1中列出了初始现金流量的构成。

表6-1　**初始现金流量的构成**

(1)	-	建设投资支出（包括新资产的购置支出、运输费、安装调试费等）
(2)	-	机会成本
(3)	-(+)	营运资金的增加量（减少量）
(4)	+	当投资是一项以新资产替代旧资产的决策时，旧资产出售所得收入
(5)	-(+)	与旧资产出售相关的税负（税收抵免）
(6)	=	初始现金流量

注："+"代表现金流入，"-"代表现金流出，下同。

表6-1中的机会成本视为等量现金流出，按投资期初市场价值计量。与旧资产出售相关的税负是指按税法规定，出售资产时，如果出售价高于账面净值，应缴纳所得税，多缴的所得税构成现金流出量；出售资产时发生的损失（出售价低于账面净值）可以抵减当年所得税支出，少缴的所得税构成现金流入量。在计算项目现金流量时应当考虑投资引起的税负变化。

2.存续期现金流量

存续期现金流量是指项目建成后，生产经营过程中发生的现金流量，一般是按年计算的。表6-2中列出了存续期现金流量的构成。

表6-2　**存续期现金流量的构成**

(1)	+	营业收入
(2)	-	营业成本和费用（不包括折旧等非付现成本和费用）
(3)	-	税法确认的折旧等非付现成本和费用
(4)	=	税前利润
(5)	-	所得税
(6)	=	税后营业净利润
(7)	+	税法确认的折旧等非付现成本和费用
(8)	-(+)	营运资金的增加量（减少量）
(9)	=	存续期现金流量

税收对企业的利润和现金流量具有较大的影响，因此，在估计投资项目的现金流量

时，应估计的是该项目的税后现金流量。税后净现金流量是税后现金流入量与税后现金流出量之间的差额。税后净现金流量有3种不同的计算方法：

（1）直接法——现金流入量和现金流出量的差额

根据现金流量的定义，所得税是一种现金支付，应作为每年营业现金流量的一个减项。用公式表示为：

税后净现金流量=营业收入-付现成本-所得税 ①

从严格意义的实际现金流量原则来看，上式中的营业收入应该是付现收入，即当期取得的全部现金收入，包括付现销售收入和其他付现收入。付现销售收入是指本期的现金销售收入以及收回的应收账款，如果在一个经营年度内发生的赊销额与回收的应收账款是相等的，则该年的付现销售收入等于当年的全部销售收入。为简化核算，假定正常经营年度内的全部销售收入均为付现销售收入，那么，加上其他付现收入后，企业的全部付现收入等于当年的营业收入。

付现成本即本期营业中实际发生的现金流出，包括本期支付的货款、费用以及支付的以前各期的应付账款。假定正常经营年度内的赊购额和支付的前期的应付账款相等，这样与项目相关的付现成本等于当年的总成本费用（包括期间费用）扣除该年折旧额、无形资产和开办费的摊销额，以及财务费用中的利息支出等项目后的差额。计算付现成本时之所以要在总成本费用的基础上作有关扣除，主要是出于两个方面的考虑：第一，因为总成本费用中包含了一部分非现金流出的内容，这些项目大多与固定资产、无形资产和开办费等长期资产的价值转移有关，不需要动用现实货币资金；第二，在全投资假设下，从企业主体的角度看，支付给债权人的利息与支付给所有者的利润的性质是一样的。既然后者不作为现金流出的内容，前者也不应纳入这个范围。

因此，付现成本和营业成本之间的关系为：

付现成本=营业成本-折旧摊销

（2）间接法——以税后净利润为基础调整

企业每年现金增加主要由两个部分构成：一是当年增加的税后净利润，二是计提的折旧等非付现成本和费用。

税后净现金流量=税后净利润+折旧摊销 ②

公式②与公式①是一致的，可以从公式①推导出来：

税后净现金流量=营业收入-付现成本-所得税

=营业收入-（营业成本-折旧摊销）-所得税

=税后净利润+折旧摊销

（3）税盾法——所得税对现金流量的影响

税后净现金流量=税后收入-税后付现成本+折旧摊销抵税

=营业收入×（1-所得税税率）-付现成本×（1-所得税税率）+所得税税率×折旧摊销 ③

这个公式可由公式②推导出：

税后净现金流量=税后净利润+折旧摊销

=（营业收入-营业成本）×（1-所得税税率）+折旧摊销

=营业收入×（1-所得税税率）-付现成本×（1-所得税税率）+所得税税率×折旧摊销

3.终结点现金流量

终结点现金流量是指项目终结时发生的现金流量。表6-3列出了终结点现金流量的构成。

表6-3 **终结点现金流量的构成**

(1)	+	固定资产的变现价值
(2)	-(+)	与固定资产出售或处理相关的税负(税收抵免)
(3)	+	机会成本
(4)	+	营运资金的收回
(5)	=	终结点现金流量

需要特别说明的是,按税法规定,在大多数情况下,投资项目寿命期末会有相关的纳税支出或收入。这是因为企业出售固定资产,应当将出售收入扣除账面价值和相关税费后的金额计入当期损益,按照出售收益和计提折旧后的账面价值之间的差额来缴纳所得税。

【例6-1】已知A公司某年的全部营业收入为100 000元,营业成本为60 000元,其中付现成本为40 000元,折旧为20 000元。所得税税率为25%,请计算该公司的税后净现金流量。

解:该公司应缴纳的所得税为:

所得税税额=(100 000-60 000)×25%=10 000(元)

该公司的税后净利润为:

税后净利润=(100 000-60 000)×(1-25%)=30 000(元)

分别用3个公式来计算其税后净现金流量。

公式①:税后净现金流量=营业收入-付现成本-所得税

=100 000-40 000-10 000

=50 000(元)

公式②:税后净现金流量=税后净利润+折旧

=30 000+20 000

=50 000(元)

公式③:税后净现金流量=(营业收入-付现成本)×(1-所得税税率)+所得税税率×折旧

=(100 000-40 000)×(1-25%)+20 000×25%

=50 000(元)

由此可见,用3个公式计算的结果是一致的,可根据具体情况和个人偏好选用不同的公式。从公式③可以看出,当营业收入和付现成本都一样时,折旧额和摊销额的不同能使税后净现金流量发生较大的变化。如果本例中的营业收入与付现成本都不变,而折旧变为30 000元,那么其税后净利润为:

(100 000-40 000-30 000)×(1-25%)=22 500(元)

而其税后净现金流量变为:

(100 000-40 000)×(1-25%)+30 000×25%=52 500(元)

可以发现,当多提折旧时,可使企业在税后净利润减少的同时增加其税后净现金流量。这主要是因为多提折旧可以减少应纳税额,减少企业的现金流出。该公司增加的

2 500元的税后净现金流量正是多提的10 000元折旧带来的节税额，即：

10 000×25%=2 500（元）

这种现象称为折旧的税盾作用（tax shield）。

6.2.4 现金流量估计的实例

【例6-2】A公司对其产品市场进行了全面调研，并支付了50万元的调研费，调研结果表明这一产品市场有15%~20%的市场份额有待开发，公司决定对该新产品投资进行成本效益分析，其有关预测资料如下：

（1）生产新产品需重新购置一套机器设备，设备的购买价格为500万元，运输装卸费为20万元，安装调试费为80万元。设备的使用寿命和折旧年限同为6年，项目终结时设备的变现价值为50万元（按直线法计提折旧，净残值率为5%）。

（2）生产新产品需占用本可以对外出售的土地及地上闲置仓库，售价200万元（此价至少维持6年）。

（3）预计第1年至第6年该项目的营业收入分别为700万元、850万元、1 050万元、1 200万元、1 000万元和850万元，变动成本始终保持为营业收入的40%，期间费用（不包括折旧）分别为200万元、220万元、250万元、290万元、260万元和230万元，并假设所有营业收入、变动成本和期间费用均付现。

（4）作为流动资金（初始投入的现金和存货等）的营运资金，假设各期净营运资金按下期营业收入的10%估计。第6年年末全部收回营运资金。

（5）公司所得税税率为25%，假设在整个经营期内保持不变。

首先，分析新设备的入账成本=500+20+80=600（万元），每年折旧额=600×（1-5%）÷6=95（万元）。项目终结时，机器设备以50万元售出，公司获得一笔现金流入，同时产生纳税义务，税后净收入=50-（50-600×5%）×25%=45（万元）。

其次，不得出售的土地及地上闲置仓库的收益应是机会成本，作为初始投资时的现金流出。当项目终结时，这块土地及地上闲置仓库可以再次出售，其市价可视为现金流入。

最后，开展市场调研所支付的调研费应该作为沉没成本，不予考虑。

现金流量的列表计算见表6-4。

表6-4　　现金流量的列表计算　　单位：万元

时　间	0	1	2	3	4	5	6
投资：							
设备投资	-600						45
机会成本	-200						200
净营运资金	70	85	105	120	100	85	0
净营运资金变化	-70	-15	-20	-15	20	15	85
投资现金流量	-870	-15	-20	-15	20	15	330

续表

时　间	0	1	2	3	4	5	6
经营：							
营业收入		700	850	1 050	1 200	1 000	850
变动成本		280	340	420	480	400	340
期间费用		200	220	250	290	260	230
折旧		95	95	95	95	95	95
税前利润		125	195	285	335	245	185
所得税		31.25	48.75	71.25	83.75	61.25	46.25
税后净利润		93.75	146.25	213.75	251.25	183.75	138.75
营业现金流量		188.75	241.25	308.75	346.25	278.75	233.75
项目净现金流量	-870	173.75	221.25	293.75	366.25	293.75	563.75

◎ 6.3　资本投资决策评价方法及其运用

投资决策时使用的评价方法可分为两类：一类是贴现法，即考虑了时间价值的指标，主要包括净现值、内含报酬率以及现值指数等；另一类是非贴现法，即没有考虑时间价值的指标，主要包括回收期和会计收益率等。

6.3.1　净现值法

净现值（net present value，NPV），是指投资项目各期发生的净现金流量的现值之和，它是评估项目是否可行的最重要的指标。

$$NPV=\sum_{t=0}^{n}\frac{NCF_t}{(1+k)^t}$$

式中：NCF_t——第 t 年的现金净流量；

k——项目的贴现率，是指项目投资要求的必要收益率或资本成本；

n——项目寿命期。

1.净现值法的评价标准

当企业用净现值法对投资项目进行评价时，其评价标准为“零”。如果计算出来的净现值大于或等于零，说明该项目产生的现金流入的现值之和大于或等于初始投资，也表明投资收益率大于等于资本成本，可以采纳；如果项目的净现值小于零，说明该项目产生的现金流入的现值之和小于初始投资，表明投资收益率小于资本成本，会减少股东财富和企业价值，应该放弃。

【例6-3】设企业的资本成本为10%，有3个投资项目，A项目寿命期为2年，B项目和C项目的寿命期均为3年。各项目现金流量的有关数据见表6-5。

表6-5　　　　各项目的现金流量　　　　金额单位：万元

项目	0	1	2	3	*NPV*	*PI*	*IRR*
A项目	−2 000	1 180	1 324		166.94	1.08	16.05%
B项目	−900	120	600	600	155.75	1.17	17.87%
C项目	−1 200	460	460	460	−56.05	0.95	7.33%

注：*NPV*为净现值，*PI*为获利指数，*IRR*为内含报酬率。上表是利用Excel计算出来的。

$$NPV_A=-2\,000+\frac{1\,180}{1.1}+\frac{1\,324}{1.1^2}=166.94\text{（万元）}$$

$$NPV_B=-900+\frac{120}{1.1}+\frac{600}{1.1^2}+\frac{600}{1.1^3}=155.75\text{（万元）}$$

$$NPV_C=-1\,200+\frac{460}{1.1}+\frac{460}{1.1^2}+\frac{460}{1.1^3}=-56.05\text{（万元）}$$

A、B两个投资项目的净现值为正数，说明这两个项目的投资收益率均超过资本成本10%，都可以采纳。C项目净现值为负数，说明该项目的投资收益率达不到10%，应该拒绝。

净现值法所依据的原理是：假设原始投资是按资本成本借入的，当净现值大于零时偿还本息后该项目仍有剩余的收益，当净现值为零时偿还本息后一无所获，当净现值小于零时，该项目收益不足以偿还本息。资本成本是投资者要求的最低收益率，净现值大于零，表明项目可以满足投资者的要求。

2.用Excel的插入函数计算净现值

可利用Excel中的函数功能，轻松计算净现值。具体方法是：在Excel的“插入”菜单中点击“函数”，然后在函数类别中，点击“财务”，选择“*NPV*”函数即可输入贴现率和各年的现金流量，计算机自动计算在该贴现率下的净现值。利用Excel的财务函数计算净现值既方便，又准确。本章例题的净现值均是用Excel的插入函数计算的。

3.对净现值法的评价

采用净现值法进行评价具有以下特点：

（1）净现值具有可加性。假设表6-5中的A、B、C项目是相互独立的，对它们评价既可以将两个项目合并在一起，也可以分别评价这三个项目。根据价值可加性原则，合并或分别计算所得到的结果是一致的。

（2）净现值法隐含的一个前提假设是项目所产生的中间现金流量（即发生在项目初始和终止之间的现金流量）能够以最低可接受的收益率（通常是资本成本）进行再投资。例如，上例中B项目的净现值也可写作下式：

$$NPV_B=-900+\frac{120\times1.1^2}{1.1^3}+\frac{600\times1.1}{1.1^3}+\frac{600}{1.1^3}=155.75\text{（万元）}$$

上式表明，第1年年末收到的120万元以10%的投资收益率再投资2年，第2年年末收到的600万元以10%的投资收益率再投资1年。

（3）净现值是一个绝对值指标。净现值法具有广泛的适用性，在理论上也比其他方法更完善。净现值反映单个项目按现金流量计量的净收益现值，它是一个金额的绝对值，在比较投资额不一样的项目时有一定的局限性。

在【例6-3】中，A项目和B项目相比，哪一个更好？不能根据净现值直接判断，因为两个项目的投资额和期限都不同，没有直接可比性。为了比较投资额不同的项目的盈利性，人们提出了现值指数法。

6.3.2 现值指数法

现值指数法是利用现值指数作为评价指标的方法。现值指数（profitability index，PI），也称获利指数，是未来现金流量的现值与初始投资的现值的比值，即：

$$PI=\frac{\text{经营期各年现金流量的现值合计}}{\text{初始投资的现值合计}}$$

现值指数法的评价标准是1。若现值指数大于1，说明项目产生的现金流量的现值超过了期初的投资额，项目可以被接受；反之，若现值指数小于1，则项目不能被接受。

净现值与现值指数之间的关系是：若净现值=0，则现值指数=1；若净现值>0，则现值指数>1；若净现值<0，则现值指数<1。

现值指数法不仅使同一方案原始投资额与投产后净现金流量具有可比性，而且使不同方案特别是投资额不同的方案之间也具有可比性，更能正确地反映各投资方案的经济效果。

根据【例6-3】的资料，3个项目的现值指数计算如下：

$$PI_A=\left(\frac{1\,180}{1.1}+\frac{1\,324}{1.1^2}\right)\div 2\,000=1.08$$

$$PI_B=\left(\frac{120}{1.1}+\frac{600}{1.1^2}+\frac{600}{1.1^3}\right)\div 900=1.17$$

$$PI_C=\left(\frac{460}{1.1}+\frac{460}{1.1^2}+\frac{460}{1.1^3}\right)\div 1\,200=0.95$$

现值指数是相对数，反映投资的效率，B项目的效率最高；净现值是绝对数，反映投资的效益，A项目的效益最大。两者各有自己的用途。那么，是否可以认为B项目比A项目好呢？不一定。因为它们持续的时间不同，现值指数消除了投资额的差异，但没有消除项目寿命期限的差异。下一节再进一步讨论这个问题。

6.3.3 内含报酬率法

内含报酬率法是根据方案本身的内含报酬率来对方案进行评价的一种方法。内含报酬率（internal rate of return，IRR）是指能够使未来现金流入的现值等于现金流出的现值的一个贴现率，或者说是使投资项目的净现值为0的贴现率，即：

$$\sum_{t=0}^{n}\frac{NCF_t}{(1+IRR)^t}=0$$

1. 内含报酬率法的评价标准

内含报酬率法的评价标准是项目的必要报酬率。如果计算出的内含报酬率大于企业的资本成本或必要收益率，说明该项目的收益率超过了投资者所要求的必要收益率，能增加企业价值，则该项目可以接受；如果内含报酬率小于资本成本或必要收益率，则该项目不能增加企业价值，不能被接受。

2.内含报酬率的计算方法

内含报酬率的计算较为复杂，通常需要运用逐步测试法。具体方法是，首先估计一个贴现率，用它来计算项目的净现值，如果净现值为正，说明项目本身的内含报酬率超过了估计的贴现率，需提高贴现率来进一步测试；如果净现值为负，则说明项目本身的内含报酬率低于估计的贴现率，应降低贴现率再进行测试，直到计算出项目的净现值为0时的贴现率，即为该项目的内含报酬率。

当所有的贴现率都不能使净现值为0时，则用插值法进行计算。插值法的具体过程为：如果使净现值略大于0的贴现率为r_m，其对应的净现值为NPV_m；使净现值略小于0的贴现率为r_{m+1}，其对应的净现值为NPV_{m+1}，则插值法的计算公式为：

$$IRR=r_m+\frac{NPV_m-0}{NPV_m-NPV_{m+1}}\times(r_{m+1}-r_m)$$

【例6-4】R公司的资本成本为12%，现有一个投资项目，其初始投资为800万元，第1年年末到第4年年末的现金流量分别为300万元、300万元、300万元和170万元，请计算该项目的内含报酬率。

解：先用该公司的资本成本12%来试试：

$$NPV_{12\%}=-800+\frac{300}{1.12}+\frac{300}{1.12^2}+\frac{300}{1.12^3}+\frac{170}{1.12^4}=28.59\text{（万元）}$$

净现值大于0，说明内含报酬率大于12%，应提高贴现率再试。用14%来计算该项目的净现值：

$$NPV_{14\%}=-800+\frac{300}{1.14}+\frac{300}{1.14^2}+\frac{300}{1.14^3}+\frac{170}{1.14^4}=-2.86\text{（万元）}$$

净现值小于0，说明内含报酬率小于14%，再用13%来试一下：

$$NPV_{13\%}=-800+\frac{300}{1.13}+\frac{300}{1.13^2}+\frac{300}{1.13^3}+\frac{170}{1.13^4}=12.61\text{（万元）}$$

由此可见，内含报酬率应位于13%和14%之间，用插值法的计算公式，可得：

$$IRR=13\%+\frac{12.61-0}{12.61-(-2.86)}\times(14\%-13\%)=13.82\%$$

另外，通过净现值线，也可以找出内含报酬率的大概位置。该项目的净现值线如图6-1所示，净现值线与横坐标的交点在13%和14%之间，说明内含报酬率介于13%和14%之间。但是，要想知道内含报酬率，必须用插值法来进行计算。虽然NPV线是一条曲线，但在13%和14%之间可以近似为一条直线，可以运用相似三角形之间的比例关系来计算内含报酬率的具体数值。

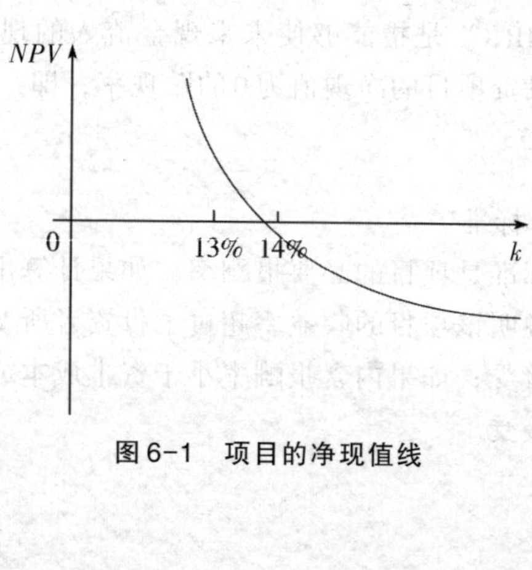

图6-1 项目的净现值线

从上面的计算可知，当贴现率为13%时，净现值为12.61万元；当贴现率为14%时，净现值为−2.86万元，所以内含报酬率大于13%，可以设IRR=13%+x，则：

$$\frac{x}{12.61}=\frac{1\%}{12.61+2.86}$$

计算可得x=0.81%，因此IRR=13.81%。

因为IRR>12%，所以该项目可以被接受。

也可以利用Excel中的函数功能，轻松地计算出内含报酬率。具体方法是：在Excel的“插入”菜单中点击“函数”，然后在函数类别中点击“财务”，选择“*IRR*”函数即可输入各年的现金流量，计算机自动计算在该系列现金流量下的内含报酬率。

用Excel的插入函数计算项目的内含报酬率，既方便，又准确，而且不需要调整，计算出来的结果可直接使用。本章例题中关于内含报酬率的计算，除插值法外，其他均是采用Excel的插入函数计算的。

3.非常规现金流量的内含报酬率

对于具有非常规现金流量的项目，根据内含报酬率的计算方法，可能会得出多个内含报酬率，而无法确定其真实的内含报酬率。非常规项目是指在项目投资开始的年份，净现金流量为负值，投产以后各年的现金流量有时是正值，有时又是负值，即整个项目净现金流量正、负号的改变在一次以上。而常规项目在整个项目计算期内净现金流量的正、负号只改变一次。

【例6-5】某项目各年的净现金流量见表6-6，该项目要求的贴现率为8%，计算该项目的内含报酬率并判断该项目是否可行。

表6-6 **非常规项目的净现金流量** 单位：元

时间	0	1	2
净现金流量	−100 000	250 000	−154 000

显然该项目为非常规项目，其内含报酬率计算如下：

$$-100\ 000+\frac{250\ 000}{1+IRR}-\frac{154\ 000}{(1+IRR)^2}=0$$

通过解方程的方法，可得到该项目有两个内含报酬率，10%和40%。由于该项目要求的贴现率为8%，而两个内含报酬率均大于8%，因此，很容易得出该项目可行的结论。

但是，从该项目的净现值线（如图6-2所示）可以看出，当贴现率大于10%小于40%时，净现值为正，而当贴现率小于10%时，净现值为负。

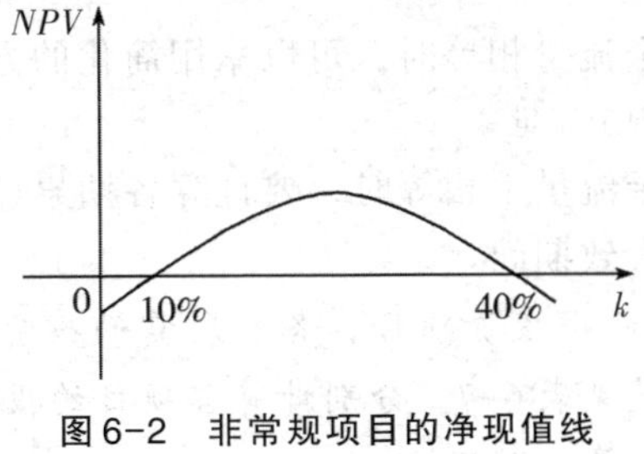

图6-2 非常规项目的净现值线

当贴现率为8%时，该项目的净现值：

$$NPV=-100\ 000+\frac{250\ 000}{(1+8\%)}+\frac{-154\ 000}{(1+8\%)^2}=-548.7\text{（元）}$$

由于净现值为负值，因此该项目不可行。

因此，对于非常规项目，若采用内含报酬率法进行决策，无法得出正确的结论，应采用净现值法进行决策。

4.对内含报酬率法的评价

在现实中，内含报酬率法的应用非常广泛。与净现值法相比，内含报酬率法受到许多人的偏爱，这是因为内含报酬率法比较直观。如果计算出某项目的内含报酬率足够大，肯定能超过该项目的必要收益率，则该项目就可以被认为是一个可行的投资项目，特别是对于新项目来说，由于风险较大，项目的资本成本不确定，从而很难确定项目的净现值，这时使用内含报酬率法可较方便地作出投资决策。

但是，内含报酬率法假定各个项目在其全过程内是按各自的内含报酬率进行再投资而形成增值，而不是按其必要收益率进行再投资而形成增值。这一假定具有较大的主观性，缺乏客观的经济依据，而且内含报酬率法只适用于常规项目，对于非常规项目不能作出正确的决策。因此，内含报酬率法一般不宜单独采用，应与净现值法配合使用。

内含报酬率法和现值指数法也有相似之处，它们都是相对比率。在评估项目时要注意到，相对比率高，绝对数不一定大，反之也一样。这种差异和利润率与利润额的不同是类似的。

6.3.4 投资回收期法

投资回收期，简称回收期（payback period，PP），是指以投资项目的营业现金流量抵偿原始投资所需要的全部时间。回收期越短，项目越有利。

回收期的计算方法是逐年计算出累计现金流量，直至为0时，即为回收期。公式表示为：

$$\sum_{t=0}^{PP} NCF_t = 0$$

式中：NCF_t——各年的净现金流量；

PP——回收期。

投资回收期法的评价标准是目标回收期，目标回收期由企业事先确定。如果项目的回收期小于等于目标回收期，项目就可被接受。

1.投资回收期的计算

①当投资项目各年净现金流量相等时，可以采用简化的方法计算投资回收期。

投资回收期=投资额÷每年净现金流量

②当投资项目各年净现金流量不相等时，要计算各期累计的净现金流量，然后同原始投资额比较，确定回收期的大致期间。

【例6-6】某企业目前有两个投资项目，各自所需的投资额均为12 000元，各个项目在各年所能提供的净现金流量见表6-7。分别计算各项目的投资回收期。

项目A各年净现金流量相等，则：

投资回收期=12 000÷4 500=2.67（年）

表6-7　　各项目的净现金流量　　单位：元

时间	1	2	3	4
项目A	4 500	4 500	4 500	4 500
项目B	5 500	5 000	4 500	4 000

说明项目A经过2.67年可收回全部投资。如果目标回收期是3年，则可接受该项目。

项目B各年净现金流量不相等，可先计算各年累计净现金流量。项目B投资回收期的计算见表6-8。

表6-8　　项目B投资回收期的计算　　单位：元

时间	净现金流量	累计净现金流量
0	−12 000	−12 000
1	5 500	−6 500
2	5 000	−1 500
3	4 500	3 000
4	4 000	7 000

由表6-8可看出，项目B的投资回收期在第2年和第3年之间，在第2年年末，还有1 500元未收回，而第3年的现金流量为4 500元，则：

PP=2+1 500÷4 500=2.33（年）

说明项目B经过2.33年可收回全部投资。如果目标回收期是3年，则可接受该项目。

2.对投资回收期法的评价

投资回收期法的指导思想是回收期越短，企业收回原始投资越快，可使企业资金保持较强的流动性。由于计算比较简单，在实务中颇受欢迎。但是回收期没有考虑资金的时间价值，也没有考虑多期现金流量中包含的风险，而且，目标回收期的选择缺乏客观依据，因此，完全依靠投资回收期法会作出不正确的选择。

虽然投资回收期法没有考虑货币时间价值，但由于它强调流动性，强调尽快收回投资，因此被一些小企业或流动性较差的企业看重。另外，在预测现金流量时，越是后面的现金流量风险越大，越难以预测，而投资回收期法对超过目标回收期的现金流量不予考虑，可在一定程度上控制风险，因此在现实中有很多企业采用投资回收期法进行投资决策。

另外，由于投资回收期法对回收期后的现金流量不予考虑，企业对投资项目的选择容易出现短期行为，有时还会作出错误的决策。

3.动态投资回收期法

为了克服投资回收期法不考虑货币时间价值的缺点，人们提出了动态投资回收期法。动态投资回收期，又称折现投资回收期（discounted payback period，DPP），是以贴现的现金流量为基础而计算的投资回收期。其计算公式如下：

$$\sum_{t=0}^{DPP}\frac{NCF_t}{(1+k)^t}=0$$

式中：k——贴现率；

NCF_t——各年的净现金流量；

DPP——动态投资回收期。

动态投资回收期考虑了货币的时间价值，能反映前后各期净现金流量高低不同的影响，实际上是当项目的净现值为零时所需要的时间。

【例6-7】以【例6-6】的项目B为例，设贴现率为10%，计算项目B的动态投资回收期。

动态投资回收期的计算见表6-9。

表6-9 **动态投资回收期的计算** 单位：元

时间	净现金流量	贴现的净现金流量	累计贴现的净现金流量
0	-12 000	-12 000	-12 000
1	5 500	5 000	-7 000
2	5 000	4 132	-2 868
3	4 500	3 381	513
4	4 000	2 732	3 245

从表6-9中可以看出，项目B的动态投资回收期在第2年与第3年之间，则：

DPP=2+2 868÷3 381=2.85（年）

可见，考虑了货币的时间价值后，项目的动态投资回收期要比投资回收期长。但是，和投资回收期法一样，动态投资回收期法不考虑回收期后的现金流量，当未来出现负的现金流量时，可能作出错误的投资决策。

6.3.5 平均会计收益率法

平均会计收益率（AAR）法是以平均会计收益率为决策指标的一种投资评价方法。平均会计收益率，又称投资收益率，是指年平均净收益与平均投资额的比值。

$$AAR=\frac{\text{年平均净收益}}{\text{平均投资额}}\times 100\%$$

式中：年平均净收益是指年平均净利润；平均投资额=原始投资额÷2。

平均会计收益率法的评价标准是预定的投资收益率，如果当年的平均会计收益率大于期望的投资收益率，则该投资方案是可行的，而且平均会计收益率越大，投资方案越好。

【例6-8】现有3个项目，投资额均为10 000元，其各年的净收益见表6-10，计算各方案的平均会计收益率。

表6-10 **各项目的净收益** 单位：元

时间	1	2	3	4
项目A	3 000	2 500	2 000	1 500
项目B	3 000	3 000	3 000	3 000
项目C	1 500	2 000	2 500	3 000

各项目的平均会计收益率分别为：

项目A：[（3 000+2 500+2 000+1 500）÷4]÷（10 000÷2）×100%=45%

项目B：[（3 000+3 000+3 000+3 000）÷4]÷（10 000÷2）×100%=60%

项目C：[（1 500+2 000+2 500+3 000）÷4]÷（10 000÷2）×100%=45%

如果预期的投资收益率为50%，则项目B可行，而项目A和项目C均不可行。

平均会计收益率法的优点是：简单明了，易于理解和掌握；使用财务报告的数据，容易取得；考虑了整个项目寿命期的全部利润；通过计算平均会计收益率，将有关项目的总收益同其平均投资额紧密地联系起来，能较好地衡量各有关项目的经济效果。正因为如此，这种方法在实际工作中应用较广泛。

但是这种方法也有明显的缺点。首先，它没有考虑货币时间价值因素的影响，把不同时期的货币价值等量齐观。如上例中，项目A和项目C净收益的总额虽然相同，都是9 000元，但项目A逐年的净收益表现为递减数列，即前期收益大，后期收益小；而项目C刚好相反，其净收益为递增数列。如果考虑货币时间价值，即考虑净收益实现的时间先后，项目A的净收益显然大于项目C，比项目C有较高的投资效果，但二者的平均会计收益率是相等的。其次，该法只考虑净收益的作用，而没有全面考虑折旧和摊销对净现金流量的影响，不能全面、正确地评价投资项目的经济效果。

◎ 6.4　特殊情况下的项目投资决策

6.4.1　互斥项目的投资决策

互斥项目，是指接受一个项目就必须放弃另外一些项目的情况。通常，它们是为解决一个问题设计的多个备选方案。例如，为了生产一个新产品，可以选择进口设备，也可以选择国产设备，它们的使用寿命、购置价格和生产能力均不同，企业只需购买其中之一就可解决目前的问题，而不会同时购置。

面对互斥项目，仅仅评估哪一个项目方案是否可以接受是不够的，它们都有正的净现值。现在需要知道哪一个更好些。如果一个项目方案的所有评估指标都比另外项目方案好一些，在选择时不会有什么困扰。问题是这些评估指标出现矛盾时，如何选择？

评估指标出现矛盾的原因有3种：一是初始投资额不同；二是现金流时间分布不同；三是项目寿命期不同。

1.初始投资额不同的互斥方案

在比较多个相互排斥的项目时，常常会遇到初始投资额不等的投资决策问题，因此企业面临这样的问题：当一个方案的投资额大于另一个方案的投资额时，利用净现值法和内含报酬率法进行决策可能得出不同的结论，是不是内含报酬率越大的项目越好呢？根据什么来判断企业应当多花一些资金来采用初始投资额大的项目呢？

其答案是，对于多个内含报酬率都超过资本成本的互斥项目，不能认为内含报酬率越大越好，这时需要采用差额投资净现值法来进行决策。

【例6-9】某电影制片厂拟投资拍摄一部电影，现有两种不同的意见，一种意见是大制作，需投资500万元，1年后产生现金流量625万元；另一种意见是小制作，需投资100万元，1年后产生现金流量150万元。该厂的资本成本为10%，请计算两个方案的净现值和内含报酬率，并作出投资决策。

经计算，得到小制作方案的净现值为36.36万元，内含报酬率为50%；大制作方案的净现值为68.18万元，内含报酬率为25%。

对于小制作方案来说，内含报酬率较高，但净现值较低，而大制作方案的内含报酬率较低，净现值却较高，在这种情况下，很难说哪个方案更优。出现这种情况的原因是用内含报酬率法计算出来的内含报酬率是一个百分比，忽略了项目的原始投资额，如果不考虑项目的投资额，一个内含报酬率为50%的项目当然要优于内含报酬率为25%的项目。但是，净现值法计算出来的是投资报酬的绝对值，投资项目的净现值反映了该项目能够为企业增加的价值。这时，可采用差额投资净现值法来进行决策。

差额投资净现值法，是指对两个原始投资额不同的方案，计算其差额净现金流量，在此基础上计算其净现值。对于以上两个方案，可以把大制作方案看成两个方案之和：第一个方案是小制作方案；第二个是宣传推广方案，如邀请知名演员加入，扩大宣传推广力度等，用于宣传推广方案的投资额为大制作方案和小制作方案之差，即400万元，其现金流量也为两个方案之差，即1年后产生475万元的现金流量，现在只需计算宣传推广方案的净现值，如果该方案的净现值大于0，那么可以投资该方案，即应选择大制作方案，如果宣传推广方案的净现值小于0，那么不能投资该方案，企业应选择小制作方案。

宣传推广方案的净现值为：

$$NPV=-400+\frac{475}{1+10\%}=31.82\text{（万元）}$$

宣传推广方案的净现值大于0，说明可以进行投资，因此该企业应投资大制作方案。这个结论和净现值法的决策结论是一致的。

因此，当两个互斥方案的原始投资额不同时，企业应直接采用净现值法进行决策，选择净现值较大的方案，从而达到增加企业价值的目的。

2.现金流时间分布不同的互斥方案

在两个互斥方案中，如果一个方案在前期现金流入较多，另一个方案在后期现金流入较多时，用净现值法和内含报酬率法进行决策也可能出现矛盾。

【例6-10】某企业要在以下两个投资项目中选出一个进行投资，该企业的资本成本为10%，两项目的预计现金流量见表6-11，请计算这两个项目的净现值、内含报酬率和回收期，并作出投资决策。

表6-11 **两个项目的现金流量** 单位：万元

时间	0	1	2	3	4	5	6
项目A	-250	100	100	75	75	50	25
项目B	-250	50	50	75	100	100	125

由计算可知，项目A的内含报酬率为22.08%，净现值为76.29万元，回收期为2.67年；项目B的内含报酬率为20.01%，净现值为94.08万元，回收期为3.75年。从内含报酬率来看，项目A优于项目B；从净现值来看，项目B优于项目A，从回收期来看，项目A优于项目B。这主要是因为项目A在前期的现金流入较多，而项目B在后期的现金流入较多。此时无法判断哪个项目更优。

可以通过图6-3的*NPV*线来比较这两个项目的内含报酬率和净现值。

由图6-3可知，两个项目的*NPV*线在k=15.40%处相交，这说明，当该企业的资本成本为15.40%时，两个项目的净现值相等，均为37.86万元；当该企业的资本成本小于15.40%时，项目B的净现值大于项目A的净现值；当该企业的资本成本大于15.40%时，项目A的净现值大于项目B的净现值。

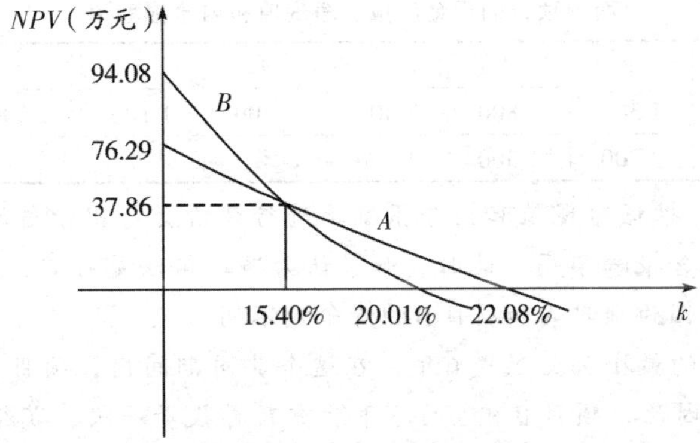

图6-3　两个项目的内含报酬率和净现值

产生【例6-10】这种差异的原因是，净现值法是假定项目投资过程中产生的净现金流量进行再投资时，会产生与该项目的资本成本相同的收益率；而内含报酬率法是假定项目投资过程中所产生的净现金流量进行再投资时，会产生与该项目的内含报酬率相同的收益率。

这时，仍可以采用差额投资净现值法进行决策，具体计算见表6-12。

表6-12　**两个项目的差额现金流量**　单位：万元

时间	0	1	2	3	4	5	6
项目A	-250	100	100	75	75	50	25
项目B	-250	50	50	75	100	100	125
项目A-项目B	0	50	50	0	-25	-50	-100

经计算，差额现金流量的净现值为-17.79万元，不应投资，即该企业不应投资项目A，而应投资项目B。这与净现值法的决策结论是一致的。

总结一下，当互斥方案的现金流量模式不同时，企业可以直接采用净现值法进行决策。虽然用净现值法决策和其他方法决策，可能得出不同的结论，但本着增加企业价值的目的，应选择净现值最大的项目。

3.项目寿命期不同的互斥方案

项目寿命期不同时，不能对它们的净现值、内含报酬率及获利指数进行直接比较。为了使投资项目的各项指标具有可比性，要设法使其在相同的寿命期内进行比较。可采用的方法有共同年限法和年均净现值法。

（1）共同年限法

如果两个互斥项目不仅投资额不同，而且项目期限也不同，则其净现值没有可比性。例如，一个项目投资3年创造了较少的净现值，另一个项目投资6年创造了较多的净现值，后者的盈利性不一定比前者好。

共同年限法的原理：假设投资项目可以在终止时进行重置，通过重置使两个项目达到相同的年限，然后比较其净现值。该方法也称为最小公倍寿命法。

【例6-11】现有相互排斥的投资项目A和项目B，项目A的寿命期为6年，项目B的寿命期为3年，资本成本均为10%。其现金流量、净现值和内含报酬率见表6-13。

表6-13 两个项目的现金流量、净现值和内含报酬率 金额单位：万元

时间	0	1	2	3	4	5	6	NPV	IRR
项目A	-4 000	1 300	800	1 400	1 200	1 100	1 500	1 244.1	19.73%
项目B	-1 780	700	1 300	1 200				832.3	32.67%

由表6-13可知，根据净现值和内含报酬率进行评价会得出矛盾的结论。项目A的净现值大，项目B的内含报酬率高。此时，如果认为净现值法更可靠，项目A一定比项目B好，但这是不对的，因为项目A和项目B的寿命期不同。

项目A和项目B的最小公倍数是6年，在这个共同期间内，项目A可以投资1次，项目B可以投资2次。因此，项目B相当于3年后重新再投资一次，获得与现在投资同样的净现值。在6年的共同期限下，项目B净现值为：

$$NPV=832.3+\frac{832.3}{1.1^3}=1\,457.62\text{（万元）}$$

通过比较可知，项目B优于项目A。

共同年限法的优点是易于理解，缺点是有时共同比较期的计算可能很复杂。例如一个项目的寿命是9年，另一个项目是11年，那么共同期限为99年，计算会非常复杂，但真正的恐怖来自预计99年后的现金流量。我们没有能力和信心可以预计如此遥远的数据，尤其是重新投资的原始数据，技术进步和通货膨胀几乎总会发生变化，使得该数据更加难以预测。此时，可以使用年均净现值法。

（2）年均净现值法

年均净现值法是把投资项目在寿命期内中的净现值转化为每年的平均净现值，并进行比较分析的方法。

在【例6-11】中，项目A的净现值为1 244.1万元，项目B的净现值为832.3万元，则：

项目A的年均净现值=1 244.1÷（P/A，10%，6）=285.7（万元）

项目B的年均净现值=832.3÷（P/A，10%，3）=334.7（万元）

比较年均净现值，项目B优于项目A，结论与共同年限法一致。

共同年限法与年均净现值法也有区别。共同年限法比较直观，易于理解，但预计现金流量的工作比较困难。年均净现值法应用简单，但不便于理解。

6.4.2 固定资产更新决策

固定资产更新是对技术上或经济上不宜继续使用的旧资产，用新的资产更换，或用先进的技术对原有设备进行局部改造。固定资产更新决策主要研究两个问题：一个是决定是否更新，即继续使用旧资产还是更换新资产；另一个是决定选择什么样的资产来更新。实际上，这两个问题是结合在一起考虑的，如果市场上没有比现有设备更适用的设备，那么就继续使用旧设备。由于旧设备总可以通过修理继续使用，因此固定资产更新决策实际上是对继续使用旧设备与购置新设备所作出的选择。

1.固定资产的平均年成本

固定资产更新决策不同于一般的投资决策。一般来说，设备更换并不改变企业的生产能力，不增加企业的现金流入，因此更新决策的现金流量主要是现金流出，即使有少量的

残值变价收入，也属于支出抵减，而非实质上的现金流入增加。

【例6-12】某企业考虑用一台新的、效率更高的设备来代替旧设备，以减少成本增加。该企业的所得税税率为25%，资本成本为10%，其余相关数据见表6-14。

表6-14 新旧设备资料 金额单位：万元

项目	新设备	旧设备
原值	220	250
已经使用年限（年）	0	3
尚可使用年限（年）	8	5
年折旧额	25	30
目前变现价值		140
税法残值	20	10
年运行成本（税前）	25	35
最终报废残值	30	5

新设备与旧设备的未来使用年限不同，这时应把新旧两种设备看作互斥方案。由于没有适当的现金流入，因此无论哪个项目都不能计算净现值和内含报酬率。可以假设新旧设备下产品的收入相同，那么成本较低的项目是好项目。但是在例子中是否可以通过比较两个项目的总成本来判别项目的优劣呢？答案是不可以。因为旧设备尚可使用5年，而新设备可使用8年，两个项目取得的产出并不相同。因此，应当通过计算各个设备的平均年成本，即获得1年的生产能力所付出的代价，据此来对固定资产更新作出决策。具体计算过程见表6-15。

表6-15 新旧设备的现金流量 单位：万元

项目	新设备	旧设备
①设备投资（或变价收入）	−220	−140
②变现净损失减税	—	−5
③年运行成本	−25	−35
④年运行成本抵税	6.25	8.75
⑤年折旧抵税	6.25	7.50
⑥年运行净流量③+④+⑤	−12.50	−18.75
⑦残值变价收入价值	30	5
⑧残值净收益纳税	−2.5	—
⑨残值净损失减税	—	1.25
成本总现值		

注：

旧设备的变现净损失=（250−3×30）−140=20（万元）

旧设备的变现净损失减税=20×25%=−5（万元）

新设备的成本总现值=−220−12.5×（*P/A*，10%，8）+30×（*P/F*，10%，8）−2.5×（*P/F*，10%，8）
=−273.86（万元）

旧设备的成本总现值=−140−5−18.75×（*P/A*，10%，5）+5×（*P/F*，10%，5）+1.25×（*P/F*，10%，5）
=−212.20（万元）

使用新设备的年平均成本=273.86÷（*P/A*，10%，8）=51.33（万元）

继续使用旧设备的年平均成本=212.20÷（*P/A*，10%，5）=55.98（万元）

通过上述计算可知，使用新设备的平均年成本较低，故应该用新设备更换旧设备。

2.固定资产更新决策的注意问题

从决策性质上看，固定资产更新属于相互排斥的投资项目决策，而不是一个更换固定资产的特定项目。也就是说不能将旧设备的变现价值作为购置新设备的一项现金流入。如果购置新设备，将形成一系列的现金流出；如果继续使用旧设备，现在出售旧设备的变现价值以及因出售旧设备的变现净损失而少缴纳的所得税都无法实现，它们共同成为继续使用旧设备的机会成本，如在表6-15中旧设备的第①项和第②项现金流。

6.4.3 资本限额决策

上面所讲的是互斥项目的排序问题，接下来讨论独立投资项目的排序问题。独立项目是指被选项目之间是相互独立的，采用一个项目不会影响其他项目的采用或不采用。一般而言，如果企业的资金充足，独立项目的净现值为正或内含报酬率大于资本成本的项目，都可以增加股东财富，都应当被采用。但是实际上企业的资本预算规模往往受到资金有限的约束，这种状况称为资本限额。这时需要考虑将有限的资本分配给哪些项目。

一般来说，资金规模约束主要有3个原因：第一，企业管理层可能认为资本市场的条件暂时不利，例如在股市处于低迷状况，股价偏低，而较高的市场利率又导致较高的融资成本，因此，企业既不愿意借债，也不愿意发行股票。第二，企业也许缺少有能力的管理人员实施新的投资项目，这种情况通常发生在项目的技术含量较高的时候。第三，出于对不可预计因素的考虑，例如企业的管理层害怕负债，希望避免还本付息。

在资本限额投资决策中，为了简化分析工作，应该找到众多方案中较好的几个方案，缩小选择范围。为此，有必要首先将各待选方案按优劣顺序进行排队，以便挑选。由于各方案的投资额大小不一，为简便起见，以各方案的现值指数的大小作为排序的标准。因为PI越高，说明等额投资带来的净现值越大，企业应优先选择。组合排队法的最终目标是，选出能使各方案净现值总额达到最大的组合。组合排队法的具体程序如下：

（1）以各方案现值指数的大小为准排序，现值指数最大的排在第1位，其他依次排列，逐次计算累计投资额，并与限定的投资总额进行比较。

（2）如果截止到第j个项目时，累计投资总额恰好等于限定的投资总额，则第1个至第j个项目的组合就是最优投资组合。

（3）若在排序过程中未能找到最优投资组合，还须按下列方法进行必要的修正。

①当排序中发现第j项的累计投资额首次超过限定投资额，而删除该项后，顺延的项目的累计投资额却小于或等于限定投资额时，可将第j项与第j+1项交换位置，计算其累计投资额。这种交换可连续进行。

②当排序中发现第j项的累计投资额首次超过限定投资额，又无法与下一项交换，可将第j项与第j–1项交换位置，继续计算累计投资额。这种交换也可以连续进行。

③若经过反复交换，已不能再进行交换时，仍不能找到能使累计投资额恰好等于限定投资额的项目组合，可以最后一次交换后的项目组合作为最优投资组合。

总之，多方案比较决策的主要依据，就是能否保证在充分利用资金的前提下，获得尽可能多的净现值总量。

【例6-13】某企业现有以下7个投资方案可供选择，若7个方案都投资，需要初始投资额1 300万元，但该企业规定的资本限额为650万元，请问应选择哪几个项目投资。

可供选择的投资项目见表6-16。

表6-16 可供选择的投资项目 金额单位：万元

项目编号	初始投资额	净现值	现值指数
A	50	10	1.20
B	100	130	2.30
C	100	110	2.10
D	150	100	1.67
E	250	80	1.32
F	300	400	2.33
G	350	150	1.43
合计	1 300	980	

首先对这7个方案的现值指数进行排队，见表6-17。

表6-17 组合排队法的初选结果 金额单位：万元

项目编号	现值指数	初始投资额	净现值	累计投资额	累计净现值
F	2.33	300	400	300	400
B	2.30	100	130	400	530
C	2.10	100	110	500	640
D	1.67	150	100	650	740
G	1.43	350	150	1 000	890
E	1.32	250	80	1 250	970
A	1.20	50	10	1 300	980

当按顺序进行到项目D时，累计投资额等于650万元。因此，企业应选择项目F、B、C和D进行投资，它们的累计净现值为740万元。

◎6.5 不确定性投资决策

前面的分析都假设项目的现金流量是可以确定的，但实际上投资项目总是有风险的，项目未来的现金流量总会具有某种程度的不确定性。如何处置项目的风险是一个很复杂的问题，必须非常小心。

进行不确定性投资分析有两类方法。第一类方法为风险调整法，即对项目的风险因素进行调整，主要包括调整未来现金流量和调整贴现率两方面内容，前者是调整净现值计算公式的分子，后者是调整净现值计算公式的分母。第二类方法是对项目的基础状态的不确定性进行分析，主要包括敏感性分析和情景分析，这类方法通过研究投资基础状态变动对投资结果的影响程度进行分析。

6.5.1 肯定当量法——调整现金流量法

肯定当量法，是把不确定的现金流量用肯定当量系数调整为肯定的现金流量，然后用无风险的收益率作为贴现率计算其肯定当量净现值的方法。

$$肯定当量净现值=\sum_{t=0}^{n}\frac{a_t\times 现金流量期望值}{(1+无风险收益率)^t}$$

式中：a_t——t年现金流量的肯定当量系数，它介于0和1之间。

肯定当量系数，是指不肯定的现金流量期望值相当于使投资者满意的肯定的现金流量的系数。有风险的现金流量乘以肯定当量系数得到肯定当量现金流量，或者说去掉了现金流量中有风险的部分，使之成为"安全"的现金流量。由于现金流量中已经没有任何风险，因此只能用无风险收益率对其进行贴现。

经验研究表明，现金流量的变异系数与其肯定当量系数之间存在着一定的关系，其关系见表6-18。对于不肯定的现金流量来说，可首先判断其概率分布，计算出该现金流量的期望值和标准差，而其标准差与期望值之比即为变异系数。然后利用表6-18查出其相应的肯定当量系数，从而把不肯定的现金流量换算为肯定的现金流量。

表6-18　现金流量的变异系数与其肯定当量系数

变异系数（标准离差率）	肯定当量系数
0~0.07	1
0.08~0.15	0.9
0.16~0.23	0.8
0.24~0.32	0.7
0.33~0.42	0.6
0.43~0.54	0.5
0.55~0.70	0.4
…	…

6.5.2 风险调整贴现率法

风险调整贴现率法是更为实际、更为常用的风险处置方法。这种方法的基本思路是对高风险的项目，应当采用较高的贴现率计算净现值。

$$调整后的净现值=\sum_{t=0}^{n}\frac{预期现金流量}{(1+风险调整贴现率)^t}$$

风险调整贴现率是投资者要求的必要收益率，项目风险越大投资者要求的必要收益率越高。这种方法的理论根据是资本资产定价模型，计算公式为：

风险调整贴现率=无风险收益率+项目的β系数×（市场平均收益率-无风险收益率）

通过对肯定当量法和风险调整贴现率法的比较，可发现以下规律：

（1）肯定的现金流量要用无风险贴现率进行贴现；

（2）有风险的现金流量要用风险调整贴现率进行贴现。

因此，使用无风险贴现率计算方案的净现值时，必须将不肯定的现金流量换算为肯定当量现金流量；而直接对有风险的现金流量进行贴现时，就必须对贴现率中所包含的风险进行调整，即必须使用风险调整贴现率。

肯定当量法在理论上受到好评。该方法对时间价值和风险价值分别进行调整，先调整风险，然后把肯定现金流量用无风险收益率进行折现。对不同年份的现金流量，可以根据风险的差别使用不同的肯定当量系数进行调整。

风险调整贴现率法在理论上受到批评，因其用单一的贴现率同时完成风险调整和时间调整。这种做法将货币时间价值和投资风险混为一谈，尤其是用于远期投资的现金流量贴现时，贴现过程的算法会重复计算这个风险贴现率，亦即意味着风险随着时间的推移而加大，从而夸大了风险。这可能与事实不符，事实上大多数投资项目的风险随着时间的延续会降低，有效的方法是不断地调整风险附加值，并分阶段计算项目的净现值，但这样会加大计算的难度。

实务上普遍的做法是，根据项目的系统风险调整贴现率及资本成本，而用项目的特有风险调整现金流量。

6.5.3 敏感性分析法

鉴于长期投资的特性，相关因素预测值的准确性会不同程度地受到各种不确定的主客观条件变化的影响和约束，这时候就需要进行敏感性分析。

投资项目的敏感性分析，是假定其他变量不变的情况下，测定某一相关因素的变动，对反映项目投资效果的评价指标（净现值、现值指数、内含报酬率等）的影响程度。进行敏感性分析的目的，在于使人们预见到各相关因素在多大范围内变动时，不会影响原来结论的有效性。当相关因素的变动超过一定范围时，原来的结论就不得不进行修正。所以，有必要对主要经济指标进行敏感性分析，以掌握各项预期参数值变动对经济指标的影响程度，避免对原有评价指标的预期值作绝对化的理解，事先考虑较为灵活的对策和应变措施，在工作中争取主动，尽量避免决策中的失误。

1.敏感性分析的方法

标准的敏感性分析是假定其他变量均处于正常值，计算某一变量发生变化时的可能净现值，借此可以检测出净现值对某一变量的敏感度。

敏感性分析的主要步骤是：

（1）给定计算净现值的每项参数的期望值。计算净现值时需要使用原始投资额、预计的销售收入、成本和费用、资本成本等参数，即它们的预期值。

（2）根据参数的预期值计算净现值，由此得出的净现值称为基准净现值。

（3）选择一个变量，给定一个假设的变化幅度，并计算净现值的变动。例如，销售收入提高5%，重新计算项目的净现值，并确定净现值的变动百分比。

（4）依次对其他变量重复进行步骤（3），分别计算出这些变量对项目的净现值的影响。

（5）列出敏感性分析表或画出敏感性分析图，找出最敏感的参数。

【例6-14】 某企业准备投资一个新项目，假设影响该项目收益变动的因素主要是销售收入、单位成本以及资本成本，现以该项目的基准净现值为基数值，计算以上各因素围绕基数分别增减10%、15%（每次只有一个因素变化）时的新净现值。表6-19和图6-4描述了销售收入、单位成本和资本成本单独变动对项目净现值的影响。

表6-19　　各项因素变动对项目净现值的影响　　金额单位：元

因素变动百分比	销售收入	单位成本	资本成本
15%	84 136	19 019	43 752
10%	75 418	32 507	48 356
预期基数	57 903	57 903	57 903
−15%	40 243	83 224	68 026
−10%	32 068	95 151	73 306

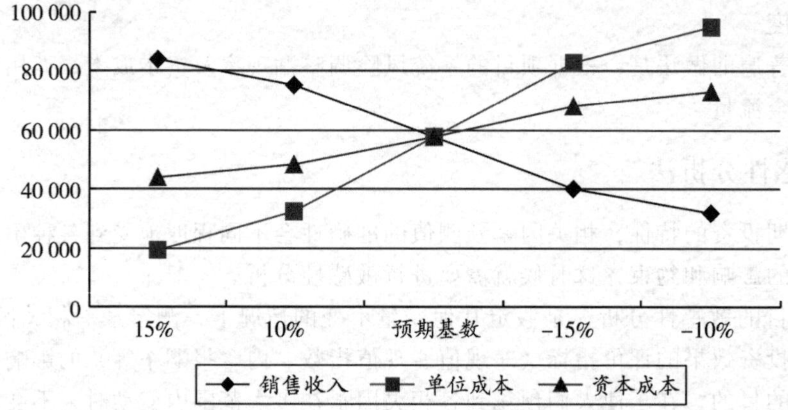

图6-4　项目净现值对销售收入、单位成本和资本成本的敏感度

从图6-4中可以看出，净现值对单位成本最为敏感（斜率较大），其次为销售收入，资本成本对净现值的影响最小。

2.敏感性分析法的优缺点

敏感性分析法是一种最常用的风险分析方法，计算过程简单，易于理解。通过敏感性分析，有助于决策者了解项目决策需要重点分析与控制的因素。

敏感性分析法的局限性在于：首先，在其分析过程中，只允许一个变量发生变动，而假设其他变量保持不变，但在现实中这些变量通常是相互关联的，会一起发生变动，但是变动的幅度不同。其次，该分析方法每次测定一个变量变化对净现值的影响，提供了一系列分析结果，但没有给出每一个结果发生的概率。

6.5.4 情景分析法

情景分析实际上是一种变异的敏感性分析，主要考察一些可能出现的不同情景，然后在每种情景下，对各变量进行估计。在这种情况下，采用情景分析可消除敏感性分析所存在的问题。在情景分析法中，每种情景允许多个变量一起变化，同时考虑不同情景下关键变量出现的概率。

情景分析一般设定3种情况：基准情况，即最可能出现的情况；最坏情况，即所有变量都处于不利水平；最好情况，即所有变量都处于最理想水平。通常假定基准情况出现的概率为50%，最坏和最好情况出现的概率各为25%。实际的概率分布可能并非如此，但这样的估计并不妨碍我们发现风险分析中的主要问题。

【例6-15】假设某投资项目需购买一台设备，支付全额240万元，设备寿命期为6年，没有残值，采用直线法计提折旧。项目的资本成本为10%，所得税税率为25%。其他相关信息见表6-20，具体计算过程见表6-21。

表6-20　　投资项目的相关信息

项　目	基准	最坏	最好
概率	0.5	0.25	0.25
销售量（万件）	7	6	8
单价（元/件）	85	82	87
单位变动成本（元/件）	60	65	55
年固定成本（不含折旧）（万元）	60	70	50

表6-21　　投资项目的计算过程　　单位：万元

项　目	基准	最坏	最好
收入	595	492	696
变动成本	420	390	440
固定成本	60	70	50
折旧	40	40	40
税前利润	75	-8	166
所得税	18.75	0	41.50
净利润	56.25	-8	124.50
年营业现金流量	96.25	32	164.50
年营业现金流量总现值	419.20	139.37	716.45
初始投资	-240	-240	-240
净现值	179.20	-100.63	476.45
期望净现值合计	183.56		

注：年金现值系数（P/A，10%，6）=4.3553

从表6-21可以看出，项目的净现值在-100.63万元~476.45万元之间波动，最坏情况的净现值为-100.63万元，最好情况的净现值为476.45万元。期望净现值为183.56万元，总体上项目有望盈利。

情景分析法的局限性在于它只考虑有限的几个离散状况，其分析结果不能完全反映项目的风险状况，估计几个情景的出现概率，有一定的主观性，需要经验和判断。

本章小结

项目投资具有投资金额大和风险大的特点，必须以预先估计的现金流量为基础，采用科学的方法和程序，针对不同种类项目的特点谨慎决策。

进行项目投资决策时非常重要的一步是估计项目的增量现金流量。增量现金流量，是指与不投资这个项目相比，当企业对该项目进行投资时所发生的现金流量的差额，企业在对投资项目进行评估时，只有增量现金流量才是相关的。投资项目的全部现金流量包括3个组成部分：初始现金流量、存续期现金流量和终结点现金流量。

估计出现金流量后，就要计算相应的投资决策指标，包括两类：一是贴现指标，主要包括净现值、内含报酬率以及现值指数等；二是非贴现指标，主要包括投资回收期和平均会计收益率等。净现值法是最常使用的投资决策方法之一。内含报酬率法也是企业常用的投资决策方法，比较直观，但是应与净现值法配合使用。

对于独立方案而言，通过计算其各种投资决策指标来判断是否可行。对于互斥方案而言，如果其需要的投资额不同，或现金流量的模式不同，可以采用差额投资净现值法来进行决策，也可直接采用净现值法进行决策，两种方法的结论一样。当互斥方案的寿命周期不同时，可以使用共同年限法或年均净现值法来进行决策。

对于固定资产更新决策而言，如果新旧固定资产的使用年限相同，这时可以比较它们的现金流出的净现值，也可以把新固定资产作为一个独立方案计算其增量现金流量的净现值。如果拟更新的固定资产与旧固定资产的使用年限不同，这时可以把新旧两个固定资产作为互斥方案，比较其平均年成本。

由于投资项目总是存在一定的风险，因此必须考虑不确定情况下的投资决策。不确定情况下的投资决策方法有：肯定当量法、风险调整贴现率法、敏感性分析法、情景分析法等。

推荐读物

[1] 陶亚文，余波．贴现原理的再认识：对净现值和内含报酬率理性选择的新思考[J]．会计研究，1998（12）：29-34.

[2] 高亚莉，贾康．财政投资项目绩效评价：基于修正的成本-效益分析法[J]．财会月刊，2022（9）：130-137.

[3] 马世昌，李尚怡，杨云帆．参与PPP项目如何影响社会资本方企业投资效率[J]．会计之友，2023（9）：73-82.

[4] 陈海贝，赵湘莲．多方博弈视角下绿色金融投资项目风险管理[J]．财会月刊，2021（1）：121-129.

[5] 景世中．投资评审视角下PPP项目跟踪审计研究[J]．财会通讯，2024（11）：118-122.

本章练习

一、思考题

1.如何理解增量现金流量？如何预测和估计投资项目的现金流量？

2.净营运资金在投资项目寿命期内是如何变化的？对项目的现金流量有什么影响？

3.利用净现值法和内含报酬率法评价投资项目时，在什么情况下会产生不一致的结论？

4.在比较两个或两个以上的投资项目时，如果投资项目相互独立，应该如何决策？如果投资项目相互排斥，又应该如何决策？

5.投资项目的风险调整法对项目净现值会产生什么影响？这两种方法设计的核心思想是什么？

二、练习题

1.某公司正在开会讨论是否投产一种新产品，对以下收支发生争论。你认为不应列入该项目评价的现金流量有哪些？

A.新产品投产需要占用营运资本80万元，它们可用公司现有周转资金解决，不需要另外筹集。

B.该项目利用现有未充分利用的厂房和设备，如将该设备出租可获收益200万元，但公司规定不得将生产设备出租，以防止对本公司产品形成竞争。

C.新产品销售会使本公司同类产品减少收益100万元；如果本公司不经营此产品，竞争对手也会推出此新产品。

D.动用为其他产品储存的原料约200万元。

2.两个互斥项目的预期现金流量见表6-22。

表6-22　　互斥项目的预期现金流量　　单位：元

时间	0	1	2	3	4
项目A	-10 000	5 000	5 000	5 000	5 000
项目B	-10 000	0	0	0	30 000

要求：

（1）请计算这两个项目各自的内含报酬率。

（2）如果必要收益率为10%，请计算项目A和项目B的净现值。

（3）你会选择哪个项目，为什么？

3.某企业拟进行一项固定资产投资，投资额为2 000万元，分2年投入，该项目的现金流量表（部分）见表6-23。

表6-23 现金流量表（部分） 单位：万元

项目＼时间	建设期		经营期					合计
	0	1	2	3	4	5	6	
净收益			−300	600	1 400	600	600	2 900
净现金流量	−1 000	−1 000	100	1 000	（B）	1 000	1 000	2 900
累计净现金流量	−1 000	−2 000	−1 900	（A）	900	1 900	2 900	—
折现净现金流量（资本成本为6%）	−1 000	−943.4	89	839.6	1 425.8	747.3	705	1 863.3

要求：

（1）计算表6-23中用英文字母表示的项目的数值。

（2）计算投资回收期、折现回收期、会计收益率、净现值、现值指数、内含报酬率。

三、综合案例

ABC公司正考虑为工厂重置一台产品的包装机。该公司目前正在使用的包装机账面净值为100万元，并在今后的5年中继续以直线法计提折旧直到账面净值变为零。工厂的工程师估计老机器尚可使用10年。如果新购置一台包装机，其价格为500万元，计划在10年内以直线法计提折旧直到账面净值变为50万元。新机器比旧机器每年可节约150万元的税前经营成本。

ABC公司估计，旧包装机能以25万元的价格卖出。除了购置成本外，新机器还将发生60万元的安装成本，其中50万元要和购置成本一样资本化，剩下的10万元可立即费用化。因为新机器运行比老机器快得多，所以要为新机器平均增加3万元的原材料库存，同时因为商业信用，应付账款将增加1万元。

管理人员相信尽管10年后新机器的账面净值为50万元，但可能只能以30万元转让出去，届时还要发生4万元搬运费和清理费。假设ABC公司的边际税率是25%，加权平均资本成本为12%。

讨论：

（1）请说明在评价项目时，为什么不考虑旧机器的原始购置价格。

（2）计算重置包装机的税后增量现金流量。

（3）重置包装机项目的净现值是多少？

（4）根据你的分析，你认为ABC公司是否应该重置包装机？请解释原因。

立德树人

加快建设新型能源体系，必须始终坚持胸怀天下的基本原则，积极顺应经济全球化趋势，深化拓展“一带一路”能源合作，务实推进高水平对外开放，努力扩大与世界各国的合作共赢，切实保障开放条件下的国家能源安全。当前，我国已经与90多个国家（地区）和国际组织建立了双多边合作机制，在共建“一带一路”国家的能源项目投资占总投资的比重超过40%，同100多个国家和地区开展绿色能源项目合作，能源国际合作成为中国特色大国外交的重要组成部分。特别是新能源汽车、锂电池和光伏产品“新三样”备受国际市场欢迎，2023年出口增长近30%，为国际社会提供了优质高效的新能源设备和产品。但也要看到，当今世界并不太平，能源商品价格走势存在较大变数。越是面对动荡变革的世界，越要有居安思危、未雨绸缪的风险意识，越要加强国际合作。中国能源行业对外开放的大门不会关闭、只会越开越大，我们愿同世界同行一道进一步加强公平合作，努力寻求促进互利共赢的最大公约数，共同分享中国式现代化和世界发展进步给能源行业带来的新机遇新红利。

（资料来源：中共国家能源局党组.加快建设新型能源体系 提高能源资源安全保障能力［N］. 中国电力报，2024-06-03.）

思考：我国在共建“一带一路”国家的能源项目投资中体现了怎样的大国担当？

第7章 证券投资管理

导读

马科维茨（Harry M. Markowitz）因在投资组合理论上作出突出贡献而于1990年获得诺贝尔经济学奖。关于他工作的原创性，有一个很有趣的小故事。据说他的博士论文答辩不是一帆风顺的。答辩开始仅仅两分钟，Friedman就打断了他的答辩。他说："我不觉得论文中的数学有什么错误，但这不是经济学论文，我们无法给你经济学博士学位。你做的工作不属于经济学范畴，不属于工商管理范畴，也不属于数学范畴。"然后Maschak附和道："也不是文学。"马科维茨最终还是通过了博士答辩，拿到了芝加哥大学的博士学位。半个世纪之后，Friedman仍然坚持他当年的评论没有错，他说："马科维茨研究的领域确实不是经济学，不是数学，也不是商学。它是一个完全不同的学科，就是金融学。"今天，我们通常认为马科维茨的研究是现代金融学的开端。

学习目标

通过本章学习，理解并掌握债券估值的基本原理及债券投资活动，理解并掌握股票估值的基本原理及股票投资活动，理解证券投资组合管理的基本原理和管理策略，了解期权投资的定义、种类和基本交易策略，了解投资基金的定义和种类。建立全面、客观的整体性思维，深刻理解实体经济与虚拟经济之间的对立统一关系，实体经济要为虚拟经济提供有力支撑，虚拟经济要反哺而不是反噬实体经济，避免陷入脱实向虚的误区。

◎ 7.1 证券投资管理概述

7.1.1 证券投资的概念

证券投资与前面所讲的项目投资不同，项目投资管理侧重于从实体经济及资金长期使用的视角，考察企业应如何进行有关的项目投资决策，证券投资管理侧重于从虚拟经济及金融工具估值的视角，考察企业应如何从这些备选的金融工具中进行遴选并作出投资决策。具体包括债券估值与债券投资、股票估值与股票投资、期权估值与期权投资、基金估值与基金投资、证券投资组合管理。

7.1.2 企业的证券投资管理

证券投资是将资金用于购买股票、债券等金融资产的间接投资，是现代企业对外投资的一个重要项目。证券投资不仅可以获得投资收益，而且可以起到以小控大、分散风险的作用。随着我国资本市场的不断发展，证券品种越来越多，企业证券投资的选择余地也越来越大，这就给企业财务管理带来了一个新的课题——一家企业是否可以进行证券投资？应该如何进行证券投资以实现企业价值最大化，这是一个具有挑战性的话题。

尽管当前企业可投资的证券品种繁多，但比较成熟的证券投资品种依然是债券和股票。

◎7.2 债券投资决策

7.2.1 债券投资

企业可以发行债券筹集资金，也可以购买其他企业的债券以获得投资收益。债券投资是企业作为债权人通过认购债券，成为债券发行单位债权人，并获取投资收益的活动。这里的债券包括国库券、金融债券、企业债券、公司债券等。

1.债券投资的目的

（1）获取投资收益。债券投资能获得利息收益和价差收益，利息收益稳定。

（2）降低现金短缺的风险。债券投资具有很强的流动性，企业可以通过卖出所持有的债券，弥补现金的短缺，从而起到降低现金短缺风险的作用。

（3）满足未来的投资需求。企业可将生产经营中节余的资金用来购买中长期有价证券，待将来需要资金时，再将其转化成现金，为重大投资项目积累资金。

（4）与股票投资相配合，以降低证券投资风险。

2.债券投资的特点

（1）投资期限明确。债券投资具有非常明确的期限性，投资者可按期收到利息，并在到期日收回本金，而股票投资则没有期限。

（2）投资收益稳定。债券投资者能够按期获得固定的利息收益，而股票投资却没有稳定的股利收益。

（3）投资风险较低。债券投资的收益是确定的，本金收回也是有保障的，即使发行企业发生重大亏损而破产，债券的持有者也有优先求偿权，先于股票的持有者分配企业资产。

（4）投资者的权利较小。债券投资的投资者只享有获取发行企业所付债券利息的权利，而不享有参与发行企业经营管理的权利。但股票投资者却不同，作为发行企业的所有者，不仅依法拥有获取股利的权利，也拥有参与发行企业经营管理的权利。

3.成本分析

债券投资成本是指企业在进行债券投资的过程中发生的全部现金流出，包括债券的买价成本和交易费用两部分。

债券的买价成本是企业买入债券时向债券出售人支付的价格，是债券投资成本的主要内容，通常被认为是原始投资额。

交易费用是企业买卖债券时支付给为债券交易提供帮助的单位的报酬及有关税款的总称，一般包括佣金、过户费、印花税。与买价成本相比，交易费用仅是债券投资成本较小的部分。佣金是企业在委托债券买卖成交后按规定向债券经纪商支付的费用，是债券经纪商为企业提供服务的报酬。过户费是企业在委托债券买卖成交后为变更登记而按规定向债券经纪商和登记机构支付的费用，过户费一般由债券经纪商代为收取。印花税是国家税法规定的一个税种，是企业在委托债券买卖成交后向国家缴纳的税款，印花税一般由债券经纪商代收，此后，在清算交割中转入结算公司并由结算公司上交。

7.2.2 债券估值

债券估值是对债券在某一时点的价值进行估计，新发债券的价值即债券的发行价格。债券估值的基本原理是对债券持有者在未来能够获得的、来自债券发行人的、按照发行条款规定从现在至债券到期日所支付的各项利息和本金等现金流量的现值。计算现值时使用的折现率，取决于当前相等风险投资的市场利率。

1.债券的估值模型

典型的债券是固定利率、每年计算并支付利息、到期归还本金。这种典型模式的债券价值计算的基本估值模型是：

$$V=I\cdot(P/A,\ k,\ n)+MV\cdot(P/F,\ k,\ n)$$

式中：V——债券的价值；

I——债券的年利息额，按“面值×票面利率”计算得到；

MV——债券的到期值（面值）；

k——市场利率或必要报酬率；

n——债券期限。

债券未来现金流入的现值，即为债券的价值或内在价值，是债券投资决策时使用的主要指标之一。只有债券的价值大于购买价格时，才值得购买。

【例7-1】 企业于某年7月1日购买了一张面值为1 000元，票面利率为10%，期限为3年的债券，每年1月1日和7月1日计算并支付利息。当时的市场利率为12%，则该债券当时的购买价值计算如下：

$$V=1\,000\times10\%\times6\div12\times(P/A,\ 6\%,\ 6)+1\,000\times(P/F,\ 6\%,\ 6)$$
$$=950.87\text{（元）}$$

如果该债券当时的市场价格为948元，由于债券价值高于市价，若忽略风险，则投资此债券合算。

2.债券的到期收益率

债券的到期收益率是指购买债券后，一直持有该债券至到期可获取的收益率，是使债券投资的未来现金流入的现值之和与现金流出现值相等的贴现率。当债券的到期收益率高于债券投资者要求的必要收益率时，则应投资该债券；反之，则应放弃投资该债券。

计算到期收益率的方法是求解含有折现率的方程，即：

$V=I\times(P/A,\ i,\ n)+M\times(P/F,\ i,\ n)$

式中：V——债券价值；

I——每期支付的利息；

M——到期的本金；

i——到期收益率。

【例7-2】企业投资1 085元购买了一张面值1 000元，票面利率为10%，3年期，一年付息一次的债券，若企业一直持有该债券至到期，则其到期收益率可通过下式计算：

$1\,085=1\,000\times10\%\times(P/A,\ i,\ 3)+1\,000\times(P/F,\ i,\ 3)$

经测试并运用插值法，可得：

该债券到期收益率i=6.77%

如果该企业要求的收益率为5%，因为5%<6.77%，则买入此债券合适。

7.2.3　风险分析

尽管债券的利率一般是固定的，债券投资仍然和其他投资一样是有风险的。债券投资的风险包括违约风险、利率风险、购买力风险、流动性风险和再投资风险。

（1）违约风险

违约风险是指债券的发行人不能履行合约规定的义务，无法按期支付利息和偿还本金的风险。不同种类的债券风险是不同的。政府债券是以国家财政为担保，一般不会违约，可看作无风险的债券。其他债券一般都存在违约风险。一般来说，金融机构发行的债券的风险要比公司债券的风险小。

评价一种债券的违约风险大小，经常要参考信用评级机构对债券所作的信用评级，高信用等级的债券违约风险要比低信用等级的债券小。避免违约风险的方法就是不买质量差、信用等级低的债券。

（2）利率风险

利率风险是指由于市场利率的变化而引起的债券价格下跌，使投资者遭受损失的风险。由于债券的利息率在发行时就已经确定，也就是债券到期可得到的本利和是固定的，不因市场利率的变化而变化，而债券价值是按照市场利率折现后的现值。因此，当市场利率上升时，债券价值会随之下降，引起债券市场价格下跌，从而使投资者遭受损失；但当市场利率下降时，债券价值会随之上升，引起债券市场价格上升，从而使投资者从中获得额外收益。这项损益与债券本身的质量无关，它是由企业无法控制的货币市场中货币资金供求变化引起利率的变化造成的。

虽然市场利率上升会导致债券价格下跌，但是当市场利率上升幅度相同时，不同期限的债券市价下跌的幅度却并不相同。

【例7-3】某公司投资于A、B两种债券，债券的面值均为1 000元，票面利率均为12%，而债券期限分别为1年和10年。不同期限债券市价与市场利率关系比较见表7-1。

表 7-1　　不同期限债券市价与市场利率关系比较　　金额单位：元

市场利率（i）	A 债券市价	B 债券市价
	1 年期（V_1）	10 年期（V_2）
5%	1 066.67	1 540.50
10%	1 018.18	1 122.85
12%	1 000.00	1 000.00
15%	973.92	924.26
20%	933.33	664.60

当市场利率为12%时，与票面利率相等；当市场利率升至20%时，长期债券市价降为664.60元，跌幅为33.54%，而短期债券市价仅下跌了6.67%；当市场利率降至5%时，长期债券市价升为1 540.50元，升幅为54.05%，而短期债券市价仅上升了6.67%。可见，债券期限越长，其价格对市场利率变动的反应越灵敏。

因此，虽然两种债券违约风险相同，但其利率风险是不一样的，期限越长，利率风险越大。这就是短期债券利率一般低于长期债券利率的原因。由于利率的变化有升有降，因此，减少利率风险的办法是分散债券的到期日。

（3）购买力风险

购买力风险，也称通货膨胀风险，是指由于通货膨胀而使债券到期或出售时所获得的现金的购买力减少的风险。通货膨胀一般对债务人有利而对债权人不利，因为投资于债券只能得到一笔固定的利息收益，而由于货币贬值，这笔现金收入的购买力会下降。一般而言，在通货膨胀的情况下，固定收益证券要比变动收益证券承受更大的购买力风险，因此，普通股股票被认为能比公司债券和其他有固定收益的证券更好地避免购买力风险。然而，如果发生过度的通货膨胀，任何资本市场都无法避免购买力风险，投资者会纷纷将资金投资于房地产等保值能力较强的实物资产，从而导致各种证券的价格下跌，加大了风险。减少购买力风险的对策就是在通货膨胀期间投资于实物资产和普通股。

（4）流动性风险

流动性风险是指债券能否在短期内按合理的市场价格出售的风险。也就是说，如果投资者遇到了另一个更好的投资机会，他想出售现有资产以便再投资，但短期内找不到愿意出合理价格的买主，要把价格降到很低才能找到买主，或者要等很长时间才能找到买主，不是丧失新的机会就是蒙受降价损失。例如，某人购买一种冷门债券，当他想在短期内出售时，就只好折价。如果他当初买的是国库券，国库券有一个活跃的市场，可以在极短的时间内以合理的市价将其售出。降低流动性风险的办法就是购买期限较短、质量较优的债券。

（5）再投资风险

购买短期债券，而没有购买长期债券，会有再投资风险。例如，长期债券的利率为12%，短期债券的利率为10%，为减少利率风险而买了短期债券。在短期债券到期收回现金时，如果利率降至8%，只能找到收益率大约为8%的投资机会，还不如当初投资长期债券，现在仍可获得12%的收益。减少再投资风险的对策就是提高预测未来利率的准确率，如果能准确地预测未来利率将下降，则应投资长期债券。

◎7.3 股票投资决策

股票投资是指企业作为股权人（即所有者）通过买进其他公司发行的股票，以获得投资收益或控制其他公司的投资行为。

7.3.1 股票投资的目的

（1）控制发行公司

企业作为股票的购买者通过大量买进另一家公司发行的股票以取得其控制权。一般来说，若企业所掌握的发行公司的股权在50%以上，它就取得了对发行公司的绝对控制权。事实上，在股票流通市场日益发达的今天，股权日趋分散，尤其是规模大的股份公司拥有众多的股东，因而，若企业能掌握对方20%~30%的股权，就可以对发行股票的公司起到牵制，甚至控制的作用。

（2）降低自身经营风险

企业买进多家公司所发行的股票，以增强自身经营的稳定性以及实现自身经营的多元化，包括：企业通过买进原材料供应商发行的股票，可获得稳定的原材料供应；企业通过买进产品使用商或产品经销商发行的股票，可获得通畅的产品销路；企业通过买进非同一行业公司发行的股票，就可以实现经营的多元化。在市场竞争日益激烈的情况下，稳定的经营条件和合理多元化的经营方向，通常被认为是降低经营风险的最有力的手段。

（3）获得投资收益

企业以股票投资作为中长期投资手段，获得本企业经营活动以外的利润，以弥补主营业务利润的不足。尤其是我国的一些上市公司，在通过发行股票募集到大量资金后，本公司投资需求不旺，只有将资金投资于其他公司的股票，从其他公司分得利润。

7.3.2 股票投资的特点

①股权性投资。投资者可以参与公司的经营决策，有选举权和表决权，并以投资额为限承担责任。

②收益不确定，与股票发行公司的经营业绩有很大关系。

③不能直接从股票发行公司收回投资，除非股票发行公司破产或解散清算，但可依法转让。

④风险大。投资者购买股票之后，既要承担经营亏损的责任，还要承担不能收回投资的风险。

1.成本分析

股票投资成本是指企业在进行股票投资的过程中所发生的全部现金流出，包括股票的买价成本和交易费用两部分。买价成本是企业买入股票时向股票出售人支付的价格。交易费用是企业买卖股票时支付给为股票交易提供帮助的单位的报酬及有关税款的总称，包括佣金、过户费、印花税和委托手续费，前三者的含义和收取办法，与债券买卖相同。委托手续费是企业在办理委托买卖股票时向交易所和经纪商支付的一项费用。在我国，委托手续费的收费标准是由交易所和经纪商共同制定并征得主管机关认可后执行的。因此，委托手续费标准也不统一。

2.股票价值及投资收益率的分析

股票价值是指股票预期能够提供的所有未来现金流量的现值。只有当股票的价值大于股票价格时，才值得购买。对于股票价值的计算，利用货币时间价值计算方法，先进行现金流量分析，然后再将其折算成现值即可。

$$V_0=\frac{D_1}{1+R_S}+\frac{D_2}{(1+R_S)^2}+\cdots+\frac{D_n}{(1+R_S)^n}+\cdots$$

$$=\sum_{t=1}^{\infty}\frac{D_t}{(1+R_S)^t}$$

式中：V_0——股票价值；

D_t——第t年股利收入；

R_S——折现率，一般采用股东所要求的必要收益率或资本成本率；

t——折现期数。

最关键的是估计股票未来的股利以及折现率。未来的股利取决于股票发行公司的盈利能力及利润分配政策，即每股收益和股利支付率，可根据发行公司的历史资料及对未来的盈利预测，运用统计分析法加以确定，例如，回归分析法、时间序列的趋势分析法等。折现率就是股东所要求的必要收益率，可根据发行公司的风险程度，运用资本资产定价模型或在债券收益率的基础上加上一定的风险收益率来确定。

（1）零增长股票的价值

零增长股票就是指发行公司未来每年提供的股利是固定不变的股票。这实际上相当于一个永续年金，则：

$$V_0=\frac{D}{R_S}$$

【例7-4】 某股份公司每年每股分配股利3元，投资者要求的收益率为15%，则：

V_0=3÷15%=20（元/股）

股票的内在价值为20元/股。当股票价格低于20元/股时，投资者可以考虑买进。假如股票市场价格为19元/股，则：

预期收益率R=3÷19×100%=15.79%

可见，市价低于股票价值时，预期收益率高于投资者要求的收益率。

（2）固定增长股票的价值

假设某公司今年的股利为D_0，今后按照一个常数（g）增长，则未来第t年的预期股利为：

$D^t=D_0\times(1+g)^t$

当$R_S>g$时，则：

$$V_0=\sum_{t=1}^{\infty}\frac{D_0(1+g)^t}{(1+R_S)^t}=\frac{D_0(1+g)}{R_S-g}=\frac{D_1}{R_S-g}$$

式中：D_1——第1年的股利收入。

【例7-5】 某股份公司今年分配的股利D_0为3元/股，以后每年递增5%，投资者要求的收益率为15%，则：

$$V_0=\frac{3\times(1+5\%)}{15\%-5\%}=31.5\text{（元/股）}$$

（3）非固定增长股票的价值

在现实生活中，有的公司的股利是不固定的。例如，公司在一段时间里高速增长，在另一段时间里正常固定增长或固定不变，在这种情况下，股票价值就要分段计算。

【例7-6】某股份公司未来3年股利将高速增长，增长率为20%。在此后将转为正常增长，增长率为5%。公司最近支付的股利D_0为3元/股。投资者要求的收益率为15%，计算该公司股票的内在价值。

首先，计算非正常增长阶段的股利现值如下：

$$V_{非正常}=\frac{3\times(1+20\%)}{(1+15\%)}+\frac{3\times(1+20\%)^2}{(1+15\%)^2}+\frac{3\times(1+20\%)^3}{(1+15\%)^3}=9.81\text{（元/股）}$$

其次，计算第3年年底的普通股内在价值：

$$V_3=\frac{D_4}{R_S-g}=\frac{3\times(1+20\%)^3\times(1+5\%)}{15\%-5\%}=54.43\text{（元/股）}$$

计算其现值：

$PV（V_3）=54.43×（P/F，15\%，3）=54.43×0.6576=35.79$（元/股）

最后，计算股票目前的内在价值：

$V_0=9.81+35.79=45.60$（元/股）

（4）股票的期望收益率

当股票价格低于股票价值时，买进股票是有利的；反之，则不宜购进。如果投资者以低于股票价值的某一价格购入股票，那么投资者可获得的投资收益率为多少呢？

根据固定增长股利模型，可得到固定增长股票的投资收益率为：

$$R=\frac{D_1}{V_0}+g$$

可见，股票投资内部收益率由预期股利收益率$\frac{D_1}{V_0}$和股利增长率g两部分构成。

小资料7-1

Wind数据显示，截至2023年中报，共计有615家上市公司参与“炒股”等证券投资，累计持有证券个数共计2 497只，累计投资金额超过1.19万亿元。部分热衷“炒股”的上市公司有一个典型的特征，即公司账上货币资金庞大，属于妥妥的“现金牛”类上市公司。一位A股“现金牛”类上市公司董秘坦言：“账上钱太多了，不知道投到哪里去。证券投资也是理财的一种重要投资渠道，可以帮助公司实现账上现金保值增值。”例如，货币现金规模雄厚的陕西煤业，2023年半年报合并财务报表显示，该公司货币资金579.29亿元，同比增加105.43亿元，交易性金融资产合计约188.51亿元。报告期内，陕西煤业证券投资期末账面价值合计95.91亿元，最初投资成本合计46.49亿元，盈利超100%。

然而，也有部分上市公司证券投资亏损严重。2019年，云南白药开始走上炒股之路，截至2020年年末，云南白药手持10只个股，合计投资成本接近60亿元。2021年及2022年，公司投资公允价值变动损失累计超过20亿元，交易性金融资产规模缩减至24.16亿元。云南白药已于2023年三季度退出全部二级市场证券投资，并宣布2024年不再开展二级市场证券投资业务。

（资料来源：[1] 陈婷，曹学平.迷途知返的云南白药：高峰时近60亿元炒股 [N].中国经营报，2024-01-29. [2] 蔡越坤.上市公司万亿资金入市炒股：都是钱多闹的 [N].经济观察报，2023-09-11.）

◎7.4 期权投资决策

期权理论与实践是近30年来金融学和财务学最重要的一项新发展。1973年在芝加哥期权交易所首次进行有组织的规范化交易，1980年纽约证券交易所的期权交易量超过股票交易量，此后，期权交易迅速发展并成为最活跃的衍生金融工具之一。1973年，布莱克-斯科尔斯期权定价模型被提出，由于对期权定价问题的杰出贡献，斯科尔斯和默顿获得1997年诺贝尔经济学奖，之后有关期权理论的研究方兴未艾，成为投资学和财务学的重要组成部分。

公司的高级管理人员，尤其是财务经理必须关注期权。首先，公司经常需要利用商品期权、货币期权和利率期权来降低风险；其次，公司的许多资本投资都含有期权，如投资项目的未来扩展期权、延迟开发期权、项目终止期权等；最后，公司发行的证券常常随附期权，如认购权证和可转换证券。

7.4.1 期权的基本概念

1.期权的定义

期权（option），或称选择权，是指一种合约，该合约赋予持有人在某一特定日期或该日之前的任何时间以固定价格购进或售出一种资产的权利。

（1）期权是一种权利

期权合约至少涉及购买人和出售人两方。获得期权的一方成为期权购买人（买方），出售期权的一方成为期权出售人（卖方）。交易完成后，购买人成为期权持有人。

期权买卖双方的权利与义务是不对等的，期权给予持有人一种权利而不是义务，它允许买方于己有利时执行期权，于己不利时放弃行权。合约的损益表现为“折线”模式。远期、期货、互换合约的损益呈“直线”模式。期权的买方为获得这一权利需要支付一笔期权费，而其他合约并不需要事先支付费用。

（2）期权的标的资产

期权的标的资产是指选择购买或出售的资产，包括股票、政府债券、货币、股票指数等。期权是这些标的物“衍生”的，因此，被称为衍生金融工具。

期权出售人不一定拥有标的资产。例如，出售A公司股票期权的人，不一定是A公司本身，也未必持有A公司的股票，期权是可以“卖空”的。期权购买人也不一定真的想购买标的资产。因此，期权到期时双方不一定进行标的物的实物交割，而只需按价差补足价款即可。

一家公司的股票期权在市场上被交易，该期权的源生股票发行公司并不能影响期权市场，该公司并不从期权市场上筹集资金。期权持有人没有对公司决策的投票权，也不能获得该公司的股利。

（3）到期日

双方约定的期权到期的那一天为“到期日”。到期日之后，期权失效。

（4）期权的执行

依照期权合约购进或售出标的资产的行为称为“执行”。在期权合约中约定的、期权持有人据以购进或售出标的资产的固定价格，称为“执行价格”或“行权价格”。

（5）期权价值

期权价值，也称期权费，具有双重含义，既是期权持有人为持有期权而支付的购买费用，又是期权出售人出售期权并承担履约义务而收取的权利金收入。期权价值与行权价格是完全不同的两个概念。前者是现在取得到期按约定价格买入或卖出标的资产的权利的价格，后者是约定的到期对应标的资产的交割价格。

2.期权的种类

按照合约授予期权持有人权利的类别，期权分为看涨期权和看跌期权两大类。

（1）看涨期权

看涨期权是指期权赋予持有人在到期日或到期日之前，以固定价格购买标的资产的权利。其授予权利的特征是“购买”，因此，也可以称为“择购期权”、“买入期权”或“买权”。

例如，1股每股执行价格为80元的ABC公司股票的3个月后到期的看涨期权，允许其持有人在到期日之前的任意一天，包括到期日当天，以80元的价格购入ABC公司的股票。如果ABC公司的股票价格确实超过80元，期权持有人有可能会以执行价格购买标的资产。如果标的股票价格一直低于80元，持有人则不会执行期权。他并不被要求必须执行该期权。期权未被执行，过期后不再具有价值。

看涨期权的执行净收入，被称为看涨期权到期日价值，它等于股票价格减去执行价格的价差。看涨期权的到期日价值，随标的资产价值的上升而上升，如果在到期日股票价格低于执行价格，则看涨期权没有价值。期权到期日价值没有考虑当初购买期权的成本。期权的购买成本为期权费，期权到期日价值减去期权费后的剩余，称为期权购买人的“损益”。

（2）看跌期权

看跌期权是指期权赋予持有人在到期日或到期日之前，以固定价格出售标的资产的权利。其授予权利的特征是“出售”，因此，也可以称为“择售期权”、“卖出期权”或“卖权”。

例如，1股每股执行价格为80元的ABC公司股票的7月份的看跌期权，允许其持有人在到期日之前的任意一天，包括到期日当天，以80元的价格出售ABC公司的股票。如果ABC公司的股票低于80元，看跌期权持有人要求以执行价格出售标的资产。看跌期权的出售方必须接受。如果标的股票价格一直高于80元，持有人则不会执行期权。他并不被要求必须执行该期权。期权未被执行，过期后不再具有价值。

看跌期权的执行净收入，被称为看跌期权到期日价值，它等于执行价格减去股票价格的价差。看跌期权的到期日价值，随标的资产价值的下降而上升，如果在到期日股票价格高于执行价格，则看跌期权没有价值。看跌期权到期日价值没有考虑当初购买期权的成本。看跌期权到期日价值减去期权费后的剩余，称为期权购买人的“损益”。

期权按照期权执行时间的不同，分为欧式期权和美式期权。只有在到期日才能履约的期权，称为欧式期权；在期权的有效期内的任何营业日均可行使权利的期权，则称为美式期权。

7.4.2 期权的基本交易策略

期权的基本交易策略主要包括4种：买入看涨期权、卖出看涨期权、买入看跌期权、卖出看跌期权。

1.买入看涨期权

交易者通过买入一个看涨期权合约，获得在某一特定时间内按某一约定价格买入一定数量标的资产的权利，以便为将要买入的标的资产确定一个最高价格水平，或者用其对冲期货，从而达到规避价格上涨风险的保值目的。

图7-1中的"买入看涨期权"线表明：当到期日标的资产价格S_T>执行价格（K=50元），则期权持有人会执行期权，可以得到标的资产升值收益；如果$S_T=K+c$，期权交易达到损益平衡点，即期权持有人从标的资产价格升值中得到的收益正好补偿所付出的购买该期权合约的期权费；如果$S_T>K+c$，期权持有人获得净收益；如果$S_T<K+c$，期权持有人出现亏损，但亏损额仅限于所付出的期权成本；当$S_T<K$时，则不应该执行期权，否则将带来更大的损失。

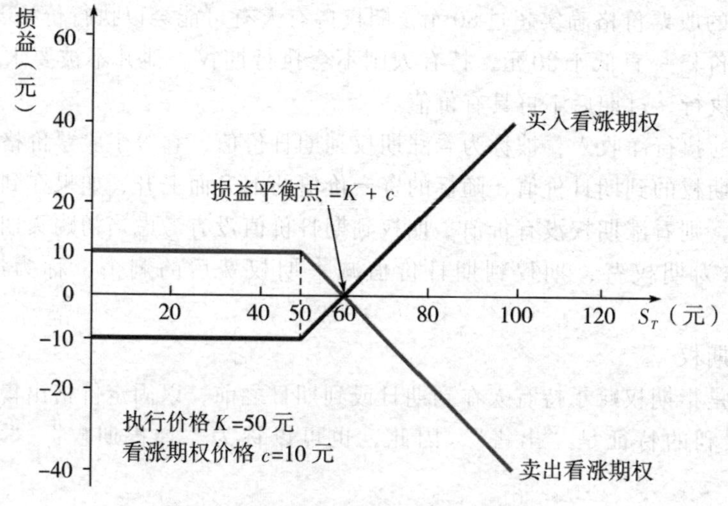

图7-1 买入看涨期权和卖出看涨期权

可见，买入看涨期权策略既享有保护和控制标的资产价格大幅下降的好处，又享有获得标的资产价格升值收益的机会。从理论上来说，买入看涨期权策略可谓"损失有限，收益无限"。

小资料7-2 **股权激励**

股权激励作为公司治理机制的重要组成部分，20世纪80年代以来，在西方资本市场上得以广泛推行。2019—2023年，A股市场的股权激励事件数分别为491起、654起、1 080起、1 063起、914起，其中，授予管理人员和员工股票期权、第一类限制性股票和第二类限制性股票是当前股权激励的主要方式。近五年，股票期权激励方式的占比略有下滑，第二类限制性股票呈异军突起之势（见表7-2）。

表7-2 股权激励事件分类情况表

年度	股票期权		第一类限制性股票		第二类限制性股票		合计
	事件数量	比例	事件数量	比例	事件数量	比例	
2019	176	36.07%	304	62.30%	8	1.64%	488
2020	168	25.77%	355	54.45%	129	19.79%	652
2021	239	22.15%	485	44.95%	355	32.90%	1 079
2022	240	22.68%	447	42.25%	371	35.07%	1 058
2023	185	20.31%	347	38.09%	379	41.60%	911

（数据来源：作者依据国泰安数据库整理）

2. 卖出看涨期权

交易者通过卖出一个看涨期权合约，获得一笔权利金收入，并利用这笔款项为今后卖出标的资产提供部分价值补偿。

图7-1中的“卖出看涨期权”线表明：当$S_T<K$时，交易者将获得全部权利金；如果$S_T=K+c$，交易者达到损益平衡点，即交易者从出售看涨期权合约中得到的权利金正好抵消标的资产价格上升所造成的损失；如果$S_T>K+c$，交易者将出现亏损，并且S_T越大，亏损额就越大。

3. 买入看跌期权

交易者通过买入一个看跌期权合约，获得在某一特定时间内按某一约定价格卖出一定数量标的资产的权利，以便规避价格下跌的风险。

图7-2中的“买入看跌期权”线表明：当期权到期日标的资产价格小于执行价格，即$S_T<K$时，期权持有人会执行期权，可以得到因资产价格下跌而带来的收益；如果$S_T=K-p$，持有人收益达到损益平衡点；如果$S_T>K-p$，期权持有人将出现亏损，但亏损额仅限于所付出的期权成本。当$S_T>K$时，期权持有人放弃期权。

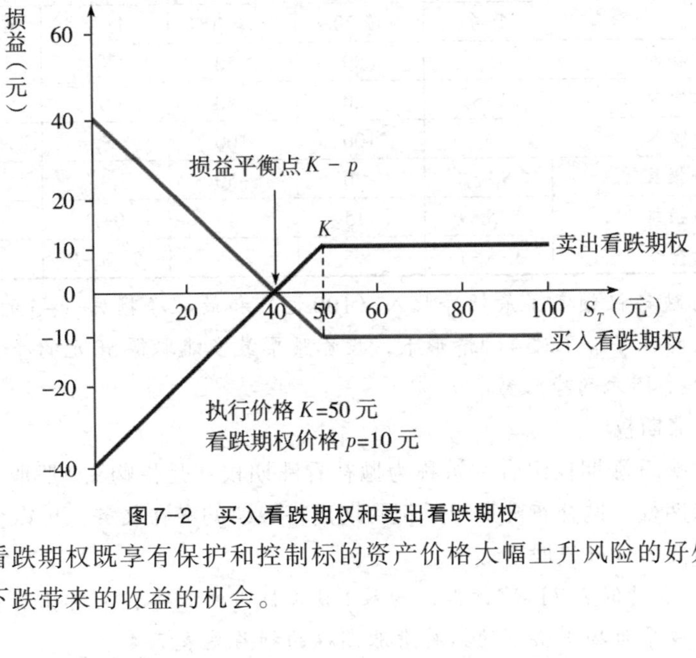

图7-2 买入看跌期权和卖出看跌期权

可见，买入看跌期权既享有保护和控制标的资产价格大幅上升风险的好处，又享有获得标的资产价格下跌带来的收益的机会。

4.卖出看跌期权

交易者通过卖出一个看跌期权合约，获得一笔权利金收入，并利用这笔款项为今后买进标的资产提供部分价值补偿。

图7-2中的“卖出看跌期权”线表明：当期权到期日标的资产价格小于执行价格，即$S_T<K-p$时，交易者出现亏损；如果$S_T=K-p$，交易者达到损益平衡点；如果$S_T>K$，交易者获得全部的权利金收入。在期权交易中，买卖双方是一个零和博弈，即期权卖方的损益和买方刚好相反。

综上所述，期权买卖双方的风险和收益是不对称的。期权买方的风险是可预见的、有限的（以期权费为限），而收益的可能性却是不可预见的；期权卖方的风险是不可预见的，而获得收益的可能性是可预见的、有限的（以期权费为限）。

7.4.3 期权的投资策略

前面我们讨论了单一股票期权的损益状态。买入期权的特点是最小的净收入为零，不会发生进一步的损失，因此，具有构造不同损益的功能。从理论上说，期权可以帮助我们建立任意形式的损益状态，用于控制投资风险。这里只介绍3种投资策略。

1.保护性看跌期权

股票加看跌期权组合，称为保护性看跌期权。单独投资于股票风险很大，同时增加一股看跌股权，情况就会发生变化，可以降低投资的风险。

【例7-7】 购入1股A公司的股票，购入价格S_0=100元；同时购入该股票的1股看跌期权，执行价格X=100元，期权成本P=5元，1年后到期。在不同股票市场价格下的保护性看跌期权的损益见表7-3。

表7-3 **保护性看跌期权的损益** 金额单位：元

项目	股价小于执行价格			股价大于执行价格		
	符号	下降20%	下降50%	符号	上升20%	上升50%
股票净收入	S_T	80	50	S_T	120	150
看跌期权净收入	$X-S_T$	20	50	0	0	0
组合净收入	X	100	100	S_T	120	150
股票净损益	S_T-S_0	−20	−50	S_T-S_0	20	50
期权净损益	$X-S_T-P$	15	45	$0-P$	−5	−5
组合净损益	$X-S_0-P$	−5	−5	S_T-S_0-P	15	45

保护性看跌期权锁定了最低净收入（100元）和最低净损失（−5元）。但是，净损益的预期也因此降低了。上述4种情形下，投资股票最多能取得50元的净收益，而投资于组合最多只能取得45元的净收益。

2.抛补看涨期权

股票加空头看涨期权组合，被称为抛补看涨期权，是指购买1股股票，同时出售1股该股票的看涨期权。抛补看涨期权承担到期出售股票的潜在义务，可以被组合中持有的股票抵补，不需要另外补进股票。

【例7-8】 依【例7-7】的数据，购入1股A公司的股票，同时出售1股该股票的看涨期权。在不同股票市场价格下的抛补看涨期权的损益见表7-4。

表7-4 抛补看涨期权的损益 金额单位：元

项目	股价小于执行价格			股价大于执行价格		
	符号	下降20%	下降50%	符号	上升20%	上升50%
股票净收入	S_T	80	50	S_T	120	150
看涨期权净收入	-（0）	0	0	-（S_T-X）	-20	-50
组合净收入	S_T	80	50	X	100	100
股票净损益	S_T-S_0	-20	-50	S_T-S_0	20	50
期权净损益	P-0	5	5	-（S_T-X）+P	-15	-45
组合净损益	S_T-S_0+P	-15	-45	X-S_0+P	5	5

抛补期权组合缩小了未来的不确定性。如果股价上升，锁定了收入和净损益，净收入最多是执行价格（100元），由于不需要补进股票也就锁定了净损益。相当于“出售”了超过执行价格部分的股票价值，换取了期权收入。如果股价下跌，净损失比单纯购买股票要小一些，减少的数额相当于期权价格。

出售抛补看涨期权是机构投资者常用的投资策略。如果基金管理人计划在未来以100元的价格出售股票，以便套现分红，他现在就可以抛补看涨期权，赚取期权费。如果股价上升，他虽然失去了100元以上部分的额外收入，但是仍可以按计划取得100元现金。如果股价下跌，还可以减少损失（相当于期权费收入），因此，这是一个有吸引力的策略。

3.对敲

对敲策略分为多头对敲和空头对敲。多头对敲是同时买进一只股票的看涨期权和看跌期权，它们的执行价格、到期日都相同。下面以多头对敲来说明该投资策略。

多头对敲策略对于预计市场价格将发生剧烈变动，但是不知道升高还是降低的投资者非常有用。例如，得知一家公司的未决诉讼将要宣判，如果该公司胜诉，预计股价将翻一番，如果败诉，预计股价将下跌一半。无论结果如何，多头对敲策略都会取得收益。

【例7-9】依前例数据，购入1股A公司股票的看涨期权和看跌期权。在不同股票市场价格下，多头对敲组合的损益见表7-5。

表7-5 多头对敲组合的损益 金额单位：元

项目	股价小于执行价格			股价大于执行价格		
	符号	下降20%	下降50%	符号	上升20%	上升50%
看涨期权净收入	0	0	0	S_T-X	20	50
看跌期权净收入	X-S_T	20	50	0	0	0
组合净收入	X-S_T	20	50	S_T-X	20	50
看涨期权净损益	0-P	-5	-5	S_T-X-P	15	45
看跌期权净损益	X-S_T-C	15	45	0-C	-5	-5
组合净损益	X-S_T-P-C	10	40	S_T-X-P-C	10	40

多头对敲的最坏结果是股价没有变动，白白损失了看涨期权和看跌期权的购买成本。

股价偏离执行价格的差额必须超过期权购买成本，才能给投资者带来净收益。

7.4.4 期权的价值

1973年，布莱克-斯科尔斯期权定价模型被提出，人们终于找到了实用的期权定价方法。此后，期权市场和整个衍生金融工具交易飞速发展。

该公式是财务学中最复杂的公式之一，其证明和推导过程涉及复杂的数学问题。但是，该公式有非常重要的意义，是近代财务学不可缺少的内容。

布莱克-斯科尔斯模型的计算公式为：

$$C=S\times N(d_1)-K\times e^{-rT}\times N(d_2)$$

$$d_1=\frac{\ln(S/K)+(r+\sigma^2/2)T}{\sigma\sqrt{T}}$$

$$d_2=d_1-\sigma\sqrt{T}$$

式中：C——看涨期权的价值；

S——标的股票的当前价格；

K——期权的执行价格；

e——自然对数的底，约等于2.7183；

r——无风险利率（按连续复利率计算）；

σ——标的资产的价格波动率；

T——期权距离到期日的时间；

$N(d)$——标准正态分布的累积概率分布函数。

上式是期权价值理论中的价值构成。期权价值的构成和确定受多种因素的影响，其中较为重要的因素有以下6种。

（1）标的资产市价（S）：看涨期权价值与S呈正向相关关系，S越高（低），看涨期权价值越大（小）；看跌期权价值与S呈负向相关关系，S越高（低），看跌期权价值越小（大）。

（2）行权价格（K）：看涨期权价值与K呈反向相关关系，K越高（低），期权买方盈利的可能性越小（大），因而看涨期权价值越小（大）；看跌期权价值与K呈正向相关关系，K越高（低），看跌期权盈利的可能性就越大（小），看跌期权价值就越大（小）。

（3）合约剩余有效期（T）：对于期权买方而言，期权合约的有效时间越长，标的资产市场价格变动的可能性越大，因而其获利的潜力就越大。在一般情况下，看涨期权和看跌期权价值均与T有正向相关关系。

（4）标的资产价格的波动性或风险性（σ）：σ通常以资产收益率的标准差来衡量，但标准差只衡量离中趋势，并未指明S会向哪边波动，而且正反方向的波动机会均等。如向正向波动，看涨期权持有者有无限的获利空间；如向负向波动，可以弃权，损失有限，因此，对于看涨期权而言，σ与C有正向相关关系；同理，对于看跌期权而言，σ与P有正向相关关系。

（5）利率（r）：对于看涨期权而言，利率越高，履约价格的现值就越小，犹如履约的成本减少，对看涨期权有利，即r与C有正向相关关系；对于看跌期权而言，利率越高，履约价格的现值就越小，犹如履约收入降低，对看跌期权不利，即r与P有负向相关关系。

（6）标的资产的孳息（D）：孳息是指在期权有效期内，股票的股息、债券的应计利息、外币的汇率等。孳息越多，S就越会有下降的趋势（如股票会因除息而跌价），对看跌期权有利，对看涨期权不利，即D与C有负向相关关系，D与P有正向相关关系。

◎7.5 基金投资决策

7.5.1 投资基金的概念

投资基金，在美国称为共同基金（mutual fund），在英国称为信托单位（trust unit），它是一种利益共享、风险共担的集合投资形式，由基金发起人以发行受益证券的形式汇集一定数量的具有共同投资目的的投资者的资金，委托由投资专家组成的专门投资机构进行各种分散的投资组合，投资者按出资的比例分享投资收益，并共同承担投资风险。

股票投资是一种高收益、高风险、高技巧的活动，投资者要涉足其中必须具备一定的条件。例如，投资者要有一定数量的资金，才能分散投资于各种证券；要具备较丰富的投资知识，以便在瞬息万变的市场中捕捉到有利的买卖时机；要有大量的时间来了解、分析和研究判断市场情况。这些条件不是每一个投资者都能具备的，投资基金的出现恰好满足了那些想参与股票投资而又不具备投资条件的人的需要。

投资基金作为一种集合投资制度，它的创立和运行主要涉及4个当事人：投资人、发起人、管理人和托管人。投资人是出资人，也是受益人，它可以是自然人或法人。发起人根据政府主管部门批准的基金章程或基金证券发行办法筹集资金而设立投资基金，将基金委托于管理人管理和运营，委托于托管人保管和进行财务核算。发起人与管理人、托管人之间的权利与义务通过信托契约来规定。

7.5.2 投资基金与股票、债券的异同

1.投资基金与股票、债券的联系

投资基金是一种有价证券。虽然它自身并没有价值，但它代表着证券持有人的资产所有权、收益分配权以及剩余财产分配权等诸多权益，因而也能在市场上进行交易，并在交易过程中形成自己的价格。作为有价证券，投资基金有着股票、债券共同的特征。

2.投资基金与股票、债券的区别

（1）发行的主体不同，体现的权利关系不同。投资基金证券是由基金发起人发行的，投资基金证券投资人与发起人之间是一种契约关系，投资人与发起人都不参与基金的运营管理，而是委托基金管理人进行运营。委托的管理人根据“受人之托，代人理财，忠实服务，科学运营”的原则，按基金章程规定的投资限制，对基金自主运用，以保证投资人有较丰厚的收益。发起人与管理人、托管人之间完全是一种信托契约关系。这种关系与股票、债券所体现的经济关系具有明显的区别。

（2）风险和收益不同。投资基金是委托专门的投资机构进行分散组合投资的基金，因而可以分散和降低投资风险。从风险程度上看，投资基金的风险要小于对股票的投资，但大于对债券的投资。从收益水平上看，投资基金的投资收益一般小于股票投资，但大于债券投资。

（3）存续时间不同。投资基金都规定有一定的存续时间，期满即终止，但是投资基金持有人大会或基金公司董事会可以作出决定，提前终止，也可以期满再延续。这一点与债券、股票都有明显的区别。

因此，与股票、债券相比，投资基金具有共同投资、共享收益、共担风险、专家理财等特点。

7.5.3 投资基金的种类

1.按组织形态划分，投资基金可分为公司型投资基金和契约型投资基金

公司型投资基金是依据公司法成立，以营利为目的，主要投资对象为有价证券的投资机构。公司型投资基金本身就是投资公司，它主要通过发行股票的方式来筹集资金，投资者购买了该公司股票就成为公司的股东，凭股票领取股利，分享投资收益。公司型投资基金由股东大会选举出董事会和监事会，再由董事会选举出公司的总经理，负责管理公司的投资业务。美国的投资基金大多数是公司型投资基金。

契约型投资基金，又称信托型投资基金，是依据信托法、投资信托法设立，通过发行受益凭证而组成的投资机构。该基金一般由基金管理公司、基金托管人及投资者三方当事人订立信托契约。基金管理公司是基金的发起人，通过发行受益凭证将资金筹集起来组成信托财产，并依据信托契约进行投资。基金托管人一般由银行担任，根据契约负责保管信托财产，具体办理证券、现金管理及有关的代理业务等。投资者是受益凭证的持有人，通过购买受益凭证，参与基金投资，享有投资收益。契约型投资基金广泛流行于英国、日本、韩国、新加坡等国家，目前我国的基金也均为这一类型。

公司型投资基金与契约型投资基金的主要区别是：（1）公司型投资基金具有独立的法人资格，每一个基金的创立都要求是一家基金公司，基金公司仅以单个基金为全部运行资本，基本上无其他债权债务；而契约型投资基金则不具备独立法人资格，它是由基金管理公司发起并通过发行受益凭证的方式募集基金的。一家基金管理公司可以发起或接受多个投资基金，每个基金通过与托管人签订信托契约，单独开设保管账户，单独运作，单独核算。（2）公司型投资基金发行的证券为股票，基金持有者为股东，可以参与持有人大会，行使股东权利；契约型投资基金发行的证券为受益凭证，投资者不是股东，只有收益分配请求权。（3）公司型投资基金依据投资公司章程进行招股、运作与管理，而契约型投资基金是依据单个基金的信托契约来进行募集、经营与管理的。

2.按所发行的证券是否可赎回划分，投资基金可分为封闭型投资基金和开放型投资基金

封闭型投资基金，是指基金资本总额及发行份数在未发行之前就已经确定下来，在发行完毕后和规定的期限内，不论出现何种情况，基金的资本总额及发行份数都固定不变的投资基金。由于封闭型投资基金的股票或受益凭证不能被追加、认购或赎回，因此投资者在不满意其收益时，只能通过证券经纪商在市场上将其持有的基金股票或受益凭证卖出，以收回投资。

开放型投资基金，是指基金的资本总额及发行份数不是固定不变的，而是可以随时根据市场供求状况发行新份额或被投资人赎回的投资基金。由于这种投资基金的资本总额可以随时追加，又称为追加型投资基金，这是投资基金与一般股票的不同之处。投资者可以

根据自己的意愿，向发行人请求按目前基金净资产价值扣除一定的手续费售回相应股份或受益凭证，投资者获得等值现金，这样，基金的份数就要相应减少，从而引起基金投资组合中的资产变动。同样地，投资者也可按基金净资产价值加上一定的手续费申购股份或受益凭证，这样就会增加投资基金的资本总额。

封闭型投资基金与开放型投资基金的主要区别是：

（1）封闭型投资基金股票或受益凭证因不得要求发行人买回，故资金数量比较稳定，便于管理者稳定运用。而开放型投资基金股票或受益凭证资金数量不稳定，要求有更高的投资技巧。一般情况下，只有投资于变现能力极好的证券的投资基金才采取开放型。

（2）封闭型投资基金的单位价格虽然以基金净资产价值为基础，但并不必然反映基金净资产价值，它更多地会随证券市场供求关系的变化而变化，或高于基金净资产价值（称为溢价），或低于基金净资产价值（称为折价）。对于封闭型投资基金，一般要求定期（比如每季度）核算并公布单位基金的净资产。开放型投资基金的买卖价格是由基金的净资产价值加一定的手续费确定的。由于基金的资本总额根据市场供求关系的变化而变化，并且一般要求每天营业终了后核算并公布其资产净值，因而基金的买卖价格必然反映基金的净资产价值，净资产价值成为基金买卖价格的基准，故开放型投资基金的价格波动幅度在一定期间内不会很大。

3.按投资基金的投资对象不同划分，投资基金可分为证券投资基金和股权式投资基金

证券投资基金是指以投资于已经公开发行上市的股票和债券为主的投资基金。这种投资基金的流动性较好，容易变现，可以采用开放型投资基金的方式。我国2004年6月1日起施行的《证券投资基金法》中的投资基金就属于证券投资基金。

股权式投资基金是指以合资或参股的形式投资于实业，以获取投资收益为主要目的的投资基金，它可以参与被投资企业的经营，但一般不起控制支配作用。股权式投资基金的流动性和变现能力较差，一般要求采用封闭型投资基金的方式。

4.按投资风险与收益的目标不同划分，投资基金可分为积极成长型投资基金、成长型投资基金、成长加收益型投资基金、平衡型投资基金和收益型投资基金

积极成长型投资基金追求高风险、高收益率，其收益主要来自股票买卖的差价收入。所选择的投资对象多为具有高成长潜力和高风险的股票及其他证券，或可能被兼并的公司或股价暂时受到压抑、运营状况暂时困难的公司股票，以期能引起股票价格的快速上涨。这种基金获利能力强，但投机性相当高，很适合于风险爱好型的投资者。

成长型投资基金与积极成长型投资基金类似，追求以高风险获取资本的长期利得，而不是短期收入。它以未来成长型公司，如高科技行业、新型行业中的中小公司的证券作为重要投资对象，但也会把一部分资金投向一些信誉较好的大公司股票。

成长加收益型投资基金则兼顾资本利得和股息收入两种目标，力图把资本的长期增值与股息的稳定收入结合起来。这类基金的投资策略要比成长型投资基金保守些，它只限于在股价波动较小的股票中进行投资。基金经理人多将资金投资于派息较多而成长前景尚佳的股票及可转换公司债券。

平衡型投资基金通常有3个投资目标：一是保存投资者的原始本金；二是获取当期收入；三是促进本金和收入的长期增长。为此，它通常会把25%~50%的资金投向优先股和债券，以确保资金的安全性，其余的资金则投向普通股股票。为保证安全性，还会确定投

资股票的限制比例。至于股票和债券投资的实际比例高低，取决于经理人对资本市场前景的预测，可以作出一定的调整。一般来说，平衡型投资基金所承担的风险比成长型投资基金要小，特别是在股市下跌时，其表现比单独投资股票的基金要好。

收益型投资基金的追求目标是稳定的、最大的当期收入，而不强调资本的长期利得和成长，也就是注重当前收益性，而未来的成长性则在其次，并希望能保住本金。其投资组合主要包括利息较高的债券、优先股和普通股，以及某些货币市场上的证券，如专门投资于债券的债券基金和用于短期货币工具投资的货币市场基金。

小资料7-3　　不动产投资信托基金——REITs

2021年1月，上交所和深交所正式发布REITs业务配套规则，为基础设施公募REITs业务明确了相关业务流程、审查标准和发售流程。密集的政策和规则发布标志着中国的公募REITs市场的正式起航。REITs（Real Estate Investment Trusts），即不动产投资信托基金，指依法向社会投资者发行受益凭证公开募集资金，通过不动产支持证券等特殊目的载体持有不动产项目，由管理人主动管理运营上述项目，并将产生的绝大部分收益分配给投资者的标准化金融产品。REITs拥有投向明确、强制分红、税收优惠、低杠杆限制等特点。

2022年8月31日，保障性租赁住房REITs项目上市，保障性租赁住房发行公募REITs不仅可以通过资本市场融通盘活资金链并降低负债率，打造可持续的保障性租赁住房投融资模式，还可以提高保障性租赁住房有效供给，为市场提供更多保障性租赁住房，带动区域经济发展。

（资料来源：昌校宇. 公募REITs的“安居之道”[N]. 证券日报，2023-08-31.）

7.5.4 投资基金的财务评价

投资者在进行基金投资之前需要对投资基金的经营业绩进行衡量，即对投资基金进行财务评价，评价所依据的信息来源主要是公开的基金财务报告信息。投资基金的财务评价指标主要有：基金的价值、基金回报率和有价证券周转率。

1.基金的价值

基金作为一种证券，其内在价值和其他证券一样，也是指基金投资所能带来的现金净流量。但是，基金内在价值的具体确定依据与股票、债券等其他证券又有很大的区别。

（1）基金价值的内涵。决定债券和股票价值的不是现在的现金流量而是未来的现金流量，而基金的价值却取决于当前能给投资者带来的现金流量，这种当前的现金流量用基金的净资产价值来表达。

基金的价值取决于基金净资产的现在价值，其原因在于：股票的未来收益是可以预测的，而投资基金的未来收益是不可预测的。由于投资基金不断变换投资组合对象，再加上资本利得是投资基金收益的主要来源，变幻莫测的证券价格波动，使得对投资基金未来收益的准确预计变得不大现实。既然未来不可预测，投资者把握的就是“现在”，即基金资产的现有市场价值。

（2）基金单位净值（*NAV*），也称为单位净资产值或单位资产净值。基金的价值取决于基金净资产的现在价值，因此，基金净资产值是评价基金业绩最基本和最直观的指标，也是开放型投资基金申购价格、赎回价格以及封闭型投资基金上市交易价格确定的重要依据。

基金净资产值是在某一时点每一基金单位所具有的市场价值，其计算公式为：

基金单位净值=基金净资产价值总额÷基金单位总份数

式中：

基金净资产价值总额=基金资产总额-基金负债总额

在基金净资产价值的计算中，基金的负债除了以基金名义对外融资借款以外，还包括应付投资者的分红，基金应付给基金经理公司的首次认购费、经理费用等各项基金费用。相对来说，基金的负债金额是固定的，基金净资产的价值主要取决于基金资产的总额。这里，基金资产的总额并不是指资产总额的账面价值，而是指资产总额的市场价值。

（3）基金的报价。从理论上说，基金的价值决定了基金的价格，基金的交易价格是以基金净资产值为基础的，基金净资产值高，基金的交易价格也高。封闭型投资基金在二级市场上竞价交易，其交易价格由供求关系和基金业绩决定，围绕着基金净资产值上下波动。开放型投资基金的柜台交易价格则完全以基金净资产值为基础，通常采用两种报价形式：认购价（卖出价）和赎回价（买入价）。开放型投资基金柜台交易价格的计算公式为：

基金认购价=基金净资产值+首次认购费

基金赎回价=基金净资产值-基金赎回费

基金认购价也就是基金经理公司的卖出价，卖出价中的首次认购费是指支付给基金经理公司的发行佣金。基金赎回价也就是基金经理公司的买入价，赎回价低于基金净资产值是由于减去了基金赎回费，以此提高赎回成本，防止投资者的售回，保护基金资产的稳定性。收取首次认购费的基金，一般不再收取赎回费。

2.基金回报率

基金回报率用来反映基金增值的情况，它通过基金净资产的价值变化来衡量。基金净资产的价值是以市价计量的，基金净资产的市场价值增加，意味着基金的投资收益增加，基金投资者的权益也随之增加。基金回报率的计算公式为：

基金回报率=（年末持份数×年末*NAV*-年初持份数×年初*NAV*）÷（年初持份数×年初*NAV*）

式中：“持份数”是指基金单位的持有份数。如果年末和年初基金单位的持有份数相同，基金回报率就简化为基金净资产值在本年内的变化幅度。

年初*NAV*相当于购买基金的本金投资，基金回报率相当于一种简便的投资回报率。

3.有价证券周转率

对于投资对象是有价证券的基金，可以用有价证券周转率来衡量它的投资组合政策。有价证券周转率的计算方式与一般企业资产周转率的计算方式相同，都是资产周转额与资产平均余额的比值，即：

有价证券周转率=证券年售出净额÷证券资产平均余额

有价证券周转率在一定程度上反映了基金的投资组合政策：周转率越高，表明基金投资越偏重于能获取资本利得的投资组合；周转率越低，表明基金投资越偏重于能获取稳定红利收入的投资组合。当然，从过高的周转率上可以看出基金投资组合的不稳定，对证券频繁地购买和抛售会带来较高的投资管理成本。过低的周转率只能表明基金没有进取性，却无法判断基金经理人对基金投资的操作能力。

本章小结

基本的证券投资包括债券投资和股票投资。债券投资和股票投资在投资期限、投资收益、投资风险、投资追索、投资者权利上有明显的区别。证券投资决策要考虑债券和股票的内在价值、投资收益率和投资风险。

证券投资组合的目的在于分散和降低投资风险。证券投资组合收益是构成组合的各单个证券收益的加权平均值，而证券投资组合风险的大小则取决于构成组合的各个证券之间的协方差或相关系数。投资者的效用无差异曲线反映投资者的风险态度，风险厌恶型的投资者的无差异曲线较为陡峭，而风险偏好型投资者的无差异曲线则比较平缓。所有可能的组合构成投资的可行域，但不是可行域中的所有组合都是有效的，由所有有效证券组合构成的曲线称为有效边界，有效边界与某一投资者的效用无差异曲线相切的点所代表的投资组合即为该投资者的最优投资组合。将无风险资产与风险资产进行有效组合，形成资本市场线。

资本资产定价模型研究的是投资收益与风险之间的定量关系。资本市场线用来衡量有效投资组合的风险与收益的关系，而证券市场线则用来衡量非有效投资组合和单个证券的风险与收益的关系。

期权是一种权利，有看涨期权和看跌期权两大类，基本交易策略包括买入看涨期权、卖出看涨期权、买入看跌期权和卖出看跌期权，投资策略有保护性看跌期权、抛补看涨期权和对敲等。布莱克-斯科尔斯期权定价模型是实用的期权定价方法。

投资基金具有共同投资、共享收益、共担风险、专家理财等特点，分为公司型和契约型，封闭型和开放型，积极成长型、成长型、成长加收益型、平衡型和收益型等投资基金。投资基金的财务评价指标主要有：基金的价值、基金回报率和有价证券周转率。

推荐读物

[1] 陈志芳．资本资产定价模型与套利定价模型比较分析［J］．昆明理工大学学报（社会科学版），2004（1）：52-54.

[2] 李宝良，郭其友．资产定价理论实证研究的扩展与应用——2013年度诺贝尔经济学奖得主主要经济理论贡献述评［J］．外国经济与管理，2013（11）：70-80.

[3] 李锦成．美国对冲基金发展经验对中国的借鉴［J］．经济问题，2013（4）：89-93.

[4] 彭会青．我国期权市场推行现状与发展前景研究［J］．金融经济，2016（22）：89-90.

[5] 刘再杰，李艳．我国债券市场信用违约的特征、风险与应对措施［J］．新金融，2016（10）：49-53.

本章练习

一、思考题

1.债券投资的风险有哪些？期限不同的债券投资的风险有什么不同？

2.试说明股票投资收益的具体内容。

3.试述相关系数与证券组合风险分散的关系。

4.什么是最优投资组合？如何确定最优投资组合？

5.证券市场线与资本市场线有什么区别？

6.投资基金与股票债券有什么异同？

二、计算分析题

1.乙企业欲对A公司发行的已上市每年付息债券进行投资，该债券的面值为500元，票面利率为14%，期限为10年，已发行2年；且已知当时的市场利率为12%，该债券的实际交易价格为530元。请对乙企业是否应进行该种债券投资作出决策。

2.某公司持有A、B、C三种股票构成的证券组合，它们目前的市价分别为20元/股、7元/股和5元/股，它们的β系数分别为2.1、1.0和0.5，它们在证券组合中所占的比例分别为50%、40%和10%，上年的股利分别为2元/股、1元/股和0.5元/股，预期持有B、C股票每年可分别获得稳定的股利，持有A股票每年获得的股利逐年增长率为5%，若目前的市场收益率为14%，无风险收益率为10%。

要求：

（1）计算持有A、B、C三种股票投资组合的风险收益率。

（2）若投资总额为50万元，风险收益额是多少？

（3）分别计算投资A股票、B股票、C股票的必要收益率。

（4）计算投资组合的必要收益率。

（5）分别计算A股票、B股票、C股票的内在价值。

（6）判断该公司是否应出售A、B、C三种股票。

3.假设资本资产定价模型成立，表中的数字是相互关联的。求出表中“?”位置的数字，并将结果填写在给定的表格中（见表7-6）。

表7-6 资本资产定价模型计算表

证券名称	期望报酬率	标准差	与市场组合的相关系数	β系数
无风险资产	?	?	?	?
市场组合	?	0.1	?	?
A股票	0.22	?	0.65	1.3
B股票	0.16	0.15	?	0.9
C股票	0.31	?	0.2	?

4.某期权交易所某年1月20日对ABC公司的期权报价如下：到期日为4月20日，执行价格为37元，看涨期权价格为3.8元，看跌期权价格为5.25元。

针对以下互不相干的几个问题进行回答：

（1）若丙投资人购买一项看跌期权，标的股票的到期日市价为45元，其此时期权到期价值为多少？投资净损益为多少？

（2）若丁投资人卖出看跌期权，标的股票的到期日市价为45元，其此时空头看跌期权到期价值为多少？投资净损益为多少？

（3）若丙投资人购买一项看跌期权，标的股票的到期日市价为35元，其此时期权到期价值为多少？投资净损益为多少？

（4）若丁投资人卖出看跌期权，标的股票的到期日市价为35元，其此时空头看跌期权到期价值为多少？投资净损益为多少？

三、综合案例

分散证券投资风险的策略与方法①

1.基本情况

WA公司作为食品行业的领军者，拥有雄厚的经济实力，其产品在国内市场中稳踞领先地位多年，积累了可观的财务储备，其中部分资金处于未充分利用状态。为了优化资金配置，提升闲置资金的盈利能力，公司高层领导召开了一次重要会议，并一致通过了一项战略决策：利用当前冗余的10亿元人民币资金进行对外投资，旨在通过证券投资的方式获取额外收益。

为确保投资决策的科学性和有效性，会议还特别部署了一项关键举措，即成立了一个由10名经验丰富的市场调研专家组成的小组，负责全面深入地开展市场调研工作。这一安排旨在通过详尽的市场分析，为公司的资金运作提供强有力的数据支持与决策依据。

经分析、整理调研资料，拟定可供公司选择的投资对象如下：

（1）国家发行10年期国债，每年付息一次，且实行固定利率，票面利率为2.04%，每半年付息一次。

（2）某汽车集团发行5年期企业债券，票面利率为4.98%，每年付息一次。

（3）HXSW公司将在上海证券交易所科创板上市，发行普通股49 562 556股，占发行后总股本的10.33%；本次发行股份全部为公开发行新股，每股面值人民币1.00元，每股发行价格47.79元。公司建立了从原料到医疗终端产品、功能性护肤品及功能性食品的全产业链业务体系，2018年其玻尿酸产量达180万吨，是全球产量最高的玻尿酸企业，为全球知名的制药、化妆品、保健食品等提供原料。其2021—2023年的财务数据及市场表现见表7-7。

表7-7 **HXSW公司主要财务数据及财务指标**

项目 \ 年份	2023年	2022年	2021年
资产总额（万元）	207 100.41	188 304.85	168 419.10
归属于母公司股东权益（万元）	171 723.70	163 769.38	126 066.30
资产负债率（母公司）（%）	8.77	6.38	22.54

① 吴安平，王明珠，尹桂凤，等．财务管理学教学案例［M］．北京：中国审计出版社，2001：124-126.

续表

项目 \ 年份	2023年	2022年	2021年
营业收入（万元）	126 314.57	81 804.92	73 312.26
净利润（万元）	42 386.00	22 226.89	26 942.90
加权平均净资产收益率（%）	24.4	14.9	24.14
经营活动产生的现金流量净额（万元）	44 229.97	34 342.11	24 167.53
现金分红（万元）	100 800.00	1 246.12	1 153.81
研发投入占营业收入的比例（%）	4.19	3.14	3.27

（4）HTWY公司是调味品行业的优秀企业，历史悠久，目前生产的产品涵盖酱油、蚝油、酱、醋、料酒、调味汁、鸡精、鸡粉、腐乳、火锅底料等十几大系列百余品种近1 000种规格，销往100多个国家。其2021—2023年的财务数据及市场表现见表7-8。

表7-8 HTWY公司2021—2023年的财务数据及市场表现

项目 \ 年份	2023年	2022年	2021年
营业收入（万元）	2 516 564	2 560 965	2 500 403
归属于上市公司股东的净利润（万元）	622 916	619 771	667 075
经营活动产生的现金流量净额（万元）	422 916	383 031	632 350
总资产（万元）	3 642 386	3 405 917	3 333 772
股东权益（万元）	2 879 678	2 688 447	2 349 984
每股收益（元/股）	1.43	1.34	1.44
净资产收益率（%）	28.93	25.52	31.63

请思考：

（1）如果企业为了扩大经营规模，实现规模效应，面对上述可供选择的投资方案，应如何进行投资组合以分散或避免投资风险？

（2）如果企业仅为获得投资收益，面对上述可供选择的投资方案，应如何进行投资组合以分散或避免投资风险？

立德树人

“中国证监会始终坚持以人民为中心的发展思想，始终把投资者摆在最突出的位置，努力提升投资者的获得感和安全感。”在国际金融论坛第十八届全球年会上，时任中国证监会副主席王建军表示，投资者是资本市场可持续发展之本。近年来，中国证监会坚持“建制度、不干预、零容忍”的方针，坚持市场化法治化国际化，持续推进以注册制改革为龙头的资本市场全面深化改革，努力构建融资功能完备、基础制度扎实、市场监管有效、投资者合法权益得到有效保护的多层次资本市场体系。

中国证监会积极探索建立健全适应注册制改革的投资者保护基础制度体系，推动资本市场法治建设取得重大突破。先后推动在新《证券法》中增设“投资者保护”专章、推动出台《刑法修正案（十一）》和《关于依法从严打击证券违法活动的意见》等。特别是投资者保护机构参加的证券纠纷特别代表人诉讼制度，更是具有中国特色的重要基础性制度创新。2021年11月12日，广州中院一审判决，康美药业及相关责任人赔偿5.2万名投资者24.59亿元，标志着我国资本市场特别代表人诉讼制度成功落地实施。

（资料来源：邢萌．中国证监会副主席王建军：康美药业判例震慑了相关上市公司和中介机构［N］．证券日报，2021-12-06（A03）．）

第8章 流动资产管理

导读

至2020年末，海航控股整体已严重资不抵债，债务全面逾期，生产经营难以为继，面临破产清算风险。从2017年上半年开始，关于海航集团资产负债率过高、资金短缺的负面新闻此起彼伏，更明显的表现是在2017年12月中旬，海航集团旗下子公司承兑的商业承兑汇票在中信银行存在兑付困难问题，海航集团旗下多家航空公司已经逾期未付飞机租赁款。流动性风险在四大航空公司中最为严重，海南航空资金链紧张，现金及现金等价物净流量连续三年皆为负数。为了回笼资金，海航集团不断出售悉尼写字楼、香港地块、希尔顿酒店集团和德意志银行的股份，这一系列动作虽然缓解了海航集团的资金紧张问题，但对于海航集团来说终究是杯水车薪。由于资金链紧张，加之新冠疫情的出现，海航集团业务急剧减少，资金链问题越发严重。那么企业应如何加强流动资产管理呢？

学习目标

本章主要介绍流动资产管理的概念、现金管理、应收账款管理和存货管理，要求理解流动资产的概念、特点和管理要求，熟悉现金、应收账款和存货的日常管理，掌握最佳现金持有量的计算、信用政策决策和存货批量控制。通过学习能够灵活运用流动资产管理工具和方法，提升有效运用企业资金、减少资金占用时间和成本，提高资金使用效率的能力。

◎8.1 流动资产管理概述

8.1.1 流动资产的概念和特点

1.流动资产的概念

流动资产（current assets）是指在1年以内或超过1年的一个营业周期内变现或耗用的资产，包括库存现金、银行存款、其他货币资金、交易性金融资产、应收票据、应收账款、预付账款、存货等。流动资产是企业最具活力的重要资产。

2.流动资产的特点

（1）流动资产占用形态的变动性

流动资产在企业再生产过程中是不断循环着的。企业的流动资产必须同时分别占用在生产储备资金、未完工产品资金、成品资金、结算资金和货币资金等各种形态上，并且不断地由货币资金转化为生产储备资金，由生产储备资金转化为未完工产品资金，由未完工产品资金转化为成品资金，再由成品资金转化为货币资金。流动资产占用形态的不断变动，形成了流动资金周而复始的运动。

研究流动资产占用形态的变动性，有助于合理地配置各种资产占用形态，促进企业流动资金周转的顺利进行。

（2）流动资产占用数量的波动性

在企业再生产过程中，随着供、产、销的变化，流动资产占用的数量有高有低，起伏不定，具有波动性。季节性企业和非季节性企业都是如此。

研究流动资产占用数量的波动性，有助于企业在考虑流动资金的来源和供应方式时，既注意保证企业资金来源的稳定，又注意保持机动性和灵活性，以便合理安排资金的供需平衡。

（3）流动资产循环与生产经营周期的一致性

企业的生产经营过程，也是劳动物资的消耗过程。完成一次生产经营周期，流动资产也完成一次循环。生产经营周期决定着流动资金的循环时间，而流动资产周转又综合反映了企业的供、产、销全过程。

研究流动资产循环与生产经营周期的一致性，有助于通过合理组织供、产、销过程，加速流动资产周转，充分发挥流动资产促进生产经营活动的积极作用。

8.1.2 流动资产管理的要求

流动资产减去流动负债就是企业的营运资本（净营运资本、营运资金或循环资本）。营运资本持有量影响着企业的收益和风险。因此，科学地安排流动资金投资，加强流动资产的管理，可以使企业合理地使用资金，降低企业的财务风险，增加企业收益。其管理要求是：（1）保证生产经营需要和合理节约使用资金相结合；（2）资金管理和资产管理相结合；（3）资金使用和物资运动相结合。

◎8.2 现金管理

现金是指在生产过程中暂时停留在货币形态的资金，是可以立即投入流动的资产。现金是企业中流动性最强的资产。属于现金内容的项目包括：库存现金、银行存款、银行本票和银行汇票等。

8.2.1 现金管理概述

1.现金的持有动机

（1）交易动机。持有现金是为了应付企业日常经营所产生的现金支付。由于日常经营中的现金流入和现金流出不完全同步，因此，企业持有一部分现金是很有必要的。

（2）预防动机。预防性现金为意外现金需求提供缓冲的“安全垫”，这部分现金持有量只占企业现金库存量中的极小份额。

（3）投机动机。投机动机是指企业持有现金，以便当证券价格剧烈波动时，从事投机活动，从中获得收益。

2.现金管理的目的

现金管理的目的是使持有现金的成本最低、效益最大。企业的库存现金没有收益，银行存款的利息率也远远低于企业资金利润率。现金结余过多，会降低企业的收益；但现金太少，可能出现现金短缺，影响生产经营活动。现金管理应保证企业在生产经营所需现金的同时，节约使用资金，并从暂时闲置的现金中获得最大收益。

3.现金管理的内容

现金管理的内容主要包括：（1）编制现金收支计划，以便合理地估计未来的现金需求；（2）用特定方法确定最佳现金持有量，当企业实际现金余额与最佳现金持有量不一致时，应采用短期融资策略或采用归还借款和投资于有价证券等策略；（3）对日常的现金收支进行控制，力求加速收款、延缓付款。现金管理的内容如图8-1所示。

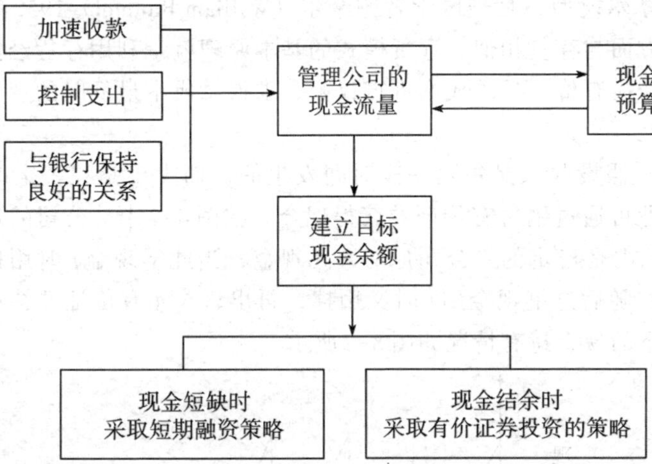

图8-1　现金管理的内容

8.2.2　最佳现金持有量

1.成本分析模式

该模式是根据企业持有现金的成本，寻找总成本最低的现金持有量。企业持有现金，有3种成本：

（1）机会成本。现金作为企业的一项资金占用，是有代价的，这种代价就是持有现金所放弃的报酬（机会成本），通常按有价证券的利息率计算，它与现金持有量同方向变化。

（2）管理成本。管理成本即企业为管理现金而发生的费用，如管理人员工资、安全措施费等。现金的管理成本不随现金持有量的多少而变动，是一种固定成本。

（3）短缺成本。短缺成本即企业因现金短缺而遭受的损失，包括直接损失和间接损失，如不能按时支付购料款而影响与供货单位的关系，停工待料；因透支银行存款而影响与银行的关系，贷款困难。现金的短缺成本与现金持有量呈反方向变动。

【例8-1】A公司有5种现金持有方案，企业的投资报酬率为20%，现金持有量方案与相关成本列于表8-1中。

表8-1 现金持有量方案与相关成本表 单位：元

项 目	方 案				
	1	2	3	4	5
现金持有量	60 000	70 000	80 000	90 000	100 000
机会成本	12 000	14 000	16 000	18 000	20 000
短缺成本	10 000	5 000	2 500	1 000	0
管理成本	18 000	18 000	18 000	18 000	18 000
总成本	40 000	37 000	36 500	37 000	38 000

经比较，第3种方案的总成本最低，故企业的最佳现金持有量应为80 000元。

2.存货模式

该模式又称鲍摩尔模型，是美国学者鲍摩尔（William Baumol）1952年提出来的。现金最佳余额在很多方面与存货相似，存货模式的基本原理就是利用存货经济批量模型，将现金的持有成本同转换有价证券的成本进行权衡，求得总成本最低时的现金余额，作为目标现金余额。

在存货模式中，假设收入是每隔一段时间发生的，而支出是在一定时期内均匀发生的。在此期间，企业可通过销售有价证券获得现金。在图8-2中，公司的现金支出在某一段时间（如1个月）内是稳定的。公司原有N元现金，当此笔现金t_1时用掉后，出售N元有价证券补充现金；随后这笔现金到t_2时又用掉，再出售N元有价证券补充现金。如此不断重复，存货模式下的现金持有情况如图8-2所示。

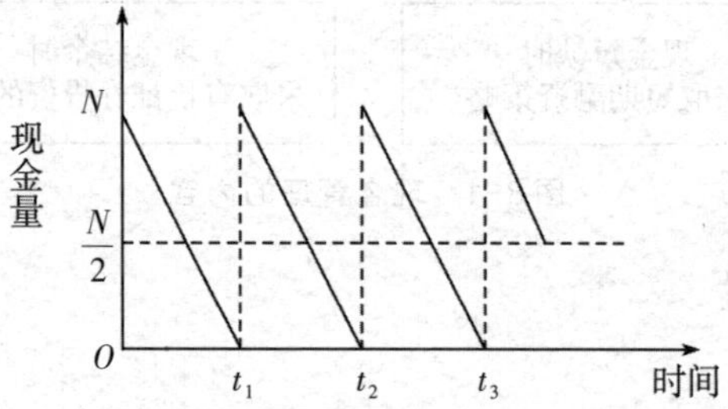

图8-2 存货模式下的现金持有情况

该模式的目的是求出使总成本最小的现金持有量N。此时，总成本应该包括机会成本、管理成本、短缺成本和交易成本。交易成本是现金与有价证券的转换成本，有经纪人费用、印花税及其他管理成本等。交易成本与交易次数同方向变化，与现金持有量反方向变化，其性质与短缺成本相同。在现金成本构成图上，可以将交易成本与短缺成本合并为同一条曲线，并不再考虑大体固定不变的管理成本。因此，运用存货模式时只考虑机会成本和交易成本。

随着现金持有量的增加，交易成本和机会成本此涨彼落，两者之和就是现金持有的总成本。在图形上，总成本线应是一条凹形曲线，其极值点就是交易成本线与机会成本线相交的使总成本最低的点。总成本最低点对应的现金持有量就是最佳现金持有量。

设TC为总成本，T为特定时间内的现金需求总额，b为现金与有价证券的转换成本，N为理想的现金转换数量（最佳现金持有量），i为短期有价证券利息率，则：

$$TC=\frac{N}{2}i+\frac{T}{N}b$$

图8-3为确定现金持有量的存货模式，图中反映了总成本、机会成本和交易成本的关系。

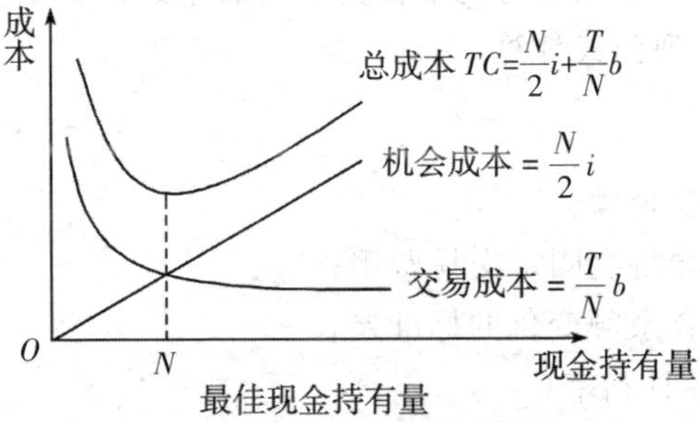

图8-3 确定现金持有量的存货模式

在图8-3中，TC是一条凹形曲线，可用导数方法求出最小值。

$$TC'=\left(\frac{N}{2}i+\frac{Tb}{N}\right)'=\frac{i}{2}-\frac{Tb}{N^2}$$

令 $TC'=0$，则：

$$最佳现金持有量N=\sqrt{\frac{2Tb}{i}}$$

【例8-2】B公司预计全年需要现金300 000元，现金与有价证券转换的交易成本为每次100元，有价证券的利息率为15%，则最佳现金持有量为：

$$N=\sqrt{2\times 300\,000\times\frac{100}{15\%}}=20\,000（元）$$

B公司将有价证券转换为现金的次数为15次（300 000÷20 000）。

存货模式简单、直观，现金持有成本与交易成本易于预测。但是，其缺点在于现金流出量均匀发生的假定与现实不符。

3.随机模式

该模式又称米勒-奥尔模式或统计模式，由米勒（Merton Miller）和奥尔（Daniel Orr）于1966年创建，它运用控制理论来确定企业最佳现金持有量。

假设现金支出随机波动，无法事先预计，但企业可根据历史经验和现实需要，制定一个现金持有量的控制区域。现金持有量的随机模式如图8-4所示。

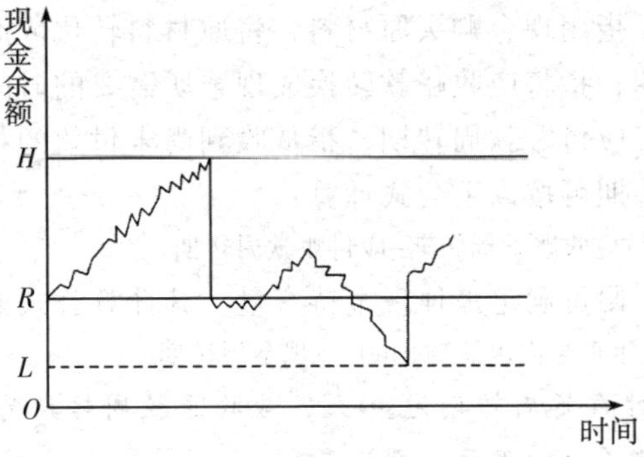

图8-4 现金持有量的随机模式

当现金余额上升到控制上限H时，企业将购入 $H-R$ 单位的有价证券，使现金余额回落到R线上，R称为恢复点或转换点；当现金余额下降到L时，企业将出售$R-L$单位的有价证券，使现金余额回升到R线上；现金在H线和L线之间波动时，则无须买卖证券。这样可以使现金余额始终保持在控制区域内，并集中在最佳余额R附近波动。

由于现金流量是随机的，故R与现金投资机会成本、证券交易成本以及现金余额可能波动的幅度有关，可按下列公式计算：

$$R=\left(\frac{3F\sigma^2}{4i}\right)^{\frac{1}{3}}+L$$

式中：R——最佳现金余额；

F——有价证券每次固定交易费用；

σ——每日现金余额变化的标准差；

i——有价证券日利率；

L——控制下限。

控制上限H的计算公式为：

$$H=3R-2L$$

控制下限L主要取决于每日最低现金需要量、有价证券变现所需的时间和管理人员的风险倾向，可根据经验数据确定。

【例8-3】某企业每日现金余额变化的标准差为1 000元，证券每次固定交易费用为100元，有价证券年利率为9%，控制下限为2 000元，则：

$$R=\left(\frac{3\times 100\times 1\,000^2}{4\times 9\%\div 360}\right)^{\frac{1}{3}}+2\,000=8\,694\text{（元）}$$

$$H=3\times 8\,694-2\times 2\,000=22\,082\text{（元）}$$

这样，当企业的现金余额超过22 082元时，购入13 388元（22 082−8 694）的有价证券，使现金余额回落到8 694元；当现金余额降至不足2 000元时，则将6 694元（8 694−2 000）有价证券转换为现金，使现金余额回升到8 694元。

随机模式建立在现金需求量和收支难以预知的前提下，故计算出的现金持有量比较保守。

4.现金周转模式

该模式是根据现金周转期来确定最佳现金持有量的模式。现金周转期越短，则企业的现金持有量就越小。

现金周转期是指从现金投入生产经营开始，到最终转化为现金的过程。它取决于3个因素：（1）存货周转期，指用现金购买原材料，将原材料转化成产成品并出售所需要的时间；（2）应收账款周转期，指将应收账款转换成现金所需要的时间，即从产品销售到收回现金所需要的时间；（3）应付账款周转期，指从收到尚未付款的材料开始到现金支出之间所需要的时间。现金周转期可按以下公式计算：

现金周转期=存货周转期+应收账款周转期−应付账款周转期

现金周转期确定后，便可确定最佳现金持有量。其计算公式如下：

最佳现金持有量=（企业年现金需求总额÷360）×现金周转期

【例8-4】某企业预计存货周转期为90天，应收账款周转期为40天，应付账款周转期为30天，预计全年需要现金720万元，则：

现金周转期=90+40−30=100（天）

最佳现金持有量=（720÷360）×100=200（万元）

现金周转模式简单明了，易于计算。但这种方法的假设是材料采购与产品销售产生的现金流量在数量上一致，企业的生产经营过程在1年中持续稳定地进行，即现金需要和现金供应不存在不确定性因素。如果以上条件不存在，则求得的最佳现金持有量将发生偏差。

8.2.3 现金日常管理

现金日常管理的目的在于加快现金周转速度，提高现金的使用效率。提高现金使用效率的主要途径是：尽量加速收款；严格控制现金支出，同时要尽量实现流量同步；加强闲置现金投资管理。

1.加速收款

加速收款主要是尽可能缩短从客户汇款或开出支票到企业收到客户汇款或将支票兑现的过程，常用的方法有：

（1）邮政信箱法。此方法又称“锁箱法”，指企业可在各主要城市租用专用的邮政信箱，并开立分行存款户，授权当地银行每日开启信箱，在取得客户票据后立即予以结算，并通过电汇再将货款拨给企业所在地银行。该方法缩短了支票邮寄及在企业的停留时间，但成本较高。

（2）银行业务集中法。这是指企业不仅在其总部所在地设立收款中心，同时还根据客户地理位置的分布情况以及收款额大小，设立多个收款中心。企业销售商品时，由各地分设的收款中心开出账单，当地客户收到销售企业的账单后，直接汇款或邮寄支票给当地的收款中心，中心收款后，立即存入当地银行或委托银行办理支票兑现；当地银行在进行票据交换处理后立即转给企业总部所在地银行。这种方法缩短了账单和支票的往返邮寄和支票兑现所需的时间，但银行要求开设的账户应保持一定的存款余额，企业设立的收款中心越多，这部分“冻结资金”的机会成本越大。

此外，还有电汇、大额款项专人处理、企业内部往来多边结算、集中轧抵、减少不必要的账户等方法。

2.延期支付

（1）使用现金浮游量。现金浮游量（又称净浮游量，net float）是指企业账户上的现金余额大于银行账户上所显示的现金余额的差额，这主要是因为在途支票未被支取。若能准确估计在途资金，就能减少银行账户的余额，从而进行更有效的投资。

（2）推迟支付应付款。在不影响信誉的情况下，尽可能推迟付款的时间。

（3）采用汇票付款。汇票付款主要指商业承兑汇票，在持票人将其提交给银行后，银行要将汇票送交付款人承兑，并将相当于汇票金额的资金存入银行，银行才会付款给持票人。这样就可以合法地延期付款。

3.加强闲置现金投资管理

现金管理的目的首先是保证交易及预防性的现金需求，其次才是使其获得最大的收益。这两个目的就要求企业把闲置的现金投入到流动性高、风险低、交易期限短的金融工具上。以美国为例，在货币市场上，主要的金融工具有国库券、商业票据、银行承兑汇票、可转让大额存单、回购协议、期货、期权及其衍生工具等。

（1）国库券。美国国债在货币市场中占据了最大的份额。短期国库券（treasury bills）每周拍卖到期日为91天或182天，每月拍卖到期日为9个月或12个月；以贴现形式发行，售价与面值之间的差额为投资者的利息收入；利息收入通常可以免税；国库券流通性好，二级市场上交易成本很低，收益率也很低。中期国库券（treasury bonds）到期日为1~10年。长期国库券（treasury notes）到期日为10年以上。中长期国库券是带息票发行。当它们的到期日小于1年时，就可以满足短期投资者的需求。

（2）商业票据（commercial paper）。商业票据是信誉较好的金融公司和工业公司发行的短期无担保本票，到期日为1个月到1年，期限超过270天的较少；可以直接出售给投资者，也可以售予交易商。大型金融公司通常采取直接出售的方式，小型金融公司和工业公司一般采取通过交易商发行的方式。商业票据利率比同期国库券利率要高一些，大约与银行承兑汇票利率相当。直接销售的票据比通过交易商销售的利率低一些。通常票据以折扣形式发行，大多数票据都被持有至到期，因为基本不存在二级市场。

（3）银行承兑汇票（bankers acceptances，BAS）。它是由商业银行承兑的汇票，到期日一般不超过6个月。其信用视承兑银行而不是开票人而定。其利率通常比同期国库券利率略高。

（4）可转让大额存单（negotiable certificate of deposit，CDs）。它始于1961年，是由普通的银行存单发展而来的。银行接受客户的定期存款，向客户提供存单为凭证，存单持有人凭以收取利息，并在到期时收回本金。存单在到期日前可以在二级市场转让。由于二级市场不是很发达，因此，其流动性低于国库券，收益与商业汇票和银行承兑汇票相当。存单的违约风险就是银行倒闭的风险。

（5）回购协议（repurchase agreements，RPs. repo）。它是银行或经纪人向投资者出售某种短期证券时，同意在特定时期内以特定价格购回这种证券。投资人买卖证券的价格差异代表其利息收入。回购协议使投资人在非常短的期限内获得利息，而西方发达国家的银行对30天以内的存款是不付息的。由于有银行重新购买的承诺，且出售价格已经确定，因此，这种协议的流动性高、风险小。

◎8.3 应收账款管理

应收账款是企业因对外赊销产品、材料、供应劳务等而应向购货或接受劳务的单位收取的款项，包括应收销售款、运杂费、相关税金等。应收账款管理的目标，是要制定科学合理的应收账款信用政策，并在这种信用政策所增加的销售盈利和采用这种政策预计要负担的成本之间作出权衡。

8.3.1 应收账款的功能与成本

1.应收账款的功能

（1）促进销售。企业赊销具有明显的促销作用，实际上是既向顾客销售产品又向顾客提供资金，对顾客十分有利，故在一般情况下顾客都会选择赊购。

（2）减少库存。企业持有产成品存货，要追加管理费、仓储费和保险费等支出，当企业存货较多时，一般都可采用较为优惠的信用条件进行赊销，把存货转化为应收账款，节约开支。

2.应收账款的成本

（1）机会成本。它是指企业因资金投放在应收账款上而丧失的其他收入，如投资于有价证券便会获得利息收入、股利等。这种成本的大小与企业维持赊销业务所需要的资金数量（即应收账款投资额）、资本成本率或有价证券的利息率有关。计算步骤如下：

①计算应收账款周转率：

应收账款周转率=日历天数÷平均收账天数

②计算应收账款平均余额：

应收账款平均余额=年赊销额÷应收账款周转率

③计算维持赊销业务所需要的资金：

维持赊销业务所需要的资金=应收账款平均余额×（变动成本÷销售收入）

=应收账款平均余额×变动成本率

④计算应收账款的机会成本：

应收账款的机会成本=维持赊销业务所需要的资金×资金成本率

【例8-5】某企业预计年赊销额为6 000 000元，收账天数（或应收账款周转期）为60天，变动成本率为60%，资金成本率为10%，则：

应收账款周转率=360÷60=6（次）

应收账款平均余额=6 000 000÷6=1 000 000（元）

维持赊销业务所需要的资金=1 000 000×60%=600 000（元）

应收账款的机会成本=600 000×10%=60 000（元）

这表明，企业投放600 000元的资金可维持6 000 000元的赊销业务，相当于垫支资金的10倍，这在很大程度上取决于应收账款的周转速度，而机会成本的大小则与维持赊销业务所需要的资金数量密切相关。

（2）管理成本。它主要包括调查顾客信用情况的费用、收集各种信息的费用、账簿的记录费用、收账费用和其他费用。

（3）坏账成本。坏账成本即应收账款因故不能回收而发生的损失。

8.3.2 信用政策

加强应收账款管理，提高应收账款投资效益的重要前提，就是制定合理的信用政策。信用政策即应收账款的管理政策，是指企业对应收账款投资进行规划与控制而确立的基本原则与行为规范，包括信用标准、信用条件和收账政策等方面。

1.信用标准

信用标准是客户获得企业商业信用所应具备的最低条件，是企业愿意承担的最大付款风险的金额，一般以预期的坏账损失率表示。如信用标准过于严格，企业的应收账款可能很小，但这却会丧失向信誉较好的客户销售产品的机会；反之，如信用标准太宽松，虽然增加销售收入的可能性增大，但也会增加因客户拒付而造成坏账损失的机会。因此，企业需针对不同情况确定合理的信用标准。同时，应规定一个信用额度，即规定该客户在任何时候可以赊欠的最大限额。

信用标准的主要确定依据是客户的信用状况，一般采用“5C”系统评判。“5C”是指：①品德（character），指客户愿意履行其付款承诺的可能性，它直接影响到应收账款的回收速度、额度、收账成本，主要根据客户过去的信用记录来确定；②能力（capacity），指客户偿还货款的能力，主要根据客户的经营状况和资产状况来判断；③资本（capital），指客户的财务状况，可以通过客户的财务报表和比率分析得出；④抵押（collateral），指客户用其资产对其所承诺的付款进行的担保，对于有资产抵押的客户可适当放宽信用条件，对于没有信用记录和有不良信用记录的客户来讲，以一定的合法资产作为抵押是必要的；⑤条件（condition），指能够对客户的偿付能力产生影响的社会经济发展的一般趋势，以及某些地区或某些领域的特殊发展和变动。

2.信用条件

信用条件是销售企业要求赊购客户支付货款的条件，包括信用期限、折扣期限和现金折扣。信用条件的基本表现方式是“3/10，N/30”，是指发票开出后10天内付款，可享受3%的现金折扣；如果放弃折扣优惠，则必须在30天内付清货款。此时，信用期限是30天，折扣期限是10天，现金折扣率是3%。

（1）信用期限

信用期限是企业为顾客规定的最长付款时间。通常，信用期限政策的制定既要考虑市场竞争激烈程度、企业自身资金实力、买方拥有货物的时间和交易传统等因素，也要考虑成本效益情况。信用期限过短，不足以吸引客户，在竞争中会使销售额下降；信用期限过长，对销售固然有利，但如果盲目放宽信用期限，可能影响资金周转，使得相应的费用增加，甚至造成利润的减少。所以，合理的信用期限应当以使企业的总收益达到最大为目标。

【例8-6】某企业预测年度赊销额为1 200万元，其信用条件是N/30，变动成本率为45%，资金成本率为10%。假定企业收账政策不变，固定成本总额不变。该企业准备了3个信用期限的备选方案：A方案是维持N/30的信用条件；B方案是将信用条件放宽至N/60；C方案是将信用条件放宽至N/90。

为各信用期限备选方案估计的赊销水平、坏账损失率和收账费用等有关数据见表8-2。

表8-2　**信用期限备选方案有关数据表**　金额单位：万元

项　目	A方案	B方案	C方案
年赊销额	1 200	1 320	1 400
平均收账天数	30	60	90
应收账款周转率（次）	360÷30=12	360÷60=6	360÷90=4
应收账款平均余额	1 200÷12=100	1 320÷6=220	1 400÷4=350
维持赊销业务所需要的资金	100×45%=45	220×45%=99	350×45%=157.5
坏账损失率	2%	3%	6%
坏账损失	1 200×2%=24	1 320×3%=39.6	1 400×6%=84
收账费用	24	40	80

根据上述资料计算各指标对信用期限备选方案进行评价，具体见表8-3。

表8-3　信用期限备选方案评价表　单位：万元

项　目	A方案	B方案	C方案
年赊销额	1 200	1 320	1 400
变动成本	540	594	630
扣减信用成本前的收益	660	726	770
信用成本：			
应收账款机会成本	45×10%=4.50	99×10%=9.90	157.5×10%=15.75
坏账损失	24	39.6	84
收账费用	24	40	80
小计	52.50	89.50	179.75
扣减信用成本后的收益	607.50	636.50	590.25

根据计算结果，B方案的收益最大，应选择B方案，将信用期限放宽至60天。

（2）现金折扣和折扣期限

现金折扣是在顾客提前付款时给予的优惠，一般为发票金额的1%~5%。折扣期限是为顾客规定的可享受现金折扣的付款时间。一般情况下折扣期限越短，折扣率越大，反之则越小。建立现金折扣政策的主要目的是吸引客户使其为享受优惠而提前付款，缩短平均收现期，但现金折扣实际上是对产品售价的扣减。因此，企业提供现金折扣的程度和折扣期限的长短，应着重考虑提供折扣后所得的收益是否大于现金折扣的成本。

【例8-7】仍以【例8-6】的资料为例，若企业为加速应收账款的回收，决定在B方案的基础上将信用条件改为“2/10，1/20，N/60”（D方案），估计约有60%的客户会利用2%的折扣；15%的客户会利用1%的折扣。坏账损失率降为1%，收账费用降为30万元。则D方案的机会成本、坏账损失和现金折扣计算如下：

平均收账天数=60%×10+15%×20+（1-60%-15%）×60=24（天）

应收账款周转率=360÷24=15（次）

应收账款平均余额=1 320÷15=88（万元）

维持赊销业务所需要的资金=88×45%=39.6（万元）

应收账款的机会成本=39.6×10%=3.96（万元）

坏账损失=1 320×1%=13.20（万元）

现金折扣=1 320×（2%×60%+1%×15%）=17.82（万元）

根据上述指标，可计算D方案的收益：

扣减信用成本前的收益=年赊销额×（1-变动成本率）-现金折扣

=1 320×（1-45%）-17.82

=708.18（万元）

扣减信用成本后的收益=扣减信用成本前的收益-机会成本-坏账损失-收账费用

=708.18-3.96-13.20-30

=661.02（万元）

计算结果表明，相对于B方案，D方案的收益增加了24.52万元（661.02-636.50），因此，应最终选择D方案，实行现金折扣政策。

3.收账政策

收账政策（或收账方针）是企业针对客户违反信用条件，拖欠甚至拒付账款所采取的策略和措施，是客户未按事先约定在信用期内付款时企业所采取的事后补救方法。一般情况下，客户会在企业规定的信用期到来之前支付货款，只有当客户的付款期超过了信用期限，企业才需要采取行动催收。因此，收账政策有时仅指企业催收逾期应收账款的程序。

企业在选取收账政策时，应视逾期时间长短、欠缴金额大小、不同的客户、不同的产品，并参考信用条件灵活运用。对于逾期时间较短的客户，可通过信函、电话等方式催收；对于情形较严重者，可派人面谈，必要时还可提请有关部门仲裁或提请诉讼等。

收账政策会影响企业收益。企业采取积极的收账政策，会减少应收账款及坏账损失，但有可能增加收账费用；反之，若采取消极的收账政策，会增加应收账款占用额和坏账损失。因此，制定收账政策需要在增加收账费用与减少坏账损失、减少应收账款机会成本之间进行权衡，若前者小于后者，则说明制定的收账政策可取。

8.3.3 应收账款日常管理

对于已经发生的应收账款，企业还应进一步强化其日常管理工作，采取有力的措施进行分析、控制，及时发现问题，提前采取对策。

1.加强应收账款追踪分析

赊销企业有必要在收款之前，对该项应收账款的运行过程进行追踪分析，重点要放在赊销商品的变现方面。企业要对赊购者的信用品质、偿付能力进行深入调查，分析客户现金的持有量与调剂程度能否满足兑现的需要。应将那些挂账金额大、信用品质差的客户的欠款作为考察的重点，以防患于未然。

2.重视应收账款账龄分析

一般而言，客户拖欠账款时间越长，账款催收的难度越大，成为坏账的可能性也就越高。企业必须做好应收账款的账龄分析，密切注意应收账款的回收进度和出现的变化，把过期债权款项纳入工作重点，研究调整新的信用政策，努力提高应收账款的收现效率。

3.重视应收账款转换问题

应收账款可能会转变为应收票据。应收票据具有更强的追索权，但企业为应急需要而贴现，会承担高额的贴现息。另外，企业可通过抵押或让售业务将应收账款变现，这些虽然都可以解决企业的燃眉之急，但都会给企业带来额外的负担，并增加企业的偿债风险。

4.建立应收账款坏账准备制度

不管企业采用多么严格的信用政策，只要存在商业信用行为，坏账损失的发生总是不可避免的。因此，企业要遵循稳健性原则，对坏账损失的可能性预先进行估计，建立弥补坏账损失的准备金制度，以促进企业健康发展。

5.加强收账的日常管理

在收款的过程中，应妥善考虑收账成本等因素，制订好收账计划，掌握好宽严界限。通常，收款的程序是：（1）确定是否在信用期；（2）分析超过信用期的时间；（3）电话催款；（4）派人催款；（5）法律诉讼。常见的讨债方法有讲理法、恻隐术法、疲劳战法、激将法、软硬术法等。

小资料8-1　　上海电气暴雷之谜

2021年5月30日晚，作为电气行业白马股的上海电气，突然曝出其子公司出现大规模应收账款无法收回，犹如平地惊雷，让投资者猝不及防，其应收账款存在的无法收回风险很可能会给母公司造成巨额损失。可是仅被持股40%的子公司怎么会轻轻松松地把母公司拉下水了呢？公告还称子公司账面拥有应收账款余额为86.72亿元，加上上海电气还为子公司提供股东借款金额合计为77.66亿元，如果子公司无法偿还，最高将给母公司带来将近83亿元的巨额损失，算起来约为集团公司两年的净利润，使公司股价“跌跌不休”。

（资料来源：杨漾．上海电气跌停：通讯子公司应收账款普通逾期或致83亿元巨亏［EB/OL］．（2021-05-31）．https：//www.thepaper.cn/newsDetail_forward_12899939．）

8.4　存货管理

存货是指企业在生产经营过程中为销售或者耗用而储备的物资，包括材料、燃料、低值易耗品、在产品、半成品、产成品、商品等。企业存货占流动资产的比重较大，其利用程度对企业财务状况的影响较大。因此，加强对存货的规划与控制，使存货保持在最优水平上，便成为财务管理的一项重要内容。

企业置留存货的原因，一方面是为了保证生产或销售的经营需要，另一方面是出于价格的考虑，零购物资的价格往往较高，而整批购买在价格上有优惠。但是，过多的存货要占用较多资金，并且会增加包括仓储费、保险费、维护费、管理人员工资在内的各项开支，因此，存货管理的目标就是尽力在各种成本与存货效益之间作出权衡，达到两者的最佳结合。

8.4.1　存货的功能与成本

1. 存货的功能

存货的功能是指存货在企业生产经营过程中所具有的作用，主要表现为：

（1）保证正常生产

原材料是生产中必需的物质基础。尽管有些企业自动化程度很高，提出了零存货的口号，但实现零存货并非易事。储存必要的原材料和在产品，可以保证生产正常进行，防止停工待料。在生产不均衡和商品供求波动时，适当储备原材料和产成品，可以缓和矛盾，降低成本。对于生产季节性产品和产品需求不稳定的企业，为了降低生产成本，实行均衡生产，就要储备一定的产成品和原材料。留有存货的保险储备，可防止意外事件造成的损失。

（2）适应市场变化

存货储备能增强企业在生产和销售方面的机动性以及适应市场变化的能力。企业保持足够的商品存货，能有效地供应市场，满足顾客的需要。若畅销商品库存不足，将会错失推销良机，并有可能因此而失去顾客。适当地储存原材料存货，能够减缓通货膨胀的冲击。

（3）降低购货成本

企业采用批量集中购货，往往可以获得较多的商业折扣，减少购货次数，降低采购费用支出。即便在推崇以零存货为管理目标的今天，仍有不少企业采取大批量购货方式，原因就在于这种方式有助于降低购货成本。

2.存货的成本

（1）采购成本

采购成本是由买价、运杂费等构成的。采购成本一般与采购数量成正比例变化。为降低采购成本，企业应研究材料的供应情况，货比三家，价比三家，争取采购质量好、价格低的材料物资。

（2）订货成本

订货成本是指为订购材料、商品而发生的成本。订货成本一般与订货的数量无关，而与订货的次数有关。企业要想降低订货成本，需要大批量采购，以减少订货次数。

（3）储存成本

储存成本是在物资储存过程中发生的仓储费、搬运费、保险费、占用资金支付的利息费等。储存成本也包括固定成本和变动成本，在决策分析中一般不考虑固定成本。一定时期内的储存成本总额，等于该期内平均存货数量与单位储存成本之积。企业要想降低储存成本，则需要小批量采购，减少储存数量。

（4）缺货成本

缺货成本又称亏空成本，是由于外部或内部中断供应所产生的。外部短缺、内部短缺将最终导致延期付货或失销。缺货成本包括销售利润的损失以及难以估量的商誉损失。不同物品的缺货成本随用户或组织内部策略的不同而不同。

8.4.2 存货的日常控制

1.存货储存期控制法

存货储存期控制包括存货保本储存期控制和保利储存期控制两项内容，其计算公式为：

存货保本储存天数=（毛利-固定储存费-税金及附加）÷每日变动储存费

存货保利储存天数=（毛利-固定储存费-税金及附加-目标利润）÷每日变动储存费

【例8-8】某商场购进A商品2 000件，单位进价（不含增值税）100元/件，单位售价（不含增值税）120元/件，经销该商品的一次性费用为20 000元，若款项均来自银行贷款，年利率为10.8%，该批存货的月保管费用率为3‰，税金及附加为1 600元，计算存货保本储存天数和存货保利储存天数（企业要求3%的投资收益率）。

存货保本储存天数的计算：

每日变动储存费=购进批量×购进单价×日变动储存费用率

=2 000×100×（10.8%÷360+3‰÷30）=80（元）

存货保本储存天数=（毛利-固定储存费-税金及附加）÷每日变动储存费

=［（120-100）×2 000-20 000-1 600］÷80=230（天）

存货保利储存天数的计算：

目标利润=投资额×投资收益率=2 000×100×3%=6 000（元）

存货保利储存天数=（毛利-固定储存费-税金及附加-目标利润）÷每日变动储存费

=［（120-100）×2 000-20 000-1 600-6 000］÷80=155（天）

计算出相关的储存天数可以及时地将企业存货信息传递给企业经营决策部门，决策部门可以针对不同情况采取相应措施。

2. 经济批量法

经济批量是指一定时期相关存货成本总额最低的采购批量。储存成本与采购量成正比，订货成本与采购量成反比。采购批量增大，存货就增多，会使储存成本上升，但由于订货次数减少，又会使订货成本降低；相反，采购批量减少，会使储存成本降低，又会使订货成本上升。经济批量法的目的就是要寻找这两种成本合计最低的订购批量。

（1）经济批量基本模型

经济批量基本模型以如下假设为前提：①企业能够及时补充存货，即需要订货时便可立即取得存货；②能集中到货，而不是陆续入库；③不允许缺货，即无缺货成本；④需求量稳定，且能预测；⑤存货单价不变；⑥企业现金充足，不会因为现金短缺而影响采购存货；⑦所需存货市场供应充足。

假设D为全年需求量，Q为每批订货量，K为每批订货费用，K_c为每件年储存成本，则：

订货次数=$D \div Q$

平均储存量=$Q \div 2$

全年订货成本=$D \div Q \times K$

全年储存成本=$Q \div 2 \times K_c$

全年与决策相关的存货总成本为：

$$TC=\frac{D}{Q}K+\frac{Q}{2}K_c$$

求TC对Q的导数，得：

$$TC'=\left(\frac{D}{Q}K+\frac{Q}{2}K_c\right)'=\frac{K_c}{2}-\frac{DK}{Q^2}$$

令$TC'=0$，则：

经济批量 $Q^*=\sqrt{\dfrac{2DK}{K_c}}$

经济批数 $N^*=\dfrac{D}{Q^*}=\sqrt{\dfrac{DK_c}{2K}}$

最低总成本 $TC(Q^*)=\sqrt{2DKK_c}$

【例8-9】某企业全年需要甲零件1 200件，一次订货成本为400元，每件年储存成本为6元，则：

$$Q^*=\sqrt{\frac{2\times 1\,200\times 400}{6}}=400\text{（件）}$$

$$N^*=\sqrt{\frac{1\,200\times 6}{2\times 400}}=3\text{（次）}$$

$$TC(Q^*)=\sqrt{2\times 1\,200\times 400\times 6}=2\,400\text{（元）}$$

有许多方法可以用来扩展经济批量基本模型，以使其适用范围更广。事实上，许多存货模型研究都是立足于经济批量基本模型的，但扩展了其假设。

（2）有数量折扣时的经济批量模型

在上述经济批量分析中，假定价格不随年需求量而变动，但实际工作中，许多企业在销售时都有批量折扣，对大批量采购在价格上给予一定的优惠。在这种情况下，除了考虑订货成本和储存成本外，还应考虑采购成本。

【例 8-10】 假设【例 8-9】中每件价格（U）为 10 元，但如果一次订购大于或等于 600 件，可给予 2% 的批量折扣（z），问应以多少件作为订货批量？

此时，如果确定最优订购批量就要按以下两种情况分别计算订货成本、储存成本和采购成本 3 种成本的总数。

①按经济批量采购，不取得数量折扣，则：

$$TC=\frac{D}{Q}K+\frac{Q}{2}K_c+DU$$

$$=(1\,200\div400)\times400+(400\div2)\times6+1\,200\times10$$

$$=14\,400\text{（元）}$$

②不按经济批量采购，取得数量折扣。若想取得数量折扣，必须按 600 件采购，则：

$$TC=\frac{D}{Q}K+\frac{Q}{2}K_c+DU(1-z)$$

$$=(1\,200\div600)\times400+(600\div2)\times6+1\,200\times10\times(1-2\%)$$

$$=14\,360\text{（元）}$$

将以上两种情况下的总成本进行对比可知，订购量 600 件时成本更低，应以 600 件作为订货批量。

（3）允许缺货时的经济批量模型

在允许缺货的情况下，企业对经济批量的确定，就不仅要考虑订货成本与储存成本，而且必须要对可能的缺货成本加以考虑，即能使三项成本总和最低的批量就是经济批量。

设缺货量为 S，单位缺货成本为 K_S，其他符号同上，则允许缺货时的经济批量和平均缺货量为：

$$Q_s^*=\sqrt{\frac{2DK}{K_c}\times\frac{K_c+K_s}{K_s}}$$

$$S=\frac{Q_s^*\times K_c}{K_c+K_s}$$

【例 8-11】 某企业甲材料年需求量为 16 000 吨，每次订货成本为 30 元，单位储存成本为 4 元，单位缺货成本为 8 元，则：

$$Q_s^*=\sqrt{\frac{2\times16\,000\times30}{4}\times\frac{4+8}{8}}=600\text{（吨）}$$

$$S=\frac{600\times4}{4+8}=200\text{（吨）}$$

当然，在实际工作中，由于单位缺货成本很难估计，加之停工待料、停售待货是任何一家正常经营的企业都不允许发生的事情，因此，一般情况下，是不可能出现经济缺货量的。对于采用 JIT 系统的企业来说，由于单位缺货成本无穷大，因而更是不允许缺货的。

（4）订货期提前模型

一般情况下，企业的存货不能做到随用随时补充，因此，不能等存货用完再去订货，而需要在没有用完时提前订货。在提前订货的情况下，企业再次发出订货单时，尚有存货的库存量，称为再订货点，用R表示。它的数量等于交货时间（L）和每日平均用量（d）的乘积。

$R=L\times d$

【例8-12】 某公司每天正常耗用某材料10吨，订货的提前期为20天，则：

$R=20\times10=200$（吨）

（5）陆续进货模型

基本模型假设存货是集中到货，即一次全部入库，而事实上，各批存货可能是陆续入库，存量陆续增加。设每日送货量为P，每日需用量为d，则送货期为$Q\div P$，送货期内的耗用量为$Q\div P\times d$。由于存货边送边用，故每批送完时，最高库存量为$Q-Q\div P\times d$。平均存货量为：

$$\frac{1}{2}\left(Q-\frac{Q}{P}\times d\right)=\frac{Q}{2}\left(1-\frac{d}{P}\right)$$

显然，每日需用量d应小于每日送货量P。

那么，与批量有关的存货总成本为：

$$TC=\frac{D}{Q}\times K+K_c\times\frac{Q}{2}\left(1-\frac{d}{P}\right)$$

经推导，此时的经济批量为：

$$Q_p^*=\sqrt{\frac{2DK}{K_c}\times\left(\frac{P}{P-d}\right)}$$

最佳存货总成本为：

$$TC\left(Q_P^*\right)=\sqrt{2DKK_c\times\left(1-\frac{d}{P}\right)}$$

【例8-13】 某零件年需求量为7 200件，每天送货量为60件，每天耗用量为20件，单价为20元，一次订货成本为50元，单位储存成本为4元，单位缺货成本为8元，则此时的经济批量和总成本为：

$$Q_p^*=\sqrt{\frac{2\times7\,200\times50}{4}\times\left(\frac{60}{60-20}\right)}=520\text{（件）}$$

$$TC\left(Q_p^*\right)=\sqrt{2\times7\,200\times50\times4\times\left(1-\frac{20}{60}\right)}=1\,386\text{（元）}$$

此扩展模型还可应用于自制产品或零部件的经济投产批量的决策。

（6）保险储备模型

上述经济批量基本模型和订货提前期的扩展模型均假设存货的供需稳定而且确知每日的需求量不变。但实际情况并非完全如此，企业对存货的需求量经常会发生变动，交货时间由于某些原因也可能延误。这些不确定性因素的存在，要求企业持有一定的保险储备量（B），以防止供应延误、存货短缺等造成的损失。此时，存货再订货点变为：

$R=L\times d+B$

建立保险储备的代价则是存货储存成本的相应增加。而最佳保险储备的确定就是在存货短缺所造成的缺货成本和保险储备的储存成本之间作出权衡，使二者之和最小。两者之和的计量模型为：

$TC(S,B)=C_S+C_B=K_s\times S\times N+B\times K_c$

式中：$TC(S,B)$——与保险储备有关的总成本；

C_s——短缺成本；

C_B——保险储存成本；

K_s——单位缺货成本；

S——缺货量；

N——年订货次数；

B——保险储备量；

K_c——单位储存成本。

缺货量（S）具有一定的概率分布，其概率可根据历史经验估计得出：

$S_i = L_iB_i - R$ （若$L_iB_i \leq R$，取$S_i=0$）

式中：S_i——不同概率分布下的缺货量；

L_iB_i——不同概率分布下交货时间内的存货需求量。

据此，可以计算出不同保险储备量下缺货量（S）的期望值，进而计算不同保险储备量（B）下的TC（S，B），并相互比较，TC（S，B）最小时的保险储备量即为最佳保险储备量。

【例8-14】某公司每年需外购零件36 000件，该零件单位储存变动成本为20元，一次订货成本为25元，单位缺货成本为100元。经预测，在交货间隔期内（交货时间为1天）的需求量及其概率分布见表8-4。

表8-4 零件需求量及其概率分布表

需求量（件）	80	90	100	110	120
概率	0.1	0.2	0.4	0.2	0.1

可供选择的保险储备方案为0、10件和20件。

可进行如下运算：

①经济订货量=$\sqrt{\dfrac{2\times 36\,000\times 25}{20}}$=300（件）

②年订货次数=36 000÷300=120（次）

③交货间隔期内的平均需求量=80×0.1+90×0.2+100×0.4+110×0.2+120×0.1=100（件）

④不同保险储备量下的缺货量S的期望值。

B=0时：S=（110-100）×0.2+（120-100）×0.1=4（件）

B=10时：S=（120-110）×0.1=1（件）

B=20时：S=0

⑤不同保险储备量下的总成本TC（S，B）。

B=0时：TC（S，B）=100×4×120=48 000（元）

B=10时：TC（S，B）=100×1×120+10×20=12 200（元）

B=20时：TC（S，B）=20×20=400（元）

⑥故应设置保险储备量为20件，此时的再订货点为120件（1×100+20）。

3.存货ABC分类管理法

存货ABC分类管理就是按照一定的标准，将企业的存货划分为A、B、C三类，分别实行分品种重点管理（A）、分类别一般控制（B）和按总额灵活掌握（C）的存货管理方法。ABC分类管理法是意大利经济学家巴雷特于19世纪首创的，经过不断发展和完善，现已广泛用于存货管理、成本管理和生产管理。对于一家大型企业来说，常有成千上万种存货，在这些存货中，有的价格昂贵，有的不值几文，有的数量庞大，有的寥寥无几。如果不分主次，面面俱到，对每一种存货都进行周密的规划，严格的控制，就抓不住重点，不能有效地控制主要存货资金。ABC分类管理法是针对这一问题而提出来的重点管理方法。

（1）存货ABC分类的标准

分类的标准主要有两个：金额标准和品种数量标准。各类存货的特点是：A类金额巨大、数量较少；B类金额一般、数量相对较多；C类品种数量繁多，但金额却很小。一般而言，三类存货金额之比为70%：20%：10%。

（2）存货ABC控制的步骤

①列示企业全部存货的明细表，计算每一种存货在一定时间内（一般为1年）的资金占用额。

②计算每一种存货资金占用额占全部存货资金占用额的百分比，按照金额标志由大到小进行排序并累加金额百分比，编成表格。

③根据事先测定好的标准，把最主要的存货划为A类，把一般存货划为B类，把不重要的存货划为C类，并画图表示出来。一般而言，当金额百分比累加到70%左右时，其对应存货为A类；百分比在70%~90%的存货为B类；其余为C类。

④对A类存货进行重点规划和控制，对B类存货进行次重点管理，对C类存货只进行一般管理。

把存货划分成A、B、C三大类，目的是对存货占用资金进行有效的管理。A类存货的种类虽少，但占用的资金多，应集中主要力量管理，对其经济批量要进行认真的规划，对收入、发出要进行严格的控制；C类存货虽然种类繁多，但占用的资金不多，不必耗费大量人力、物力、财力去管理，这类存货的经济批量可凭经验确定，不必花费大量的时间和精力去进行规划和控制；B类存货介于A类和C类之间，也应给予相当的重视，但不必像A类那样进行非常严格的控制。

8.4.3 存货管理的变革

1.即时生产的存货管理

1953年，日本丰田公司的副总裁大野耐一创造了一种高质量、低库存的生产方式——即时生产（just in time，JIT）。JIT技术是存货管理的第一次革命，其基本思想是“只在需要的时候，按需要的量，生产所需的产品”，也就是追求一种无库存或库存量达到最小的生产系统。在日本，JIT又称为“看板”管理，在每一个运送零部件的集装箱里面都有一个标牌，生产企业打开集装箱，就将标牌给供应商，供应商接到标牌之后，就开始准备下一批零部件。理想的情况是，下一批零部件送到时，生产企业正好用完上一批零部件。通过精确地协调生产和供应，日本的制造企业大大地降低了原材料的库存，提高了企业的运作效率，也增加了企业的利润。事实上，JIT技术成为日本汽车工业竞争优势的一个重要来源，而丰田公司也成为全球在JIT技术上最为领先的公司之一。

2.高技术条件下的存货管理

存货管理的第二次变革的动力来自数控和传感技术、精密机床以及计算机等技术在工厂里的广泛应用，这些技术使得工厂的整备时间从早先的数小时缩短到几分钟。在计算机的帮助下，机器很快从一种预设的工模具状态切换到另一种工模具状态而无须走到遥远的工具室或经人工处理之后再进行试车和调整，整备工作的加快使待机时间结构发生了关键的变化，困扰着传统工厂的在制品库存和间接成本也随之减少。仍然是丰田公司在20世纪70年代率先进行了这方面的开拓。作为丰田的引擎供应商，洋马柴油机公司（Yanmar Diesel）效仿丰田进行了作业程序的改革，在不到5年的时间里，差不多将机型增加了4倍，但在制品的存货却减少了一半之多，产品制造的总体劳动生产率也提高了100%以上。

3.信息技术条件下的存货管理

20世纪90年代信息技术和互联网技术兴起之后，存货管理发生了第三次革命。信息技术在企业中的运用（如ERP、MRPⅡ等），可以使企业的生产计划与市场销售的信息充分共享，计划、采购、生产和销售等各部门之间也可以更好地协同。而通过互联网技术可以使生产预测较以前更为准确、可靠。戴尔公司是这次革命的成功实践者，它充分运用信息技术和互联网技术展开网上直销，根据顾客的要求定制产品。一开始，在互联网还局限于少数科研和军事用途的时候，戴尔公司只能通过电话这样的网络来进行直销，但是互联网逐渐普及之后，戴尔公司根据顾客在网上的订单来组织生产，提供完全个性化的产品和服务。戴尔公司提出了“摒弃库存、不断聆听顾客意见、绝不进行间接销售”三项黄金纪律。

小资料8-2　　小米集团库存管理

随着5G时代的到来，4G产品库存积压严重使许多手机生产企业焦头烂额，只好放慢他们进入5G时代的脚步。与这些企业相反，小米公司在面对这种行业压力的情况下，利用其库存管理的优势，用惊人的速度让小米5G手机在人群中快速普及。小米公司高效的存货管理模式是其最突出的亮点。

2020年3月31日，小米集团发布2019业绩公告，全年总收入达到2 058亿元，同比增长17.7%；经调整净利润达到115亿元，同比增长34.8%。各项业务逆势增长，超出市场预期。值得注意的是，在此期间小米采取稳健经营策略，保持健康库存水准，2019年库存周转天数仅为54天，比2018年减少了11天，同比下降约17%。存货周转天数是评价企业营运能力的重要指标，存货周转天数越少，说明存货变现速度越快，一方面反映企业产品销售情况良好，另一方面也反映企业占用在存货上的资金周转速度越快。简单地说，越短的库存周期意味着越少的资金积压，存货能尽快地变现，促进了资金的流动，为企业带来了更多的盈利，大幅降低了经营成本。

（资料来源：作者根据小米集团2019年业绩公告整理）

本章小结

流动资产是企业最具活力的重要资产。流动资产管理是企业财务管理的重要组成部分，主要包括现金管理、应收账款管理和存货管理。

企业持有现金具有支付动机、预防动机和投机动机。现金管理的目的就是使现金持有效益最大。最佳现金持有量的确定方法有成本分析模式、存货模式、随机模式和现金周转模式。现金日常管理通常有加速收款、延期支付、加强闲置现金投资管理等。

应收账款有促进销售和减少库存的功能。应收账款的成本有机会成本、管理成本和坏账成本。应收账款的管理目标是在尽量发挥应收账款功能的基础上，降低应收账款投资成本。企业应制定合理的信用政策，包括信用标准、信用条件和收账政策，并加强应收账款的日常管理。

存货的功能明显，持有存货的成本有采购成本、订货成本、储存成本和缺货成本。存货的管理目的是控制存货水平，在发挥存货功能的基础上，降低存货成本。企业应加强对存货的日常控制，包括存货储存期控制法、经济批量法和存货ABC分类管理法。经济批量法有基本模型、数量折扣模型、允许缺货模型、订货期提前模型、陆续进货模型和保险储备模型。存货管理的变革不容忽视。

推荐读物

[1] 罗声明，蔡玉. 会计信息质量、货币政策与现金持有量 [J]. 财会通讯，2023 (19)：24-28.

[2] 齐鲁光，吴玉茹. 企业ESG表现与营运资金管理效率 [J]. 财会月刊，2024，45 (22)：51-57.

[3] 芮雪飞. 基于石油企业的应收账款和存货管理研究 [J]. 会计之友，2024 (10)：122-124.

[4] 王雪峰. 大数据背景下企业营运资金管理的必要性及措施 [J]. 现代企业，2024 (10)：136-138.

本章练习

一、思考题

1.流动资产有什么特点？如何加强流动资产的管理？

2.企业持有现金的动机和成本包括什么？如何加强现金管理？

3.应收账款的功能和成本包括什么？

4.信用政策包括哪些内容？各指什么？

5.企业应从哪些方面加强对存货的控制？

二、计算分析题

1.已知某公司现金收支平衡，预计全年（按360天计算）现金需求量为250 000元，现金与有价证券转换的交易成本为每次500元，有价证券年利率为10%。

要求：

（1）计算最佳现金持有量。

（2）计算最佳现金持有量下的全年现金管理总成本、交易成本和机会成本。

（3）计算最佳现金持有量下的全年有价证券交易次数和有价证券交易间隔期。

2.某公司的年赊销收入为720万元，平均收账期为60天，坏账损失为赊销额的10%，年收账费用为5万元。该公司认为通过增加收账人员等措施，可以使平均收账期降为50天，坏账损失降为赊销额的7%。假设公司的资金成本率为6%，变动成本率为50%。

要求：计算为使上述变更经济合理，新增收账费用的上限。

3.某公司年需乙材料36 000千克，采购成本为20元/千克，单位储存成本为16元/千克，每次订货成本为20元。

要求：计算乙材料的经济订货批量，以及本年度乙材料经济订货批量下的相关总成本和最佳订货批次。

4.A材料的全年需求量为3 600件，每日送货量为40件，每日耗用量为10件，单价为20元。一次订货成本为30元，单位储存变动成本为2元。

要求：计算经济订货批量和此批量下的总成本。

5.假定A材料单位缺货成本为5元，每日耗用量、订货批数及全年需求量同第4题，其交货天数及其概率分布见表8-5。

表8-5　　A材料交货天数及其概率分布表

交货天数	13	14	15	16	17
概率	10%	15%	50%	15%	10%

要求：计算企业最合理的保险储备量。

三、综合案例

上海福斯机械有限公司由上海德美机械有限公司和英国福斯公司在2005年合资兴建，注册资本为600万美元，福斯公司出资占51%，德美机械有限公司出资占49%，合资期限为20年。合资公司可以生产15个系列、200个品种的机械产品，可广泛应用于制冷、化工、石油化工、医药、纺织、电力等行业。英国福斯公司是世界上生产机械的知名公司，产品种类繁多，服务领域广泛，其技术为世界一流。公司的销售收入连年增长，从2005年的2 000万元一口气增长到了5 000万元，利润也是翻番增长。

2023年2月13日，公司会计张丽找到了王总，告诉王总明天是公司发工资的日子，但是现在账上没有钱了，公司现在有200多名员工，工资总额在50万元左右，问王总怎么办？王总听到这个消息非常吃惊，因为这个问题他从来就没有考虑到，公司效益这么好，怎么会没有钱发工资呢？

王总赶快召集各部部长开会，看看问题出在哪。销售部部长李阳说，我们公司平均每个月销售400多万元，平均回款也在400万元左右，多数是上个月的欠款回收和当月的预售货款，但是2022年初同意了很多老客户延迟付款的要求，没想到1月份才回来200多万元。采购部部长孙宇说上个月付了大约500万元材料款，其中还有欠款200多万元，还有200万元左右需要当月采购，100万元左右需要预付，所有这些物资的采购都是由生产部提要求的，没有擅自采购的现象，而且每一笔付款都是经过王总同意的。于是王总便问生产部部长李伟生产计划应该很平稳，怎么增加这么大的采购量？李伟说他的想法就是库存越大越好，因为公司生产的机械需要一些特殊材料，买起来有点费时费事，所以他在提交材料计划时，常常留有较大的余地，因为万一短缺材料就会影响交货期，这个责任他可不愿意承担。王总听大家这么一说，感觉好像都有理，销售部是为了扩大销售收入，就采用延迟收款；采购部是生产部让买什么就买什么，而且每笔付款都是经过审批的；生产部是生产有需要就提交采购计划；财务部是见了王总签字就付款；不过这里头肯定有不对的地方，王总感觉公司资金出了问题，可是问题出在哪呢？

思考：公司现金管理的内容和方式有哪些？如何实施才能避免出现发放不出工资的尴尬情况？

立德树人

森马服饰发布的业绩快报显示，截至2019年年底，公司新增存货跌价准备6.48亿元，同时，库存商品转销额为6.56亿元，期末整体存货跌价准备同比减少近1 000万元。然而2020年年初，门店客流巨减，线下实体店多数按下暂停键，万联证券分析显示，预计2020年全年营收将减少15%，滞销的冬装使得存货突增，代理存货减值损失恐将为业绩“埋雷”。

服装行业产品更新速度非常快，一旦产品过时，大量的存货，非但不是宝贵资源，反而产生高额的存储成本以及因存货过时风险产生的间接损耗。近年来，我国上市服装企业的存货数量呈逐年上升的态势，伴随着存货的节节升高，资产净利率却连年下降，连年的存货上涨，并没有带来企业的蒸蒸日上，而是使企业的盈利能力被明显拖累。大部分服装公司线下销售渠道远超线上，其线下产品利润率也较高，当存在大量存货积压时，服装行业不得不重新调整配发节奏，改变销售渠道，加快消化存货。

存货指企业在生产经营过程中为销售或生产耗用而储备的物资，是企业重要的流动资产。有效的存货管理，能提高企业资金的运作效率，是企业管理中的重要内容。面对案例中森马服饰存货的严重积压时，请思考什么是存货减值？森马服饰应如何计提存货减值？如何在存货方面应对大环境的变化？以及作为财务人员在存货管理中应该需要注意哪些问题呢？

通过森马服饰案例，在深入学习存货管理理论知识的同时，作为一名财务人员在面临企业巨大存货时，应特别关注存货减值的影响，时刻保持诚信、谨慎、职业怀疑等职业态度。

（资料来源：陈燕燕．财务会计课程思政案例——以存货为例［J］．现代职业教育，2021（27）：172-173）

第9章 成本管理

导读

在一个小镇上有一家名叫“绿意盎然”的小工厂，专门生产环保型家用清洁用品。工厂老板大海是个对环保充满热情的年轻人，他希望通过自己的努力，让更多人使用环保产品，为地球的绿色未来出一份力。起初，“绿意盎然”的生意并不好，因为环保产品通常价格较高，而小镇上的居民对价格非常敏感。大海意识到，想要生存下去就必须找到降低成本的方法，同时还要保持产品的质量和环保性。他开始深入研究成本管理，决心要创造一个既能盈利又能保护环境的双赢局面。大海首先从原材料入手，他亲自走访了多个供应商，寻找性价比最高的环保材料。通过谈判，他成功地降低了原材料的成本。接着，大海对生产流程进行了优化。他引入了精益生产原则，减少了生产过程中的浪费，提高了工作效率。他还鼓励员工提出改进意见，许多员工都提出了有价值的建议，如改进包装设计、减少材料使用，同时保持产品的环保耐用性。在销售和市场推广方面，大海也作出了调整。他开始利用社交媒体进行宣传，减少传统广告的开支。他还与当地的环保组织合作，通过参与社区活动来提升品牌的知名度和美誉度。

最终，通过这些综合措施，公司的成本得到了有效控制，产品价格也变得更加亲民。小镇上的居民开始接受并喜爱这些环保产品，大海的工厂也逐渐走上了正轨，实现了可持续发展。

这个故事告诉我们，通过有效的成本管理和创新思维，即使是在环保这样具有挑战性的领域，也能够找到生存和发展的道路。那么，什么是成本管理？如何进行成本管理呢？

学习目标

通过本章学习，了解成本的概念、分类、目标成本的制定、作业成本及相关概念，理解成本计算的基本原理和标准成本的制定，掌握产品成本的计算和成本差异的计算分析；具备在企业进行成本核算并从成本管理的视角提升企业价值的能力；提升通过成本管理实现绿色、可持续发展的素质。

◎9.1 成本管理概述

9.1.1 成本的内涵

成本是衡量企业经营管理水平和经济效益的一个重要指标，成本的概念和内容随着经济的发展在不断地变化。不同研究领域对于成本的定义也有所不同。广义的成本是指为达到特定的目的，已经发生、应当发生或可能发生的可用货币计量的价值牺牲。经济学中的成本是指商品价值中已经耗费的需要在商品销售收入中获得补偿的那部分价值。会计中的成本是指取得资产或劳务的支出。

（1）成本是经济资源的耗费

生产经营过程同时也是资产的耗费过程。例如，为生产产品需要耗费原材料、用现金支付工资以及耗用固定资产等。原材料、现金和固定资产都是企业的资产。成本是经济资源的耗费，经常作为耗费、花费的同义词使用。

（2）成本是以货币计量的耗费

企业的生产从购进设备和原材料开始，直到最终把产品交给客户。随着实物的流转，成本亦在流转。财务人员追溯成本的流转过程，通过成本记录反映企业的经济活动，从最初购置资产的货币支出逐步归属到产品。因此，只有支付货币的耗费才属于成本。

（3）成本是特定对象的耗费

成本是转移到一定产出物的耗费，是针对一定的产出物计算归集的。这个产出物称为成本计算对象，它可以是产品，也可以是服务。成本和费用的区别之一就是成本有特定的对象，而费用没有特定对象。广义的费用是资产的耗费，它强调资产已经被耗费，而不是被“谁”耗费；狭义的费用仅指为取得营业收入而发生的资产耗费，它强调与特定会计期间配比的耗费，而不是特定产出物的耗费。

（4）成本是正常生产经营活动的耗费

只有生产经营活动的正常耗费才能计入生产经营成本并从营业收入中扣减。成本计算中的存货成本，是正常生产经营状态下的成本。非正常的、意外的耗费不计入存货成本，而是直接列入期间费用或损失。

9.1.2 成本的分类

（1）成本按照经济性质分类

生产经营成本是指一定时期内企业在生产经营过程中所发生的各种耗费的货币表现。生产经营成本按其性质可以分为劳动对象的耗费、劳动手段的耗费和活劳动的消耗等三大类。前两类是物化劳动的耗费，后一类是活劳动的耗费，它们构成生产经营成本的三大要素。

为了便于分析和利用，在实务中，生产经营成本按经济性质划分为以下类别：

①外购材料，是指企业为进行生产而耗用的一切由企业外部购入的原料及主要材料、半成品、辅助材料、包装物、修理用备件、低值易耗品等。

②外购燃料，是指企业为进行生产而耗用的由企业外部购进的各种燃料，包括固体燃

料、液体燃料、气体燃料。

③外购动力，是指企业为进行生产而耗用的由企业外部购进的动力，如电力等。

④工资费用，是指企业应计入生产费用的职工工资及福利费等费用。

⑤折旧费，是指企业按照一定的方法计提的固定资产折旧。

⑥税金，是指应计入生产经营成本的各项税金，如城镇土地使用税、房产税、印花税、车船税等。

⑦其他支出，是指不属于以上各项费用要素的支出，如差旅费、租赁费、设计制图费、检验试验费、通信费等。

上述生产经营成本的要素称为费用要素。生产经营成本按经济性质分类，能够说明企业在生产过程中消耗了哪些性质的费用、消耗了多少，可以反映生产费用的构成，有利于生产费用的核算和管理。

（2）成本按照经济用途分类

生产经营成本按其在生产经营过程中所起的作用来分类，可分为制造成本和非制造成本。

制造成本按用途可分为以下项目：

①直接材料，指在生产中所耗用的构成产品实体或有助于产品形成的各种原料及主要材料、辅助材料、外购半成品等。

②燃料及动力，指直接用于产品生产的各种外购和自制的燃料和动力费用。

③直接人工，指直接从事产品生产的工人工资以及按一定比例计算提取的职工福利费用等。

④制造费用，指生产单位为组织和管理生产所发生的各种费用，如生产管理人员工资及提取的福利费、折旧费、修理费、低值易耗品摊销、劳动保护费、办公费等。

在上述成本项目的基础上，可以按需要适当增加项目，如“外部加工费”“废品损失”等。

对制造成本中的上述项目按照不同方式进行组合，又可以得到一些不同的成本概念。例如，直接材料和直接人工之和称为主要成本，通常是产品成本的主要部分；直接人工和制造费用之和，则称为加工成本，是指产品加工时所发生的各项成本。

非制造成本主要分为销售费用、管理费用和财务费用：

①销售费用，指企业在销售商品过程中发生的各项费用，包括为了取得购买单位订单而发生的广告费、促销费和交付产品给购买单位而发生的费用，以及专设销售机构的人员工资和其他经费。但企业内部销售部门属于行政管理部门，所发生的经费开支不包括在销售费用之内，而是列入管理费用。

②管理费用，指企业行政管理部门为管理整个企业组织，使其正常运作所发生的费用，以及技术转让费、无形资产摊销和公共关系等费用，具体包括公司经费、工会经费、劳动保险费、失业保险费、董事会费、咨询费、审计费、诉讼费、业务招待费、城镇土地使用税、土地损失补偿费、技术转让费、技术开发费、无形资产摊销、开办费摊销、坏账损失、职工教育经费及其他费用。

③财务费用，指企业在筹资、调剂外汇和调整外汇牌价等财务活动中所发生的费用，具体包括企业生产经营期间所发生的利息支出（减利息收入）、汇兑损失（减汇兑收益）、

金融机构手续费以及其他财务费用等。

（3）成本按照其计入成本对象的方式分类

成本按照其是否能直接计入特定的成本对象，分为直接成本和间接成本。直接成本是指与特定成本对象直接相关、能够经济而又方便地进行追溯的成本；而间接成本是指通过成本分配的方法间接分配给成本对象的成本。

这里需要指出的是，现在的直接成本和间接成本的概念要比过去宽泛。过去所指的成本对象仅仅是针对产品或产品相关物（如半成品、批次等），而现在的成本对象可以是多种形式的，如产品、半成品、批次、责任中心、客户、商标、服务、作业、工作计划等。因此，直接成本与间接成本是两个相对的概念。如果特定的成本对象不同，直接成本和间接成本的内容也就不同。

在特定成本对象确定的条件下，划分直接成本与间接成本存在着一个粒度问题，即成本效益问题。把成本的粒度分得越精细，直接成本的数量就越大，同样，其管理的要求也就越高。例如，某家货运单位如果将每笔运费追溯到每个客户，那么每笔运费就为直接成本，但如果将这笔运费作为投递业务的辅助活动费用，就可以简单地汇总为间接成本。划分直接成本与间接成本不仅应进行合理性判断，而且应考虑成本效益性和保证管理水平。

9.1.3 成本核算的要求

（1）严格执行国家规定的产品成本开支范围和费用开支标准

产品成本开支范围的规定是财会制度的重要组成部分，直接涉及企业生产经营的劳动耗费补偿和利润取得的多少。它对于加强产品成本管理、正确评价企业经济效益、保证企业生产和再生产的顺利进行具有重要的意义。我国工业企业的产品成本开支范围几经变化，在实践中逐步明确和完善。综合有关财会制度规定，产品成本开支范围包括以下各项：

①为制造产品而消耗的原材料、辅助材料、外购半成品和燃料的买价和运输、装卸、整理等费用。

②为制造产品而耗用的动力费。

③企业生产单位支付给职工的工资、奖金、津贴、补贴和提取的福利费。

④生产用固定资产的折旧费、租赁费（不包括融资租赁费）、修理费等。

⑤企业生产单位因生产原因发生的废品损失，以及季节性、修理期间的停工损失。

⑥企业生产单位为管理和组织生产而支付的办公费、取暖费、水电费、差旅费、运输费、保险费、设计制图费、检验试验费和劳动保险费等。

下列各项开支不得列入产品成本：

①购置和建造固定资产、无形资产和其他长期资产的支出。这些支出属于资本性支出，在财务上不能列入产品成本，只能按期逐月摊入。

②对外投资的支出以及分配给投资者的利润支出。

③被没收的财物，支付的滞纳金、罚款、违约金、赔偿金以及企业赞助、捐赠等支出。

④在公积金中列支的支出。

综上所述，国家规定的产品成本开支范围是以产品成本的经济实质为基础，同时也考虑到国家的分配方针和企业实行独立核算的要求而制定的。因此，产品成本的现实内容同其经济内涵稍有背离。例如，生产单位的财产保险费，属于剩余价值中进行分配的部分，应列入产品成本。这样可以提高成本指标的综合反映能力，使成本指标全面地反映企业的工作质量。

（2）正确划分各种费用

①正确划分应计入产品成本和不应计入产品成本的费用

只有正常的生产经营活动成本才可能计入产品成本；正常的生产成本计入产品成本，其他正常的生产经营成本列为期间成本。

②正确划分应计入各会计期间成本的费用

凡应由本期产品成本负担的费用，不论是否在本期发生，都应全部计入本期产品成本；不应由本期产品成本负担的费用，即使在本期支付，也不应计入本期产品成本，而应由负担期的产品成本负担。

③正确划分不同成本对象的费用

属于哪一种产品成本负担的费用，就应计入哪一种产品成本；对于不能直接计入各种产品成本的费用，应采用合理的分配标准，在有关产品之间进行分配。在进行费用分配时，不能为了简化成本核算方法或其他目的，将费用随意在各种产品之间进行分配，既不得将应计入可比产品的费用计入不可比产品成本，也不能将应列入亏损产品的费用计入盈利产品成本。

④正确划分完工产品成本和在产品成本

对需要计算在产品成本的某些产品，要采用适当的方法，将生产费用在完工产品和在产品之间进行分配，不得人为地任意压低或提高在产品的成本，以保证成本计算的真实性。为了保证准确地将费用在完工产品和在产品之间进行分配，使各期的成本指标具有可比性，在产品的成本计算方法一经确定，一般不宜改变。

（3）完善成本责任制

①建立健全责任成本制度

责任成本是指以各责任单位作为成本计算对象所计算的成本。企业在进行成本计算时，计算出产品成本是非常重要的。但是，产品成本是以产品作为成本计算对象的，所以，它不能反映每一责任单位的工作业绩，不便于将每一责任单位成本的高低与其应承担的责任及经济利益相联系。因此，在进行成本计算时，还应创造条件，计算出每一责任单位的责任成本，以便于进行各责任单位责任成本的考核和分析。

②建立健全内部成本管理体系

内部成本管理体系是一个非常复杂的系统，它涉及企业的所有部门和全体职工。该系统的完善程度如何、运行是否合理，直接关系到成本责任制的推行。因此，应建立一个运行自如、合理的内部成本管理体系并使之逐步完善。

③建立健全成本考核制度

成本会计不仅要计算产品成本并对产品成本指标进行分析，而且需要进行考核。应考核每一种产品成本的升降以及各责任单位的责任成本高低情况。要对成本进行考核，就应建立一套成本考核的收集、整理、对比、计算等方法和程序，使成本考核形成制度，促使成本指标不断降低。

④建立健全成本责任奖惩制度

在计算出产品成本及责任成本之后，应对各责任单位的可控制成本进行分析，实行规范、严格的奖惩制度，以鼓励先进、督促落后，调动各部门不断降低产品成本的积极性，促进企业经济效益的不断提高。

（4）做好成本核算的基础性工作

成本核算的基础工作主要有制定各种定额并及时进行修订；建立健全财产物资的计量、收发、领退制度；建立各种原始记录的收集整理制度；制定企业内部结算价格；建立各责任单位的责任成本等。

（5）选择适当的成本计算方法

企业在进行成本核算时，应根据本企业的具体情况，选择适合本企业特点的成本计算方法进行成本计算。选择成本计算方法时，应同时考虑企业生产类型的特点和管理要求，一经选定，就不宜经常改变。

9.1.4 成本核算的基本程序

企业通过产品成本的核算进行费用的归集和分配，最终计算出完工产品和在产品的成本。具体的成本核算程序如图9-1所示。

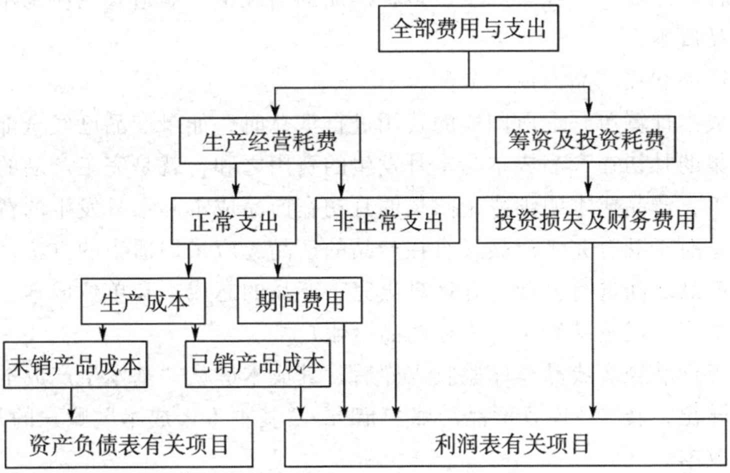

图9-1 成本核算程序

（1）合理区分成本

对所发生的成本进行审核，区分正常支出和非正常支出，将正常支出区分为生产成本和期间费用。

（2）根据生产中发生的要素费用编制要素费用分配表，记入相关成本费用账户

要素费用的归集是依据有关原始凭证和其他相关资料，对外购材料、外购燃料、外购动力、工资费用、折旧费、税金以及其他支出等分别进行汇总；将其中可以直接计入产品成本的费用直接计入产品成本，将不可以直接计入产品成本的费用作为间接费用，先计入其他有关综合费用项目，然后再进行分配。与产品生产无关的要素费用计入相应的期间费

用或其他项目。

（3）归集和分配辅助生产费用

企业在归集辅助生产费用时，对于直接用于辅助生产并专设成本项目的费用，应直接记入“辅助生产成本”账户及其明细账的借方；而对于直接用于辅助生产，但没有专设成本项目的费用（如辅助生产车间机器设备的折旧费等），以及间接用于辅助生产的费用（如辅助生产车间管理人员的工资及福利费、机物料消耗、修理费和运输费等），可采取两种归集方式：

①先在“制造费用——辅助生产车间”账户及其明细账的借方进行归集，然后再从其贷方直接转入或分配转入“辅助生产成本”账户及其明细账的借方；

②不通过“制造费用”账户核算，直接记入“辅助生产成本”账户及其明细账的借方。

“辅助生产成本”账户及其明细账的借方所归集的费用，应按其服务的对象和提供的劳务数量分配记入“基本生产成本”“制造费用”“管理费用”等账户。

（4）归集和分配制造费用

企业发生的各项制造费用，是按其用途和发生地点，通过“制造费用”账户进行归集和分配的。制造费用应根据有关的付款凭证、转账凭证和各种费用分配表记入“制造费用”账户及其所属明细账的借方。在分配时，在车间只生产一种产品的情况下，制造费用可直接转入该种产品成本；在车间生产多种产品的情况下，制造费用应采用适当的方法分配计入各种产品成本。

（5）完工产品和在产品的成本分配

将各种“成本计算单”上所归集的费用进行汇总时，如果产品已经全部完工，产品成本明细账中归集的月初在产品成本与本月发生的费用之和，就是完工产品的成本。如果产品全部没有完工，产品成本明细账中归集的月初在产品成本和本月发生的费用之和，就是在产品的成本。对于既有完工产品又有在产品的产品，应采用适当的方法，将成本在完工产品和期末在产品之间进行分配，并计算出完工产品的总成本和单位成本。

（6）将完工产品成本结转至“库存商品”账户

企业的完工产品经产成品仓库验收入库后，其成本应从“基本生产成本”账户及其明细账户的贷方转出，转入“库存商品”账户借方。“基本生产成本”账户的月末借方余额，就是在产品的成本。

9.1.5 成本核算的账簿设置

为了进行产品成本的总分类核算，应设立“生产成本”总账和“制造费用”总账。为了分别核算基本生产成本和辅助生产成本，还应在“生产成本”总账科目下，分别设立“基本生产成本”和“辅助生产成本”两个二级科目。企业根据需要，也可将生产成本总账分为基本生产成本和辅助生产成本两个总账。

（1）基本生产成本总账及其明细账

基本生产成本总账是为了归集进行基本生产所发生的各种生产费用和计算基本生产成本而设立的。基本生产所发生的各项费用，记入该科目的借方；完工入库的产品成本，记入该科目的贷方；该科目的余额，就是基本生产在产品的成本。

该账户应按照产品品种等成本计算对象分设基本生产成本明细账（也称产品成本计算单），账户中应按成本项目分设专栏，登记各产品、各成本项目的月初在产品成本、本月发生费用、本月完工产品成本和月末在产品成本。基本生产成本明细账的格式见表9-1。

表9-1　基本生产成本明细账

产品名称：　单位：元

日期	摘要	直接材料	直接人工	制造费用	合计
	月初在产品成本				
	本月发生费用				
	合计				
	本月完工产品成本				
	月末在产品成本				

（2）辅助生产成本总账及其明细账

辅助生产是指为基本生产服务而进行的产品生产和劳务供应，如工具、模具、修理用备件等产品的生产和修理、运输等劳务的供应。辅助生产提供的产品和劳务有时也对外销售，但这不是其主要目的。辅助生产所发生的各项费用，记入“辅助生产成本”账户的借方；完工入库产品的成本或分配转出的劳务费用，记入该账户的贷方；该账户的余额就是辅助生产在产品的成本。

该账户应按辅助生产车间和生产的产品、提供的劳务分设辅助生产成本明细账，账户中按辅助生产成本项目或费用项目分设专栏进行登记。

（3）制造费用总账及其明细账

制造费用是指直接用于产品生产但不便于直接计入产品成本，因而没有专设成本项目的费用（如机器设备折旧费用），以及间接用于产品生产的各项费用（如机物料消耗、车间厂房折旧费用等）。发生的各项制造费用记入该账户及其所属明细账的借方；将制造费用分配计入有关的成本计算对象时，记入该账户及其所属明细账的贷方。月末该账户一般无余额。

该账户应按车间、部门设置明细账，账户内按费用项目设专栏，进行明细核算。制造费用明细账通常采用多栏式，格式见表9-2。

表9-2　制造费用明细账

车间名称：　单位：元

日期	摘要	工资费用	办公费	劳保费	……	合计

为了归集和结转期间费用，应该分别设置销售费用总账、管理费用总账和财务费用总账。企业如果单独核算废品损失和停工损失，可增设废品损失和停工损失总账。

◎ 9.2 成本计算的基本方法

9.2.1 成本的归集和分配

所谓成本计算，就是对某一单位某一时间生产的某种产品或提供的某种劳务，运用一定的程序和方法，汇集其所发生的费用总额，从而计算出该种产品或劳务的总成本和单位成本。

成本的计算过程实际上是成本的归集和分配过程。通过对生产经营成本的多次归集和分配，可以计算出产品总成本和单位成本。

1）材料费用的归集和分配

材料一般按其在生产中的作用分为原料及主要材料、辅助材料、外购半成品、修理用备件、燃料及包装物等。用于构成产品实体的原料及主要材料和有助于产品形成的辅助材料，列入“直接材料”项目；用于生产的燃料，列入“燃料和动力”项目；用于维护生产设备和管理生产的各种材料，列入“制造费用”项目。不计入产品成本而属于期间费用的材料费用则应列入“管理费用”等科目，用于购置和建造固定资产、其他资产的材料费用，则不得列入产品成本和期间费用。

对于生产产品的原料及主要材料，通常是按照产品分别领用的，应根据领料凭证直接记入各种产品成本的“直接材料”项目。对于几种产品共同耗用的某种材料，应按照某种标准分配记入，分配标准包括产量、重量、定额耗用量、定额成本等。

【例 9-1】 某企业9月份生产甲、乙两种产品，耗用原材料8 000千克，每千克5.4元，本月产量为甲产品500件、乙产品400件。单件产品原材料消耗定额为：甲产品6千克、乙产品5千克。按原材料定额消耗量比例分配计算甲、乙产品实际耗用的原材料费用如下：

$$\text{材料费用分配率}=\frac{\text{材料消耗量}\times\text{材料单价}}{\text{各产品定额耗用量之和}}=\frac{8\,000\times5.4}{500\times6+400\times5}=8.64\text{（元/千克）}$$

甲产品实际耗用的原材料费用=3 000×8.64=25 920（元）

乙产品实际耗用的原材料费用=2 000×8.64=17 280（元）

2）人工费用的归集和分配

人工费用，即职工薪酬，是企业因获得职工提供的服务而给予职工的各种形式的报酬，包括以下几种：①职工工资、奖金、津贴和补贴；②职工福利费；③医疗保险费、养老保险费、失业保险费、工伤保险费和生育保险费等社会保险费；④住房公积金；⑤工会经费和职工教育经费；⑥非货币性福利；⑦因解除与职工的劳动关系而给予的补偿，即辞退福利；⑧其他与获得职工提供的服务相关的支出。

分配职工薪酬，也要明确计入产品成本与不计入产品成本的职工薪酬的界限。其中，计入产品成本的职工薪酬应该按成本项目归集：凡属生产车间直接从事产品生产人员的薪酬费用，列入产品成本的“直接人工”项目；企业各生产车间为组织和管理生产所发生的管理人员的薪酬，列入产品成本的“制造费用”项目；企业行政管理人员的薪酬，作为期间费用列入“管理费用”科目。

（1）直接从事产品生产人员的工资费用计入产品成本的方法

由于工资制度的不同，生产工人的工资费用计入产品成本的方法也不同。在计件工资制下，生产工人的工资费用通常是根据产量凭证计算并直接计入产品成本。在计时工资制下，如果只生产一种产品，生产人员的工资费用属于直接费用，可直接计入该种产品成本；如果生产多种产品，就要求采用一定的分配方法在各种产品之间进行分配。工资费用的分配，通常采用按产品定额工时或实际工时比例分配的方法。计算公式如下：

$$工资费用分配率=\frac{生产工人工资费用总额}{各种产品定额（实际）工时之和}$$

某种产品应分配的工资费用=该种产品定额（实际）工时×工资费用分配率

按工时比例分配工资费用时，需要注意从工时上明确应计入产品成本与不应计入产品成本的工资费用界限。如生产工人为安装固定资产提供服务，那么这部分生产工时应该划分出来，所分配的费用应计入固定资产的价值，不得计入产品成本。

按照规定的工资总额的一定比例从产品成本中提取的职工福利费、五险一金等可与工资费用一起分配记入相关的成本费用账户。

（2）工资费用分配表的编制

为了按工资的用途和发生地点归集并分配工资等，月末应分部门根据工资结算单和有关的生产工时记录编制“工资结算汇总表”“工资费用分配表”，然后汇编“工资及福利费用分配汇总表”。

【例9-2】工资及福利费用分配汇总表见表9-3。

表9-3 **工资及福利费用分配汇总表** 金额单位：元

总账科目	明细科目	成本费用项目	生产工时（小时）	分配率	工资	福利费	合计
基本生产成本	甲产品	直接人工	2 180		39 806.80	5 572.95	45 379.75
	乙产品	直接人工	1 540		28 120.40	3 936.86	32 057.26
	小计		3 720	18.26	67 927.20	9 509.81	77 437.01
辅助生产成本	供水车间	直接人工			2 160.00	302.40	2 462.40
	运输车间	直接人工			3 240.00	453.60	3 693.60
	小计				5 400.00	756.00	6 156.00
制造费用	基本生产车间	人工费用			7 140.00	999.60	8 139.60
管理费用	厂部	人工费用			4 500.00	630.00	5 130.00
合计					84 967.20	11 895.41	96 862.61

根据工资及福利费用分配汇总表，编制会计分录如下：

借：基本生产成本——甲产品 45 379.75

——乙产品 32 057.26

辅助生产成本——供水车间 2 462.40

——运输车间 3 693.60

借：制造费用——基本生产车间　　8 139.60
　　管理费用　　5 130.00
　贷：应付职工薪酬　　96 862.61

其他类型的职工薪酬可作类似处理。

3）制造费用的归集和分配

制造费用是指企业的生产单位为组织和管理生产而发生的各项费用，以及固定资产使用费、维修费等，包括工资和福利费、折旧费、修理费、办公费、水电费、机物料消耗、劳动保护费、保险费等。

制造费用的归集和分配，应通过“制造费用”账户进行。该账户应按不同的车间、部门设立明细账，账内按照费用项目设立专栏，分别反映各车间、部门各项制造费用的发生情况，应根据有关的付款凭证、转账凭证和前述各种费用分配表进行登记。月末，在“制造费用”总账和所属明细账的借方归集了制造费用以后，应该据以分析和考核制造费用计划的执行情况，并将制造费用分配计入各种产品的成本。

在只生产一种产品的车间，发生的制造费用可直接记入该种产品的成本计算单。在生产多种产品的车间里，发生的制造费用属于间接费用，应由本车间生产的各种产品负担，因此，应采用适当的方法在各种产品之间进行分配。制造费用的分配方法主要有实际分配率方式 、预算分配率方式和累计分配率方式等。

实际分配率方式是根据当月实际制造费用及其分配标准来分配制造费用。由于采用的分配标准不同，其计算方法也不一样。按照实际分配率分配的方法有按产品的实际（定额）工时比例分配、按生产工人工资比例分配、按机器工时比例分配、按产品产量比例分配等。按照产品的实际（定额）工时比例分配的方法如下：

$$\text{制造费用分配率}=\frac{\text{制造费用总额}}{\text{各种产品实际（定额）工时之和}}$$

某产品应分配的制造费用=该产品实际（定额）工时×制造费用分配率

【例9-3】某企业某月份的甲产品实际产量为200件，乙产品实际产量为100件。甲产品的工时定额为5小时，乙产品的工时定额为4小时，该月份实际发生的制造费用为4 480元。按照定额工时比例分配该月份的制造费用，计算如下：

$$\text{制造费用分配率}=\frac{\text{制造费用总额}}{\text{各种产品定额工时之和}}=\frac{4\,480}{200\times5+100\times4}=3.2\text{（元/小时）}$$

甲产品分摊的制造费用=200×5×3.2=3 200（元）

乙产品分摊的制造费用=100×4×3.2=1 280（元）

4）生产成本在完工产品和在产品之间的分配

上述费用归集和分配后，基本生产车间在生产中发生的各项费用集中反映在“基本生产成本”科目及其明细账的借方，这些费用都是本月发生的生产费用，并不是本月完工产品的成本。本月发生的生产费用和月初在产品成本、月末在产品成本及本月完工产品成本之间的关系如下：

月初在产品成本+本月发生的生产费用=本月完工产品成本+月末在产品成本

通常采用的完工产品和在产品之间成本分配的方法有：不计算在产品成本、在产品成本按期初数固定计算、在产品成本按其所耗用的原材料费用计算、在产品成本按定额成本计算、约当产量法和定额比例法。下面以约当产量法为例加以说明。

所谓约当产量，是指在产品按其完工程度折合成完工产品的产量。

计算公式为：

月末在产品约当产量=在产品数量×完工程度

$$单位成本=\frac{月初在产品成本+本月发生的生产费用}{完工产品数量+月末在产品约当产量}$$

完工产品成本=单位成本×完工产品数量

月末在产品成本=单位成本×月末在产品约当产量

【例9-4】某工厂生产甲产品，原材料在生产开始时一次性投入，其他费用随加工进度陆续投入。本月完工1 000件，月末在产品800件，在产品完工程度为40%。本月完工产品与在产品成本的分配见表9-4。

表9-4 **完工产品与在产品成本分配表** 金额单位：元

项目		直接材料	直接人工	制造费用	合计
分配前的费用金额		1 980	1 584	1 848	5 412
分配率（元/件）		1.1	1.2	1.4	
完工产品	数量（件）	1 000	1 000	1 000	
	金额	1 100	1 200	1 400	3 700
在产品	数量（件）	800	320	320	
	金额	880	384	448	1 712

5）完工产品成本的结转

通过上述生产费用在完工产品和在产品之间的分配，计算出各完工产品成本明细账中的完工产品成本。完工产品成本计算出来以后，从基本生产成本总账及其明细账中转出。

9.2.2 产品成本计算方法

企业的生产类型和管理要求不同，应该选择的成本计算方法也不同。常用的成本计算方法有：品种法、分批法和分步法。

品种法，是指以产品品种为成本计算对象计算成本的一种方法。它适用于大量大批的单步骤生产的企业或者生产是按流水线组织的、管理上不要求分生产步骤计算的产品成本计算。

分批法，是按照产品批别计算产品成本的一种方法。它主要适用于单件小批类型生产的企业，如造船业、重型机械制造业企业等，也可用于一般工业企业中的新产品试制或试验的生产、在建工程以及设备修理作业等。

分步法是按照产品的生产步骤计算产品成本的一种方法。它适用于大量大批的多步骤生产的企业，如纺织企业、冶金企业、大量大批的机械制造企业。在这类企业中，产品生产可以分为若干个步骤，往往不仅要求按照产品品种计算成本，而且要求按照生产步骤计算成本。

各种成本计算方法除了成本计算单的开设和计算方法不同外，其他核算程序基本相同。下面以品种法为例加以说明。

【例9-5】嘉华电器有限公司2×24年5月份生产甲、乙两种产品，产品的生产成本按照品种法计算，原材料在生产开始时一次性投入，甲、乙产品共同耗用的原材料费用按照单位材料消耗定额计算，其他费用按照生产工时比例分配，加工费用随着加工进度陆续投入，月末在产品完工程度为50%，月末完工甲产品200件、乙产品150件，甲在产品40件、乙在产品20件。企业设有机修辅助生产车间和公司管理部门。有关成本费用分配表及产品成本计算表见表9-5至表9-10。

表9-5　　**材料费用分配表**　　金额单位：元

产品名称	定额耗量（千克）	分配率	间接材料	辅助材料	燃料	低值易耗品	合计
甲产品	17 100		34 200	1 435	294		35 929
乙产品	42 300		84 600		1 470		86 070
小计	59 400	2	118 800	1 435	1 764		121 999
机修车间				82	49	144	275
管理部门				492	245	960	1 697
合计			118 800	2 009	2 058	1 104	123 971

借：基本生产成本——甲产品　35 929
　　　　　　　　——乙产品　86 070
　　辅助生产成本——机修车间　275
　　管理费用　1 697
　贷：原材料　123 971

表9-6　　**工资费用分配表**　　金额单位：元

总账科目	明细科目	生产工时（小时）	分配率	工资费用	提取比例	计提费用	合计
基本生产成本	甲产品	2 000		15 600		2 184	17 784
	乙产品	1 000		7 800		1 092	8 892
小计		3 000	7.8	23 400		3 276	26 676
制造费用	基本生产车间			2 460		344.40	2 804.40
辅助生产成本	机修车间			6 050		847	6 897
管理部门	厂部			4 242		593.88	4 835.88
合计				36 152	14%	5 061.28	41 213.28

借：基本生产成本——甲产品　17 784
　　　　　　　　——乙产品　8 892
　　辅助生产成本——机修车间　6 897
　　制造费用　2 804.40
　　管理费用　4 835.88
　贷：应付职工薪酬　41 213.28

表9-7　　**制造费用分配表**　　金额单位：元

产品名称	分配标准（生产工时、小时）	分配率	分配金额
甲产品	3 000		11 400
乙产品	9 000		34 200
合计	12 000	3.80	45 600

借：基本生产成本——甲产品　　11 400
　　　　　　　　——乙产品　　34 200
　贷：制造费用　　45 600

表9-8　　**甲产品成本计算单**

2×24年5月　　金额单位：元

项目	直接材料	直接人工	制造费用	合计
期初在产品成本	7 285	1 856	1 200	10 341
分配材料费用	35 929			35 929
分配工资及福利费		17 784		17 784
分配制造费用			11 400	11 400
生产费用合计	43 214	19 640	12 600	75 454
完工产品数量（件）	200	200	200	
在产品约当产量（件）	40	20	20	
单位产品成本	180.06	89.27	57.27	326.60
完工产品成本	36 011.67	17 854.55	11 454.55	65 320.77
在产品成本	7 202.33	1 785.45	1 145.45	10 133.23

表9-9　　**乙产品成本计算单**

2×24年5月　　金额单位：元

项目	直接材料	直接人工	制造费用	合计
期初在产品成本	4 160	584	2 640	7 384
分配材料费用	86 070			86 070
分配工资及福利费		8 892		8 892
分配制造费用			34 200	34 200
生产费用合计	90 230	9 476	36 840	136 546
完工产品数量（件）	150	150	150	
在产品约当产量（件）	20	10	10	
单位产品成本	530.76	59.23	230.25	820.24
完工产品成本	79 614.71	8 883.75	34 537.50	123 035.96
在产品成本	10 615.29	592.25	2 302.50	13 510.04

表 9-10 **完工产品成本汇总表** 金额单位：元

产品	甲产品（200件）		乙产品（150件）	
项目	总成本	单位成本	总成本	单位成本
直接材料	36 011.67	180.06	79 614.71	530.76
直接人工	17 854.55	89.27	8 883.75	59.23
制造费用	11 454.55	57.27	34 537.50	230.25
合计	65 320.77	326.60	123 035.96	820.24

借：库存商品——甲产品 65 320.76
　　　　　　——乙产品 123 035.96
　贷：基本生产成本——甲产品 65 320.76
　　　　　　　　　——乙产品 123 035.96

◎9.3 目标成本管理

目标成本管理就是在企业预算的基础上，根据企业的经营目标，在成本预测、成本决策、测定目标成本的基础上，进行目标成本的分解、控制、分析、考核和评价的一系列成本管理工作。它以管理为核心、核算为手段、效益为目的，对成本进行事前测定、日常控制和事后考核，从而形成一个全企业、全过程、全员的多层次、多方位的成本体系，以达到少投入多产出、获得最佳经济效益的目的，因而深受企业的青睐。

9.3.1 目标成本法的形成和发展

市场环境在近40年发生了从“卖方市场”向“买方市场”的重大转变。“卖方市场”的表现是：要做到适应市场，无非是使产品价格便宜、经久耐用，生产者即卖方只要提高产量、占有市场，就能够盈利，因为销路不成问题。在这种局面下，企业领导者总是把主要精力放在企业的内部管理上，而不是研究市场的特殊需求。传统的价值链理论反映了立足于企业的生产能力和以消费者为导向的观点，可以表示为：资产/主要能力→从外界购入原材料等资源→产品/劳务→销售渠道→消费者。

随着向“买方市场”的转变，情况就发生了根本性的变化。如果一个企业通过提高效率、降低成本来提高市场份额，可能会在提高市场份额的同时，也增加盈利。但是如果它的竞争对手们也采用同样的方法来争取市场份额，那么想要维持同样的市场份额就要降低价格。降价归根结底来自于降低成本，而降低成本的潜力在一定时期、一定技术条件下是有限的。最后，这个企业就会进入一条市场份额依旧，但不再盈利的死胡同。许多企业领导者认识到了这个道理，于是改变了他们的经营策略和思路。按照新的思路，价值链应当为：消费者所优先考虑的问题→销售渠道→提供产品/劳务→从外界购入原材料等资源→资产/主要能力。

目标成本法就是顺应这种思路的实践应用，一切以市场信息为基准点，以满足市场的要求为工作目标，所以在“买方市场”经济形势日渐形成的条件下应用目标成本法可谓对症下药，能够顺利解决在此转型期间遇到的问题。

目标成本法最早在制造业中应用较多，如汽车制造、电子设备生产等行业。然而，随着服务业的快速发展，目标成本法在服务业中的应用也逐渐增多，如酒店、零售和金融等行业。

9.3.2 目标成本管理的实施原则

（1）价格引导

目标成本管理体系通过竞争性的市场价格减去期望利润来确定成本目标，价格通常由市场上的竞争情况决定，而目标利润则由公司及其所在行业的财务状况决定。

（2）关注顾客

目标成本管理体系由市场驱动。顾客对质量、成本、时间的要求在产品及流程设计决策中应同时考虑，并以此引导成本分析。

（3）关注产品与流程设计

在设计阶段投入更多的时间，消除那些昂贵而又费时的暂时不必要的改动，可以缩短产品投放市场的时间。

（4）跨职能合作

在目标成本管理体系下，产品与流程团队由来自各个职能部门的成员组成，包括设计与制造部门、生产部门、销售部门、原材料采购部门、成本会计部门等。跨职能团队要对整个产品负责，而不是各职能部门各司其职。

（5）生命周期成本削减

目标成本管理关注产品整个生命周期的成本，包括购买价格、使用成本、维护与修理成本以及处置成本。它的目标是生产者和其他各方的产品生命周期成本最小化。

（6）价值链参与

目标成本管理过程有赖于价值链上全部成员的参与，包括供应商、批发商、零售商以及服务提供商。

9.3.3 目标成本管理的内容

目标成本管理包括目标成本预测、决策、分解、落实、核算及目标成本分析、控制、考评等内容。

目标成本管理是对成本与利润的综合战略规划过程。目标成本管理始于产品生产开始之前，在产品开发循环的早期便对成本进行规划，而不像传统的成本管理方法那样在成本实际发生之后再进行控制。目标成本由市场驱动，因此，目标成本需要综合考虑顾客需求、竞争者情况及行业通行的报酬率等，并要求对成本目标进行分析，将其分解到产品的零部件及相应的团队或人员。目标成本管理的实施要求组织对其内外部关系进行整合。在组织内部，需要建立跨职能团队负责产品的开发循环，对最终成本负责；在组织外部，不仅要关注顾客意见，还应与价值链各成员（如供应商、经销商等）建立长期合作关系，共同实现成本目标。目标成本管理的实施还需要信息与相关工具的支持，而获取信息与相关工具需要投资。最后，目标成本管理应在整个组织中部署并最终制度化，这一过程必须得到技术、行为、文化等多方面的通力配合。

1）目标成本的形式

目标成本的形式，取决于企业成本管理的实际需要，通常有供成本控制用的生产消耗目标和期间费用目标，以及供成本决策用的成本效益目标。

（1）生产消耗目标

生产消耗目标，亦称产品成本目标。在采用制造成本法的前提下，企业产品成本包括直接材料、直接人工和制造费用。与之相对应，生产消耗目标分为直接材料成本目标、直接人工成本目标和制造费用目标。这些目标又分为3种形式：

①生产消耗总量目标，即企业在一定时期内生产一定种类和数量的产品应该消耗的直接材料、直接人工及制造费用；

②单位消耗水平目标，即企业生产单位产品应该消耗的直接材料、直接人工及制造费用；

③生产消耗降低目标，即企业生产消耗的直接材料、直接人工、制造费用在今后一个或若干时期内，比本期生产消耗降低多少、降低率应达到什么水平。

（2）期间费用目标

期间费用不能计入产品成本，只能计入当期损益，包括管理费用、财务费用、销售费用。这些费用相对产品成本而言，不具备受产品生产总量变动明显影响的特性，在一定时期及一定业务量范围内，总额保持相对稳定，因此实务中人们习惯上将期间费用归属于固定成本范畴。

期间费用的数额不是固定不变的，而且不同的期间费用总额受截然不同的因素影响。例如，管理费用受生产总量大小的影响，财务费用受流动资金占用规模大小的影响，销售费用受销售业务多少的影响。因此，可以将期间费用目标分为管理费用目标、财务费用目标和销售费用目标。同样，这些目标也可分为3种形式：

①总量目标，即在一定时期内，管理费用、财务费用、销售费用总额应控制在什么额度内；

②效率目标，即在一定时期内，产值管理费用率、流动资金财务费用比率、营业收入销售费用率应达到什么水平；

③压缩费用目标，即在一定时期内管理费用、财务费用、销售费用的总额或相对水平应压缩到什么程度。

（3）成本效益目标

成本反映生产的投入和消耗，其目的是取得收入和利润。成本效益就是依据成本与效益的内在联系，反映企业生产消耗与产出之间的比例关系。其常见的形式有净产值成本率（生产成本÷净产值）、产值费用率（管理费用÷总产值）、流动资金费用率（财务费用÷流动资金平均占用额）、销售费用率（销售费用÷营业收入）、成本利润率（销售利润÷营业成本）等。

2）目标成本的制定

目标成本的制定是建立在合理预测、决策基础上的，目标成本预测的方法如下：

（1）目标总成本的预测

目标总成本的预测就是对企业未来一定时期的总成本应该达到的水平所作的预测。目标总成本通常通过以下公式进行预测：

目标总成本=目标营业收入-目标营业利润

目标营业收入 $=\sum$某产品目标销量 × 预计销售单价

其中，目标销量主要依据产品市场发展趋势及企业产品的市场占有率目标来确定，具体有时间序列预测法、因果预测法、专家判断法等。销售单价的预测则与企业的价格策略有关。

目标营业利润可以采用目标报酬率法或因素分析法进行预测：

目标营业利润=企业资本金总额×目标资本金报酬率

（2）单位产品目标成本的预测

单位产品目标成本的预测是对企业未来一定时期各产品生产成本应该达到的单位水平所作的预测。在企业目标总成本、目标总利润和计划产量已确定的情况下，如果企业生产的品种单一，则可直接用以下公式进行预测：

$$单位产品目标生产成本=\frac{目标总成本-期间费用目标}{计划产量}$$

如果企业生产的品种多样，则要先确定每种产品成本占企业总成本的比重，然后按下面公式进行预测：

$$单位产品目标市场成本=\frac{(目标总成本-期间费用目标)\times 某种产品成本占目标成本的比重}{该产品计划产量}$$

$$=\frac{某产品目标生产总成本}{某种产品计划产量}$$

（3）期间费用目标水平的预测

期间费用目标水平，是指企业各费用责任单位在今后一定时期，在控制费用开支方面应努力不突破的期间费用总水平。期间费用的特点是内含因素众多，各项目变动的影响因素不一。例如，工资增减与人数变动有关，利息开支与负债规模有关，销售费用与营业活动多少有关，广告费用与促销策略有关，折旧费与折旧制度、固定资产规模及结构变动有关，技术开发费与企业技术发展策略有关等。在实务中，企业对这些费用的控制一般以总额限制与比例限定为主要手段，如业务招待费使用比率、公益性捐赠比例、折旧比率、利息率等，国家对其都有统一的最高限定；而办公费、差旅费及其他零星开支，一般实行总额限制；一些特殊项目，如广告费、技术开发费，则由企业根据自己的承受能力实报实销。这就决定了期间费用目标水平的确定具有一定的难度。对此，可遵循以下原则：国家财务制度有统一规定的，以国家规定为目标水平；上级主管部门或董事会对有关费用项目开支有明确规定及决议的，则按规定或决议直接确定该费用项目的目标水平；对一些无明确要求的费用，依据费用性质及数额大小，分别按照历年开支水平、计划年度形势要求及企业发展需要，一一确定目标水平。

3）目标成本的分解

在确定目标成本后，企业成本管理明确了总目标。但是，该目标是由企业各个部门、单位、个人在各自的岗位上共同努力而实现的。如何使成本目标成为协调分散行动的有力工具，就成了目标成本管理能否取得实效的关键，目标成本分解旨在解决好这一问题。

①按管理层次分解，又称纵向分解，就是将企业的目标成本按照总厂、分厂、车间、班组、个人等层次进行分解。分解的内容一般包括料、工、费三部分。纵向的责任关系

是：自上而下地进行目标成本的分解，自下而上地对目标成本的实现提供保证。

②按管理职能分解，又称横向分解，就是将目标成本在各管理层次上的各职能部门之间进行分解。例如，在企业一级，供应部门负责采购成本，销售部门负责销售费用，设计部门负责设计成本和新产品试制费，技术部门负责工艺成本和工装成本，质量部门负责质量成本，劳资部门负责工资成本，动力设备部门负责燃料、动力费用，设备部门负责修理费，行政部门负责办公费、差旅费等。

③按产品结构分解，就是把产品成本按其零部件进行分解。

④按产品的形成过程分解，就是把产品成本按产品的形成过程分解到产品设计、物资采购、生产制造、产品销售各个过程，形成各个阶段的目标成本。

⑤按成本的经济内容分解，就是把成本分为固定成本和变动成本两部分。其中，固定成本再分解为折旧费、办公费、差旅费、修理费等；变动成本再分解为直接材料、直接人工、变动制造费用等。

⑥按时间进度分解，就是把年度目标成本分解为季度、月度乃至旬的目标成本。

4）目标成本的落实

企业经营管理委员会作为成本管理决策中心，对下达的目标成本负总责。首先将总目标成本大致分为变动成本和固定成本，然后将变动成本按成本要素分解到各职能部门，再由各职能部门将其所承担的要素成本分解到各级基层，各级单位无法控制的成本由企业直接进行控制。主要领导、主管经营的副总对总成本负责；其他分管领导按其分工对其分管的各部门所承担的成本项目负责。经营管理委员会委托某一职能部门对全企业的目标成本进行预算，并分解到各项目组、基层单位。经营管理委员会定期对各项目组、基层单位的成本进行检查与考核。

5）目标成本的核算

企业财务部门负责目标成本的年度安排布置、文件起草、汇总上报，定期进行统计、核算，列出存在的问题，分析差异，提供绩效考核的依据，让管理层全面了解企业的成本执行及控制情况。各基层单位、二级及三级核算部门负责各自目标成本的编制、执行，定期汇总上报到财务部门，同时将实际结果与预算的差异进行比较并分析原因，提出整改措施。

6）目标成本的控制

目标成本控制是目标成本管理的核心环节。所谓目标成本控制，就是指在成本形成过程中，对各项生产经营活动进行指导、限制、监督，及时发现与目标成本之间的差异，采取纠正措施，保证实现目标成本。通过成本控制，可以事先限制各项成本费用的发生，使成本不超出目标。

（1）成本控制的主要形式

① 集中控制，就是将企业的成本控制工作集中在厂部，由厂部统一发号施令、下达指令。其好处是控制系统协调性好，指令下达速度快，纠正偏差动作快；不足之处是信息反馈不及时，控制往往缺乏针对性。

② 分散控制，就是把企业的成本控制权分解到各单位和部门，由其负责进行。这样做的好处是控制系统比较灵活，能充分调动基层单位增产节约的积极性；不足之处是各部门在成本管理中缺乏协调性，总目标往往得不到保障。

③ 分级控制，就是将企业划分为若干个管理层次，明确各管理层次在成本控制中的责、权、利。

（2）归口分级管理

目前在我国的企业管理实践中，最行之有效的方式是成本的归口分级管理，其内容包括两个方面：一是要正确处理厂部、车间、班组在成本管理中的关系，以厂部为主体，把厂部、车间、班组各级组织的成本管理结合起来；二是要正确处理财务部门同其他有关部门在成本管理中的关系，以财务部门为中心，把财务工作同生产、技术、供销、人力资源等工作有机地结合起来。

①财务部门对全厂的成本管理负主要责任

厂部成本管理在厂长的直接领导下，由财务部门负责实施，主要内容有：制定和组织执行成本管理制度，大力宣传有关成本管理的方针、政策，增强全体职工的成本意识；在深入挖掘成本效益潜力的基础上，进行成本预测分析，分解成本指标，编制成本计划，加强成本控制，核算产品成本，编制成本报表，检查、考核和综合分析全厂成本计划的完成情况和增产节约措施的实际效果，组织和指导车间、部门开展成本管理，总结和推广成本管理的先进经验。

②车间的成本管理是企业成本管理的核心

车间成本管理的主要内容有：根据厂部下达的成本计划或费用预算组织全体职工广泛讨论，编制确保完成厂部计划的车间成本计划和增产节约计划；根据车间成本管理的具体目标，向各班组下达有关消耗指标和费用定额，并对车间各职能部门提出增产、节约的具体责任性要求；组织车间成本核算，按计划控制车间生产成本；检查、分析车间成本计划的完成情况。

③班组的成本管理是企业成本管理的基础

班组的成本管理范围和内容应根据生产特点、劳动组织形式、工人管理水平，按照干什么、用什么、管什么的原则来确定，主要包括：讨论全厂和车间的成本费用计划，拟订班组各项费用计划和消耗定额；根据费用计划和消耗定额，控制班组所发生的各种消耗和费用开支；核算班组负责执行的各项指标，并及时采用群众喜闻乐见的形式公布计划执行结果；检查和分析各项消耗定额和费用指标的执行情况；组织成本竞赛等。

（3）成本控制程序

成本控制的程序在事前与事中两种状态下有不尽相同的内容。

事前成本控制的一般程序为：

①掌握企业各项业务及其成本的实际资料；

②分析企业增产、降耗、节支的潜力；

③制定降低成本、节约费用的具体措施；

④制定先进合理的成本目标、成本计划和费用预算；

⑤根据成本目标、计划、定额、标准、政策和法规，对即将发生的成本活动进行控制和监督。

事中成本控制的一般程序为：

①掌握成本的实际情况；

②对实际成本与成本目标、计划、预算进行比较，揭示差异；

③分析成本差异产生的具体原因，追溯成本责任；

④依据成本分析结果实施奖惩，并制定措施，切实改进成本工作。

(4) 成本控制手段

①实地观察法：通过工人和班组长在生产过程中的实地观察，发现成本核算控制中出现的问题并及时解决。

②限额凭证控制：对有定额的原材料和工时消耗，通过限额领料单和派工单进行控制，超过定额必须提出申请，填制补料单和加工单。

③“领用手册”控制：对品种多、数量少、难以一一制定定额的一般性耗用材料和费用项目，可核定控制指标，然后通过“领用手册”来控制发放。

④厂内银行：通过内部结算动态核算各成本责任单位的成本履行状况。

⑤成本预测控制法：通过每5天或10天对实际成本的预测，及时发现成本超支的情况，并制定消除这种超支因素影响的措施，以保证成本目标的顺利实现。

⑥成本目标完成进度控制法：定期对生产经营活动进行总结，并把实际成本情况以简明的方式张榜公布，或针对重大问题召开专门分析会，使全体职工看到过去工作的成绩与不足，从而使其纠正不足，保证在以后的成本活动中优化自己的行为。

7）目标成本的分析与考评

目标成本的定期分析主要是对目标成本与实际成本之间的差异进行分析比较，找出产生这些差异的主观原因和客观原因，并在此基础上提出消除不利差异、增加有利差异的建议。通过分析，可以找出各成本项目、各时期成本升降的原因，以采取相应措施遏制成本的增长，并有利于指导下期成本目标管理工作。

目标成本考评是目标成本管理的一个重要环节，它是在实施目标成本的基础上，对其成本控制结果作出客观的评价，同时对实际成本与目标成本比较后的有利差异进行奖励、对不利差异进行处罚的成本管理活动。通过目标成本考评，可以全面总结目标成本管理的经验和教训，为进一步完善目标成本管理打下基础，以提高目标成本的管理水平。

目标成本的考评要有完整的成本考核制度和奖罚措施，不仅要考评目标成本的完成情况，还要考评控制措施的有效性。其主要包括：对目标成本完成情况的考评，即考核企业所属单位的实际成本与目标成本之间的差异，以此确定责任者的责任，并进行奖惩；对目标成本控制措施有效性的考评，即考评企业所属单位和职能部门及个人为实现目标成本所采取的控制措施的有效性，这样才能做到措施得力，使实现目标成本更有保障。

目标成本的考评必须严格。按时考评目标成本，是对目标成本实施效果进行检查和评价的有效手段。

8）目标成本管理的激励

目标成本管理激励的方法主要有：报酬激励、参与目标制定、工作丰富化等。在报酬激励中，突出的是金钱激励。尽管金钱不是激励人的唯一力量，但金钱的经济价值能满足人们的生理需要和安全需要。要使金钱成为一种有效的激励手段，必须使薪金能够反映每个人的工作业绩，并且只有当预期得到的报酬与目前个人收入相比差距较大时，金钱才能成为一个强有力的激励因素。

9）目标成本管理体系的完善

目标成本管理体系建立后并不是一成不变的。由于现代科学技术的飞速发展和个人素质、技能的不断提高，以及目标激励的作用，目标成本管理体系也在不断的修改完善之中；否则，目标成本管理就会变成一潭死水。

9.3.4 目标成本管理案例分析

目标成本管理在重庆东方药业股份有限公司的应用

重庆东方药业股份有限公司（以下简称东方药业）执行全员、全过程、全方位、全面预算、全面分析、全面控制的“六全”经济核算方式，对财务经济核算的要求为：费用发生有预计，核算过程有控制，经营效果有分析；在公司整个资金流动过程中，每个员工都实施经济核算。其具体应用分为以下几个方面：

（1）责任中心的建立

根据组织机构，本着“谁主管、谁办理、谁负责”的原则，东方药业合理划分和建立了四级责任中心，责任中心的划分如图9-2所示。

- 公司
  - 管理中心 → 所辖各部门
  - 技术中心 → 所辖各部门
  - 财务中心 → 所辖各部门
  - 营销中心 → 所辖各部门
  - 生产中心
    - 生产供应部 → 各班组
    - 前处理车间 → 各班组
    - 液体车间 → 各班组
    - 固体车间
      - 西药工段
      - 丸剂工段
      - 分装工段

图9-2 东方药业责任中心的划分

（2）责任成本目标的确定

根据董事会下达的年度计划、目标任务（包括目标利润和目标销售收入等指标），东方药业在进行科学预测、决策的基础上，对以前两个年度的费用、具体产品成本进行了数据摸底、测算和整理，由全员参与编制了全面预算，确定了企业目标成本，并对明星产品和规模产品等8个品种、12个规格以及17个常规品种确定了目标成本。

（3）成本目标的分解和实施

根据企业发展的总体要求，对有关的财务指标逐层进行分解，提出企业各个部门应落实和控制的各项财务综合指标，其分解程序为：

①通过财务经济指标分解，使各项指标落实到每一个责任中心。

②每一个责任中心将财务经济指标分解到每一个部门。

③每一个部门将财务经济指标再分解到每一个班组和个人。

④班组和个人、部门、责任中心一级对一级负责，做到责任到人，权责分明。

通过纵向分解、横向平衡分解，每一个职能部门按专业性管理要求，把专业性费用分解到每一个部门、班组和责任中心。例如，对公司电话费用的分解为：对个人电话实行总额包干，超支自付，低于标准按实报销；对办公电话费用，根据以前年度数据显示进行总额控制，向各部门下达年度及月度费用控制指标。东方药业电话费用控制简图如图9-3所示（月度电话费用控制额度=年度电话费用控制额度÷12）。

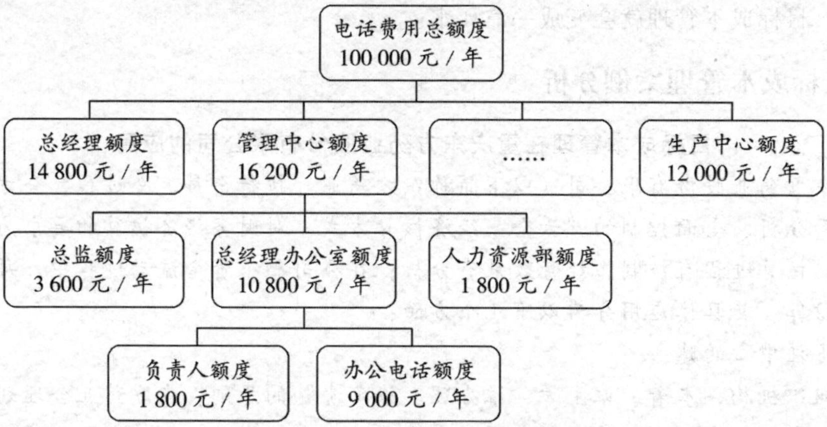

图9-3 东方药业电话费用控制简图

（4）目标成本的考核

管理人员实行绩效挂钩考核办法，按月下达管理费用等预算指标，月末由各费用控制部门进行综合考核，如考核费用中的电话费用由总经理办公室考核，考核分部门进行，将个人话费纳入其相应部门一并考核，将考核结果通知人力资源部。超出当月预算指标的由人力资源部按扣分情况扣发当月绩效工资，年终再计算，将节约的20%的指标奖励给节约部门。对管理中心、财务中心、销售中心、技术中心实行切块包干控制。

车间工人实行定额计件工资，由人力资源部测定其岗位定额指标和定额工资，完不成定额指标的，按定额指标比例扣发定额工资；超出定额指标的，按定额指标比例加发定额工资；同时，结合考核质量指标、安全指标、成品率指标、包装材料损耗率指标等指标。

◎ 9.4 标准成本法

9.4.1 标准成本法概述

标准成本法是在泰罗的生产过程标准化思想影响下，于20世纪20年代被引入财务实践的，现已成为日常成本管理中应用得较为普遍的成本控制手段。

标准成本法是指以预先制定的标准成本为基础，将标准成本与实际成本进行比较，核算和分析成本差异的一种产品成本计算方法，也是加强成本控制、评价经济业绩的一种成本控制制度。它的核心是按标准成本记录和反映产品成本的形成过程和结果，并借以实现对成本的控制。一般来说，实施标准成本法的步骤如下：

（1）制定标准成本：标准成本的制定是实施标准成本制度的起点和进行成本控制的基础。

（2）计算标准成本差异：成本差异的计算和分析是对成本的事中控制。

（3）计算实际成本：实际成本的计算是在标准成本的基础上考虑到各种成本差异从而计算出来的。

（4）标准成本及其差异的账务处理。

9.4.2 标准成本的制定

“标准成本”一词在实际工作中有两种含义：一种是指单位产品的标准成本，它是根据单位产品的标准消耗量和标准单价计算出来的，又称为“成本标准”；另一种是指实际产量的标准成本，它是根据实际产品产量和单位产品成本标准计算出来的。

制定标准成本，通常首先确定直接材料和直接人工的标准成本，其次确定制造费用的标准成本，最后确定单位产品的标准成本，标准成本的构成见表9-11。确定标准成本时，无论是哪一个成本项目，都需要分别确定其用量标准和价格标准，两者相乘后得出标准成本，即标准成本=用量标准×价格标准。

表9-11 **标准成本的构成**

成本项目	用量标准	价格标准
直接材料	单位产品材料消耗量	原材料单价
直接人工	单位产品直接人工工时	小时工资率
变动制造费用	单位产品直接人工工时	小时变动制造费用分配率
固定制造费用	单位产品直接人工工时	小时固定制造费用分配率

【例9-6】甲产品的各成本项目标准成本的确定见表9-12至表9-16。

表9-12 **甲产品直接材料标准成本** 金额单位：元

材料标准成本项目	材料A	材料B
价格标准：		
发票价格（元/千克）	9.0	6.0
装卸运输费（元/千克）	1.0	0.8
单位标准价格（元/千克）	10.0	6.8
用量标准：		
设计用量（千克）	2.4	5.8
正常损耗量（千克）	0.1	0.2
单位标准用量（千克）	2.5	6.0
标准成本：		
材料A	25.0	
材料B		40.8
单位产品标准成本	65.8	

表9-13 **甲产品直接人工标准成本**

人工标准成本项目	第一车间	第二车间
价格标准：标准工资率（元/小时）	10	8
用量标准：标准工时（小时）	2.0	1.5
单位产品标准成本（元）	32	

表 9-14　　**甲产品变动制造费用标准成本**　　金额单位：元

变动制造费用标准成本项目	第一车间	第二车间
变动制造费用预算：		
原材料	45 000	3 600
燃料及动力	5 000	4 000
间接人工	30 000	23 000
其他	2 000	3 000
合计	82 000	33 600
全年预算总工时（小时）	4 000	2 800
变动制造费用预算分配率（元/小时）	20.5	12.0
标准人工用量（小时）	2.0	1.5
变动制造费用标准成本	59	

表 9-15　　**甲产品固定制造费用标准成本**　　金额单位：元

固定制造费用标准成本项目	第一车间	第二车间
固定制造费用预算：		
管理人员工资	13 000	6 000
折旧费	15 000	20 000
办公费	5 000	3 400
合计	33 000	29 400
全年预算总工时（小时）	4 000	2 800
固定制造费用预算分配率（元/小时）	8.25	10.50
标准人工用量（小时）	2.0	1.5
固定制造费用标准成本	32.25	

表 9-16　　**甲产品单位产品标准成本计算表**　　金额单位：元

成本项目	用量标准	价格标准	标准成本
直接材料：			
A材料	2.5千克	10.0元/千克	25.0
B材料	6.0千克	6.8元/千克	40.8
小计			65.8
直接人工：			
第一车间	2.0小时	10元/小时	20
第二车间	1.5小时	8元/小时	12
小计			32
制造费用：			
变动制造费用（第一车间）	2.0小时	20.5元/小时	41
变动制造费用（第二车间）	1.5小时	12.0元/小时	18
小计			59
固定制造费用（第一车间）	2.0小时	8.25元/小时	16.50
固定制造费用（第二车间）	1.5小时	10.50元/小时	15.75
小计			32.25
单位产品标准成本合计	189.05		

9.4.3 成本差异的计算与分析

由于种种原因，产品的实际成本与标准成本可能不符，其差额称为标准成本差异，它反映了实际成本脱离预定成本目标的程度。如果实际成本超过标准成本，所形成的差异反映在有关差异账户的借方，这种差异称为不利差异；反之，如果实际成本低于标准成本，所形成的差异反映在有关差异账户的贷方，这种差异称为有利差异。成本差异分析就是具体分析差异形成的原因和责任，进而采取相应的措施，发展有利差异，消除不利差异，实现对成本的有效控制，以促进成本的不断降低。

由于成本包括直接材料、直接人工和制造费用3部分，因此相应的成本差异也包括直接材料成本差异、直接人工成本差异和制造费用成本差异3部分。制造费用成本差异还可进一步细分为变动制造费用成本差异和固定制造费用成本差异。

财务人员不仅要计算、反映这些成本差异，而且要认真分析成本差异，找出差异形成的内在原因，为成本控制和成本考核提供比较详细的信息。形成成本差异的原因有很多，但归纳起来不外乎“数量因素”和“价格因素”两类。“数量因素”变动所形成的差异称为数量差异，“价格因素”变动所形成的差异称为价格差异。成本差异分析的基本方法就是将“料、工、费”的差异分别分解为数量差异和价格差异。数量差异和价格差异的关系如图9–4所示。

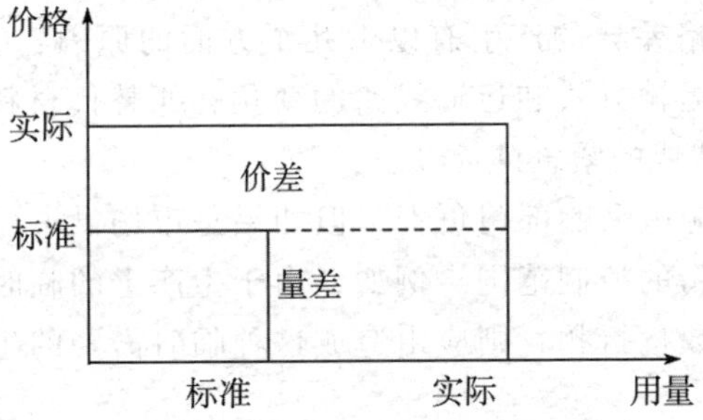

图9–4 数量差异和价格差异的关系

1）变动成本差异的计算和分析

直接材料成本、直接人工成本和变动制造费用都属于变动成本，其成本差异分析的基本方法相同。由于它们的实际成本的高低取决于实际用量和实际价格，标准成本的高低取决于标准用量和标准价格，所以其成本差异可以归结为价格脱离标准造成的价格差异与用量脱离标准造成的数量差异两类。

成本差异=实际成本–标准成本

=实际用量×实际价格–标准用量×标准价格

=实际用量×实际价格–实际用量×标准价格+实际用量×标准价格–标准用量×标准价格

=实际用量×（实际价格–标准价格）+（实际用量–标准用量）×标准价格

=价格差异+数量差异

上述公式可用图9–5来简单地表示。

①实际用量×实际价格
②实际用量×标准价格
③标准用量×标准价格

价格差异 ①–②
数量差异 ②–③

成本差异 ①–③

图9–5 成本差异计算图示

（1）直接材料成本差异的计算与分析

直接材料成本差异是指一定产量产品的直接材料实际成本与标准成本之间的差额。

直接材料成本差异=直接材料实际成本−直接材料标准成本

=实际用量×实际价格−标准用量×标准价格

=实际用量×（实际价格−标准价格）+（实际用量−标准用量）×标准价格

=直接材料价格差异+直接材料数量差异

上述公式只揭示了一种材料的成本差异。如果产品耗用多种材料，那么就应该对每种材料进行成本差异分析，然后加总确定产品材料成本的数量差异和价格差异。

【例 9-7】某工厂本月生产产品100件，使用材料250千克，材料单价为1.20元/千克；每件产品的标准用量为2.4千克，每千克材料的标准价格为1.15元。根据上述公式计算：

直接材料价格差异=（1.20−1.15）×250=12.5（元）

直接材料数量差异=（250−2.4×100）×1.15=11.5（元）

直接材料价格差异与直接材料数量差异之和应当等于直接材料成本的总差异。

直接材料成本差异=实际成本−标准成本=250×1.20−100×2.4×1.15=24（元）

或 =直接材料价格差异+直接材料数量差异=12.5+11.5=24（元）

计算出差异以后，应进一步查明原因。

一般而言，材料价格差异的产生有以下几个方面的原因：①厂家供应价格的变化；②采购批量的变动；③运输方式和运输线路的变化；④替代材料的使用；⑤材料质量的变化；⑥未能及时订货造成的紧急订货等。

材料价格差异一般应由采购部门负责，但如果是市场供求变动引起材料供应价格的变动，则超出了采购部门的控制范围。例如，由于生产上的临时需要而进行小批量采购或紧急采购而不能享受数量折扣，则应由造成这种临时需要的生产部门负责该材料价格差异。

材料数量差异的产生一般有以下几个方面的原因：①产品设计和工艺的变更；②材料质量和规格的变化；③操作疏忽造成废品和废料的增加；④工人技术操作水平和责任心的变化；⑤加工设备完好程度的变化；⑥材料储存损失的变化等。

材料的数量差异一般应由负责控制用料的生产部门负责，但如因材料质量低劣增加了废品，或因材料的规格不符合要求而大材小用等造成材料数量的不利差异，应由采购部门负责。所以要通过具体的调查研究，明确最终原因和责任归属。

（2）直接人工成本差异的计算与分析

直接人工成本差异是指一定产量产品的直接人工实际成本与标准成本之间的差额。

直接人工标准=标准工资分配率×标准工时

标准工时=单位产品工时耗用标准×实际产量

直接人工成本是直接人工工资率与直接人工工时耗用量之积，因此，直接人工成本差异包括直接人工分配率差异和直接人工效率差异两部分。直接人工分配率差异也叫直接人工价格差异，与直接材料价格差异类似；直接人工效率差异也叫直接人工数量差异，与直接材料数量差异类似。所以，直接人工成本差异的分析方法与直接材料成本差异的分析方法类似。

直接人工成本差异=直接人工实际成本-直接人工标准成本

=实际用量×实际价格-标准用量×标准价格

=实际用量×（实际价格-标准价格）+（实际用量-标准用量）×标准价格

=直接人工分配率差异+直接人工效率差异

【例9-8】 某工厂本月生产产品100件，使用工时190小时，支付工资988元，每件产品的标准工时为2小时，标准工资率为5元/小时。根据上述公式计算：

实际小时工资率=988÷190=5.2（元/小时）

直接人工分配率差异=（5.2-5）×190=38（元）

直接人工效率差异=（190-2×100）×5=-50（元）

直接人工分配率差异与直接人工效率差异之和应当等于直接人工成本的总差异。

直接人工总成本差异=实际成本-标准成本=988-100×2×5=-12（元）

或 =直接人工效率差异+直接人工分配率差异=-50+38=-12（元）

计算出差异以后，就要进一步分析，查明形成差异的原因。

影响直接人工效率的因素很多，具体有以下几个方面：①企业劳动组织和人员配备情况；②工人的技术熟练程度；③材料的质量、规格和供应的及时性；④动力供应；⑤工具配备情况；⑥机器设备的运转情况等。

直接人工分配率差异形成的原因也有很多，一般有下列几个方面：①企业直接生产工人的调整、工资等级的变更；②奖金和津贴的变更；③出勤率的变化。

（3）变动制造费用成本差异的分析

变动制造费用成本差异是指一定产量产品的实际变动制造费用同标准变动制造费用之间的差额。其中，标准变动制造费用等于标准分配率与标准工时之积。

由于变动制造费用等于变动制造费用分配率与直接人工工时之积，因此变动制造费用成本差异包括变动制造费用分配率差异和变动制造费用效率差异两部分。变动制造费用分配率差异也称变动制造费用开支差异、变动制造费用耗费差异或变动制造费用预算差异。变动制造费用分配率是指平均单位直接人工工时（或单位机器工时）应负担的变动制造费用。在成本差异分析中，变动制造费用开支差异类似于直接材料价格差异和直接人工分配率差异；变动制造费用效率差异类似于直接材料数量差异和直接人工效率差异。

变动制造费用总差异是根据弹性预算的原理计算的，即变动制造费用实际发生数与按实际产量乘变动制造费用标准成本之间的差异。其中，变动制造费用的耗费差异是实际发生数与按实际工时乘变动制造费用标准分配率之间的差额，是在承认实际工时是必要的前提下计算出来的差异。因此，该项差异反映每小时业务量支出的变动制造费用脱离标准费用的数额，应根据变动制造费用各明细项目的弹性预算与实际发生数进行对比，分析其形成差异的原因。分析变动制造费用耗费差异的形成原因和明确责任归属是部门经理的责任。变动制造费用效率差异主要反映实际工时脱离标准工时产生的差异，因此，其形成原因及责任归属与直接人工效率差异相同。

2）固定制造费用成本差异的计算和分析

固定制造费用成本差异分析与各项变动成本差异分析不同，其分析方法有“二因素分析法”和“三因素分析法”两种。

（1）二因素分析法

二因素分析法将固定制造费用成本差异分为耗费差异和能量差异。

固定制造费用耗费差异 = 固定制造费用实际数-固定制造费用预算数

固定制造费用能量差异= 固定制造费用预算数-固定制造费用标准成本

= （预算工时-实际产量标准工时）× 固定制造费用标准分配率

【例 9-9】某企业本月产品的实际产量为 200 件，发生固定制造费用 712 元，实际工时为 450 小时；企业的生产能量为 250 件，即 500 小时；每件产品的固定制造费用标准成本为 3 元/件，即每件产品标准工时为 2 小时，标准分配率为 1.5 元/小时。

固定制造费用成本差异=712-200×3=112（元）

固定制造费用耗费差异= 712-500×1.5=-38（元）

固定制造费用能量差异= 500×1.5-200×2×1.5=150（元）

（2）三因素分析法

三因素分析法将固定制造费用成本差异分为耗费差异、效率差异和生产能力利用差异。三因素分析法对耗费差异的计算与二因素分析法相同，不同的是将二因素分析法中的“能量差异”进一步分解为两部分：一是实际工时未达到生产能量而形成的生产能力利用差异；二是实际工时脱离标准工时而形成的效率差异。

固定制造费用耗费差异 = 固定制造费用实际数-固定制造费用预算数

固定制造费用效率差异=（实际工时-标准工时）× 固定制造费用预算分配率

固定制造费用生产能力利用差异=（预算工时-实际工时）× 固定制造费用预算分配率

根据【例 9-9】的资料计算的固定制造费用成本差异如下：

固定制造费用耗费差异=712-500×1.5=-38（元）

固定制造费用效率差异=（450-200×2）×1.5=75（元）

固定制造费用生产能力利用差异=（500-450）×1.5=75（元）

在一定的业务量范围内，固定制造费用是不随业务量的变动而变动的。要确定固定制造费用成本差异形成的原因，应根据每个部门固定制造费用的明细项目与实际发生数进行对比分析。

固定制造费用耗费差异的方向和大小，取决于固定制造费用实际发生额同预算额之间差异的性质和程度。其产生的主要原因是管理人员工资率和其他成本要素价格（如税率、利息率、折旧率等）的变动、其他有关费用的节约或超支等。

固定制造费用效率差异的方向和大小，取决于同实际工时相对应的标准固定制造费用与对应于标准工时的固定制造费用之间差异的性质和程度，其责任往往在于生产部门。

固定制造费用生产能力利用差异的方向和大小，取决于固定制造费用预算额同对应于实际工时的标准固定制造费用之间差异的性质和程度。其差异主要是由产销数量引起的，如经济萧条、产品定价过高造成销路不好或开工不足，或原材料、能源供应不足造成生产能力利用不充分等，其责任在于管理部门。

9.4.4 标准成本及成本差异的账务处理

（1）标准成本制度的账务处理特点

①“生产成本”“库存商品”各科目都按标准成本记账。

②实际发生的成本同标准成本相比，产生的差异按其性质设置不同的差异科目，记录

和反映各自的差异额，具体包括："直接材料价格差异"、"直接材料数量差异"、"直接人工效率差异"、"直接人工分配率差异"、"变动制造费用效率差异"、"变动制造费用耗费差异"、"固定制造费用效率差异"、"固定制造费用生产能力利用差异"和"固定制造费用耗费差异"等，其借方登记不利差异，贷方登记有利差异。

③自"库存商品"科目贷方转入"主营业务成本"科目借方的产品销售成本按标准成本入账。

（2）标准成本差异的账务处理方法

①将标准成本差异结转至下期：只能在年度中间选用，因而不常用。

②将标准成本差异在存货或销售成本之间按比例分摊：如果企业期末存货以及销售成本欲反映实际成本，则期末需要将标准成本差异在存货以及销售成本之间按比例分摊。

③将标准成本差异转入损益或销售成本科目：该方法将本期的标准成本差异全部由当期已销售产品承担，全部结转至"主营业务成本"或"本年利润"科目。如为不利差异，则会增加当期销售成本，减少当期利润；如为有利差异，则会减少当期销售成本，增加当期利润。

【例9-10】某企业生产甲产品，本月预计生产125件，甲产品标准成本见表9-17。

表9-17 **甲产品标准成本表**

直接材料：	标准单价（元/千克）	标准消耗量（千克）	金额（元）
A材料	10	100	1 000
B材料	5	20	100
直接人工：	标准工资率（元/小时）	标准工时（小时）	金额（元）
—	5	40	200
制造费用：	标准分配率（元/小时）	标准工时（小时）	金额（元）
固定制造费用	6	40	240
变动制造费用	2	40	80
单位产品标准成本	—	—	1 620

另外，本月预算总工时为5 000小时，固定制造费用预算为10 000元，变动制造费用预算为30 000元。本月实际发生有关业务如下：

①原材料采购和耗用：购进A材料12 000千克，每千克9.5元；购进B材料3 000千克，每千克6元，货款未付。生产甲产品全月领用A材料11 000千克、B材料1 800千克。

②生产工人的实际工时和工资：生产工人的实际工时数为4 400小时，工资应付额为26 400元，实际工资率为每小时6元。

③费用实际发生额：本月发生费用36 520元，其中，固定制造费用为28 600元，变动制造费用为7 920元。

④本月生产甲产品100件，期初和期末均无在产品。该产品已销售90件，每件售价2 000元，货款已收到。

要求：计算各项成本差异并作出相应的账务处理（不考虑相关税费）。

①材料购进：

借：原材料　　132 000

　贷：应付账款　　132 000

②材料耗用：

材料的实际单价：A材料9.5元/千克，B材料6元/千克。

借：生产成本　　110 000

　　直接材料数量差异　　9 000

　贷：原材料　　115 300

　　　直接材料价格差异　　3 700

③生产工人工资计入产品成本：

借：生产成本　　20 000

　　直接人工效率差异　　2 000

　　直接人工分配率差异　　4 400

　贷：应付职工薪酬　　26 400

④费用的实际发生：

借：变动制造费用　　7 920

　　固定制造费用　　28 600

　贷：银行存款等　　36 520

⑤变动费用计入产品成本：

借：生产成本　　8 000

　　变动制造费用效率差异　　800

　贷：变动制造费用　　7 920

　　　变动制造费用耗费差异　　880

⑥固定费用计入产品成本：

借：生产成本　　24 000

　　固定制造费用能力利用差异　　3 600

　　固定制造费用效率差异　　2 400

　贷：固定制造费用　　28 600

　　　固定制造费用耗费差异　　1 400

⑦产品完工入库：

借：库存商品　　162 000

　贷：生产成本　　162 000

⑧产品销售与销售成本结转：

借：银行存款　　180 000

　贷：主营业务收入　　180 000

借：主营业务成本　　145 800

贷：库存商品		145 800
⑨成本差异结转：		
借：主营业务成本	16 220	
直接材料价格差异	3 700	
变动制造费用耗费差异	880	
固定制造费用耗费差异	1 400	
贷：直接材料数量差异		9 000
直接人工效率差异		2 000
直接人工分配率差异		4 400
变动制造费用效率差异		800
固定制造费用能力利用差异		3 600
固定制造费用效率差异		2 400

通过标准成本的制定、控制与考评，可以看到标准成本制度主要适用于对产品生产成本的管理，但产品的生命周期不仅包括生产，还包括研发、设计、销售、售后服务等。为了提高产品的整体利润，使企业在市场竞争中生存，企业不能仅满足于控制产品生产成本，还必须控制非生产成本。标准成本管理显然还做不到这一点。

◎ 9.5 作业成本管理

9.5.1 作业成本法制度概述

作业成本法又叫作业成本计算法或作业量基准成本计算方法（activity-based costing，ABC)，是以作业为核心确认和计量耗用企业资源的所有作业，将耗用的资源成本准确地计入作业，然后选择成本动因，将所有作业成本分配给成本计算对象（产品或服务）的一种成本计算方法。

1）作业成本法的产生与发展

作业成本法的产生不是偶然的，而是在科技进步、适时制、成本管理与控制等因素的共同作用下产生的。在传统的以交易或数量为基础的成本系统下，成本性态的划分以成本与产量之间的依存关系为依据。在传统的生产方式下，制造费用所占比重较低，一般按照生产工时或机器工时进行分配，即使在分配中出现一些误差，也不会给成本信息带来太大的影响。20世纪70年代，由于工艺技术进步，制造费用所占比重大幅提高，且其构成内容日益复杂。大多数费用与产量多少无关，而与一系列其他的成本动因有关，如顾客数、供应商数、服务次数、检验小时数、订购次数等。同时，随着人们生活的日益富裕、可支配收入的大大增加，人们逐渐要求产品更加“个性化”。一种与此相适应的柔性制造系统应运而生，取代了以追求“规模经济”为目标的大批量生产。

2）作业成本法的基本概念

（1）“作业”的概念

所谓“作业”，就是企业为某种目的而进行的消耗资源的活动，即企业为提供一定量的产品或劳务所消耗的人力、技术、原材料、方法和环境等一系列相关任务的总和。作为资源和产品中介的作业具有3个基本特征：

①作业是一种资源的投入和另一种效果产出的过程。在这种活动过程中，它要投入资源，实现活动目的。例如，设计产品投入的是智慧、技术、工具和低值易耗品等，产出的是产品设计图案。又如，检查产品质量投入的是技术、方法、时间，产出的是经过检查的合格产品或不合格产品、废品等。

②作业活动贯穿于公司经营的全过程。产品从设计到最终销售出去是通过各种作业的实施来完成的。没有作业的实施，经营活动就无法开展。

③作业是可以量化的，即作业可以采用一定的计量标准进行量化。

对“作业”可从不同的角度进行分类，下面介绍两种有代表性的分类：

杰弗·米勒和汤姆·沃尔曼的分类：

①后勤作业。其是订购、执行和确保材料移动的作业。其发生与工厂内材料的收到和移动有关，如材料的订购、收到、确认、处理、移动及贮存等活动。此外，后勤作业还与某些人员有关，如车间工人以及从事收料、检验、运输、数据处理和会计工作的人员等。

②平衡作业。其发生与确保材料、人工和机器的供给能够满足需求的协调生产活动有关，如担当采购、材料计划、生产控制、预测和调度的人员从事的就是平衡作业。

③质量作业。其是确保生产和规范一致的作业。其发生与保证生产符合各种规格要求有关，如质量控制、生产监督以及为达到质量要求的间接工艺等。由于产品质量的不断提高是企业及顾客关注的焦点，因此为提高产品质量而发生的培训、技术设计以及准备活动等均包括在质量作业中。

④变动作业。其发生与更新制造信息以适应产品或过程设计的变化有关，如用一种新的原材料来生产某种产品时，材料构成的改变以及质量工程中涉及的工作日程、常规程序、标准、规格和使用材料等的改变都是变动作业。

库珀将作业按成本层次进行分类：

①单位作业。其是使单位产品受益的作业，如机器的折旧及动力等。这种作业的成本与产品产量呈比例变动。

②批别作业。其是使一批产品受益的作业，如对每批产品的检验、机器准备、原料处理、订单处理等。这种作业的成本与产品的批数呈比例变动。

③产品作业。其是使某种产品的每个单位都受益的作业，如对一种产品编制数控规划、材料清单。这种作业的成本与产品产量及批数无关，但与产品项目呈比例变动。

④管理作业。其是为确保全部产品生产所执行的设备维护作业，如通用机器设备维护检修、生产现场监督管理等。

（2）作业链

作业成本法的基本思想是在资源和产品之间引入一个中介，即作业，把企业看作为满足客户需要而设计的作业集合体。从产品设计到产品售出的整个生产经营过程，由一系列前后有序的作业构成，将它们连接起来形成一条作业链。作业链是指由一系列相互联系的作业组成的链条。

（3）价值链

产品消耗作业，作业耗用资源。企业每完成一项作业需要消耗一定的资源，而作业的产出又形成一定的价值，照此逐步结转，直至最后一个步骤形成产品提供给外部客户，价值在作业链各作业之间的转移形成一条价值链。

（4）成本动因

成本动因又称为成本驱动动因，是指引起成本发生的动机或原因，如采购订单是采购作业的成本动因。成本动因可以是一个事件、一项活动或要求等。

在作业成本计算中，可以根据成本动因在资源流动中所处的位置将成本动因分为资源动因和作业动因：

①资源动因。按照作业会计的规则，作业量的大小决定着资源耗用量的大小，资源消耗量与作业量的这种关系称为资源动因。资源动因作为一种分配基础，反映了作业中心对资源的耗费情况，是资源成本分配到作业中心的标准。

②作业动因。作业动因作为成本动因的一种形式，是将作业中心的成本分配到产品或劳务中的标准，也是资源消耗与最终产品的中介。例如，检验作业的作业动因是检验小时。

9.5.2 作业成本计算

1）作业成本计算的原理

作业成本法的理论基础是：首先，成本和价值不是孤立存在的，它们以作业为中介联系在一起，即“作业消耗资源，产品消耗作业”，作业成本法基本原理如图9-6所示。其次，生产导致作业的发生，作业导致间接费用或间接成本的发生。

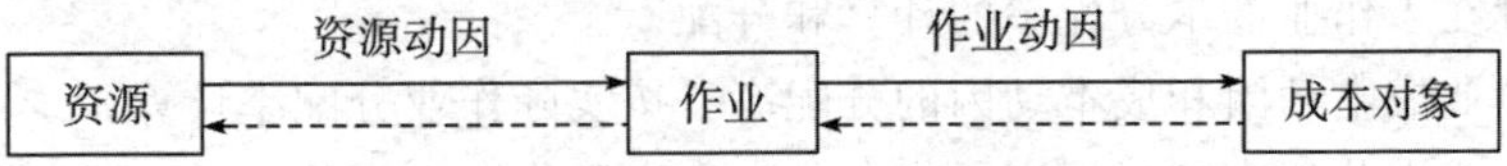

图9-6 作业成本法基本原理

作业成本法最初作为一种正确分配制造费用、准确计算产品制造费用的方法被提出，其理论核心是“成本动因”理论，即企业的间接费用的发生是由企业产品生产所必需的各种作业所“驱动的”，其发生多少与企业产品生产量无关，而只与“驱动”其发生的作业的数量有关。因此，在作业成本计算中要在资源与产品之间引入一个中介“作业”。

2）作业成本计算的步骤

作业成本计算涉及的费用分配过程分为两个阶段，作业成本法的计算原理如图9-7所示。

（1）第一阶段：把资源消耗所发生的费用归集到作业中心

①确定作业、主要作业、作业中心

作业的确定就是对每项消耗企业资源的作业进行定义，识别每项作业在生产活动中的作用、与其他作业的区别，以及每项作业与耗用资源的联系。之后，按照顺序列出清单。

②按照同质作业设立成本库

一个企业的生产活动是很复杂的，往往由十几项、上百项作业组成，如果按照每项作

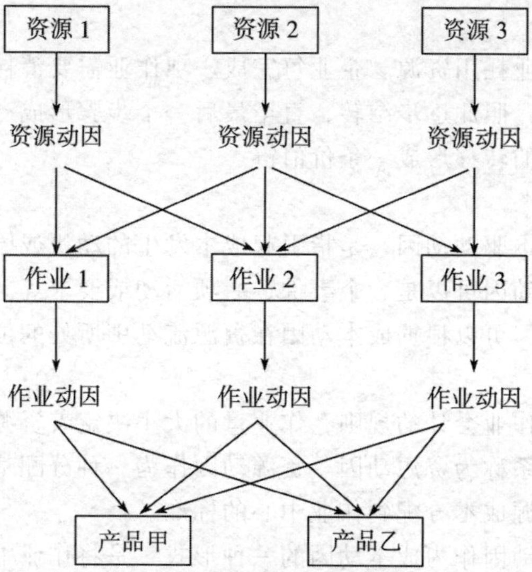

图 9-7 作业成本法计算原理

业归集成本、计算分配率，固然可以更加精确地将成本追溯到有关产品，但是会使成本计算工作过于烦琐。因此需要在作业分类的基础上，进行“合并同类项”，建立作业“同质成本库”，以减少计算作业成本和分配率的工作。

（2）第二阶段：把作业成本库中归集的成本分配到产品中去并计算出产品成本

首先将成本追溯到产品，然后将其在完工产品与在产品之间进行分配，并计算完工产品和在产品的成本。对于可以直接追溯到产品的原材料等直接成本，其计入产品成本的方法与传统成本计算方法并无区别，完工产品和在产品成本分配的方法也与传统成本计算方法无异，关键在于作业成本分配率的计算和分配。

①确定作业成本动因和成本动因的分配率（按实际作业分配率计算）

实际作业成本分配率是根据实际作业成本和实际作业产出计算的。实际作业成本是指在会计期末各成本库内归集的在作业执行过程中所耗费的各项资源的成本。实际作业产出则是会计期间内实际完成的作业量。实际作业成本分配率的计算公式如下：

$$实际作业成本分配率=\frac{当期实际发生的作业成本}{当期实际作业产出}$$

②分配作业成本，计算产品成本

首先，在会计期末，根据当期记录的产品耗用各种作业的数量，分别乘以计算得出的实际作业成本分配率，逐一计算出每种产品耗用的作业成本。

$$某产品耗用的作业成本=\sum(该产品耗用的作业量\times 实际作业成本分配率)$$

其次，计算当期发生成本。当期投入的生产费用，除了各项作业成本之外，还有直接材料、直接人工等直接成本。各项作业成本只是当期投入的一部分，即制造费用部分。当期发生的总成本，等于直接材料等直接成本加上作业成本。

某产品当期发生成本=当期投入该产品的直接成本+该产品当期耗用的各项作业成本

当期完工产品与在产品之间的成本分配，以及完工产品总成本及单位成本的计算，与传统成本计算方法没有区别。

9.5.3 作业成本法的应用举例

【例9-11】某企业本月生产A、B两种产品，其中，A产品技术工艺过程较为简单，生产批量较大；B产品技术工艺过程较为复杂，生产批量较小。产品成本资料见表9-18。

表9-18 产品成本资料

项目	A产品	B产品
月初在产品数量（件）	10	50
月初在产品的作业成本（元）	1 915	17 870
本月投产数量（件）	1 000	100
完工产品数量（件）	900	120
单位产品直接材料成本（元/件）	20	20
单位产品直接人工成本（元/件）	10	12
制造费用总额（元）	23 200	

（1）确认主要作业和作业中心

首先，通过与分厂厂长、分厂会计人员、班组长及工人进行交谈以及现场参观等方式，详细了解生产流程。然后，根据对市场流程的了解以及产品成本核算和控制情况，将该企业的生产流程划分为机器调整准备、质量检验、设备维修、生产订单、材料订单、生产协调等6个作业成本库，见表9-19。

表9-19 企业作业成本库 单位：元

作业成本库	数额
机器调整准备	50 000
质量检验	45 000
设备维修	30 000
生产订单	55 000
材料订单	25 000
生产协调	27 000
合计	232 000

（2）将归集起来的投入成本或资源分配到每个作业成本库

①用各个作业成本库的作业成本除以该作业中心的作业动因总数，得到成本动因分配率；

②用记录的作业动因消耗量乘以成本动因分配率，得到产品消耗某一作业成本中心的作业成本，再将产品消耗的所有作业中心的作业成本加直接成本得到产品总成本；

③将产品总成本除以产品数量，得到单位产品成本。

作业成本分配表见表9-20。

表9-20 作业成本分配表 金额单位：元

作业成本库	A产品作业量	B产品作业量	合计	成本动因分配率	A产品分配作业成本	B产品分配作业成本
机器调整准备次数	300	200	500	100	30 000	20 000
质量检验次数	150	50	200	225	33 750	11 250
设备维修工时	200	100	300	100	20 000	10 000
生产订单份数	195	80	275	200	39 000	16 000
材料订单份数	140	60	200	125	17 500	7 500
生产协调次数	50	50	100	270	13 500	13 500
合计（元）					153 750	78 250

根据表9-20，可以编制产品成本计算单（在产品完工程度为50%），见表9-21和表9-22。

表9-21 A产品成本计算单 金额单位：元

项目	产量（件）	直接材料	直接人工	作业成本	合计
月初在产品成本	10	200	50	1 915	2 165
本月发生成本	1 000	20 000	9 500	153 750	183 250
合计	1 010	20 200	9 550	155 665	185 415
完工产品成本	900	18 000	9 000	146 700	173 700
在产品成本	110	2 200	550	8 965	11 715

表9-22 B产品成本计算单 金额单位：元

项目	产量（件）	直接材料	直接人工	作业成本	合计
月初在产品成本	50	1 000	300	17 870	19 170
本月发生成本	100	2 000	1 320	78 250	81 570
合计	150	3 000	1 620	96 120	100 740
完工产品成本	120	2 400	1 440	85 440	89 280
在产品成本	30	600	180	10 680	11 460

9.5.4 作业管理

作业成本计算法虽然起源于对产品成本计算精确性的要求，但其意义已经完全超越了成本计算的精确性要求，延伸到企业作业链及价值链重构，乃至企业组织结构的设计问题。不过，作业成本计算法只是认识价值链的手段，作业管理才能改造和优化价值链。

作业管理就是应用作业成本计算所提供的信息，以作业为起点，通过对作业链进行分析，尽可能消除“非增值作业”，改进“增值作业”，优化作业链和价值链，最终增加企业价值和顾客价值。

1）作业分析

（1）辨别不必要或不增值的作业

增值作业是指那些需要保留在价值链中的作业，而非增值作业是那些需要从价值链中消除或通过持续改善逐步消除的作业。

一项作业是否为增值作业，可以用以下标准衡量：①该作业能够带来加工对象状态的改变；②该加工对象状态的改变只能由该作业实现；③该作业使得价值链中的其他作业得以实现。同时满足上述3个条件的作业即为增值作业，否则为非增值作业。例如，原材料、在产品、产成品的存储作业为非增值作业。

（2）对重点的增值作业进行分析

根据成本效益原则和重要性原则，对那些相对于顾客和组织而言比较重要的作业进行分析。一般而言，企业的绝大部分成本是由80%的作业引起的，将作业按其成本额的大小排列，排列在前面的那些作业通常就是重点作业。

（3）将作业与先进水平相比较

与其他企业达到先进水平的作业进行比较，判断某项作业或整个作业链是否有效，寻找改进的机会。例如，产品设计作业是一个增值作业，某企业采用手工方式进行图纸设计，而其他企业采用计算机辅助设计。通过比较，某企业的手工图纸设计显然效率太低，存在改进的空间。

（4）分析作业之间的联系

各种作业相互联系，形成作业链。理想的作业链应当是作业与作业之间环环相扣，而且每次必要的作业只在最短的时间内出现一次。

2）作业成本计算

作业成本计算是作业管理的基础和中介，并贯穿作业管理的始终。企业要进行作业管理、优化作业链和价值链，首先要明确作业链中的各种作业耗费，根据作业成本计算所提供的信息改进企业的作业链，从而优化企业价值链，使企业改进和完善作业，降低作业成本，提高企业效益。

3）业绩计量和评价及持续改善

业绩计量描述了作业所做的工作和作业所取得的结果，它们能提供有关作业的实际消耗情况。业绩评价是将作业的实际耗费与作业预算进行比较，通过业绩计量和评价，使企业各方面的生产经营活动得到不断改善。

4）降低作业成本的途径

降低成本是生产分析的最终目标，从成本作业的角度看，降低成本的途径主要是改善作业、提高增值作业的效率以及消除非增值作业。企业具体采用下列4种方法来降低成本：

（1）作业减少

作业减少是指降低对作业的需求，包括增值作业和非增值作业的减少。这项技术主要是通过减少投入的时间或其他资源来缩减作业。例如，不合格品返工作业可以通过提高合格品率来实现作业减少。

（2）作业消除

作业消除主要是针对非增值作业而言的，企业通过消除不必要的作业来降低成本。例如，在选择高质量原料供应商的情况下，材料的检验就成为不必要的作业，应当消除。

（3）作业选择

作业选择是指从多个不同的作业链中选择最佳的作业链。例如，在产品设计中，不同的产品设计会有不同的作业链，也会产生不同的成本，要选择成本最低的作业链。具体来说，某部件的材料既可以选择钢材，也可以选择高性能的塑料，那么就应选择成本低的塑料。

（4）作业共享

作业共享是指几种产品分享一项作业的产出。例如，在几种产品中使用相同的部件，而不是每类产品都设计特殊的部件。

通过作业分析，能够溯本求源，剔除不增值的作业，把企业有限的资源用于能够为企业最终产品增加价值的作业上，并增加顾客价值，提高作业效率与效益，从而使企业不断优化价值链。

小资料9-1　　看龙钢如何打通成本管理的“最后一公里”

2024年年初以来，陕钢集团龙钢公司（以下简称龙钢）树立“一切费用皆可降”的理念，坚持边算边干、先算后干，积极践行算账经营，以精益管理带动全员“算清账”“算好账”“勤算账”，全方位寻找突破口和改进方向，持续做细“四级成本”管理。截至目前，龙钢的熔剂消耗、定重合格率等指标取得历史最好成绩。

智慧管控平台为成本管控赋能

龙钢积极探寻“极致降本”突破点，不断挖掘增效潜能，借助智能化手段全面推动降本增效工作，激发内生动力。该公司建立炼钢一体化智慧管控平台，以过程工序、实绩管理、成本核算、钢包管理、运行分析为架构，建立了一套完整、全面、实时的在线成本数据台账。该台账能够动态展示钢铁原料、合金、熔剂、耐材、辅料及能源介质等6个项目的入库、出库及过程消耗的实时变化，并对实时数据进行在线输入、分析。这不仅有利于操作者分析喷溅、返干的原因，而且可根据实际情况快速调整，缩短操作时间，还能完整保存每炉次数据，方便后续通过炉号进行查询。同时，该台账还可以每天根据工序能耗实际情况，对重点指标钢铁料消耗和熔剂消耗进行核算、对比分析，发现问题并及时采取措施，确保各项指标处于受控状态，改变了过去月末计算的事后核算模式，及时排除影响成本消耗的潜在苗头，规避风险。

“炉炉清”项目为提质增效赋能

龙钢上下意识到要做好“降本”工作，必须紧紧抓住源头管控这个“牛鼻子”。该公司全面践行算账经营工作理念，在精细管控上狠下功夫，全力推进各项工作任务，做到人人肩上有担子、每个岗位见行动，让算账经营成为一种自觉行动；扎实推进“炉炉清”项目，对关键项目指标进行分解，炉炉算、班班盯、日通报、周总结，拉紧“以日保周、以周促旬、以旬促月、以月保年”的管理链条，建立全员、全过程、全方位成本控制精细化管理平台，确保各项指标可控、在控。同时，该公司还定期对各区域、班组的成本管理进行评分、排名，将连续排名第一的区域、班组评为标杆单位并进行奖励，对末位班组制订改进措施，促进成本管理整体水平快速提升，一股你追我赶、降本增效的劲头成为龙钢算账经营“风向标”。

精益化管理为降本增效赋能

龙钢以设备精益管理为抓手，以提高设备利用效率、实现设备零故障为目标，以TPM备件优化管理为导向，从“成本管控”细微处入手，从“干着算”向“算着干”的经营理念转变，把算账意识渗透到各环节，全方位推进设备精益化管理；建立完善《物资回收交旧领新管理制度》《设备精益管理提升方案》《设备管理改革方案》《办公用品成本管控方案》等成本管控制度，加大对材料管理制度、节支降耗奖惩办法的落实力度，建立健全各类材料回收复用台账，根据不同物资材料的实际使用情况，制定合理的管控指标，并根据每月使用情况进行考核，实现成本管控制度化。同时，龙钢还结合实际情况和岗位需要，对各岗位进行物料、工具、设施及日常用品消耗限量，并根据月消耗统计情况进行考核，超出定额的按照超出数额的20%进行考核，确保顺利完成全年挖潜创效任务。

（资料来源：解茜楠.看龙钢如何打通成本管理的“最后一公里”[N].中国冶金报，2024-03-26（003).）

本章小结

材料费用、工资费用和制造费用可以按照一定的方法分配计入产品成本。一般来说，月末还需将月初在产品费用和本月发生的生产费用之和，在完工产品和在产品之间进行分配。

目标成本管理就是在企业预算的基础上，根据企业的经营目标，在成本预测、成本决策、测定目标成本的基础上，进行目标成本的分解、控制、分析、考核和评价的一系列成本管理工作。

标准成本制度是根据经营管理要达到的目标，采取措施控制成本的一种企业成本制度。成本差异是实际成本与标准成本的差异，按照产品成本项目，成本差异包括直接材料成本差异、直接人工成本差异和制造费用成本差异三部分。

作业成本法是以作业为核心，确认和计量耗用企业资源的所有作业，将耗用的资源成本准确地计入作业，然后选择成本动因，将所有作业成本分配给成本计算对象的一种成本计算方法。

作业管理是把管理重心深入到作业层次，以作业作为企业管理的起点和核心的一种新的管理方法。作业管理的内容包括：作业分析、作业成本计算、业绩计量和评价以及持续改善、降低作业成本的途径。

推荐读物

[1] 徐玲，唐丰收. 数智化与成本管理创新 [J]. 财会月刊，2023（24）：75-81.

[2] 冯圆. 成本管理的概念演进与智能化嵌入 [J]. 财会月刊，2023（24）：68-74.

[3] 郭志宝，张宏亮，孟伟伟. 汾西矿业成本走廊体系研究 [J]. 会计之友，2023（15）：83-89.

本章练习

一、思考题

1.产品成本的计算方法有哪些？

2.如何制定标准成本？

3.在一次标准成本座谈会上，一位管理人员提出“材料价格差异应由采购部门负责，材料数量差异应由生产部门负责”。你认为这种说法对吗？说明你的理由。

4.作业成本计算法的基本步骤是什么？它与传统的成本计算方法有何区别？

二、计算分析题

1.某企业生产甲、乙两种产品，均为本月投产，产品相关资料见表9-23。

表9-23 **产品相关资料表**

产品名称	投产量（件）	完工量（件）	直接材料（元）	直接人工（元）	制造费用（元）
甲	12	6	3 480	2 520	2 385
乙	10	4	5 860	1 883	2 877

甲、乙产品的材料均在开工时一次性投入，其他费用采用约当产量法在完工产品和月末在产品之间分配，在产品完工程度为50%。

要求：计算甲、乙产品的完工产品和月末在产品的成本，并编制甲、乙产品的成本计算单。

2.某企业生产甲产品，本月预计生产400件，其他有关资料如下：

（1）甲产品标准成本和费用预算表见表9-24。

表9-24 **甲产品标准成本和费用预算表**

项目	价格标准	数量标准	金额
A材料	5元/千克	10千克	50元
B材料	20元/千克	2千克	40元
直接人工	10元/小时	5小时	50元
变动制造费用	12元/小时	5小时	60元
固定制造费用	24元/小时	5小时	120元
单位产品标准成本	—	—	320元

（2）本月实际发生有关业务内容如下：

购进A材料3 600千克，购入B材料720千克，两种材料的实际购进成本分别为18 720元和14 040元，款项已通过银行支付。本期购进的材料全部用于本期生产。甲产品无期初、期末在产品。本月生产的350件全部售出。

本月生产工人实际工时为1 700小时，应付工资总额为18 700元。

本月实际发生固定制造费用43 750元、变动制造费用22 750元，假设全部费用均以银行存款支付。

要求：根据本例所给资料，计算成本差异并进行账务处理。

三、综合案例

ABC公司是一家专注于新能源产品制造的公司。为了在竞争激烈的市场中提供有竞争力的绿色产品，他们决定采用目标成本管理方法来管理产品的成本，并确保达到利润目标。公司设定净利润率为12%。根据市场调研，产品售价定为1 000美元。

目标总成本=目标营业收入-目标营业利润

使用上述公式计算：

目标成本=1 000×（1-0.12）=1 000×0.88 = 880（元）

这意味着为了达到至少12%的净利润率，该公司需要确保产品的整体成本不超过880元。ABC公司对成本进行了分解与控制：

1. 成本分解：公司将产品的成本分解为直接材料成本、直接人工成本、制造费用等。

2. 设定成本目标：对每个成本组成部分，公司设定了具体的目标成本。例如，设定的目标成本为直接材料成本不超过400元，直接人工成本不超过100元，制造费用不超过380元。

3. 成本控制：通过谈判协议、优化供应链、提高生产效率等手段，公司控制并降低各个成本组成部分的实际成本。

为保证目标成本管理的顺利推进，公司还采取了如下措施：

1. 过程监控：公司实施严格的成本监控措施，定期检查和监测各个阶段的成本情况，并采取必要的纠正措施来确保不超出目标成本。

2. 持续改进：通过定期的成本效益分析，发现潜在的成本节约机会，并持续改进产品设计、生产工艺和供应链管理等，以降低成本并提高效益。

3. 绩效：在产品生产和销售结束后，公司对目标成本管理的有效性进行评估，并分析实际成本与目标成本之间的差异。通过总结经验教训，公司能够为未来的目标成本管理提供更好的指导和规划。

通过目标成本管理的实施，该公司成功地控制了产品的成本。每个产品的平均生产成本稳定在了880元以下，达到了设定的目标。公司能够以预期的售价获得足够的净利润，增强了市场竞争力，并为未来的产品线规划提供了宝贵的成本管理经验。

问题：

（1）ABC公司为了成功控制产品成本，采取了什么管理方法？

（2）“公司能够以预期的售价获得足够的净利润，增强了市场竞争力，并为未来的产品线规划提供了宝贵的成本管理经验。”这句话说明了什么？

立德树人

大数据时代最大的转变之一是人们放弃对因果关系的渴求，转而关注相关关系。同样，大数据时代对成本核算的需求也必将由“具有相关性的成本”信息，发展为具有“相关性的成本大数据”信息。这种具有相关性的成本大数据无疑将成为企业和社会重要的新生产要素，是数字化转型的重要推动力。更为重要的是，由于成本信息的质量特征，成本大数据不仅具有相关性、能够支持决策，也没有放弃对因果关系的揭示，它能够动态地显示、分析生产过程诸因素对成本波动的量化影响，支持对过程的控制和效率的提升。

进行“基于生产流程”的成本核算，在系统设置上，可以缩小成本核算中心，根据管理需要，以班组、工序、机台甚至器皿等单位为成本中心；可以细化成本核算对象，以某种产品、零部件、订单等为成本对象；可以缩短成本核算周期，如以天为成本核算期间等。

近年来，我国发挥制度优势，走出了一条“工业 2.0”补课、“工业 3.0”普及、“工业 4.0”示范的“并联式”发展道路。2022 年 1 月，国务院发布《“十四五”数字经济发展规划》，在信息化的基础上，推动制造业数字化、网络化、智能化更加深入发展，也将大大推动成本管理数字化变革的进程，进而优化成本管理，有助于提升产品品质和服务水平，从而更好地服务人民群众。

（资料来源：张明明.成本管理数字化变革的探索——理论构建、关键技术与制造业的试点应用［J］.财务与会计，2023（02）：48-53.）

第10章 利润及其分配管理

导读

2023年3月30日，中国工商银行发布2022年年度报告，公布股利分配预案，拟向全体股东每10股派发人民币3.035元（含税），共计派发现金红利1 081.69亿元，较上年增长3.5%。这一股息率超6%的分配预案随后经股东大会审议通过，至此，工商银行已连续多年高比例分红。那么，究竟是何种原因促使中国工商银行董事会发放“每10股派发人民币3.035元（含税），共计人民币1 081.69亿元”的超级大红包呢？为什么公司会支付股利？为什么投资者喜欢股利？为什么分析师建议购买那些能够稳定支付股利的公司的股票？这些问题看似简单，却无法在理论界获得一致的答案。

1976年，Black将这个难以破解的理论问题称为股利之谜。2001年，Fama和French提出了“消失的现金股利之谜”。经济学家对此作出了种种解释，但迄今仍未达成共识。

学习目标

通过本章的学习，了解利润的形成、分配顺序及各种股利分配理论的基本观点，理解股票股利、股票分割与股票回购等各种股利支付方式，掌握影响股利分配政策的因素、不同类型股利分配政策的适应性；具备承担社会责任和应对风险的能力；培养平等、自由、公正的公民意识和诚实守信的道德品质。

◎10.1 利润的形成与分配

10.1.1 利润的概念与形成

1）利润的概念

利润包括收入减去费用后的净额、直接计入当期利润的利得和损失等。

利润是反映企业经营绩效的核心指标，是企业利益相关者进行利益分配的基础，也是企业可持续发展的基本源泉。如果成本费用不包含利息和所得税费用，则利润表现为息税前利润；如果成本费用包含了利息而不包括所得税费用，则利润表现为利润总额；如果成本费用包含了利息和所得税费用，则利润表现为净利润；如果成本费用包含了权益资本的成本，则利润将表现为经济增加值。

2）利润的形成

利润的计算包括以下几个层次：

（1）营业利润=营业收入-营业成本-税金及附加-销售费用-管理费用-财务费用-资产减值损失+公允价值变动收益（-公允价值变动损失）+投资收益（-投资损失）

（2）利润总额=营业利润+营业外收入-营业外支出

（3）净利润=利润总额-所得税费用

（4）息税前利润=净利润+利息费用+所得税费用

10.1.2 利润分配的顺序

股利分配是指公司向股东分派股利，是企业利润分配的一部分。利润分配涉及的方面很多，如股利支付程序中各日期的确定、股利支付比率的确定、股利支付形式的确定、支付现金股利所需资金筹集方式的确定等。其中最主要的是确定股利的支付比率，即用多少盈余发放股利，多少盈余为公司留用。股东会作出分配利润决议的，董事会应当在股东会决议作出之日起6个月内进行分配。

1）利润分配项目

（1）弥补以前年度亏损

按所得税法的规定，企业某年度发生的亏损，在其后5年内可以用税前利润弥补，企业从第6年开始，只能用净利润弥补。如果净利润还不够弥补，则可以用公积金补亏。公积金弥补公司亏损，应当先使用任意公积金和法定公积金；仍不能弥补的，可以按照规定使用资本公积金。

（2）提取法定公积金

公司分配当年税后利润时，应当提取利润的百分之十列入公司法定公积金。公司法定公积金累计额为公司注册资本的百分之五十以上的，可以不再提取。

（3）提取任意公积金

公司从税后利润中提取法定公积金后，经股东会决议，还可以从税后利润中提取任意公积金。

（4）分配股利

公司向股东支付股利要在提取盈余公积金之后。股份有限公司的股利原则上应从累计盈利中分派，无盈利不得支付股利，即所谓“无利不分”原则。但若公司用盈余公积金抵补亏损以后，为维护其股票信誉，经股东大会特别决议，也可用盈余公积金支付股利，不过留存的法定盈余公积金不得低于注册资本的25%。

2）利润分配顺序

公司向股东（投资者）分派股利（分配利润），应按一定的顺序进行。按照我国《公司法》的有关规定，利润分配应按下列顺序进行：

①计算可供分配利润。将本年利润（或亏损）与年初未分配利润（或亏损）合并，计算出可供分配利润。如果可供分配利润为负数，则不能进行后续分配。

②提取法定盈余公积金。按抵减年初累计亏损后的本年净利润的10%提取法定盈余公积金。

③支付优先股股利。

④提取任意盈余公积金。

⑤支付普通股股利。

公司股东会或董事会违反上述利润分配顺序，在弥补亏损和提取法定盈余公积金之前向股东分配利润的，必须将违反规定发放的利润退还给公司。

10.1.3 股利分配程序

股利作为股东的一种财产权利，是股东获取投资报酬的重要形式之一。一旦公司宣布发放股利，股利就成为公司的一项不可撤销的负债。

（1）决策程序

由董事会根据公司的盈利水平和股利政策制订股利分配方案，提交股东大会审议，通过后方可对外发布分配公告，实施分配方案。我国股利分配决策权属于股东大会。

（2）分配公告

公司股利分配公告、公积金转增股本方案须经股东大会批准，董事会应当在股东大会召开后2个月内完成股利派发或转增事项。在此期间，董事会必须对外发布股利分配公告，一般在股权登记日前3个工作日内发布。

（3）分配程序

以深圳证券交易所的规定为例，对于流通股份，其现金股利由上市公司于股权登记日前划入深交所账户，再由深交所于登记日后3个工作日内划入各托管证券经营机构账户，托管证券经营机构于登记日后5个工作日内划入股东资金账户。红股则于股权登记日后3个工作日内直接记入股东的证券账户，并自即日起开始上市交易。

（4）股利支付过程中的重要日期

股利宣告日，即公司董事会将股利支付情况予以公告的日期。公告中将宣布每股支付的股利、股权登记期限、股利支付日期等事项。在股利宣告日，股份公司应登记有关股利负债。

股权登记日，也称除权日，即确定股东是否有资格领取股利的截止日期。只有在股权登记日前在公司股东名册上登记的股东，才有权分享股利。

除息日，在我国为股权登记日的下一个交易日。在除息日后购买的股票无权得到股利，故称为除息股。

股利支付日，即向股东发放股利的日期。

【例10-1】 华美公司在2×23年11月20日发布公告称："本公司董事会在2×23年11月20日决定，本年度发放每股现金股利1元；本公司将于2×24年2月5日将上述股利支付给在2×23年12月20日前登记为本公司股东的人士。"

在本例中，2×23年11月20日即为股利宣告日；2×23年12月20日为股权登记日；2×23年12月21日为除息日；2×24年2月5日为股利支付日。

◎ 10.2 股利分配理论

税后利润的高低反映了企业创造收益能力的大小，其最终流向及其比例也是令人关注的问题。税后利润的分配涉及企业相关各方的利益，受到很多不确定因素的影响，这就需要企业作出行之有效的利润分配决策。股利决策便是在这一背景下，由企业管理层就与股利有关的事项所作出的战略决策。其本质是在将公司盈利发放给股东与保留盈余以供企业再投资之用两者之间进行权衡，兼顾企业发展与股东利益。

股利形成股东收入的现金流量，而一定量的留存收益又是保证公司长期发展的重要资金来源。这样一来，股利分配理论政策研究的核心和重点就是两个问题：股利政策是否影响企业的价值？如果影响，如何确定最合理的股利支付率以使资本成本最低且公司价值最大？对于这两个问题存在不同的观点，形成了不同的股利分配理论。

10.2.1 股利无关论（MM理论）

股利无关论是由莫迪格利安尼（Modigliani）和米勒（Miller）于20世纪60年代初提出的。MM理论认为，在不改变投资决策和目标资本结构的条件下，无论用剩余现金流量支付的股利是多少，都不会影响股东的财富。

这一理论建立在这样一些假定的基础之上：

（1）不存在个人和公司所得税；

（2）不存在股票的发行和交易费用（即不存在股票筹资费用）；

（3）公司的投资决策与股利决策彼此独立（即投资决策不受股利分配的影响）；

（4）公司投资者和管理层可同等地获得关于未来投资机会的信息。

上述假定描述的是一种完美无缺的市场，因而股利无关论又被称为完美市场理论。

MM理论关于股利政策与公司价值无关的观点可用【例10-2】加以说明。

【例10-2】假定一个公司决定实施但尚未宣布一项重要的资本预算项目。该项目成本为1 000万元，净现值为2 000万元，该公司有足够的现金投资该项目。该公司目前对外发行的普通股股数为1 000万股，每股价值24元，负债为零。因此，该公司总价值在该项目宣布前为24 000万元，在该项目宣布后为26 000万元。

为了判断股利支付是否会影响股东财富，让我们看看该公司面临的两个备选方案：

①不支付现金股利，留存现金用于项目筹资；

②每股支付1元的现金股利，然后从外部筹集资金1 000万元。

为便于公平地比较两个方案，该公司必须通过发行1 000万元新股为支付股利筹资，否则会产生除股利政策差异之外的其他差异。通过发行新股，把该公司为发放股利而支付的1 000万元现金替换成1 000万元普通股权益，从而达到为项目筹资的目的。

若不发放股利，则该公司直接用现金为项目筹资。此时，每股价值为26元。如果所有股东都希望得到1 000万元的股利，那么他们可以通过出售384 615股股票来获取。

若发放股利，则该公司付出了1 000万元现金，并发行了1 000万元新股。在支付股利后，每股价值等于支付股利前的每股价值26元减去股利1元，即25元。支付股利并未影响股东财富：在支付股利前每股价值为26元，在支付股利后仍为26元。

为得到项目筹资需要的1 000万元，该公司按公平市价发行400 000股新股。于是该公司发行在外的普通股股数为1 040万股，每股价值为25元。该公司总价值为26 000万元，刚好等于该公司发行新股交易前的公司总价值。因此，无论是否支付股利，均未改变该公司的总价值和股东财富。实际上，它仅仅是允许原始股东将其在该公司的一部分权益兑换为现金而已。

股利无关论认为：投资者并不关心企业股利的分配。如果企业留存较多的利润用于再投资，会导致企业股票价格上升，此时如果股利较低，需要现金的投资者就可以出售股票换取现金；如果股利很高，投资者可以用股利购买企业的股票以扩大投资。这种通过买卖企业股票以调整企业股利政策对其影响的方法就是自制股利政策。这意味着不适合企业股利政策的股东完全可以自制股利政策使之更适合自己，也就是说，投资者对股利和资本利得并无明显的偏好。

10.2.2 “一鸟在手”理论

“一鸟在手”理论源于谚语“双鸟在林，不如一鸟在手”。该理论认为，投资者对于股利与资本利得这两种形式的收入并不是没有偏好的，投资者更喜欢近期有确定收入的股利，而不喜欢远期收入不确定的资本利得，因此公司支付当期的股利可以消除投资者的不确定感。

“一鸟在手”理论的主要代表人物有高登（M.Gorden）和杜兰德（D.Durand）。高登指出，对于风险厌恶型的股东来说，由于股利是定期、确定的报酬，未来的资本利得缺乏确定性，因此他们更喜欢股利，对未来资本利得的兴趣不大。据此高登认为，股利的支付可以减少投资者的不确定性，并使他们愿意按较低的普通股必要报酬率来对公司的未来盈利加以折现，从而使公司的价值得到提高。相反，不发放股利或降低股利支付率，而多留存公司的盈利进行再投资，以获得更多未来的资本利得，会增加投资者的不确定性。因此，高登和杜兰德主张，为了使资本成本降到最低、实现企业价值最大化，公司应维持高股利支付率的股利政策。

但这一理论对股利政策的解释存在一定的问题。从长远来看，不论是现金股利，还是资本利得，都需要有企业的实际业绩支撑才能真正实现。因此，尽管企业可以在短期内依靠资金的调度和安排满足既定数额现金股利的发放，但如果没有长期盈利的业绩支持，必然会在某一时期无法保证优于以往的现金股利发放。相反，如果企业能够长期保持良好的盈利业绩，尽管市场在一段时间内可能未能充分估计公司股票的价值而导致其价格被低估，但从长远来看，公司的实际价值一定会在股票价格上表现出来。因此，如果股票市场在较长时期内是一个有效率的市场，就不存在现金股利的风险一定低于资本利得的风险的结论，现金股利也就不一定优于资本利得。

10.2.3 差别税收理论

在国外，投资者取得的股利和资本利得这两种形式的收入所适用的所得税税率是不同的，资本利得的个人所得税税率通常要低于股利收入的税率（目前我国个人投资股票所获得的资本利得无须缴纳个人所得税），这就使得公司保留盈余对投资者更有利。因此，差别税收理论认为，公司应当采取低支付率的股利政策，以实现资本成本最小化和企业价值最大化。此外，资本利得税要递延到股票真正出售时才缴纳，这实际上是在公司保留盈余而不支付股利的时候，给了投资者一个有价值的时机选择权。因此，即使政府对股利和资本利得这两种所得征收的所得税的税率相同，实际的资本利得税也比股利收入的税率要低。这意味着支付股利的股票必须比具有相同风险但不支付股利的股票提供一个更高的预期税前收益率，才能补偿履行纳税义务给股东造成的价值损失。

【例10-3】假设股利所得税税率为20%，资本利得所得税税率为零。现有甲、乙两个公司，有关资料如下：甲公司当前股票价格为每股50元，不支付股利，投资者期望1年后其股票价格为每股60元，因此股东期望的资本利得为每股10元。股东税前、税后的期望收益率均为：

$$期望收益率=\frac{60-50}{50}\times 100\%=20\%$$

乙公司除在当年年末支付每股5元的现金股利外，其他情况与甲公司相同。其扣除股利后的股票价格为每股55元。由于乙公司股票与甲公司股票风险相同，乙公司的股票也应当提供20%的税后收益率。由于股利所得应支付所得税，因此，为提供与甲公司股票相同的税后收益率，必须提高乙公司股票的税前收益率。在股利纳税、资本利得不纳税的情况下，乙公司的股价应为多少？

在股利的所得税税率为20%的情况下，股利税后所得为每股4元（5×80%），乙公司股票的价值为59元（55+4）。为提供20%的收益率，乙公司预期的每股未来价值的现值即每股价格为：

$$每股价格=\frac{59}{1+20\%}=49.17（元）$$

乙公司股票的税前收益率为：

$$税前收益率=\frac{60-49.17}{49.17}\times 100\%=22.03\%$$

结果表明，乙公司必须提供比甲公司更高的期望税前收益率，以补偿履行纳税义务给股东造成的损失。

在我国，上市公司向股东派发现金股利要按照10%的税率代扣代缴个人所得税。因此，股东得到现金股利必须缴纳个人所得税。但是，如果股东出售股票获得资本利得，只需支付必要的交易费用和印花税，而不必缴纳个人所得税，原因在于目前我国尚未建立针对资本利得征收个人所得税的税收规定。所以，从税收的角度看，在我国向股东分派现金股利对股东而言是不利的。

10.2.4 信号传递理论

MM理论关于股利政策与公司价值的讨论得以成立的基本假设之一，是投资者和公司管理人员对公司的未来发展和收益情况有相同的了解和预期。但实际上，投资者对公司状况和未来前景的了解远不如公司管理人员清晰，在这两者之间存在着信息不对称的情况。

信号传递理论认为，股票的市场价格是由企业的经营状况和盈利能力决定的，虽然企业的财务报告可以反映其盈利状况，但报告可以在一定程度内调整和润色，使之既符合有关规定，又能给外界较好的印象，甚至某些提供虚假信息的财务报告还有可能逃过审计机关的检查。因此，投资者对公司财务报告的信任程度是有限的，他们还需要从其他渠道获取信息。

发放股利就是一种能增强和提高投资者对企业信心的方式。企业的股利发放是企业实际盈利能力的最终体现，这也是无法通过对财务报表的修饰来掩盖的。因此，在股票市场中，股利能将企业的经营状况和盈利能力的信息传递给投资者。一般而言，保持股利的稳定，并根据收益状况增加股利发放，可提高投资者对企业的信任，有利于提高企业的财务形象，从而引起股价的上升；反之，则会引起股价的下跌。投资者一般根据股价变动来判断是否对企业进行投资，因而股价的升降将对企业产生重大影响，股利政策实际上将影响企业价值。

10.2.5　代理理论

代理理论认为，股利的发放将减少由于控制权和所有权分离而产生的代理成本。发放高股利减少了管理者可支配的自由现金流量，从而减少了管理者给股东造成损失的道德风险。另外，股利发放增加了公司更多地发行社会公众股的可能性，从而使公司更频繁地受到来自资本市场的监管，减轻了代理冲突。但是，较高的股利支付率隐含着较高的外部融资成本，又降低了公司价值。因此，约瑟夫（Rozeff，1982）认为公司最佳股利支付率是在提高股利支付引起的外部融资成本增加与代理成本减少之间相互权衡的结果。这一理论也可以解释为什么有的公司在宣布发放股利的同时又发行新股融资。

◎ 10.3　股利分配政策

股利分配政策是指公司税后净利润在支付给股东的股利与公司内部留存收益之间的分配选择，对企业的具体工作而言，就是企业所制定的与是否发放股利、发放多少股利、如何发放股利和何时发放股利等内容有关的决策。

10.3.1　影响股利分配政策的因素

（1）法律因素

①资本保全。公司不能用股本和资本公积发放股利。

②企业积累。公司必须按净利润的一定比例提取法定盈余公积金。

③净利润。公司有累积利润时才进行分配。

④偿债能力。如果公司无力偿还到期债务或因支付股利使其失去偿债能力，则公司不能支付现金股利以保障债权人的利益。

⑤超额累积利润。如果公司的留存收益超过法律认可的水平，其将被征收额外的税款。我国法律对此未作出规定。由于我国目前股东接受现金股利缴纳的所得税税率为10%，未开征股票交易的资本利得税，也未规定超额累积利润限制，故我国企业的税后留存收益比例相当大。

（2）股东因素

①稳定的收入和避税。公司股东大致有两类：一类是希望公司能够支付稳定的股利，来维持日常生活；另一类是希望公司多留利润而少发放股利，以求少缴个人所得税。从理论上讲，股利和股票转让所得都应缴纳个人所得税。目前，我国股票转让所得免税，现金股利须缴纳税率为10%的个人所得税，股票股利免税，同时，股票转让交易双方须缴纳一定的印花税。因此，从税负政策角度看，现阶段我国股票股利免税成为投资者偏好股票股利的诱因之一。但是，到底应采取什么样的股利政策，还应分析企业股东的构成。如果高税收等级纳税的富有股东比例很大，则可考虑少支付现金股利；如果绝大部分股东属于低收入阶层，则宜采用支付率较高的现金股利政策。

②控制权的解释。股东对企业控制程度的强弱取决于其持有股票份额的多少。支付较高的股利，会导致留存盈余减少，这又意味着将来发行新股的可能性加大。如果公司大量支付现金股利，再发行新的普通股以融通所需资金，现有股东的控股权就有可能被稀释。另外，随着新普通股的发行，流通在外的普通股股数必将增加，最终会导致普通股的每股盈利和每股市价下降，从而影响现有股东的利益。

（3）公司的因素

①变现能力。公司的变现能力是影响股利政策的一个重要因素。资金的灵活周转是企业生产经营得以正常进行的必要条件，所以，现金股利的分配自然应以不危及企业经营所需资金的流动性为前提。如果公司的现金充足，资产有较强的变现能力，现金收支状况良好，则它的股利支付能力也比较强。如果公司因扩充或偿债已消耗大量现金，资产的变现能力较差，则大幅度地支付现金股利非明智之举。

②筹资能力。决定股利政策时，还要结合企业的筹资能力。多发现金股利有利于企业未来以较有利的条件发行新证券筹集资金，但当企业进行投资时，如果留用的资金不足，就需要考虑外部筹资方式，如发行股票、债券或取得银行贷款。此时，企业进行外部筹资就要付出远高于留存收益等内部筹资的成本。相反，如果公司将更多的盈利留存，较少发放现金股利，可暂时节约外部筹资的高昂成本，但不可避免地会对今后较长时期开拓有利的筹资环境造成不良影响。不同的企业因经济能力、企业信誉不同，其筹资渠道和筹资能力也不同。

③盈余的稳定性。企业决定是否分配股利或分配多少股利，不能只考虑以往的盈利水平，还要考虑当期的经营业绩和未来发展前景。一般地，盈利越稳定或收益越有规律的企业更易于预测和控制未来的盈利，其股利支付率通常也越高；反之，股利支付率通常越低。

④投资机会。投资机会直接决定着股利支付率，但考虑投资机会时必须有一个前提条件，即企业再投资的收益率应高于股东平均期望收益率。也就是说，只有在企业继续追加投资给股东带来的收益超过了股东拿这一部分钱去做其他投资的收益时，股东才会愿意将利润留在企业。因此，如果公司有较多的有利可图的投资机会，则应考虑少发放现金股利；而处于成长中的公司则多采取低股利政策；陷于经营收缩的公司多采取高股利政策。

⑤资本结构和资本成本。公司债务和权益资本之间应该有一个最优的比例，即最优化资本结构，维持这个比例时，公司价值最大，资本成本最低。由于股利政策不同，留存收益也不同，这往往使公司资本结构中权益资本比例偏离最优资本结构。因此，企业在制定股利分配政策时，就要考虑股利支付对企业负债比例的影响以及企业的财务杠杆比率。对于负债比率偏高的企业，可采取少付现金股利、多留利润的方式，从而加大股东权益所占份额，接近最优资本结构；对于负债比率较低的企业，可采取多付现金股利、少留利润的方式，从而减少股东权益所占份额，向最优资本结构靠拢。

（4）其他因素

①债务合同约束。当公司通过长期借款、债券、优先股、租赁合约等形式向外部筹资时，常应对方要求接受一些有关股利支付的限制条款，如只有在流动比率和其他安全比率超过规定的最小值后才可支付股利。优先股的契约通常也会申明在累积的优先股股利付清

之前不得派发普通股股利。确立契约性限制条款，目的在于促使企业把利润的一部分按条款的要求进行再投资，获取利润，从而保障债务的如期偿还，维护债权人的利益。

②通货膨胀因素。通货膨胀使公司的资金购买力下降，维持现有的经营规模尚需不断追加投入，因此需要将较多的税后利润用于内部积累。历史成本会计模式所确定的税后利润是以财务资本保全为基础的，在通货膨胀严重时期，以此为标准进行的税后利润分配必然使公司的实物资本受到侵蚀，此时，采取相对较少的股利发放政策是必要的。

除此之外，公司的股利政策可能还受到国家宏观经济环境、企业的融资环境、市场的成熟程度等多种因素影响，因此确定股利政策要考虑许多因素，而这些因素之间往往是相互联系和相互制约的，其影响也不可能完全用定量方法来分析。所以，股利政策的制定主要依赖对具体企业所处的具体环境进行定性分析，以实现各种利益关系的平衡。

10.3.2 股利政策的选择

（1）剩余股利政策

剩余股利政策就是在公司有着良好的投资机会时，根据一定的目标资本结构，测算出投资所需的权益资本，先从盈余当中留用，然后将剩余资金作为股利予以分配。

公司采用剩余股利政策时应遵循以下步骤：设定目标资本结构，此结构中综合资本成本将达到最低水平；确定目标资本结构下投资所需的权益资本数额；最大限度地使用保留盈余来满足投资方案所需的权益资本数额；投资方案所需权益资本已经满足后若有剩余盈余，再将其作为股利发放给股东。

【例10-4】假设某公司税后利润为600万元，预计今年资金需求为600万元，目标资本结构为权益70%、负债30%，采用剩余股利政策，该公司应如何分配股利？

采用剩余股利政策时：

资金支出预算	600万元
公司投资所需的权益资本	420万元（600×70%）
税后利润	600万元
股利发放额	180万元（600-420）
股利支付率	30%（180÷600×100%）

采用剩余股利政策，留存收益优先保证再投资的需要，从而有助于降低再投资的资本成本，保持最佳的资本结构，实现企业价值的长期最大化。但如果完全执行剩余股利政策，每年股利发放额就会随投资机会和盈利水平的波动而波动。即使在盈利水平不变的情况下，股利也将与投资机会的多寡呈反方向变动，投资机会越多，股利发放越少；反之，投资机会越少，股利发放越多。在投资机会维持不变的情况下，每年股利发放额将因公司盈利的波动而同方向波动。剩余股利政策不利于投资者安排收入与支出，也不利于公司树立良好的形象。剩余股利政策一般适用于公司初创阶段。

（2）固定或持续增长股利政策

固定或持续增长股利政策将每年发放的股利固定在一个水平上，并在较长的时间内保持不变，只有当公司认为未来盈余将会显著地、不可逆转地增长，或出现较长时期的通货膨胀时，才会提高年度股利发放额。固定或持续增长股利政策可用图10-1来表示。

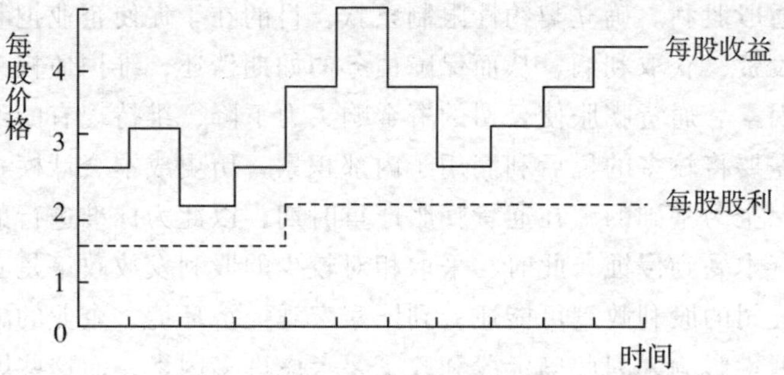

图 10-1　固定或持续增长股利政策

固定或持续增长股利政策能够避免出现由于经营不善而削减股利的情况，采用本政策的理由是：①稳定的股利会向市场传递公司正常发展的信息，有利于树立公司的良好形象，增强投资者的信心，稳定股价；②稳定的股利有利于投资者安排股利收入和支出。

固定或持续增长股利政策的缺点在于股利的支付与盈余脱节，当盈余较低时仍要支付固定的股利，这可能导致资金短缺、财务状况恶化，同时不能像剩余股利政策那样保持较低的资本成本。

（3）固定股利支付率政策

固定股利支付率政策是指公司先确定一个股利与净利润的比率，然后每年都按此比率从净利润中向股东发放股利，每年发放的股利额都等于净利润乘以固定的股利支付率。这样，在净利润多的年份，股东领取的股利就多；在净利润少的年份，股东领取的股利就少。也就是说，采用此政策发放股利时，股东每年领取的股利额是变动的，其多少主要取决于公司每年实现的净利润的多少以及股利支付率的高低。固定股利支付率政策如图 10-2 所示。

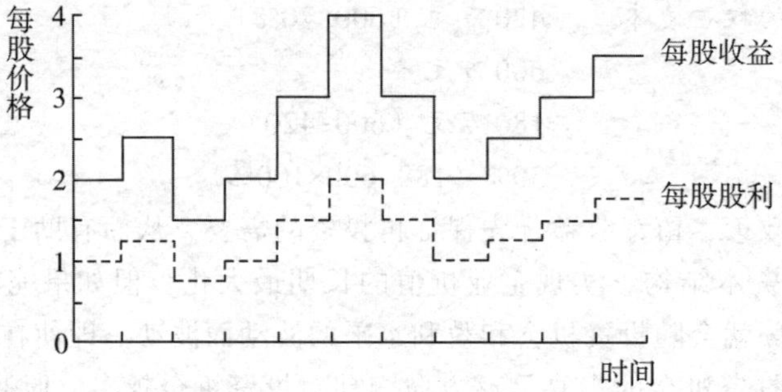

图 10-2　固定股利支付率政策

主张采用此政策的人认为，通过固定的股利支付率向股东发放股利，能使股东获取的股利与公司实现的盈利紧密联系，以真正体现“多盈多分，少盈少分，无盈不分”的原则，只有这样，才算真正公平地对待每一个股东。

另外，采取此政策向股东发放股利时，在实现净利润多的年份向股东发放的股利多，在实现净利润少的年份向股东发放的股利少，不会给公司带来固定的财务负担。

其缺点主要是由于股利波动容易使外界对公司产生经营不稳定的印象，不利于股票价格的稳定与上涨。

（4）低正常股利加额外股利政策

低正常股利加额外股利政策是公司事先设定一个较低的经常性股利额，一般情况下，公司每期都按此金额支付正常股利，当公司盈利较多时，再根据实际情况发放额外股利。其理论依据是"一鸟在手"理论和信号传递理论。

将公司派发的股利固定地维持在较低的水平，当公司盈利较少或需用较多的保留盈余进行投资时，公司仍然能够按照既定的股利水平派发股利，使投资者保持一个固定的收益，有助于维持公司股票的现有价格，体现了"一鸟在手"理论；当公司盈利较多且有剩余现金时，公司可派发额外股利，而额外股利信息的传递则有助于公司股票的价格上涨，增强投资者信心，体现了信号传递理论。

可见，低正常股利加额外股利政策既吸收了固定股利支付率政策保障股东投资收益的优点，同时又避免了其对公司造成财务压力的不足，所以颇受投资者和公司的欢迎。

但当公司的额外股利长时期持续发放后，可能会被股东误认为是"正常股利"，而一旦取消了这部分额外股利，可能会使股东认为这是公司财务状况恶化的表现，进而可能导致公司股价下跌的不良后果。

◎10.4 股票股利、股票分割与股票回购

股利支付可以采用现金股利、股票股利、财产股利和负债股利4种方式，前两种比较常见，后两种在实务中较少采用。现金股利是以现金支付的股利，它是股利支付最常见的方式。股票股利是公司以增发股票的方式所支付的股利。财产股利是以现金以外的其他资产支付的股利，主要是以公司所拥有的其他公司的有价证券，如债券、股票等，作为股利支付给股东。负债股利是以负债方式支付的股利，通常以公司的应付票据支付给股东，有时也以发放公司债券的方式支付股利。财产股利和负债股利实际上是现金股利的替代，但这两种股利支付形式在我国公司实务中很少使用。另外，与股利发放相似的股票分割和股票回购行为也时有发生。

10.4.1 股票股利

股票股利是公司以增发股票的方式所支付的股利，我国通常将其称为"红股"。股票股利并不直接增加股东的财富，不导致公司资产的流出或负债的增加，因而不是公司资金的使用，同时也不因此而增加公司的财产，但会引起所有者权益各项目的结构发生变化。

【例10-5】嘉华公司发放股票股利前的股东权益见表10-1。

表10-1 **嘉华公司发放股票股利前的股东权益** 单位：元

普通股（面额1元，已发行200 000股）	200 000
资本公积	400 000
未分配利润	2 000 000
股东权益合计	2 600 000

假定该公司宣布发放20%的股票股利，即发放40 000股普通股股票，若该股票当时市价为每股20元，随着股票股利的发放，需从“未分配利润”项目划转出的资金为：

20×200 000×20%=800 000（元）

由于股票面额不变，发放40 000股只应增加“普通股”项目40 000元，其余的760 000元应作为股本溢价转至“资本公积”项目，公司股东权益总额保持不变。嘉华公司发放股票股利后的股东权益见表10-2。

表10-2　**嘉华公司发放股票股利后的股东权益**　单位：元

普通股（面额1元，已发行240 000股）	240 000
资本公积	1 160 000
未分配利润	1 200 000
股东权益合计	2 600 000

发放股票股利后，如果盈利总额不变，会由于普通股股数的增加而引起每股收益和每股市价的下降；但又由于股东所持股份的比例不变，每位股东所持股票的市值总额仍保持不变。

假定上述公司本年盈余为440 000元，某股东持有20 000股普通股，发放股票股利对该股东的影响见表10-3。

表10-3　**发放股票股利前后某股东的收益**　金额单位：元

项目	发放前	发放后
每股收益（EPS）	440 000÷200 000=2.2	440 000÷240 000=1.83
每股市价	20	20÷（1+20%）=16.67
持股比例	20 000÷200 000×100%=10%	24 000÷240 000×100%=10%
所持股总价值	20×20 000=400 000	16.67×24 000=400 000*

注：*尾数调整。

发放股票股利对每股收益和每股市价的影响，可以通过对每股收益、每股市价的调整直接算出：

$$\text{发放股票股利后每股收益}=\frac{\text{发放股票股利前每股收益}}{1+\text{股利发放率}}$$

$$\text{发放股票股利后每股市价}=\frac{\text{发放股票股利前每股市价}}{1+\text{股利发放率}}$$

依据上述资料：

$$\text{该股东发放股票股利后每股收益}=\frac{2.2}{1+20\%}=1.83\text{（元/股）}$$

$$\text{该股东发放股票股利后每股市价}=\frac{20}{1+20\%}=16.67\text{（元/股）}$$

对股东而言，理论上发放股票股利除了使股东持有的股票数量增加外，几乎没有任何价值，但在实践中并非如此。首先，有时公司发放股票股利后其股价并不成比例地下降，一般在发放少量股票股利后，大体不会引起股价的立即变化。这可使股东得到股票价值相对上升的好处。其次，发放股票股利的公司通常是成长中的公司，因此投资者往往认为发放股票股利预示着公司会有较大的发展，利润将大幅度增长，足以抵消增发股票带来的消极影响。这种心理会稳定住股价甚至反而使股价略有上升。最后，在股东需要现金时，还可以将分得的股票股利出售，有些国家税法规定出售股票所需缴纳的资本利得税税率比收到现金股利所需缴纳的所得税税率低，这使得股东可以从中获得纳税上的好处。

对公司而言，发放股票股利可使股东分享公司的盈余且无须分配现金，这使公司留存了大量现金，便于进行再投资，有利于公司的长期发展。在盈余和现金股利不变的情况下，发放股票股利可以降低每股价值，从而吸引更多的投资者。另外，发放股票股利往往会向社会传递公司将会继续发展的信号，从而提振投资者对公司的信心，这在一定程度上可以稳定股票价格。

10.4.2　股票分割

股票分割是指将面额较高的股票交换成数股面额较低的股票的行为，如将原来的1股股票交换成2股股票。股票分割不属于某种股利分配方式，但其所产生的效果与发放股票股利相似。

从会计的角度看，股票分割对公司的资本结构、资产的账面价值、股东权益的各账户等都不产生影响，只是使公司发行在外的股票总数增加，每股股票代表的账面价值降低。因此，股票分割与发放股票股利的作用非常相似，都是在不增加股东权益的情况下增加股票的数量。不同的是，股票分割导致的股票数量的增加量可能远大于发放股票股利的数量，而且在会计处理上也有所不同。

【例10-6】某公司原发行面值2元的普通股200 000股，若按1股换成2股的比例进行股票分割，分割前后的股东权益见表10-4和表10-5。

表10-4　股票分割前的股东权益　单位：元

普通股（面值2元，已发行200 000股）	400 000
资本公积	800 000
未分配利润	4 000 000
股东权益合计	5 200 000

表10-5　股票分割后的股东权益　单位：元

普通股（面值1元，已发行400 000股）	400 000
资本公积	800 000
未分配利润	4 000 000
股东权益合计	5 200 000

股票股利与股票分割的相同之处是：①股数增加，当利润不变的情况下，每股盈余下降，每股市价下降；②不影响公司的资产、负债、所有者权益的总额；③不影响股东的持股比例，也不会影响股东所拥有的股票市场价值总额。

两者的区别有：①股票股利不影响每股面值，股票分割会使每股面值降低；②股票股利影响股东权益的内部结构，股票分割不影响股东权益的内部结构。

就公司管理层而言，股票分割通常会起到以下作用：

(1) 降低公司股票价格。当股票的市场价格过高时，股票交易会因每手交易所需的资金量太大而受到影响，特别是许多小户、散户的资金实力有限，难以入市交易，会使这类股票的流通性降低、股东人数减少。因此，许多公司在其股价过高时采用股票分割的方法降低股票的交易价格，提高公司股票的流通性，使公司的股东范围更为广泛。

（2）传递公司前景良好的信号。这种做法可能会向股票市场和广大投资者传送某种信息，即公司不但业绩好，而且有很好的增长潜力，股票价格将在目前的高价位上进一步上升，从而加强投资者对公司的信心。

（3）为新股发行和公司兼并等做准备。新股发行之前，利用股票分割降低股票价格可促进股票的发行；在公司兼并中，股票的分割可以提高其对被兼并方股东的吸引力。

尽管股票分割与发放股票股利都能达到降低公司股价的目的，但一般来讲，只有在公司股价暴涨且预期难以下降时，才采用股票分割的办法降低股价；而在公司股价上涨幅度不大时，往往通过发放股票股利的方式将股价维持在理想的范围之内。

10.4.3 股票回购

股票回购是指上市公司利用现金等，从股票市场上购回本公司发行在外的一定数额股票的行为。公司在股票回购完成后可将其注销。但在绝大多数情况下，公司将回购的股票作为“库藏股”保留，其不再属于发行在外的股票，且不参与每股收益的计算和分配。库藏股日后可移作他用，如发行可转换债券、雇员福利计划等，或在需要资金时将其出售。

1）比较分析

股票回购实际上是现金股利的一种替代形式，可以对股票回购与发放现金股利的效果进行比较分析。

【例10-7】嘉华公司拥有资产600万元，其中，货币资金200万元、股东权益260万元、负债340万元。其流通在外的普通股30万股，每股市价20元。假设嘉华公司：①发放现金股利每股2元；②以每股20元的价格回购10%的股票。

嘉华公司发放现金股利、股票回购前后的资产负债情况见表10-6。

表10-6　　嘉华公司发放现金股利、股票回购前后的资产负债情况　　单位：元

发放现金股利、股票回购前的资产负债情况			
货币资金	2 000 000	负债	3 400 000
其他资产	4 000 000	股东权益	2 600 000
合计	6 000 000	合计	6 000 000
发放现金股利后的资产负债情况			
货币资金	1 400 000	负债	3 400 000
其他资产	4 000 000	股东权益	2 000 000
合计	5 400 000	合计	5 400 000
股票回购后的资产负债情况			
货币资金	1 400 000	负债	3 400 000
其他资产	4 000 000	股东权益	2 000 000
合计	5 400 000	合计	5 400 000

可以看出，发放现金股利和股票回购的效果是一样的，对于公司而言，都使公司的股东权益和货币资金同时减少60万元。发放现金股利不改变流通在外的普通股股数，但每股市价会降到18元（5 400 000÷300 000）；股票回购使得流通在外的普通股股数减少10%，但每股市价保持在20元（5 400 000÷270 000）不变。

对于股东来讲，无论是分到现金股利，还是出售股票获得现金，如果不考虑税收因素，股东的财富都不会发生变化。

2）动机分析

（1）分配企业的超额现金

如果企业的现金超过其投资机会所需要的现金，则可以采用股票回购的方式将现金分配给股东。企业股利政策应维持相对稳定性，一般不会轻易提高股利，除非能够长期维持新的股利水平。由于信号影响的存在，企业一般也不愿削减股利。对于暂时的剩余现金，企业宁愿以回购的方式一次性分配给股东。因此，股票回购既可以将企业临时的超额现金一次性发放给股东，又不影响企业股利政策的稳定性。所以，这种方式在实践中越来越受到管理人员的重视。

（2）改善企业的资本结构

如果企业认为其股东权益资本所占比例过大、资本结构不合理，则可能对外举债，并用举债获得的资金进行股票回购，以实现企业资本结构的合理化。

（3）提高企业的股票价格

如果企业的股票价格较低，股票回购则是针对信息不对称的一种有效的财务策略。由于信息不对称和预期差异的影响，股票市场存在着低估企业股票价格的现象，在这种情形下，企业可进行股票回购，以提升股票价格。

我国《公司法》规定，公司不得收购本公司股份，但是，有下列情形之一的除外：

①减少公司注册资本；

②与持有本公司股份的其他公司合并；

③将股份用于员工持股计划或者股权激励；

④股东因对股东会作出的公司合并、分立决议持异议，要求公司收购其股份的；

⑤将股份用于转换公司发行的可转换为股票的公司债券；

⑥上市公司为维护公司价值及股东权益所必需。

我国《公司法》还规定，公司的控股股东滥用股东权利，严重损害公司或者其他股东利益的，其他股东有权请求公司按照合理的价格收购其股权。

2022年，证监会发布《上市公司股份回购规则》，对于为了维护公司价值及股东权益进行回购的情况，特别强调要符合以下条件之一：公司股票收盘价格低于最近一期每股净资产；连续二十个交易日内公司股票收盘价格跌幅累计达到百分之二十；公司股票收盘价格低于最近一年股票最高收盘价格的百分之五十；中国证监会规定的其他条件。

小资料10-1　　股票回购价值待提升 也需更大激励

最近亚洲股市掀起了股票回购潮，继日本企业率先开启大规模回购后，中国企业和韩国企业也加入进来。2024年5月6日数据显示，A股共有32家上市公司发布股票回购相关公告。其中，3家公司为首次披露股票回购预案，24家公司披露股票回购实施进展，5家公司股票回购方案实施完毕。

上市公司一般在自身股价被市场低估、遭遇恶意收购后、要提高每股收益、重新资本化及实施股权激励等形势下启动股票回购。显然，股票回购具有明显的价值提升功效。因为，无论股票回购是作为库存股，还是回购注销，都在一定时期内通过调节特定股票在市场上的供需结构，向市场发出明确的指向性信号，并用真金白银向市场传递信心。当前，无论基于何种目的，启动股票回购都是一种不错的资本运作方式，对市场也具有积极作用。

（资料来源：佚名. 股票回购价值待提升也需更大激励［N］. 第一财经报，2024-05-07（A02）.）

3）回购方式

（1）公开市场购买

公开市场购买是指上市公司通过经纪人在股票公开市场上按照当前公司股票的市价回购自己的股票。这种方式很容易导致股票价格升高，从而增加回购成本。另外，其交易税和交易佣金方面的成本也较高。企业通常利用该方式在股票市场表现欠佳时小规模回购股票期权、可转换债券等执行特殊用途时所需的股票。

（2）要约回购

要约回购是指企业按某一特定价格向股东提出回购若干数量的股份的方式。要约价格通常高于当时的市价。如果各股东愿意出售的股票总数多于企业原定想要购买的数量，则企业可自行决定购买部分或全部股票；相反，如果不能买到企业原定回购数量的股票，则企业可以通过公开市场回购不足数量的股票。由于在要约购买时须披露企业回购股票的意图，同时股东有选择依据投标出价出售或继续持有股票的权利，因此，当企业想回购大量股票时，要约方式比较适用。

（3）协议回购方式

协议回购方式是指企业以协议价格为基础，直接向特定股东回购股票的方式。在此种方式下，企业同样必须披露其回购股票的目的、数量等信息，并向其他股东保证企业的购买价格是公平的，不损害其他股东的利益。

小资料 10-2　　高管超额减持股票 回购应有详细规则

2024年以来，我国各地证监局加大了对违规减持的监管力度。2024年1月15日，浙江证监局发布的处罚信息显示，张迅雷在五洲新春任高管期间超计划减持了2万股公司股份。浙江证监局对张迅雷采取责令改正的监管措施，随后张迅雷主动上交了违规减持的收益，还买回了超额减持的2万股。此前，深圳证监局发布的一份行政监管措施决定书显示，杰普特高级管理人员刘健于2023年5月29日至11月28日期间累计减持公司股票近71万股，超计划减持9 784股，被深圳证监局责令改正。刘健承诺在三个月内购回超比例减持的股票。

在这两个案例中，违规者增加了回购超额减持股票的承诺，这在之前并不常见。超额减持股票是违规减持行为的一种，上市公司股东和董监高违规减持行为对市场具有危害性，不仅影响市场公平，还损害了上市公司的信用。长久以来，投资者对这类违规减持行为深恶痛绝。《证券法》修订后加大了对违规减持行为的处罚力度，其第一百八十六条规定，在限制转让期内转让证券，或者转让股票不符合法律、行政法规和国务院证券监督管理机构规定的，责令改正，给予警告，没收违法所得，并处以买卖证券等值以下的罚款。

（资料来源：胥帅. 高管超额减持股票回购应有详细规则［N］. 每日经济新闻，2024-01-18（001）.）

本章小结

利润包括收入减去费用后的净额、直接计入当期利润的利得和损失等。利润分配项目和程序是法定的。股利支付要经过股利宣告日、股权登记日、除息日、股利支付日4个阶段。

股利分配理论主要包括4种理论。MM理论认为在完善的资本市场条件下，公司价值是由公司本身的获利能力和投资的风险组合决定的，与公司的股利政策无关；"一鸟在手"理论认为投资者对于股利与资本利得这两种形式的收入并不是没有偏好的，投资者更喜欢近期有确定收入的股利，而不喜欢远期且不确定的资本利得，因此公司应支付较多的股利；差别税收理论认为，由于股利的所得税税率要高于资本利得的所得税税率，因此公司保存留存收益比支付股利对投资者更为有利；代理理论认为公司的最佳股利支付率是在提高股利支付引起的外部融资成本增加与代理成本减少之间相互权衡的结果。

影响股利分配的因素包括法律因素、股东因素、公司因素和其他因素，股利政策的种类有剩余股利政策、固定或持续增长股利政策、固定股利支付率政策和低正常股利加额外股利政策。

股利支付有现金股利、股票股利、财产股利和负债股利4种方式。股票股利是公司以发放的股票作为股利的支付方式，股票股利并不直接增加股东的财富，但会引起所有者权益各项目的结构发生变化。股票分割是将大面值股票分割成小面值股票的过程，股票分割的主要目的是便于股票的流通转让。股票回购是指公司出资购回自身所发行的流通在外的股票，是替代现金股利的一种方法。

推荐读物

[1] 胡元木，赵新建．西方股利政策理论的演进与评述［J］．会计研究，2011（10）：82-87.

[2] 陈信元，陈冬华，时旭．公司治理与现金股利：基于佛山照明的案例研究［J］．管理世界，2003（8）：118-126.

[3] 胡刘芬，周泽将．经济政策不确定背景下企业现金股利政策研究［J］．经济管理，2023（3）：170-191.

[4] 王春飞，郭云南．半强制股利政策与股权融资成本［J］．金融研究，2021（8）：172-189.

本章练习

一、思考题

1.关于股利政策，理论界有哪几种基本观点？

2."一鸟在手"理论与差别税收理论有何不同？

3.有哪几种股利政策？其内容是什么？

4. 什么是股票分割？为什么说股票分割与股票股利相似？

二、计算分析题

1. 某公司2023年实现的税后净利润为1 000万元，法定盈余公积金、任意盈余公积金的提取比率为15%，若2024年的投资计划所需资金为800万元，公司的目标资金结构为自有资金占70%。

要求：

（1）若公司采用剩余股利政策，则2023年年末可发放多少股利？

（2）若公司发行在外的普通股股数为1 000万股，计算每股利润及每股股利。

（3）若2024年公司决定将股利政策改为逐年稳定增长的股利政策，设股利的逐年增长率为2%，投资者要求的必要报酬率为12%，计算该股票的价值。

2. 某公司年终利润分配前拥有股本100万股，每股2元，资本公积160万元，未分配利润840万元，公司股票的每股现行市价为30元。

要求：

（1）计划按每10股送1股的方案发放股票股利，并按发放股票股利后的股数派发每股现金股利0.2元，股票股利的金额按现行市价计算。计算完成这一分配方案后的股东权益各项目数额。

（2）若按1股换2股的比例进行股票分割，计算股东权益各项目的数额和普通股股数。

3. 某公司是一家从事清洁能源生产的上市公司。该公司的税后利润为550 000元，市盈率为10。公司现有流通在外的普通股2 000 000股。公司董事会宣布发放20%的股票股利。

要求：

（1）计算股利发放前后的股价各为多少？

（2）假设在股利发放前，某股东拥有10 000股该公司股票，请问他的股票总价值在股利发放后有何改变？

4. 假设某公司流通在外的股票为200 000股，每股股价为100元，某股东拥有10%的股票，公司管理层宣布实施2：1的股票分割计划。

要求：

（1）股票分割后，该股东的股票总价值有何改变？

（2）公司管理层相信在股票分割后，因市场有正面反应，股票价格只会下跌40%，请问某股东是否会获利？

三、综合案例题

宁德时代新能源科技股份有限公司股票回购探讨

宁德时代新能源科技有限公司（CATL）成立于2011年，致力于通过先进的电池技术为全球绿色能源应用提供高效的能源存储解决方案，现为全球最大的动力电池供应商。公司于2023年10月30日召开第三届董事会第二十五次会议，审议通过了《关于回购公司股份方案的议案》，同意公司使用自有资金以集中竞价交易方式回购公司部分股份，用于后期实施股权激励计划或员工持股计划。本次用于回购的资金总额不低于人民币20亿元（含本数）且不超过人民币30亿元（含本数），回购价格上限为294.45元/股，回购期限为自公司董事会审议通过回购股份方案之日起12个月内。

公司截至2023年12月31日以集中竞价的交易方式累计回购公司股份908.69万股，占公司当前总股本的0.21%，最高成交价为181.16元/股，最低成交价为146.31元/股，成交总金额为15.03亿元（不含交易费用）。

问题：

（1）简述上市公司的股利支付方式有哪些。

（2）从财务学的角度看，如何评价宁德时代新能源科技有限公司实施的股票回购？

立德树人

格力电器成立于1991年，总部位于中国广东省珠海市。公司主要产品包括空调、生活电器、高端装备等，是全球知名的家电品牌之一。格力电器以其卓越的产品质量、技术创新能力和市场影响力，在国内外市场上享有较高的声誉。格力电器的财务状况一直较为稳健，这为公司的利润分配提供了坚实的基础。格力电器2018—2023年利润分配情况见表10-7。

表10-7　**格力电器2018—2023年利润分配情况**

年份	利润分配方案
2018	每10股派发现金红利15元（含税），不送红股，不以公积金转增股本
2019	每10股派发现金红利12元（含税），不送红股，不以公积金转增股本
2020	每10股派发现金红利30元（含税），不送红股，不以公积金转增股本
2021	每10股派发现金红利20元（含税），不送红股，不以公积金转增股本
2022	每10股派发现金红利10元（含税），不送红股，不以公积金转增股本
2023	每10股派发现金红利23.80元（含税），不送红股，不以公积金转增股本

格力电器在过去几年中积极承担社会责任，保持了相对稳定的利润分配政策，体现了公司对股东的承诺和对长期发展的重视，有助于打造民族品牌、吸引和留住投资者、提升公司的市场形象。未来，公司应继续保持稳定的利润分配政策并优化资本运作手段以进一步提升股东价值。同时，公司也应加强财务风险管理、提高盈利能力，并注重可持续发展以应对市场变化和竞争挑战。

第11章 企业财务预算管理

导读

"兵马未动，粮草先行。"在准备打仗之前就要考虑需要多少粮草以及如何运送。沈括在《梦溪笔谈》中对粮草的筹备和运送做了推演。一个士兵用粮由1个人运，可供应18天，如果包括往返，只能供应9天；改由2个人运，可供应26天，来回为13天；由3个人运，供应31天，来回为16天。1个士兵由3个人供应，就到了极限。如果起兵10万，辎重兵占去3万，只有7万人用于驻守和战斗。为了保障供应，须动用民夫30万，此外再难增加补给人员了。完全靠己方运输，不但增加开支，而且军队势必难以深入敌人腹地。因此，军队出征，从敌区内获取粮秣就是最要紧的事情。因此，在打仗前做好物资的预算成为首要的事情。"凡事预则立，不预则废"，在财务管理中，预算即计划职能的具体体现。预算发挥着越来越大的作用，大到政府、小到企业，都面临着如何做好财务预算管理的问题。

学习目标

通过本章的学习，了解财务预算的基本知识和内容，理解全面预算管理的过程和管理模式，掌握全面预算的编制方法，具有日常业务预算和财务报表预算的编制能力，提升预算思维和预算素质。

◎11.1 企业预算管理概述

11.1.1 预算

1）预算的概念

预算一词源于英国，发展于美国。开始时它被应用在政府机构，目的是控制君主对臣民的征税权力，以及对政府开支进行限制，后来逐渐被应用到企业管理中。预算就是基于预测，围绕组织目标对组织未来的生产经营活动所作的计划。

2）预算的分类

（1）按照预算时间范围分类

按照预算时间范围的不同，预算可以分为长期预算和短期预算。长期预算一般指预算期超过一年的预算，对应于企业战略的制定，主要包括公司战略相关的研发预算、资本预算的制定。短期预算是指预算期在一年以内的预算，一般对应于企业的业务层，如直接材料预算、直接人工预算等。

（2）按预算内容分类

按预算内容的不同，预算可以分为日常经营预算、财务预算和资本预算。日常经营预算主要指与企业日常经营活动相关的各种预算，如销售预算、生产预算、成本预算、费用预算等。财务预算是指与企业现金收支、经营成果和财务状况有关的各项预算。资本预算反映企业在固定资产、在建工程、对外投资等方面的活动。

（3）按照预算主体分类

按照预算主体的不同，预算可以分为部门预算和总预算。部门预算是指由企业各职能部门所编制的预算，如人力资源预算、销售部门预算等。总预算则是指从企业整体角度来做的预算，是以各个部门预算的汇总为基础所做的预算，包括预计资产负债表、预计利润表、预计现金流量表。

3）预算的作用

（1）预算是企业实施内部控制、防范风险的重要手段

预算的制定和实施过程，就是企业不断用量化的工具，使自身所处的经营环境与拥有的资源和企业的发展目标保持动态平衡的过程，也是企业对面临的各种风险的识别、预测、评估与控制过程。因此，《企业内部控制基本规范》将预算控制列为重要的控制活动和风险控制措施。

（2）预算是企业实现发展战略和年度经营目标的有效工具

企业战略制定得再好，如果得不到有效实施，战略的作用将无法实现，甚至导致经营失败。通过实施预算，可以使企业的长期战略规划和年度战略计划、年度战略目标紧密结合，从而确保企业战略目标的实现。

（3）预算是企业优化资源配置、提高经济效益的必要措施

预算过程有效地将企业的资金、物料、员工、信息等进行整合、分配，从而实现企业资源的最优配置，有效地提高投入产出比例，提高企业经济效益。

4）预算的编制方法

预算编制方法的使用对预算的准确性至关重要。若预算编制方法选用不恰当，将使预算的结果不准确，导致控制失败、考评失真，失去了预算的控制和激励作用。

（1）预算根据业务量变动特征分为固定预算和弹性预算

①固定预算（fixed budget）

固定预算又称为静态预算（static budget），是以某一固定的业务量作为预算基础编制的预算。这种方式简单、易操作，但是当实际业务量与预算业务量相差较大时，预算的偏差就会非常大。因此，市场变化较大或较快时不宜采用此法。

②弹性预算（flexible budget）

预期业务量一般不能准确预测，弹性预算就是按照预算期内可预见的不同的业务量水平编制出不同业务量水平下的预算。按照成本与业务量的依存关系区分变动成本与固定成本，变动成本的计算随着业务量的变动而发生弹性变动，而固定成本不予变动。对于混合成本，进一步按照固定成本和变动成本的习性进行划分。

弹性预算考虑了业务量的不同水平，因此能更有效地应对预算期业务量的不确定性，

从而使预算控制和差异分析更有意义和说服力，也便于更好地对经营业绩进行评价。当各项消耗标准和价格等依据不变时，弹性预算可以连续使用，大大减少了预算编制的工作量。在弹性预算中，业务量的选择水平以及业务量的计量单位也非常重要。

编制弹性预算的基本程序如下：

a.选择业务量的计量单位。生产量、机器工作小时、销售量、销售收入等都可以作为业务量的计量单位，具体应根据企业和编制内容来选择，同时还要注意计量单位的易取得性和准确性。

b.确定业务量的范围，即确定预期业务量可能变动的幅度范围。

c.确定预算期内各业务活动水平。

d.按成本性态将成本分为固定成本和变动成本。

e.编制弹性预算。

$$费用的弹性预算 = 固定成本预算数 + \sum(单位变动成本预算数 \times 预计业务量)$$

f.当获得实际的业务量水平时，就可以将其与预算相比较，编制预算执行报告，分析差异所在，从而找到成本降低的途径。

【例 11-1】某公司2×24年销售量预计为5 000件，上下幅度范围为20%，销售费用包括广告费、员工工资以及保险费、销售佣金、运输费、业务费。销售佣金为2元/件，运输费为1.5元/件，业务费为1.5元/件，广告费、员工工资以及保险费分别为100 000元、50 000元、30 000元。

①根据上述资料编制2×24年销售费用的弹性预算和固定预算，见表11-1。

表11-1　**2×24年销售费用的弹性预算和固定预算**　金额单位：元

预算类别	弹性预算					固定预算
波动范围	-20%	-10%	0	10%	20%	0
销售量（件）	4 000	4 500	5 000	5 500	6 000	5 000
变动费用	20 000	22 500	25 000	27 500	30 000	25 000
其中：销售佣金	8 000	9 000	10 000	11 000	12 000	10 000
运输费	6 000	6 750	7 500	8 250	9 000	7 500
业务费	6 000	6 750	7 500	8 250	9 000	7 500
固定费用	180 000	180 000	180 000	180 000	180 000	180 000
其中：广告费	100 000	100 000	100 000	100 000	100 000	100 000
员工工资	50 000	50 000	50 000	50 000	50 000	50 000
保险费	30 000	30 000	30 000	30 000	30 000	30 000
总费用	200 000	202 500	205 000	207 500	210 000	205 000

销售费用和销售量有关系，因此以销售量为依据。2×24年销售量预计为5 000件，上下幅度范围为20%，分别为4 000件、4 500件、5 000件、5 500件和6 000件。销售费用包括固定费用和变动费用两部分。固定费用包括广告费、员工工资以及保险费。变动费用随销售量的变动而变动，具体包括销售佣金、运输费、业务费。

②如果实际销售量为5 500件，编制2×24年弹性预算执行报告，分析预算差异(见表11-2)。

表11-2　　2×24年弹性预算执行报告　　单位：元

费用项目	预算	实际	差异	对比固定预算	差异
变动费用	27 500	27 500	0	25 000	2 500
其中：销售佣金	11 000	11 000	0	10 000	1 000
运输费	8 250	8 250	0	7 500	750
业务费	8 250	8 250	0	7 500	750
固定费用	180 000	187 000	7 000	180 000	7 000
其中：广告费	100 000	105 000	5 000	100 000	5 000
员工工资	50 000	55 000	5 000	50 000	5 000
保险费	30 000	27 000	−3 000	30 000	−3 000
总费用	207 500	214 500	7 000	205 000	9 500

实际销售量超出预测500件，对应于5 500件的弹性预算，发现费用超支7 000元，其中，变动费用没有变化，广告费超出了5 000元，员工工资超出5 000元，保险费降低了3 000元。费用超支主要是由广告费和员工工资升高所致。若采用固定预算进行对比就会发现费用超支9 500元，变动费用和固定费用都超支，从而忽视业务量增长对预算的影响。

（2）预算按照预算期与会计年度是否相同分为定期预算和连续（滚动）预算

①定期预算，是以不变的会计期间作为预算期编制的预算。它的优点是编制简单，易于操作，便于考核和评价预算的执行结果；缺点是忽视了预算期内可能发生的变动，更重要的是由于预算期固定，割裂了经营活动的连续性，使得管理者的视野局限于本期，而不考虑下一期。

②连续（滚动）预算，是指随着预算的执行不断地修改和补充后面的预算，逐期向后滚动。这种预算编制方式反映了环境的变化和一些不确定性因素的影响，迫使管理人员不论处在当前财政年度的哪一个阶段，都要不断考虑新的预算期。

【例11-2】以2×24年的生产成本预算为例。定期预算是以2×24年整个会计年度为预算期进行编制的；而滚动预算则是以12个月为预算期，逐月向后滚动，始终保持12个月的预算期，而且对每个月的预算都会进行调整，因此更加符合外部环境的变化，预算的效果也更好。2×24年的滚动预算具体如图11-1所示。

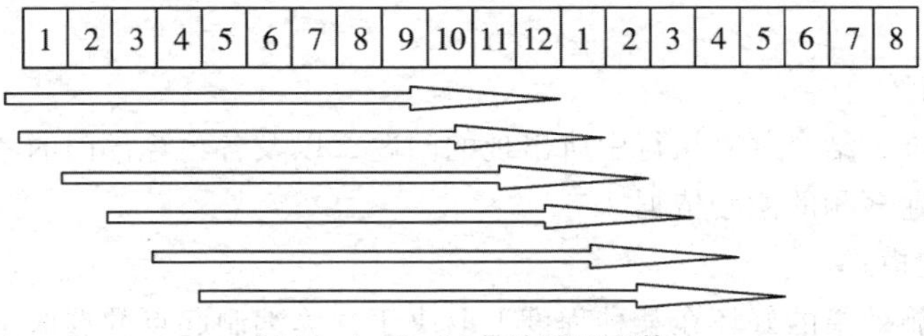

图11-1　2×24年的滚动预算

（3）预算根据出发点分为增量预算和零基预算

增量预算是以过去的费用项目和水平为基础，结合预算期的可能变动，通过调整进行编制。增量预算适用于企业经营环境相对稳定、经营活动变化不大的情况。但是当企业所面临的外部环境发生剧烈变化，企业活动频繁变动以适应新的环境时，增量预算就会产生偏差。增量预算建立的基础是过去，新的项目往往会在资金不足的情况下首先被剔除掉，同时没有考虑现有成本和费用方式的替代和改进方式，不利于组织成本控制的持续改进。

零基预算是指在编制成本费用时，不考虑以往会计期间所发生的费用项目和数额，所有的预算支出均以零为出发点，详细提出所有的费用开支活动，对其进行分析，寻找可替代的方式，并在此基础上作出预算。零基预算把有限的资金用在最需要的地方，实现了资金的合理使用，并迅速响应环境的变化，与战略实现了很好的匹配。因此，零基预算不仅是一种预算编制方法，更是一种新的管理理念。但是由于零基预算要重新分析所有的活动，工作量大，费用也较高，因此企业并不是每年都进行零基预算，而是每隔若干年进行一次零基预算，之后几年内略作适当调整。

11.1.2 预算管理及其过程

预算管理是利用预算这一手段对企业经营的各个环节和企业管理的各个部门进行管理控制，以及对企业各种财务及非财务资源进行配置的一系列活动，具体包括：预算编制、预算实施、预算控制、预算分析和预算考评等活动。

1）预算管理过程

（1）预算编制

在企业战略目标的指导下，企业要进行预算编制。预算编制的准确性和全面性关系到整个预算管理的成败，影响着预算作用的发挥。具体的预算编制遵循自下而上、各部门参与的原则。

（2）预算实施

预算编制完成并经过批准实施后，就进入了预算的实施阶段。这个阶段主要是将企业资源按照预算进行合理分配，以及协调各部门的关系。

（3）预算控制

预算控制作为企业内部控制的重要组成部分，决定了预算的实际效果和预算管理作用的发挥。通过对比分析整个生产经营活动的实际运行状况与企业预算，找出存在的偏差问题，提出纠偏的建议和措施，或者及时调整预算、修正预算。

（4）预算分析

根据预算的实际执行情况以及对预算进行的差异分析，找出原因，从而为下一期预算提供借鉴。

（5）预算考评

以预算为标准，结合预算执行中所出现的问题，以及各预算部门的考评规则进行绩效考评，并作为企业薪酬的激励依据。

2）预算管理模式

预算管理实施效果的好坏在某种程度上取决于预算编制起点的选取是否合理。选择预算的编制起点要结合行业和企业的特点。制造业的预算可能更多地考虑降低生产成本的因素，而服务业则热衷于对成本进行合理控制并通过增加收入进行补偿。在企业的成长期，要想打开市场，销售是重点，此时的预算管理模式以销售预算为起点；而在企业的成熟期，市场趋于稳定，控制成本的压力逐渐增大，此时以成本预算为起点的预算管理模式就成为主导模式；在企业的衰退期，现金管理成为企业战略关注的重点，此时以现金为起点的预算管理模式则具有重要的意义。

（1）以销售预算为起点的预算管理模式

这一模式主要应用于处于成长期的企业。在这一阶段，市场增长速度快，企业以销售预算为起点，在销售预测的基础上制定销售预算，企业其他部门依照销售预算编制其他预算，包括生产预算、采购预算、研发预算、成本预算等。销售预算成为一切预算的基础，销售预算的准确性和合理性影响着整个预算。销售预算基于销售预测，因此如何准确地预测销售水平，并避免市场风险成为关键要素。以销售预算为起点的预算管理模式如图11-2所示。

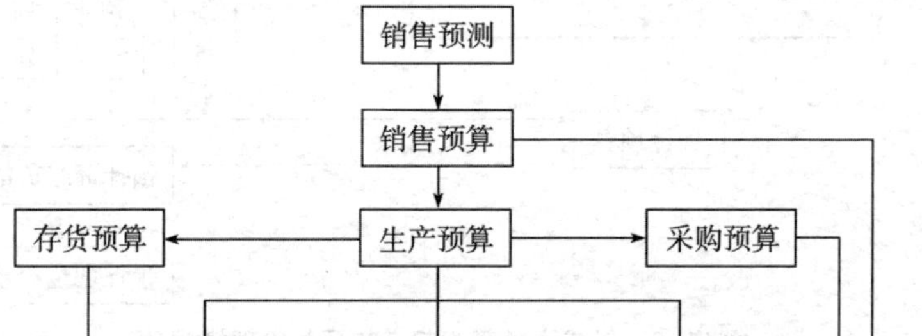

图11-2　以销售预算为起点的预算管理模式

（2）以成本预算为起点的预算管理模式

这一模式主要应用于处于成熟期的企业。这一阶段市场增长缓慢，竞争越来越激烈，控制成本成为实现企业利润增长的根本策略。首先，以企业的期望收益为目标，市场价格为已知变量，得出企业的总预算成本；然后，将企业总预算成本全部分解到成本涉及的其他所有责任部门，形成各单位的分预算成本。依此类推，层层分解，用公式表示为：

成本预期=现实售价-期望利润

以成本预算为起点的预算管理模式如图11-3所示。

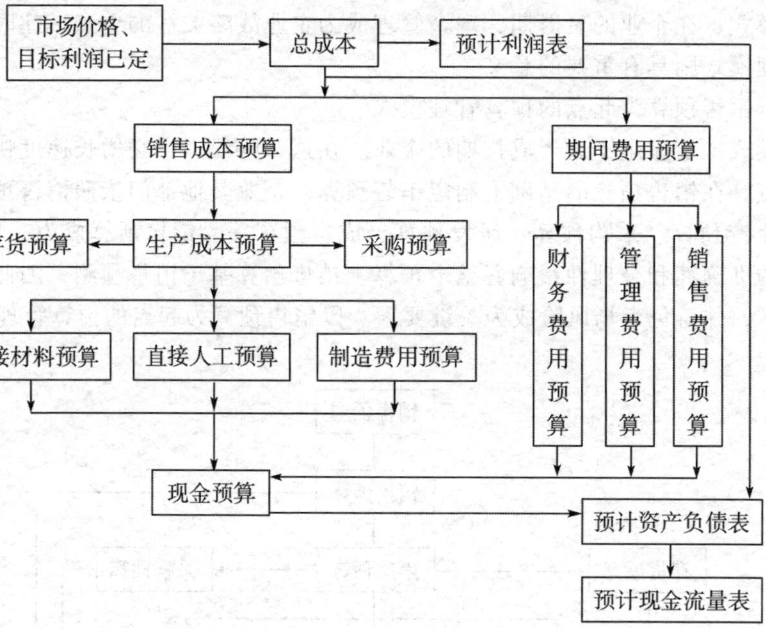

图11-3 以成本预算为起点的预算管理模式

（3）以现金为起点的预算管理模式

当企业处于衰退期时，企业所拥有的市场份额稳定但市场总量下降，销售出现负增长，大量应收账款在本期收回，而潜在的投资项目并未确定。现金大量闲置，可能被经营者滥用，监控现金的回收并保证其有效利用应成为此阶段管理的重点。除此之外，企业在发展的任何阶段，除了资不抵债会破产外，当现金断流、无法维持生产运营所需要的资金时，也会破产。因此，以现金为起点的预算管理模式为企业满足正常现金需要及维持正常经营运转提供依据。

首先，根据以往情况以及对未来的销况估计作出销售预测，在销售预测的基础上作出生产预测，根据生产预测分别作出采购预测、成本预测、费用预测、薪酬预测等，所有预测经过预算委员会平衡之后再作出现金预算；然后，依据现金预算，作出销售预算、采购预算、成本预算、费用预算等分预算，对所作出的预算进行调整，经过多次反复、平衡后最终形成正式的现金预算。以现金为起点的预算管理模式如图11-4所示。

（4）以资本预算为起点的预算管理模式

在企业的初创期，企业面临的首要问题是选择项目，项目确定后就要面临如何筹措项目所需现金的问题。这时的预算管理以资本预算为重点。当企业进入衰退期，就必须找到一个新的增长点，资本预算面临同样的问题。

首先，作出投资项目的总预算规划。其次，对项目作出预算，对项目未来预期现金流进行预算和规划，对所有备选项目进行评价和选择。评价和选择的依据是获利、风险程度，在企业可使用的资金总量以及可接受的风险程度的基础上，对项目进行排序，选出最

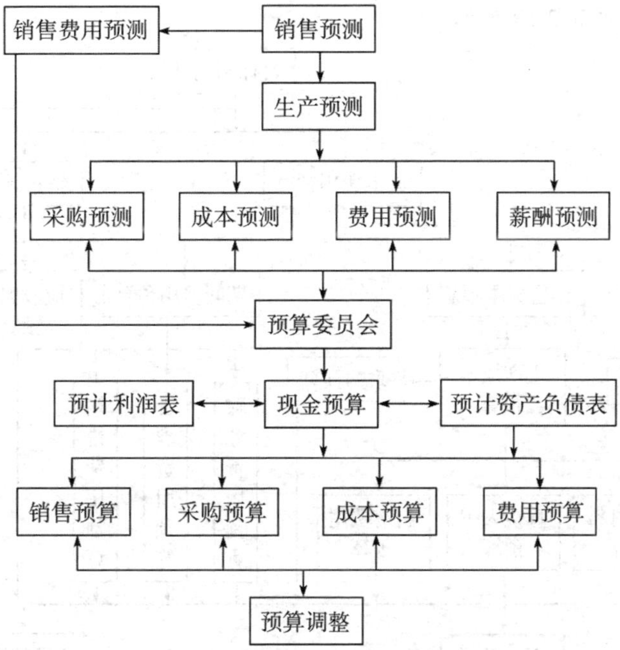

图11-4 以现金为起点的预算管理模式

终项目；考虑该项目资本支出的时间安排，作出不同时期的现金支出规划；考虑各种筹资方式进行筹资预算，保证满足项目的资本支出需要并达到资本成本最低。最后，反复进行综合评审，形成正式的资本预算。

（5）以目标利润为起点的预算管理模式

股东是企业的出资方，保护股东的利益、实现股东价值最大化是企业经营的基本目标。以目标利润为起点的预算管理模式体现了股东价值最大化目标。

首先，根据出资人的权益要求，根据预算编制原则以及企业对市场及企业自身的有关预测进行分析，确定目标利润，把目标利润分解为各部门的具体目标。在目标利润预算的基础上，编制销售预算，并对应收账款等作出预算；同时，编制成本费用预算，包括销售成本、期间费用等预算。然后，根据以上预算编制企业的现金预算、预计利润表、预计资产负债表等。最后，由预算管理部门汇总并反复平衡，形成正式的全面预算，报经董事会批准后，下发给企业各部门。以目标利润为起点的预算管理模式如图11-5所示。

【例11-3】美国箭牌糖果有限公司是国际糖果业的领导者之一和全球最大的口香糖生产及销售商，生产绿箭、黄箭、白箭、益达等知名品牌产品。该公司于1989年在中国设立独资企业，即W公司，现为中国最大的口香糖生产厂商，也是该企业全球15家分公司中生产设施规模最大的一家。W公司根据公司的需要，在预算管理流程中以股东的期望值为预算编制起点，具体指标是“投资回报率——净资产收益率”。根据该指标和市场调查研究预测公司可能达到的市场占有率、预计销售额、预计利润等制定目标成本。此方案的执行产生了良好的经济效果：2002年、2003年、2004年财政年度W公司总销售额分别达到27亿美元、31亿美元和36亿美元，2002年、2003年、2004年W公司的平均净资产收益率分别达到28.70%、26.75%和24.70%，2003年、2004年W公司的每股收益达到1.98美元和2.19美元。①

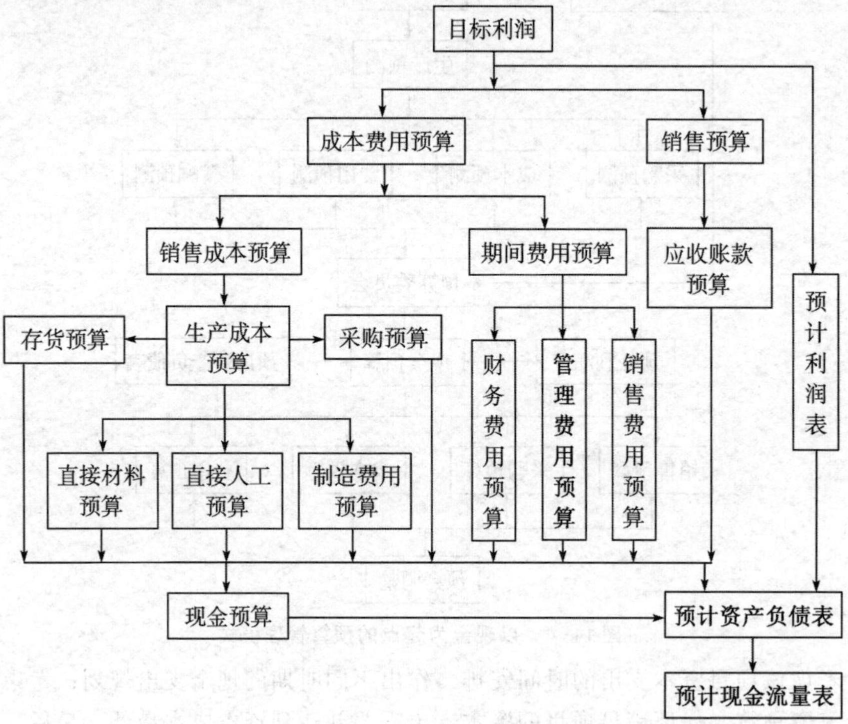

图11-5 以目标利润为起点的预算管理模式

◎11.2 全面预算

11.2.1 全面预算的概念

1）全面预算的含义

全面预算是指企业未来某一特定期间内（一般不超过1年）的全部生产经营活动、投资活动、筹资活动等的预算安排，以实现企业的目标利润为目的，对销售、生产、成本及现金收支等进行预测，同时编制预计利润表和预计资产负债表，反映企业在未来期间的经营成果和财务状况。

2）全面预算的特点

（1）全员参与

全员参与是指全体员工都参与到预算中。首先，在预算编制中，企业各个层次的人员都参与，使得预算编制结果更为准确、更贴近实际。其次，预算逐层细分后落实到每个员工身上，由每个员工来执行，预算的有效执行必须依靠全体员工。最后，预算使所有员工都树立"先算后干"的成本效益意识，从而能够自主地控制预算的执行情况。

（2）全过程控制

全过程控制是指预算管理的全程化，编制好预算并将其下达、执行并不意味着预算全

① 牛丽文，等. 公司治理文化视角下预算编制起点选择［J］. 财会通讯：综合版，2009（6）：99-100.

过程的完成，重要的是在执行过程中对预算进行监控、调整。当实际情况与最初的预算数存在很大偏差时，要分析原因、找出差异，并调整预算，真正发挥预算对经营活动的指导作用。

（3）全方位管理

全面预算涵盖了企业的所有活动，包括经营活动、投资活动和筹资活动，其预算编制范围不仅包含财务预算，还包含经营预算、投资预算和筹资预算，从而使管理者对企业的所有经济活动和资金运动有全面的控制能力。

3）全面预算的内容

（1）业务（经营）预算

业务预算具体包括销售预算、生产预算、采购预算、直接材料预算、直接人工预算、制造费用预算、期末存货预算、销售费用与管理费用预算、研究开发费用预算等。

①销售预算

销售预算以销售预测为基础，主要依据对产品历史销售量以及销售价格的分析，结合产品市场的发展前景等资料，预测未来期间的销售量和销售单价，然后求出预计的销售收入。其计算公式如下：

预计销售收入=预计销售量×预计销售单价

在编制完销售预算后，根据销售预算以及应收账款的回收周期可以编制应收账款预算。应收账款预算包括预算年度里各季度应收账款的应收数和实收数，为现金收入预算的编制提供依据。

②生产预算

生产预算以销售预算为基础，应结合企业预计的存货，编制生产预算。具体的产品预计生产量可根据预计销售量和期初、期末的预计库存量确定。其计算公式如下：

预计生产量=预计销售量+预计期末存货量-期初存货量

其中，企业存货的预算非常重要。存货过多会造成资金闲置，形成浪费；过少则影响企业销售正常进行，给企业带来不利影响。因此，要对企业存货的预算作出统一的规划。

③采购预算

采购预算是以生产预算为基础，结合企业原材料期初库存以及预计期末存货量进行编制的。预计期末材料存货既要保证生产的连续均衡和生产效率，又要避免材料存货过多占用资金。同时，单位产品的材料定额预计也是非常重要的。其计算公式如下：

预计材料采购量=生产预计需要量+预计期末材料存货-预计期初材料存货

生产预计需要量=预计生产量×单位产品的材料需要量

预计材料采购金额=预计材料采购量×单价

根据预计材料采购量以及企业对应付账款的支付方式，编制应付账款预算。应付账款预算包括预算年度内各季度应付账款的应付数和实付数。应付账款预算的现金部分可为编制现金预算中的现金支出部分提供依据。

④直接材料预算

直接材料预算是以生产预算为基础进行编制的。其计算公式如下：

直接材料预算额=预计直接材料使用量×单价

⑤直接人工预算

直接人工预算是以生产预算为基础进行编制的。其计算公式如下：

直接人工预算额=预计所需用的直接人工总工时×小时工资率

预计所需用的直接人工总工时=预计生产量×单位产品直接人工工时

⑥制造费用预算

制造费用预算反映除直接人工和直接材料外的其他制造成本。按照成本性态，制造费用一般分为变动性制造费用和固定性制造费用两部分。固定性制造费用与生产量没有关系，因此可以在上一年的实际水平的基础上根据预期变动进行适当调整获得。变动性制造费用随着生产量的变动而变动，因此可以通过预计生产量乘以单位产品的预定分配率进行计算。对于半变动制造费用，则可将其继续分解为变动性制造费用和固定性制造费用两部分，进而采取上述方式计算。

在编制制造费用预算时，为了反映企业的现金支出状况，可以同时编制与制造费用相关的现金支出预算。其计算公式如下：

预计制造费用=预计直接人工工时×变动性费用分配率+固定性制造费用

预计现金支付的制造费用=预计制造费用-折旧

⑦期末存货预算

编制期末存货预算有3个目的：一是综合反映预算期单位产品的成本水平；二是为预计利润表中的销售成本项目提供数据；三是为预计资产负债表中的期末存货项目提供数据。其计算公式如下：

期末存货额=产成品单位成本×预计期末存货量

预计产成品单位成本非常重要，一般依据产成品使用的直接人工、直接材料、制造费用等其他费用的预算，通过完全成本法预计得出，也可以根据企业上一年的单位生产成本进行调整得出。

⑧销售费用与管理费用预算

销售费用预算主要是指与销售活动相关的费用预算。管理费用预算包括预算期内将发生的除制造费用、销售费用和财务费用以外的各项费用预算。其编制方法一般同制造费用一样，也按照费用的性态进行预算编制。

⑨研究开发费用预算

研究开发是企业持续发展的保障。研究开发费用的预算包括研发人员的工资费用和各种材料费用，研究开发费用预算主要反映企业现金支付的计划，为企业的现金预算提供数据。

（2）资本预算

资本预算包括固定资产的投资、扩建及其他资本投资的预算。资本预算主要包括拟投资项目建设期间的现金支付进度及数量计划和该项目投入使用后所带来的预计现金收益，综合反映为投资各年的预计现金流量表。由于长期投资时间跨度大，关系到企业的未来发展，因此资本支出的预算管理非常严格，既要考虑合理地利用负债，又要考虑企业的偿债能力。

（3）财务预算

财务预算包括现金预算、预计利润表、预计资产负债表。

①现金预算

现金预算是反映企业预算期内的现金收支的预算，从现金的流入和流出两个方面揭示企业一定期间的经营活动、投资活动和筹资活动所产生和使用的现金流量。现金预算一般由现金收入、现金支出、现金多余或不足，以及资金的筹集与运用等4个部分构成。其基本关系为：

期末现金余额=期初现金余额+现金收入−现金支出+资金的筹集−资金的运用

②预计利润表

预计利润表反映企业预算期的盈利情况，有助于经理人员及时调整经营策略。预计利润表依据权责发生制在前几项经营预算的基础上进行编制。

③预计资产负债表

预计资产负债表是企业经营预测情况的综合反映，通过提供预算期期末各科目的预期余额，为企业提供预期的财务状况信息。预计资产负债表是依据企业预算期期初的资产负债表，预算期的经营预算、资本支出预算、现金预算，以及预计利润表的有关结果，对有关项目进行调整而编制的。

全面预算中的各项预算之间紧密联系、互相支持，从而形成全面预算体系。没有上一步预算作基础，下一步预算无法完成，同时各预算的调整也会被反馈到其他预算中。

11.2.2　全面预算管理体制

1）全面预算中的委托代理关系

股东将预算决策权委托给董事会，董事会将预算管理权委托给经营管理者，企业经营管理者将企业预算管理的事务委托给企业各个职能部门，各个职能部门再将预算分解，直至落实到具体责任主体，从而形成企业内部预算管理上的不同层次的委托代理关系。

2）公司治理与预算管理

公司治理是通过一套包括正式或非正式的、内部或外部的制度或机制来协调公司与所有利益相关者之间的利益关系，抑制代理成本，以保证公司决策的科学化，从而最终维护公司各方面的利益，实现企业价值最大化的管理过程。公司治理的有效安排有助于预算管理中委托人对代理人行为的监督、控制和协调，从而降低代理成本、实现预算目标。

按照公司治理的原则，全面预算管理强调责、权、利三者的有效结合及实施。也就是说，应明确整个公司的预算目标，在预算目标的指导下，建立预算管理组织，明确股东大会（股东会）、董事会、经营管理者、各部门乃至每个员工的预算职责、权利划分与平衡，加强预算执行过程中的管理和控制，科学地管理预算，并使预算的决策、执行和最终结果得到高度协调和统一。

3）全面预算管理机构

在预算组织方面，股东大会和董事会拥有公司重大事项预算的决策权，预算委员会在董事会的授权下处理和决定全面预算管理的重大事宜。预算工作组在预算管理委员会下主管企业预算编制、预算监控、预算协调、预算信息等日常预算管理工作。各级、各类责任中心负责预算的具体落实，有关部门负责监控预算的执行状况、及时发现问题并进行调整。

公司治理结构和预算委托代理关系图如图11-6所示。

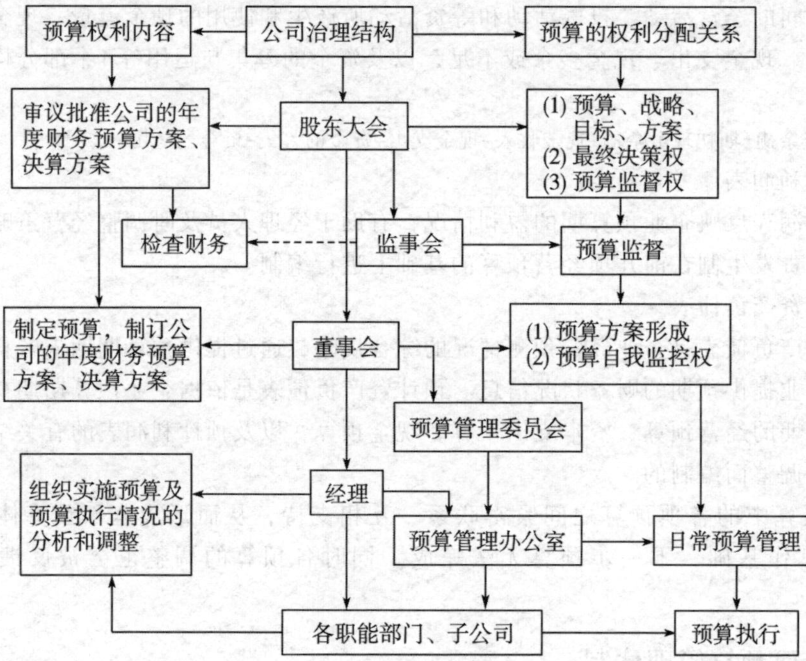

图11-6 公司治理结构和预算委托代理关系图

【例11-4】1994年，中国石油引入现代预算管理思想，开始尝试实行全面预算管理。1999年中国石油重组上市后，建立和完善了集团公司、专业分公司、企业三级预算管理架构，以及以利润为导向，自上而下、自下而上、上下结合、集权与分权相结合的预算管理模式。在"十五"期间，中国石油建立利润核定机制和投资回报机制，实现从"争投资要项目"的"分钱机制"，逐步向投资讲回报的"挣钱机制"转变，有效地遏制了企业的投资冲动，提高了投资效率和精细化管理水平；对油气核心业务，建立了与经济效益和油价挂钩的资本支出预算机制，以及综合考虑投资规模、建设进度和投资回报的损益预算机制。进入"十一五"时期，中国石油成立了预算管理办公室，统筹管理公司各类业务的预算工作，并逐步探索能够将投资、成本、费用、收入、分配等进行有效配合的新型预算管理模式。[①]

11.2.3 全面预算管理理论

传统的全面预算管理理论形成于20世纪四五十年代，强调整体观念，内容涵盖企业全部经营活动和资源，预算的功能从单纯的计划、控制，发展到计划、控制、协调、激励、评价等。在预算编制上，零基预算、弹性预算、滚动预算等预算编制方法得到了广泛应用。但预算还是主要以财务指标来衡量，并不重视非财务指标，譬如组织的灵活性、顾客的适应性等。但是20世纪90年代以后，企业经营环境发生了巨大变化，企业经营的不确定性增加，整个社会经济开始不同程度地从工业经济时代向知识经济时代转变，传统预

① 中国石油天然气集团公司．中国石油：财务管理体制建设的探索与实践［J］．财务与会计，2010（2）．

算管理方法已经不能满足管理者、行政总裁、财务总监的要求。以战略预算、作业基础预算、超越预算及企业集团的全面预算管理为代表的预算理论使得全面预算管理理论进入了新的发展阶段。

1）战略预算

（1）战略与预算

企业的生存和发展越来越受到环境的挑战和威胁，只有综合考虑企业所面临的外部及内部情况，将企业发展战略意图贯彻或体现到企业经营活动之中，才能确保企业获得和维持持续的竞争优势。传统的预算管理理论只重视短期活动，忽略长期目标，使短期预算目标与企业长期发展目标不适应，是静态的而不是动态变化的，使预算难以对外部环境变化作出反应，无法满足企业的战略发展和提升公司的竞争力。以企业战略为导向的全面预算管理适应了多变的环境，减少了环境中的不确定性，使预算更具弹性和柔性；对业绩评价更多地考虑了多样化“非财务效益”，克服了传统预算只重视财务指标的缺陷；保证了战略得以实施，战略目标得以实现，资源得以合理配置并发挥应有的作用。

【例11-5】面对原有企业预算管理体系的滞后性，为了使预算能够更好地满足企业的战略发展需要，2002年年初，宝钢股份对企业原有的预算管理体系进行变革，建立了“以战略目标为导向的滚动预算管理体系”，并逐步形成以战略目标、经营规划为导向，年度预算为控制目标，滚动执行预算为控制手段，覆盖宝钢生产、销售、投资、研发的全面滚动预算管理体系。

宝钢股份滚动预算体系下的预算架构由年度滚动预算和季度滚动预算组成。年度滚动预算以公司战略、经营规划为导向，侧重于对规划期内的经营活动进行预算描述；季度滚动预算是企业对一定经营期内的经营活动所作的预算计划。年度滚动预算通过季度滚动预算来实现，并在季度滚动预算中设置相应战略指标，以实现公司的长期目标。以战略目标为导向的宝钢全面预算管理体系如图11-7所示。

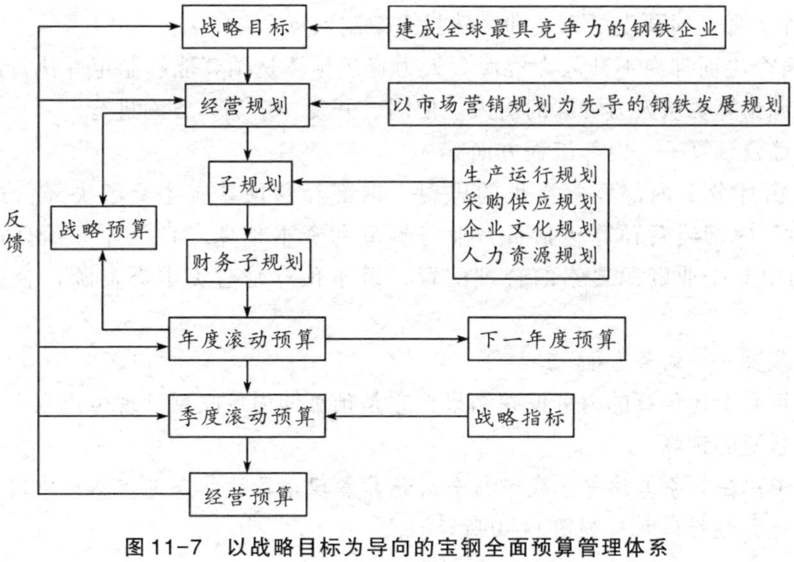

图11-7 以战略目标为导向的宝钢全面预算管理体系

（2）平衡计分卡

平衡计分卡（balanced score card，BSC）以组织的共同愿景和战略为内核，包括4个层面：财务方面、顾客方面、内部流程方面、创新与学习方面（如图11-8所示）。BSC有效地建立了战略指导的绩效管理系统，保证企业战略得到有效的执行。

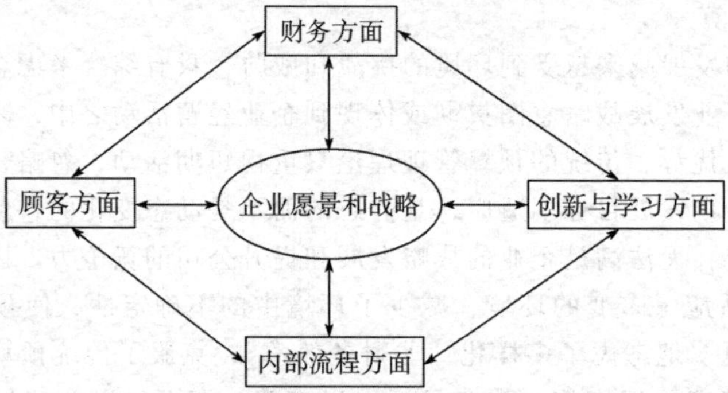

图11-8 平衡计分卡

（3）基于平衡计分卡的全面预算管理体系

基于BSC的全面预算管理体系的内容包括：顾客预算、研发预算、人力资源预算、内部经营预算、财务预算。整个全面预算管理体系应形成以战略为基础、顾客预算为起点、研发预算为重点、内部经营预算为核心、人力资源预算为保障、财务预算为结果的相互联系的有机整体。

①顾客预算——顾客方面

顾客是实现企业价值的源泉，顾客预算从顾客的需求出发，首先对顾客资料进行整理，对顾客价值进行分析，将顾客进行分类，对不同的顾客制定不同的策略，从而作出预算。最后还要对顾客的投诉及处理进行预计，对产品售后服务编制预算。

②研发预算和人力资源预算——创新与学习方面

研发预算要从创新的角度出发，分析企业的研发活动；从产品立项、产品开发和产品的试生产3个方面，对研发的人员和经费投入编制预算。

BSC的4个层面都离不开人力资源。人力资源预算是预算能够制定并执行的保障。因此，人力资源预算要从人力资源的引入、使用、开发、培训等方面进行。

③内部经营预算——内部流程方面

按照平衡计分卡内部经营流程的思想，内部经营预算应主要解决经营过程中的资源配置问题。内部经营预算包括日常业务预算和资本预算。日常业务预算注重企业日常运营活动中对企业资源要素的合理配置，资本预算是对资本类资源在企业内如何分配的预算。

④财务预算——财务方面

财务预算是上述预算的财务反映结果，它是预算期内反映预计现金流入、流出、经营成果或财务状况的预算。

【例11-6】在实务工作中，战略与全面预算管理体系的结合可以参见中国石油贵州销售分公司的预算指标体系，如图11-9所示。

层面	关键因素	预算指标	目标值	行动方案	责任部门
财务层面	收入增加	销售增长率 资产净利率 经济附加值	提高15%	4P营销策略	所有相关部门
	成本降低	销售成本	下降至少3%	设备更新技术创新	销售部门 研发部门
	资产利用率提升	存货周转率 应收账款周转率 总资产周转率	提高5%	应收账款回收及时 完善信息系统 增加销售投入	销售部门 信息部门 业财部门
	风险降低	资产负债率	控制在3%以下	优化投资、融资结构	业财部门
客户层面	客户满意程度	客户满意度	保持在90%以上	客户回访 问卷调查	销售部门
	代理商满意程度	代理商利润率	提高5%	加强供应 优化代理商结构	销售部门
内部流程层面	运营效率提高	产品合格率 供应及时率	提高10%	加强油品运输管理 优化工艺流程	物流部门 生产部门
	销售渠道创新、技术创新	卡销比、非油收入、纯枪量等	提高20%	大客户开发 新设备研发	研发部门 销售部门
	企业形象维护	公益活动组织频率、外部口碑效应	保持现有水平	举办公益活动 调查公司社会口碑	行政部门
	客户管理 市场预测	客户流失率、外部口碑效应	提高5%	考察开发市场	销售部门
学习成长层面	员工技能及素质提高	培训次数	原有基础上增加5%	招聘人才 组织培训	人资部门
	企业凝聚力	企业文化培训次数、企业文化认知度	保持现有水平	企业文化培训与建设等	行动部门 人资部门
	业财融合系统建设	信访系统构建进度	保持现有水平	XBBL系统建设等	信息部门

图11-9　中国石油贵州销售分公司基于战略地图四个层面的预算指标体系①

2）作业基础预算（activity-based budgeting，ABB）

（1）业务流程再造与作业管理

业务流程再造是从根本上对业务流程进行反思和重新设计，对关键业务流程（产品开发、产品设计、生产、售后服务等）进行改进，从而使企业以最小的成本、快速的反应，将高质量的产品和优质的服务提供给企业客户，提高企业竞争力。

作业管理基于业务流程再造理论，把企业看作为满足顾客需要而设计的“一系列作业”的集合体，将企业管理深入到每个作业层面，通过对作业的分解，识别增值作业和非增值作业并进行分析，然后采取措施尽可能消除不增加价值的作业，对增加价值的作业，努力提高其运作效率，减少资源消耗，最大限度地提高企业生产经营的综合效益，从而保证企业流程的目标和要求得以顺利实现。

① 杨红．业财融合预算管理体系构建探究——基于战略地图视角［J］．财会通讯，2020（18）：163-167.

（2）作业基础预算

作业基础预算就是预算在作业管理上的应用，即对增值的作业链和作业活动作出计划和控制。相比传统预算，作业基础预算具有以下特点：

①ABB以作业、流程、价值链为预算组织基础，而不是以部门为基础，从而有效地处理了跨部门预算产生的问题，增强了企业内部的横向联系，这不同于传统预算的纵向导向。

②ABB在资源配置上比传统预算更有效率，对企业的增值和非增值作业进行了分析和评价，将非增值作业尽可能消除，对增值作业则根据作业本身的增值能力确定资源分配的优先顺序。

③ABB实现了业绩的持续改进。传统的预算以固定的预算目标为对象，业绩的改进很难得到进一步的提高，ABB对企业的作业、流程进行不断的改进，从而使业绩得到持续提高。

④ABB提高了员工的参与度和积极性。ABB更加明确了基层员工在预算期内要完成的作业量，从而使预算能够准确清楚地执行。同时，基于作业的业绩考评更加合理，这也提高了企业员工的积极性。

（3）作业基础预算编制过程

作业基础预算的编制以作业成本法为基础。在作业成本法下，企业资源按照资源动因分配到各个作业，各作业中心费用再按照作业动因最终分配计入产品/服务/顾客。作业基础预算的编制过程正好与作业成本法相反，遵循“产品消耗作业、作业消耗资源”的过程：

①预测预算年度内的产品/服务量，根据作业消耗比率（每单位产品或劳务消耗的作业数量），预测满足产品/服务的作业需求量。根据资源消耗率（每单位作业消耗的资源数量）和其他相关条件，计算满足作业消耗需求的资源需求量。将该需求量与企业现有资源供应量相比较，并进行反复调整直至实现资源平衡。

②用确定的资源需求量乘以资源的预计单价，就可以预测资源需求成本。

③把资源需求成本额分配给预测产品或服务上。

3）超越预算（beyond budgeting）

20世纪90年代中期Jeremy Hope和Robin Fraster提出“超越预算”的概念，主要是通过综合运用各种预测、绩效管理方法，并分离预测与绩效评价，从而将企业打造成一个管理流程更具“适应性”、分权更激进的组织，使其能够对市场变化作出迅速反应，并使企业不断进行创新，持续改进绩效。超越预算在不同行业的不同企业中都获得了成功，超越预算为预算理论的发展和在实务中的应用开辟了一条新的道路。

（1）超越预算的产生

①不断变化的商业环境使得传统的预算理念已经无法适应剧烈的环境变化以及现代企业的要求。特别是知识经济时代的到来使得智力资本成为土地、劳动力与货币资本之外的第四大因素。传统预算对智力资本缺少足够的重视。

②传统预算导致在企业内部由预算决定的命令、控制文化占据主导地位，预算僵化。同时，传统预算越来越成为一种数字游戏，这已经导致企业更多地关注预算的盈利结果，而不关注预算行为本身。

（2）超越预算的适应性过程

超越预算提供了更加适应的管理过程，赋予了经理人关注持续的价值创造的权利，使经理人有能力应对市场的不确定性，并作出有效的回应。

适应性过程的6个基本原则包括：

①目标设定：以外部基准而不是内部的协商目标为目标基准，确定了理想的中期目标。外部基准多以本行业的最佳绩效作为衡量标准或者以直接竞争对手的绩效为标准。

②动机与奖励：考核和奖励是以有“后见之明”的相对改善目标为基础，而不是以事先约定的固定绩效目标为基础，减少了企业内部的预算博弈现象。

③战略过程：使行动计划成为一个持续且综合的过程，避免了自然年度或财政年度的限定性行动，鼓励经理们的雄心壮志和迅速回应。

④资源管理：在关键绩效指标（key performance identify，KPI）会计制度下，按照需求而不是基于年度预算的事先分配来安排资源，以减少资源浪费。

⑤客户需求：按照普遍的客户需求，而不是事先决定的年度预算来协调公司之间的行动。具体采取的方法包括：按照客户需求制订解决方案；对短期产量进行实时管理；管理客户端盈利信息。

⑥控制：控制以有效的监管和一系列相关绩效指标为基础，而不是以相对于年度计划和预算的固定指标为基础。这是一个多方位的控制体系，而不是传统预算的中央控制体系，具体包括有效监管、快速而真实的财务结果数据、趋势分析、滚动预算、KPI、绩效排名以及例外管理等。

（3）激进的分权化

超越预算考虑企业的网络化组织发展，把预算权力下放，赋予领导者创造一个高绩效公司的权力，提高了员工对企业的认同感、满意度，释放了组织的全部潜能。

在激进的分权化中，管理层遵循的6项原则如下：

①建立以明确的原则和限定为基础的监管框架，使其在不受规定、规则和预算约束的情况下作出更好的决策。

②创造以相对成功为基础的高绩效氛围，以激励员工，从而保证其持续的成功。

③给予一线团队决策的自由，而且决定必须符合公司的监管原则和战略目标，以培养一线团队的创新精神和积极性。

④将为创造价值而作出决策的责任交给团队，以增强其适应性和减少浪费。

⑤要求团队关注客户的结果，从而更好地满足客户需求。

⑥支持公开诚信的信息体系，鼓励诚信行为。

4）企业集团的全面预算管理

企业集团充分发挥了规模经济、范围经济、学习曲线的优势，在市场竞争中显示出强大的生命力，因此企业越来越向集团化发展。企业集团在内部表现为多种事业部，在外部则通过股权、产供销关系等表现为母子公司或者战略联盟等形式。企业集团的全面预算管理以总公司的战略目标为基础，兼顾各个分部或子公司利益的实现，而各分部或子公司要以总公司的预算目标为约束，并实现自身的利益最大化。

◎11.3 企业财务预算管理体系

11.3.1 财务预算的概念和内容

财务预算是专门反映企业未来一定预算期内预计财务状况和经营成果，以及现金收支等价值指标的各种预算的总称。财务预算在全面预算体系中起着非常重要的作用。各预算都是从各业务或各职能部门出发，只能反映局部的经营状况，财务预算则立足于全局，更突出企业的整体概念。企业最高层能够从中全面而细致地获得企业预算期内的财务状况、经营成果以及现金收支等情况，为企业作出总体决策提供信息。同时，财务预算从价值方面全面概括地反映了预算期内各种预算的结果，可以作为业绩评价标准，使预算执行情况一目了然、便于考核。

11.3.2 财务预算的编制

财务预算的编制内容包括现金预算、预计利润表、预计资产负债表。

1）现金预算的编制

现金预算是企业管理的重要工具，它有利于企业事先对日常现金需要进行有计划的安排。现金预算的编制建立在日常业务预算和资本预算的基础之上。编制现金收入的预算从销售收入的现金收入和应收账款开始。编制现金支出的预算要依据企业的生产预算、管理费用预算、销售费用预算、采购预算等。现金的筹集和使用则主要依据资本预算。

【例11-7】某企业20××年各季度预计销售收入分别为67 000元、60 000元、55 000元、66 000元。其中，现销收入分别为5 000元、2 000元、5 000元、1 000元。假设收账期为180天，编制该企业20××年销售收入的现金收入预算表，见表11-3（假设记账在季度末，收账在季度初，下同）。

表11-3 **20××年销售收入的现金收入预算表** 金额单位：元

季度	上年第三季度	上年第四季度	第一季度	第二季度	第三季度	第四季度	全年
销售量（件）	4 300	5 600	6 700	6 000	5 500	6 600	24 800
销售收入	43 000	56 000	67 000	60 000	55 000	66 000	248 000
现金销售收入	2 000	3 000	5 000	2 000	5 000	1 000	13 000
赊销收入	41 000	53 000	62 000	58 000	50 000	65 000	235 000
应收账款现金收回	—	—	41 000	53 000	62 000	58 000	214 000
现金收入合计	—	—	46 000	55 000	67 000	59 000	227 000

【例11-7】接前例，某企业20××年各季度预计采购支出分别为16 000元、23 000元、20 000元、19 000元。其中，现金采购分别为2 000元、5 000元、3 000元、3 000元，假设120天为还款期，编制该企业20××年采购的现金支出预算表，见表11-4。

表11-4 20××年采购的现金支出预算表 单位：元

季度	上年第三季度	上年第四季度	第一季度	第二季度	第三季度	第四季度	全年
采购支出	12 000	14 000	16 000	23 000	20 000	19 000	78 000
现金采购支出	1 000	2 000	2 000	5 000	3 000	3 000	13 000
应付账款	11 000	12 000	14 000	18 000	17 000	16 000	65 000
应付账款现金支出	—	—	11 000	12 000	14 000	18 000	55 000
现金支出合计	—	—	13 000	17 000	17 000	21 000	68 000

【例11-8】接前例，假设某企业上年单位产品人工费用为2.5元/件，变动性制造费用为0.5元/件，生产量和销售量相同，制造费用中固定性制造费用为20 000元，其中10 000元为折旧。编制该企业20××年生产的现金支出预算表，见表11-5。

表11-5 20××年生产的现金支出预算表 单位：元

季度	第一季度	第二季度	第三季度	第四季度	全年
直接人工费用	16 750	15 000	13 750	16 500	62 000
变动性制造费用	3 350	3 000	2 750	3 300	12 400
固定性制造费用	20 000	20 000	20 000	20 000	80 000
制造费用现金支出	13 350	13 000	12 750	13 300	52 400
生产现金支出	30 100	28 000	26 500	29 800	114 400

【例11-9】接前例，某企业20××年各季度预计销售费用是销售收入的10%，分别为6 700元、6 000元、5 500元、6 600元，其中，固定非现金支出部分为1 000元。管理费用是销售收入的5%，各季度的管理费用为3 350元、3 000元、2 750元、3 300元，管理费用全部为现金支出，编制该企业20××年期间费用的现金支出预算表，见表11-6。

表11-6 20××年期间费用的现金支出预算表 单位：元

季度	第一季度	第二季度	第三季度	第四季度	全年
销售费用	6 700	6 000	5 500	6 600	24 800
其中：现金支出	5 700	5 000	4 500	5 600	20 800
管理费用	3 350	3 000	2 750	3 300	12 400
其中：现金支出	3 350	3 000	2 750	3 300	12 400
现金支出合计	9 050	8 000	7 250	8 900	33 200

【例11-10】接前例，假设某企业期初现金余额为5 000元，每季度初现金不少于1 000元；所得税为每季度预先缴纳，年底统一汇总计算；假设投资一个新建项目，每季度需投资3 000元，2年后完工。根据以上资料，编制该企业20××年现金预算表，见表11-7（其余数据见本章其他例题）。

表 11-7　　　　20××年现金预算表　　　　单位：元

季度	第一季度	第二季度	第三季度	第四季度	全年	数据来源
期初现金余额	5 000	2 700	1 250	14 500	5 000	
加：现金销售收入	5 000	2 000	5 000	1 000	13 000	表 11-3
应收账款现金收回	41 000	53 000	62 000	58 000	214 000	表 11-3
现金收入合计	51 000	57 700	68 250	73 500	232 000	
减：现金支出	56 300	56 450	53 750	63 700	230 200	
其中：材料采购支出	13 000	17 000	17 000	21 000	68 000	表 11-4
直接人工支出	16 750	15 000	13 750	16 500	62 000	表 11-5
制造费用现金支出	13 350	13 000	12 750	13 300	52 400	表 11-5
销售费用现金支出	5 700	5 000	4 500	5 600	20 800	表 11-6
管理费用现金支出	3 350	3 000	2 750	3 300	12 400	表 11-6
所得税支出	1 150	450	0	1 000	2 600	表 11-9
资本支出	3 000	3 000	3 000	3 000	12 000	资本预算
其他现金支出	0	0	0	0	0	
现金余额	−5 300	1 250	14 500	9 800	1 800	
筹资与运用						
银行借款	8 000	0	0	0	8 000	假设只在年初贷款
偿还银行借款	0	0	0	0	0	全部为长期借款，以前年度借款余额为 80 000 元，年末付息，利率为 10%
支付借款利息	0	0	0	8 800	8 800	
期末现金余额	2 700	1 250	14 500	1 000	1 000	

2）预计利润表的编制

预计利润表依据各项经营预算以及资本预算资料编制。财务费用预算主要来自于资本预算。通过编制预计利润表，可以发现企业的总体获利情况，通过获利能力分析，可以发现企业成本费用以及销售收入的变化，从而方便企业采取提高利润的有力措施。

【例 11-11】 接前例，根据某企业资料编制预计利润表。

首先编制该企业 20××年销售成本预算表（见表 11-8），假设生产成本由直接材料、直接人工以及制造费用组成，同时生产的产品不存在期初存货和期末存货，当季生产，当季销售完。因此，生产成本全部结转至销售成本，单位产品中直接材料消耗为1.5元/件。

表11-8　　20××年销售成本预算表　　单位：元

季度	第一季度	第二季度	第三季度	第四季度	全年	数据来源
直接材料	10 050	9 000	8 250	9 900	37 200	
直接人工	16 750	15 000	13 750	16 500	62 000	表11-5
变动性制造费用	3 350	3 000	2 750	3 300	12 400	表11-5
固定性制造费用	20 000	20 000	20 000	20 000	80 000	表11-5
合计	50 150	47 000	44 750	49 700	191 600	

以销售收入预算表与销售成本预算表为基础编制该企业20××年预计利润表（见表11-9）。假设税金及附加为零。

表11-9　　20××年预计利润表　　单位：元

季度	第一季度	第二季度	第三季度	第四季度	全年	数据来源
营业收入	67 000	60 000	55 000	66 000	248 000	表11-3
减：营业成本	50 150	47 000	44 750	49 700	191 600	表11-8
税金及附加	0	0	0	0	0	
销售费用	6 700	6 000	5 500	6 600	24 800	表11-6
管理费用	3 350	3 000	2 750	3 300	12 400	表11-6
财务费用	2 200	2 200	2 200	2 200	8 800	资本预算
利润总额	4 600	1 800	-200	4 200	10 400	
减：所得税费用（估计税率为25%）	1 150	450	0	1 050	2 600	年底合并计算
净利润	3 450	1 350	-200	3 150	7 800	

3）预计资产负债表的编制

预计资产负债表的编制是以期初实际的资产负债表为基础，并依据当期编制的销售预算、生产预算、资本预算、现金预算以及预计利润表等进行分析编制的。

【例11-12】接前例，根据某企业以上资料，编制该企业20××年预计资产负债表（见表11-10）。假设无产成品存货，存货全部为原材料，无任何无形资产和递延资产，新建项目在“在建工程”科目中核算；应付职工薪酬和应交税费已经通过现金支付；本年不存在股利分配；按净利润的10%提取法定盈余公积。

表 11-10 **20××年预计资产负债表** 单位：元

项目	期初数	期末数	数据来源
货币资金	5 000	1 000	表 11-7
应收账款	94 000	115 000	表 11-3
存货（原材料）	1 000	41 800	表 11-7，表 11-8
流动资产合计	100 000	157 800	
在建工程	0	12 000	资本预算
固定资产	220 000	176 000	固定资产-折旧提取数
无形资产	0	0	无形资产摊销计划
非流动资产合计	220 000	188 000	
资产总计	320 000	345 800	
应付账款	23 000	33 000	表 11-4
应付股利	0	0	预计利润分配表
应付职工薪酬	0	0	预计工资表
应交税费	0	0	
其他应付款	0	0	
流动负债合计	23 000	33 000	
长期借款	80 000	88 000	表 11-7
非流动负债合计	80 000	88 000	
负债合计	103 000	121 000	
实收资本	150 000	150 000	
资本公积	40 000	40 000	
盈余公积	7 000	7 780	年初数+本期预计提取数
未分配利润	20 000	27 020	年初数+预计利润表净利润-盈余公积金提取数
所有者权益合计	217 000	224 800	
负债及所有者权益总计	320 000	345 800	

本章小结

预算就是基于预测，围绕企业的目标对企业未来的生产经营活动所作的计划。静态的预算编制方法包括固定预算、增量预算；动态的预算编制方法包括零基预算、滚动预算。

预算管理的过程包括预算的编制、执行、分析和考评。预算管理理论经历了形成期、发展期和成熟期，各个时期的预算管理理论呈现不同的特点。在不同的企业和其不同的生命周期阶段，预算的编制起点不同，具体包括以销售预算、成本预算、现金、资本预算或目标利润为起点的预算管理模式。企业应根据行业和自身的特点合理选择预算的编制模式。

全面预算是指企业未来某一特定时期内的全部生产经营活动、投资活动、筹资活动等的预算安排。全面预算的特点表现在全员参与、全过程控制、全方位管理。全面预算包括业务（经营）预算、资本预算和财务预算。战略预算、作业基础预算和超越预算成为目前全面预算管理理论的新发展方向。集团型企业的预算管理不同于非集团型企业的预算管理，更突出集团公司和分/子公司的预算协调与统一。

财务预算是专门反映企业未来一定预算期内预计财务状况和经营成果，以及现金收支等价值指标的各种预算的总称，是全面预算管理的最后环节，具体包括现金预算、预计利润表和预计资产负债表。

推荐读物

［1］伯格斯尼思.实施超越预算［M］. 黄邦伟，译. 2版. 北京：清华大学出版社，2017.

［2］刘宇. 业务引领 全员参与 扎实打造全面预算管理平台——中国有色集团全面预算管理实践［J］. 财务与会计，2016（9）：17-20.

［3］龚巧莉. 全面预算管理：案例与实务指引［M］. 2版.北京：机械工业出版社，2020.

［4］孙蕾. 云计算下企业全面预算管理信息化构建探讨［J］. 财会通讯，2022（2）：172-176.

［5］王化成，陈妤琨，陈占燎. 基于战略导向的全面预算管理研究——以铁路运输企业G集团为例［J］. 会计之友，2020（11）：10-18.

本章练习

一、思考题

1.分析我国企业目前的预算管理出现的问题，并指出其原因。

2.如何看待预算管理与实际的偏差？

3.结合企业战略理论，分析全面预算管理的未来发展。

二、计算分析题

1.ABC公司预计20××年第一季度各月份销售甲产品2 200件、2 600件、3 300件，单价分别为2.0元/件、2.2元/件、2.5元/件；销售乙产品500件、800件、650件，单价分别为55元/件、70元/件、65元/件。应收账款分3个月收回，回款率依次是60%、30%、10%。上年11月份销售收入为15 000元，其中，甲产品为1 350元，乙产品为13 650元。上年12月份销售收入为23 000元，其中，甲产品为4 000元，乙产品为19 000元。

要求：根据以上资料，编制ABC公司20××年第一季度的销售预算、应收账款预算以及销售现金收入预算。

2.ABC公司预计20××年前5个月销售甲产品2 200件、2 600件、3 300件、3 500件、3 500件，单价分别为2.0元/件、2.2元/件、2.5元/件、2.5元/件、2.2元/件；销售乙产品分别为500件、800件、650件、700件、710件，单价分别为55元/件、70元/件、65元/件、68元/件、70元/件。

根据测算，每月的期末存货约为下一个月销售量的10%，1月份期初库存量：甲产品为220件，乙产品为50件。甲产品每件材料消耗定额为5千克，单价为0.13元/千克；乙产品每件材料消耗定额为10千克，单价为1.5元/千克。月末库存材料量：甲产品为下一个月生产需要量的20%，乙产品为下一个月生产需要量的10%，1月初甲材料库存量为2 000千克，乙材料库存量为1 100千克。材料采购款分2个月付清，比例分别为70%和30%。上年末应付材料款为3 000元。

要求：编制ABC公司20××年第一季度的生产预算、材料耗用预算、材料采购预算、采购现金支出预算。

3.某企业计划期间的制造费用见表11-11。

表11-11　某企业计划期间的制造费用

制造费用项目	具体情况
间接人工费	基本工资为2 000元，另外每小时补贴0.2元
物料费	每小时0.25元
折旧费	5 000元
维修费	工时在0~4 000范围内，维修费为1 000元；工时在4 000~6 000范围内，工时每增加1小时，维修费增加0.2元；工时在6 000以上，工时每增加1小时，维修费增加0.12元
水电费	基数为600元，另外每小时0.15元

要求：在生产能量为2 000~6 000工时的范围内，按照制造费用的习性，编制制造费用弹性预算（间隔为1 000工时）。

三、综合案例

国家电网：数字化转型与财务管控创新

国家电网有限公司成立于2002年12月29日，其核心业务是投资、建设、运营电网。国家电网以建设具有中国特色的国际领先的能源互联网企业为战略目标，提出“一业为主、四翼齐飞、全要素发力”的“十四五”总体发展布局。

国家电网在此战略布局下推出了十大创新应用实践，其中之一是建立以零基预算为主导的全面预算管理系统，进一步加快企业数字化转型的步伐，实现联动预算，推动高质量发展的任务建设。国家电网财务部以零基预算为主导的全面预算管理系统创新如下：

一是优化了全面预算的三个体系，即两上两下、先上后下的预算编报体系，由集团为主导、科学统筹的资源调配体系，东西帮扶、协调发展的内部帮扶体系。

二是打造了四项预算工具，即经营目标确定有预测模型、资源精益分配有标准成本、过程管控有项目管理、执行结果有业绩考核。

三是实施了零基预算主导和细化标准成本作业化改造，建立由16万条支出标准组成的标准成本库，有力支撑了公司全面预算与细颗粒业务的融合对接。

数字化转型为国家电网预算系统的事前和事中管控提供了技术和管理支撑，联动预算是指在财务与业务系统之间建立实时联系，共同参与预算的决策和业务的管理、监督及控制。国家电网的联动预算体现在预算的模拟测算和支出的联动监测两个方面：

一是模拟预算场景。国家电网的预算编制规模大，预算管理逻辑在不同类型业务之间存在差异，内部大量业务数据混杂在一起，对预算管理产生很大的挑战。因此，国家电网搭建多维联动预测模型，基于实际需求开展场景化模拟测算，在线输出并动态调整预算结果，提高预算管控的科学性和前瞻性。多维联动预测模型承载公司的项目投资、监管核价、产业业务、金融业务等核心业务发展规律，以及资产、负债、损益、现金流等经营要素之间的联动关系，并将其转化为一系列规模参数和明细参数，能够根据前端业务直接预测并生成多角度数据报表，进行敏感性分析，满足企业对于不同场景的预测需求。通过模型的场景模拟功能，公司各级单位都能够系统分析影响公司经营的核心变量，在不同场景中进行预算的在线调整，找到契合战略目标的最佳预算方案。

二是系统联动监测。传统的财务系统和业务系统之间存在脱节，财务部门难以对预算支出进行事中管控。国家电网建设全链条管控平台，构建统一的预算科目体系，建立预算科目与会计科目的映射关系，实时获取预算执行情况；同时衔接财务管控中单位层面的预算信息、项目管理平台中项目层面的预算信息，贯通财务系统与生产、营销等业务系统，实现预算支出情况在各个部门之间联动监测。例如，财务部门通过财务系统汇集、分析成本执行数据，多维展示成本的发生情况，并在财务系统中设置控制开关，当业务预算或单位预算接近临界值时自动触发警示，超过预算的不予通过审核，实现“无预算不开支、有预算不超支”的管控要求。业务部门通过业务系统同步的财务价值信息，结合项目预算管理，更精准地对主网变电检修、运维等业务实施支出成本控制。

（资料来源：祝继高. 数字化转型与财务管控创新研究——基于国家电网的探索性案例分析［J］. 管理世界，2024（2）：172-191.）

思考：

（1）指出国家电网全面预算的内容。

（2）分析国家电网全面预算管理系统创新的作用和意义。

（3）指出数字化转型如何赋能国家电网的预算管理。

立德树人

2022年，国资委发布了《关于中央企业加快建设世界一流财务管理体系的指导意见》，掀起了企业财务转型升级的浪潮。中国华电集团有限公司顺应时代发展，推动实施建设“三型三化551”财务管理体系，此体系中第一个“5”涵盖了完善全面预算管理体系的内容，具体细化为“全集团业财融通、纵向贯通、资源配置高效、兼顾当前和中长期的全面预算管理体系”。预算管理理念从以往的“谈预算” 向“算回报”变革；中长期预算编制的深度和广度进一步扩大，通过“十四五”财务规划、资本运营规划和金融产业规划，有力对接和支撑了集团战略；价值链全过程管控力度不断加强，通过实施利用小时、电价、煤价、成本费用、边际贡献等多维分析对标，实现了分板块、分企业类型的要素精准把控。

党的二十大报告指出：“深入推进改革创新，坚定不移扩大开放，着力破解深层次体制机制障碍，不断彰显中国特色社会主义制度优势，不断增强社会主义现代化建设的动力和活力，把我国制度优势更好转化为国家治理效能。”中国华电集团财务管理体系的全面预算体系建设，创新性地探索了具有国有企业现代化制度背景和中国华电特色的世界一流财务建设路径，坚持深化改革开放的原则，推动了中国华电的高质量发展建设。

（资料来源：邵国勇. 中国华电“三型三化551”：世界一流财务体系和能力建设的创新实践［J］. 中国管理会计，2022（4）：16-26.）

第12章 企业风险管理

导读

在班固的《汉书·霍光传》中有一个“曲突徙薪”的故事：有人看到某户人家的灶上烟囱笔直地冲着屋檐，灶口堆着许多柴草，认为太危险了，就对那家主人说：“应当把烟囱改成弯的，不要冲着屋檐，要把灶口的柴草搬开，否则就会引起火灾。”主人不听那人的劝告，依然照旧。没过多久，那家人家果然失火了，左邻右舍赶来救火。幸亏发现得早，大家救得及时，终于把火扑灭了。那家人置办了酒席，感谢邻居们奋力相救，请伤势最重的人坐在首席，其他人也按功劳大小依次就座，可是没请建议他把烟囱改弯、把柴草从灶口搬开的人。有人提醒主人：“当初要是听了他的建议就不会发生火灾了，大伙儿不会受伤，更不需要破费钱财置办酒席。要说功劳，数他的功劳最大，为什么请别人反而不请他呢？不但要请，还要请他坐首席。”主人这才醒悟过来，请来提建议的人并让他坐在首席。这个故事告诉我们，未雨绸缪、防患于未然十分重要。

风险已经成为影响国家、行业、企业和个人决策的重要因素，如何识别风险、控制风险、管理风险成为组织所关心的重要问题。

学习目标

通过本章的学习，了解风险、风险管理的基本内容以及风险管理理论的基本发展，理解风险管理过程，掌握风险管理方法和策略，具有对风险的预测、应对和管理能力，养成风险意识，从而防患于未然。

◎12.1 风险管理概述

12.1.1 风险

1）风险的概念

有关风险的定义争议很大，ISO和COSO组织都对风险进行了定义。狭义的风险只是指损失，即没有从风险中获利的可能。广义的风险则是指风险可能带来损失、利得，或是无损失也无利得。本书采用ISO 31000：2018风险管理标准对风险的定义，即风险是不确定性对目标的影响，表现在：

（1）风险是不确定的，具体用概率来衡量，主要表现为：①可能会发生，也可能不会发生；②发生的时间不确定；③风险所带来的后果的程度不确定。

（2）风险可能带来损失也可能带来收益，因此风险管理不仅是避险，合理地利用风险可以为企业带来收益。

（3）风险对企业的目标实现有着重要的影响。企业在设定战略目标时要考虑可能存在的风险以及风险的影响。

【例 12-1】 2018年4月5日至8日，西北地区突发严重的倒春寒灾害，对陕西、山西、甘肃等苹果主要生产地区产生影响，此时苹果树正处于花季，强烈的减产预期对苹果期货市场造成巨大影响。叠加仓单稀缺奠定了发动一场大规模行情的基础，资金疯狂涌入，成交持仓激增，5月16日苹果期货日成交额创造了6 200亿元的纪录，当天第二名的成交额仅为1 620亿元。这波涨势一直持续到11月，创出12 626元/吨的价格新高，如图12-1所示。[①]

图 12-1 苹果期货走势图

2）风险的特性

（1）客观性

企业风险是客观存在的，不以人的主观意志为转移，风险的发生也是不以人的主观意志为转移且客观存在的。导致企业风险的原因主要是企业所在的宏观背景和市场环境的不确定性、竞争对手策略的不确定性、企业生产经营活动的复杂性以及人们认识风险和掌握风险能力的局限性，这些因素都是客观存在的。

（2）动态性

风险是动态变化的，表现在风险的性质、风险发生的概率、风险后果发生的变化方

① 佚名．倒春寒再起 苹果期货价格大幅上涨［EB/OL］．［2024-08-08］．https://futures.cngold.org/pingguo/c7002215_2.html.

面。某些风险在一定的空间和时间内被消除，同时又有新的风险产生。风险的动态变化主要有三个方面的原因：一是科技进步；二是经济体制与结构转变；三是政治与社会结构改变。

（3）复杂性

企业风险形成的过程是复杂的，风险的复杂性表现在：①风险的产生是由多种因素综合导致的；②风险的表现形式多种多样；③风险的结果不是单一的，甚至表现为一系列连锁反应。

【例12-2】 2013年8月16日，A股市场突发罕见暴涨，大盘一分钟内涨超5%。最高涨幅5.62%，指数最高报2 198.85点。11点05分，多只权重股瞬间出现巨额买单。大批权重股瞬间被一两个大单拉升之后，又跟着涌现大批巨额买单，股指期货、蓝筹ETF同步暴涨，以致多达59只权重股瞬间封涨停。11点08分，股市出现阶段性回落。11点15分起，上证指数开始第二波拉升，这一次最高摸到2 198点，在11点30分收盘时收于2 149点。11点44分，上交所称系统运行正常。14点23分左右，光大证券发布公告，承认套利系统出现问题，公司正在进行相关核查和处置工作。16点27分左右，中国证监会在通气会上表示，"上证综指瞬间上涨5.96%，主要原因是光大证券自营账户大额买入""目前上交所和上海证监局正抓紧对光大证券异常交易的原因展开调查"。据悉，此乌龙事件中共下单230亿元，成交72亿元，涉及150多只股票。按照8月16日的收盘价，上述交易的当日损失约为1.94亿元。

3）风险的要素

风险的基本构成要素包括风险因素、风险事件和风险结果。三者密切相关，呈逐层递进的关系。其中，风险因素的存在导致风险可能产生和存在，是风险形成的必要条件。风险事件则是导致风险产生的事件，它是风险存在的充分条件，在整个风险中占据核心地位。风险结果则是风险产生后所带来的后果，一般表现为损失。

（1）风险因素

风险因素是指导致风险发生的内在原因，是造成损失的根本原因。导致风险发生的因素非常多，当多种因素共同存在时，就导致风险发生的概率或损失幅度增大。例如，房屋倒塌可能是由于房屋建筑不合格，也可能是由于地震等原因。

根据风险因素的性质，风险因素可以分为有形风险因素和无形风险因素。有形风险因素也称实质风险因素，是指直接影响事物物理功能的物质性因素。例如，建筑物的结构、地震、海啸对于房屋倒塌而言就属于有形风险因素。无形风险因素是指影响损失发生可能性和受损程度的无形因素，包括文化、习俗和个人价值观等非物质因素，具体又可分为道德风险因素和心理风险因素两种类型。心理风险因素与人的心理有关，道德风险因素与人的道德修养有关，二者的不同就在于是否有主观故意。由于人们的疏忽或过失，以致增加风险事故发生的机会或扩大损失程度，并不是故意的行为。

（2）风险事件

风险事件又称风险事故，是造成风险损失的直接原因和外在原因，它是偶发事件。风险事件是连接风险因素与风险结果的纽带，风险事件的发生使得风险由可能转化为现实。风险因素是潜在的，只有风险事件发生，风险才有可能带来损失。例如，地震和海啸导致日本的福岛核电站发生核泄漏事故。

(3) 风险损失

风险损失不同于一般的损失，它是非故意的、非预期的和非计划的利益的减少或消失。在预期和计划之内的损失则不属于风险损失内容，如企业的折旧、无形资产的摊销、坏账准备的提取。风险损失包括两种：①可量化的损失，如财产的损失、收入的降低、罚款、赔偿等，也可称为直接损失；②不可量化的损失，也称无形或间接损失，包括企业信誉的丧失等。

【例12-3】 具有233年历史的巴林银行毁于28岁的里森（Nick Leeson）手里。里森未经授权在新加坡国际货币交易所（SIMEX）从事日经225股票指数期货合约，最终交易失败，致使巴林银行亏损6亿英镑，这远远超出了该行的资本总额（3.5亿英镑）。巴林银行的倒闭一方面源于金融市场本身的波动和金融交易的复杂性，另一方面源于巴林银行的监管疏忽，以及里森的冒险和投机行为。

从风险的要素来说，导致巴林银行倒闭这一风险损失的风险事件是尼尔里森的违规交易失败，导致这一失败的风险因素主要来源于巴林银行的内部监管问题。

4）风险的种类

(1) 按企业所面临的环境划分，风险可以分为宏观环境风险、行业风险以及企业的内部风险。宏观环境风险主要来自于宏观环境的变化，如政治风险、法律风险、经济风险、技术风险、社会风险、自然环境带来的风险等。行业风险主要来自于行业环境的变化，如行业生命周期的变化、行业竞争结构的变化，以及消费者、替代品、供应商带来的风险等。企业的内部风险主要为企业经营所带来的风险，如负债过高、现金流减少所带来的财务风险，企业战略不当所带来的战略风险，由于员工操作不当所带来的操作风险等。

(2) 按风险后果的性质划分，风险可以分为纯粹风险和投机风险。纯粹风险也称静态风险，是指只有损失而无获利的风险。投机风险也称动态风险，是指可能存在损失，也可能获利的风险。例如，股票价格、汇率的波动可能带来损失也可能会带来收益。

(3) 按风险的损害对象划分，风险可以分为人身风险、财产风险和法律责任风险。人身风险是指风险所造成的损失由个人承担，如失业、疾病等，一般很难用货币来衡量。财产风险为财产毁损、灭失和贬值产生的风险，以货币价值衡量。法律责任风险是指企业或企业员工因过失或侵权行为造成其他企业或企业员工的财产损毁或人身伤亡，必须承担法律责任的风险。

(4) 按风险的可控程度划分，风险可以分为可控风险和不可控风险。可控风险是人为因素造成的，在一定程度上可以控制或部分控制，如对员工进行业务技能以及思想意识的培训，就可以很好地降低员工误操作的风险。不可控风险是指经营者自身无法左右和控制的风险，如由于美国次贷危机爆发所引发的风险。

(5) 按企业管理的内容划分，风险可以分为财务风险、营销风险、人事风险、研发风险等。财务风险是指由于企业财务运作所带来的风险，如高财务杠杆、汇率变化所带来的负债增加或是报表折算差额等。营销风险是指市场需求发生变化所带来的风险。人事风险主要是因人力资源的供求、薪酬发生变化所产生的风险，如劳动力工资上升、劳动力由东南沿海向中西部转移所带来的用工荒等。研发风险主要是指所研发的技术或产品落后于竞争对手所带来的风险等。

（6）按风险的性质划分，风险可以分为潜在风险和意外风险。潜在风险是指风险事故在发生之前相当长的时间内不暴露出来，形成潜伏的风险状态，然后逐渐发展扩大，酿成风险事故。意外风险是指完全没有防备，突然发生的风险事故。

12.1.2 风险管理

1）风险管理的概念

随着人们对风险的认识和要求不断变化，风险管理的内容和含义也在不断地延伸，从风险发生时的应对延伸到识别、预警和规划。风险管理是对组织运营过程中要面临的各种风险进行预测、识别、分析、评价、预警、处理，以达到组织利润最大化或者损失最小化的过程。

2）风险管理的过程

风险管理一般要经过风险规划、风险识别、风险评估、制定风险应对策略、实施风险管理策略和措施，以及风险管理的监督、改进和评价几个阶段。整个风险管理工作是上述过程的循环，但不是回到原点，而是呈螺旋式上升。企业要做好风险管理工作，首先要对风险管理制定规划，确定风险的管理组织结构和人员以及他们的职责和范围；其次要执行风险管理规划，进行风险识别、风险评估、风险应对，以及对风险管理措施的有效性和收益性进行定期检查，及时了解过去一段时间的工作绩效，发现执行中的困难及新的风险，进而调整既定的决策以适应新环境，开始下一个循环。

（1）制定风险管理规划

制定合理的风险管理规划是风险管理的第一步，主要包括：

① 明确风险管理的目标。风险管理的成功与否很大程度上取决于是否预先设有一个明确的目标。因此，企业在一开始就要权衡风险与收益，表明对风险的态度。各个行业和各个企业的风险管理目标通常都不尽相同。风险管理的目标要与企业的目标相一致。

②建立风险管理的组织结构，明确风险管理责任。风险管理的组织结构的健全与否以及风险管理中权责关系的设置关系到风险管理是否能正常开展以及能否达到预期的管理效果。企业应建立健全风险组织结构，在董事会下成立风险管理委员会，由董事会领导风险管理委员会对风险管理工作进行统筹规划，对重大风险管理事项进行决策，制定风险管理制度。风险管理组织应该完整、独立，便于不受干扰地、独立地开展风险管理工作。在风险管理委员会下设立独立的风险控制和稽核部门，从而对公司各业务和过程进行独立的风险管理控制和内部稽核。

③制定风险管理规划，并形成书面文件，作为指导性的纲领下发。风险管理规划详细说明了企业风险管理的各个过程的内容和要求，整体的风险评价及基准，使用的风险评价、风险规避方法和策略。风险管理规划并不是一成不变的，而是需要不断修正的。如果在执行过程中发现风险水平没有按照预期下降，或者发现风险水平超出了预期，突发性的风险事件以及原定的风险措施不足以应对风险时，就必须更新或重新制定风险规划。

（2）风险识别

风险识别就是对企业所面临风险的类别、形成原因进行感知和预测。风险识别是进行风险管理的基础，具体步骤包括：

①根据企业的人员和资产以及所面临的环境，收集和整理与企业风险、风险管理相关的信息，特别是要了解潜在的风险事项，对企业所面临的风险进行归类，这有助于全面系统地掌握与风险有关的情况。

②对风险进行识别，即判断有无风险、对企业的影响是正面的还是负面的、是机会还是风险、风险类别，并将识别出的风险列出清单。

③将引起风险的因素分解，分析风险形成的原因、条件。

④对风险的后果与损失形态进行归类与分析。

（3）风险评估

风险评估是指在风险识别的基础上，通过对风险形成原因的系统分析，估算各种风险发生的概率、时间、可能带来的损失程度和影响范围。风险度量是风险估计中的核心内容。风险的评估通常还包括风险评价，即在风险评估的基础上，依据风险偏好对风险的相对重要性以及轻重缓急程度进行分析并排序。风险评估采用定性和定量相结合的方法。

（4）制定风险管理策略和具体风险应对措施

首先，根据风险评估的结果，在企业目标和企业战略规划的指导下，公司要设计并选择恰当的风险管理工具组合。其次，根据具体的风险制定具体措施，包括风险发生前、发生期间以及发生之后的具体目标、详细流程、组织与人员安排、如何具体实施风险管理工具。

（5）实施风险管理策略和具体措施

实施确定的风险管理策略和具体措施。在实践中，风险可能发生也可能没有发生。

（6）风险管理的监督、改进和评价

在实施风险管理策略过程中关注执行过程是否发生偏离、是否发生超出风险管理规划的事件，及时调整和改进策略和具体措施，对风险管理工作的全过程进行总结和评价，对风险管理的成本和收益进行分析，为下一步风险管理工作提供建议。

3）风险应对的具体措施

目前常用的风险应对措施包括风险承担、风险规避、风险转移、风险转换、风险对冲、风险补偿、风险控制。企业既可以只使用其中一种，也可以先分解风险然后综合使用几种应对措施。对于不同的风险应采取不同的风险措施。一般而言，对于战略风险、财务风险、运营风险、政治法律风险，采用风险承担、风险规避、风险转换和风险控制等措施；而对于通过保险、期货、对冲等金融工具进行理财的风险，采用风险对冲、风险补偿、风险转换等措施。

（1）风险规避

风险规避即放弃或拒绝承担全面风险以规避损失发生的可能。这种措施彻底消除风险损失，但同时也使获利的可能性降为零，因此是最容易操作也是最消极的一种应对措施。但是某些风险可能无法规避，某些风险采取规避措施的成本非常高，或者有些风险规避会带来新的风险，因此风险规避适用于企业无法防范和控制的风险、发生概率非常大且损失非常大以至于企业无法承受的风险、处理方法成本非常高以至于远远超过收益的风险。譬如，企业担心买家出现违约风险，因此放弃与买家的交易。

（2）风险转移

通过一定的方式将风险转嫁给其他的主体。风险转移本身不能降低风险发生的概率和损失程度，而是通过协议或合同使风险由其他人承担或共同承担，主要方式有保险和非保险转移。保险转移即企业定期向保险公司缴纳一笔保险费，一旦发生损失，由保险公司承担经济赔偿责任。非保险转移包括发包、在合同中订立转移责任条款或者免责条款等。

（3）风险承担（风险自留）

企业以其内部的资源来承担风险所带来的损失，是当企业无法规避风险，同时又不能通过控制、转移的方式降低或消除风险时，无可奈何之下采取的方式。主要的风险自留方法有：将损失摊入经营成本，建立意外损失基金或准备来补偿全面风险带来的经济损失和自负额保险。

【例12-4】上海睿民互联网科技有限公司发布公告：因新冠疫情导致上半年开工率不足，收入确认被延缓。同时，公司管理团队的流失也给公司成长带来挑战。尽管2020年下半年上海睿民积极开拓市场，应对市场变化，但2020年整体收入及利润情况不及预期，结合该子公司的未来业务发展预期，拟计提商誉减值准备范围为1.35亿元至1.62亿元。[①]

（4）风险转换

企业通过战略调整等手段将此种风险转换成另一种风险，这种方法虽然将一种风险消灭了，但是带来了另一种风险，风险没有消失，但是企业所承担的风险种类发生了变换。与风险转移不同，风险转换中风险承担者不变，风险种类发生变化；而风险转移中风险承担者发生变化，风险种类不变。在风险转换中，企业转换的风险通常为企业可以承担或控制的风险。

（5）风险补偿

企业对预料到的风险采取事先的补偿措施。譬如，风险投资者在投资创业项目时要求更高的回报率，以获得承担风险的补偿。风险补偿通常在企业必须承担风险，但是又无法通过其他的方式规避、分散、对冲、转移风险时使用。

（6）风险对冲

企业用一种或几种风险对冲掉或者抵消掉原有风险可能带来的损失。

（7）风险控制

当风险无法规避时，如何控制风险就成为首要问题。风险控制包括风险发生前的风险预防以及风险发生后的风险控制和风险隔离。

①风险预防

预先采取适当的措施将风险发生的概率控制在可接受范围内。风险的预防主要是加强对操作人员风险意识的教育、建立风险制度等。例如，为了降低应收账款不能回收的风险，企业要提前对顾客进行资信评估，根据顾客的信用能力决定是否对其进行赊销。

②风险控制

主要以减少风险损失为主，并且要预防全面风险的扩散，斩断风险发生引起的连锁反

① 佚名.高伟达2020年年度董事会经营评述［EB/OL］.［2024-09-08］.http://finance.sina.com.cn/stock/relnews/cn/2021-03-25/doc-ikknscsk1429223.shtml.

应。风险分散是控制风险的有效手段。例如，为减少顾客货款回收风险，企业根据顾客不同的资信水平确定其不同的赊销金额，达到分散风险的目的。

③风险隔离

将风险控制在一定范围（如一个业务经营单位）内，不让其扩散，这样，当某一风险发生时，影响的只是局部而不是全局，而且容易控制其影响范围。许多大型企业在开发新产品和新业务时采取此类方法。

12.1.3 风险管理理论的发展

1）传统风险管理阶段

风险管理的对象主要是信用风险和财务风险，重点是如何提高风险管理的水平。其主要理论包括马科威茨（Markowitz）的“组合选择”理论、夏普（Sharp）的资本资产定价模型、布莱克（Black）和斯科尔斯（Scholes）的基于股票标的资产的期权定价模型，以及罗斯（Ross）的套利定价理论。

2）现代风险管理阶段

企业面临的风险不只是财务风险和信用风险，事后的风险管理也很重要。综合考虑各种风险并进行管理成为这一时期的研究重点。其主要理论包括整合风险管理理论、整体风险管理理论以及综合风险管理理论。

3）全面风险管理阶段

随着企业风险范围的扩大，以及风险管理内容的逐渐延伸和整合，风险管理理论研究进入全面风险管理理论阶段。在这一阶段，主要主张包括北美产险精算协会（CAS）提出的全面风险管理、巴塞尔银行监管委员会相继推出的《巴塞尔协议Ⅱ》《巴塞尔协议III》，以及COSO推出的《企业风险管理——整合框架》《企业风险管理——与战略和业绩的整合》等。

全面风险管理的特征包括：

（1）战略性：风险管理主要运用于企业战略管理层面。

（2）全员化：风险管理要求企业治理层、管理层和所有员工都参与和实施。

（3）专业性：由于风险管理的技术要求高、难度比较大，需要从事风险管理的人员具有专业性。

（4）二重性：风险包括纯粹风险和机会风险，风险的不确定性可能带来损失，也可能带来机会，好的风险管理不仅能使损失最小化，还可以从风险中获得机会，提升企业的绩效。

（5）系统性：全面风险管理拥有一套系统、规范的方法，从风险的规划、识别所有的风险，到最终风险的控制以及风险的监控和报告，每个流程相互衔接、相互影响。

12.1.4 目前主要的风险管理标准

1）国外的风险管理标准

（1）COSO系列风险管理标准

COSO（Committee of Sponsoring Organization of the Treadway Committee）是美国反虚假财务报告委员会下属的发起人委员会。20世纪90年代，美国财务舞弊案件层出不穷，一时间，加强内部控制、防范财务风险成为各企业关注的焦点。COSO于1992年发布了《内部控制——整体框架》（简称IC-IF框架），该框架一发布便受到广泛认可和应用。该框架系统地描述了内部控制的定义、目标、构成要素和有效性评价标准等。经过十多年的应用，它已成为世界通行的内部控制权威文献。

到了21世纪初，随着安然、世通、施乐等一系列公司财务丑闻的曝光，投资者蒙受了巨大的损失，人们对加强内部控制、提高风险管理能力的要求越来越高。2002年，美国通过了《萨班斯-奥克斯利法案》（Sarbanes-Oxley-Act of 2002，以下简称《萨班斯法案》），其中第404条款要求上市公司管理层对内部控制的有效性进行披露，同时要求注册会计师对上市公司内部控制的效果进行审计。

在这一背景下，COSO在1992年COSO报告的基础上结合《萨班斯法案》，于2004年9月29日发布了《企业风险管理——整体框架》（Enterprise Risk Management Framework，ERM），更有力、更广泛地关注于企业风险管理。并且，它将内部控制框架纳入其中，从而构建了一个更强有力的概念和管理工具。

但是，随着新环境的变化、新风险的出现，《企业风险管理——整体框架》遇到了更多的挑战。因此，COSO在2014年10月启动风险管理框架修订工作，并于2017年9月发布了最新版《企业风险管理——战略和业绩的整合》（Enterprise Risk Management—Integrating with Strategy and Performance）。

（2）ISO 31000风险管理标准

随着人们对风险认识的日益加深，适用于任何公共、私有或社会企业、协会、团体或个人的统一的国际风险标准呼之欲出，同时该标准能协调与统一现有的和未来的风险管理标准。国际标准化组织（ISO）于2004年发布了《风险管理——术语》标准，于2009年11月发布了ISO 31000：2009《风险管理——原则与指南》标准。该标准由5章组成，包括风险管理的范围、术语和定义、原则、框架、过程。该标准已经成为国际标准化组织成员国采纳的通行标准，为在任何范围或背景下，以透明的、系统的、可靠的方式来管理任何形式的风险提供了原则、框架和程序。随着新风险的出现，ISO/IEC对其进行了修正，于2018年2月15日发布了ISO 31000：2018《风险管理——原则与指南》，同旧版相比，新版修订了风险管理原则，更加强调风险管理的反复优化，从治理层面上指出高管的领导职能与风险管理的整合。

（3）澳大利亚-新西兰风险管理标准（AS/NZS 4360）

澳大利亚-新西兰风险管理标准（AS/NZS 4360）是世界上第一个国家风险管理标准，是澳大利亚和新西兰的联合标准。它于1995年首次发布。其后，AS/NZS 4360分别于1999年和2004年进行了修订。AS/NZS 4360明确指出风险是对目标而言的不确定性，其结果可以是“损失、伤害、失利”，也可以是“获利”。因此，风险管理“既是为了发现机会，也是为了避免或减轻损失”。企业的目标不仅是避免损失，更是盈利。AS/NZS 4360把风险管理看作一个过程，其包括通信和咨询、建立环境、风险识别、风险分析、风险处置、风险监控与回顾七个步骤。

（4）欧洲空间标准化合作组织ECSS-M-00-03A《风险管理》标准

欧洲空间标准化合作组织（ECSS）于2000年4月25日发布了ECSS-M-00-03A《风险管理》标准。该标准给出了用于空间项目综合风险管理的原则和要求；提出了一个通用风险管理过程，过程包括4个步骤和9个任务，指出了各任务需包括的活动；给出了风险管理实施中风险管理责任的划分方法、项目生命周期内与风险相关的项目活动，以及风险的可见性、风险管理过程中活动信息的记录与保持等方面的内容；给出了风险管理过程要求和风险管理实施要求等。2004年8月16日，其发布了ECSS-M-00-03B《风险管理》标准，增加了"风险管理政策文件"、"风险管理计划"和"风险评估报告"这些要求性文件。

2）我国的风险管理标准

（1）财政部发布的《企业内部控制基本规范》

为了加强和规范上市公司的内部控制，提高上市公司的经营管理水平和风险防范能力，促进企业可持续发展，保证我国证券市场健康发展，保护我国广大投资者的利益，2006年6月，上交所发布了《上海证券交易所上市公司内部控制指引》。同年9月，深交所发布了《深圳证券交易所上市公司内部控制指引》。2008年5月，财政部会同证监会、审计署、原银监会、原保监会联合发布了《企业内部控制基本规范》，自2009年7月1日起在上市公司范围内施行。该规范指出，上市公司应当对本公司内部控制的有效性进行自我评价，披露年度自我评价报告，并可聘请具有证券、期货业务资格的会计师事务所的注册会计师对内部控制的有效性进行审计，同时也鼓励非上市的大中型企业执行该规范。

（2）国资委发布的《中央企业全面风险管理指引》

为了加强央企的全面风险管理，指导中央企业开展全面风险管理工作，国务院国有资产监督管理委员会于2006年制定了《中央企业全面风险管理指引》，该指引从风险管理初始信息、风险评估、风险管理策略、风险管理解决方案、风险管理的监督与改进、风险管理组织体系、风险管理信息系统、风险管理文化八个方面指导中央企业进行全面风险管理。

（3）GB/T 24353—2009《风险管理原则与实施指南》

参照ISO 31000，结合我国企业的发展现状以及我国多种风险标准存在的客观现实，我国制定了国家标准GB/T 24353—2009《风险管理原则与实施指南》，于2009年12月1日起实施。该标准适用于我国各类组织，提供了风险管理的原则和实施的通用指南，对各类、不同规模的组织在任何范围开展风险管理工作具有普遍的指导意义。2013年12月31日发布的中华人民共和国国家标准《风险管理-术语》（GB/T 23694-2013）对2009版进行了修订，对风险、风险管理以及与风险管理相关的术语进行了界定，进一步促进了不同组织、不同行业、不同领域对风险管理的一致认识。

◎12.2 COSO企业风险管理——战略与绩效的整合

12.2.1 COSO-ERM 2017的背景和特点

随着环境风险的变化，以及人们对风险、风险管理的认知的变化，企业面临着：①风险的两面性，以前更考虑风险的负面性而非风险的正面性，现在管理层可以考虑合理利用风险中的机会；

②企业不仅要识别风险，而且要管理风险；

③风险存在于任何一个组织，甚至是组织的任何一个部分；

④风险管理是一个过程，是一个监控、学习和改进绩效的系统；

⑤在战略选择、战略实施和企业绩效方面都应该考虑风险问题。

风险影响了企业的战略选择和实施，直至影响企业绩效的完成。因此，面临新的环境和新的风险管理要求，2016年COSO对COSO-ERM 2004版进行修订，并于2017年颁布实施，将风险、风险管理贯穿于整个企业——从使命、愿景和核心价值观，到战略、业务目标和绩效，再到提高绩效，将它们全部整合在一起，如图12-2所示。

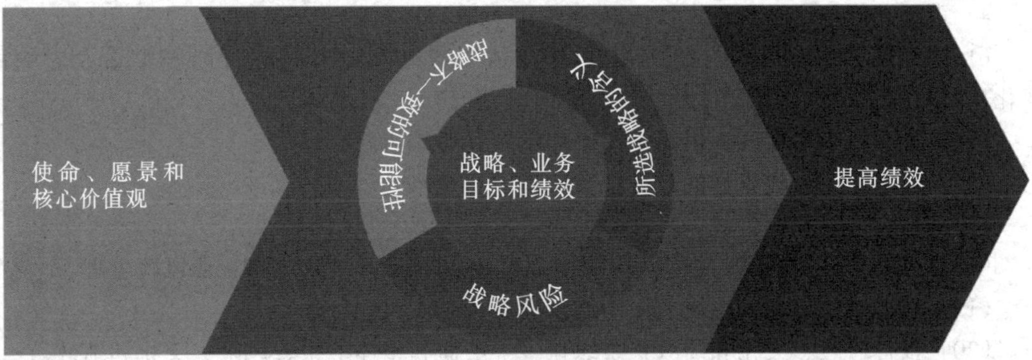

图12-2 全面风险管理框架

第一，考虑使命、愿景和核心价值观战略匹配的可能性。选定的战略必须支持本组织的使命和愿景。如果所选战略与使命、愿景和核心价值观不匹配，则企业有可能不能实现使命和价值观。

第二，考虑所选战略潜在的风险。每种备选战略都有其固有的风险，这来自于战略本身。当管理层和董事会制定和选择备选方案时，会对战略中固有的风险进行权衡。董事会和管理层需要确定该战略是否与组织的风险偏好相一致，以及它将如何帮助组织制定目标并最终有效地分配资源。

12.2.2 COSO-ERM 2017的要素和原则

COSO-ERM 2017包括五个要素、20个原则：

1）治理和文化

（1）实施董事会风险监督：董事会对战略进行监督，并履行治理职责从而支持管理层实施战略和完成业务目标。

（2）建立运营体系：组织建立运营体系以追求战略和业务目标。

（3）定义预期文化：组织定义了实体预期文化的预期行为。

（4）表现对核心价值观的承诺：组织表现出对实体核心价值观的承诺。

（5）吸引、发展和留住人才：组织建立符合战略和业务目标的人力资本。

2）战略和目标设定

（6）分析业务环境：组织考虑业务环境对风险状况的潜在影响。

（7）定义风险偏好：在创造、保持和实现价值的背景下组织定义风险偏好。

(8) 评估替代战略：组织评估替代战略和风险状况的潜在影响。

(9) 制定业务目标：组织在不同层次上制定业务目标以在协调和支持战略时考虑风险。

3) 绩效

(10) 识别风险：组织识别影响战略和业务目标绩效的风险。

(11) 评估风险的严重性：组织评估风险的严重性。

(12) 风险优先：组织优先考虑风险，将其作为选择风险应对措施的基础。

(13) 实施风险应对：组织识别并选择风险应对措施。

(14) 发展组合观：组织开发和评估风险的投资组合视图。

4) 审阅和修订

(15) 评估重大性变化：组织识别和评估对战略和业务目标可能产生重大影响的变化。

(16) 审阅风险和绩效：组织审阅实体绩效并考虑风险。

(17) 追求企业风险管理的改进：组织追求企业风险管理的改进。

5) 信息、沟通和报告

(18) 借助信息和技术：组织利用实体的信息和技术系统来支持企业风险管理。

(19) 沟通风险信息：组织利用沟通渠道支持企业风险管理。

(20) 报告风险、文化和绩效：组织在多个层面和整体上报告风险、文化和绩效。

◎12.3 财务风险及管理

12.3.1 财务风险概念及其内容

在日益复杂的市场经济环境中，企业的财务活动具有不确定性，财务风险无时不有、无处不在。狭义财务风险是指企业不能偿还到期债务给企业带来的风险，此时企业的财务风险与长期负债、短期负债相关。广义财务风险是由企业财务活动的不确定性导致企业实际收益与预期收益发生偏离的风险。

财务风险管理就是对企业财务风险产生的原因进行分析，对财务风险进行识别和度量，通过采取经济合理的控制策略，规避或分散风险，使企业避免损失。财务风险管理包括筹资风险管理、投资风险管理、资金回收风险管理和收益分配管理。

12.3.2 财务风险预警体系

财务风险是一个逐步显现、不断恶化的过程，事先发现风险的迹象或者征兆，提请决策者注意，并采取防范措施，可以降低风险发生的可能性和风险发生的损失程度。财务风险预警就是通过对企业各种经营管理信息的比较、分析和评价，判断企业目前的经营状态是否存在风险，以及预测企业的未来是否会发生危机，帮助经营者了解企业经营的真实状况、风险程度以及风险存在的根源，为企业经营决策提供辅助性的参考意见，并使其采取措施。

1）财务风险预警模型

财务风险预警模型包括单变量预警模型和多变量预警模型。

（1）单变量预警模型

1966年，比弗使用单变量预警模型对财务失败进行预测，通过比较发现，现金流量/债务总额、资产收益率和资产负债率这三项指标能够起到较好的预警作用，有效提示风险。

（2）多变量预警模型

目前使用较多的是Z计分模型和企业安全率模型。

①Z计分模型

爱德华·阿特曼（Edward Altman）建立了财务预警的多元判别函数，其表现形式为：

$$Z=0.717X_1+0.847X_2+3.11X_3+0.42X_4+0.998X_5$$

式中：

X_1=（期末流动资产-期末流动负债）÷期末总资产，用以衡量企业全部资产的流动性水平。

X_2=留存收益÷期末总资产，从企业经营历史的角度衡量企业的获利能力水平。但要注意的是，对于成立时间久的公司，由于市场基本稳定，该比率要高一些；而对于成立不久的新公司而言，经营不稳定，这个比率较低。

X_3=息税前收益÷总资产，企业偿付利息以及税款的支付同样反映了企业的盈利水平，因此该指标反映了企业总资产真正带来的平均获利水平。

X_4=期末股东权益的账面价值÷期末总负债，该指标衡量了股东权益对负债的保障程度。

X_5=本期销售收入÷平均总资产，该指标既反映了企业资产创造销售收入的能力，同时也反映了企业资产的周转速度，因为销售收入意味着一定的市场占有率，对于企业的发展和生存起到了关键性的作用。

通过计算可以得出企业的Z值，判断Z值的高低可得出企业破产的概率。Z值越高，企业破产的可能性越低。不同企业的临界值不同。一般而言，$Z>2.90$表示企业经营状况良好，无财务风险可言，相当安全；$1.23<Z<2.90$属于灰色区域，表示无法简单判断企业的财务状况，需要进一步对企业进行分析，及时找出对策，防范风险；$Z<1.23$表示企业破产的可能性非常大。

基于Z计分模型，研究者对其指标的选择进行改进，从而形成了不同的预警模型，如日本开发银行的“利用经营指标进行企业风险评价的新尝试”模型和巴萨利模型。

②企业安全率

经营安全率和资金安全率可以衡量企业财务结构状况是否处于安全状态，从而改善企业的财务结构。经营安全率使用安全边际率来衡量。

安全边际率=100%-盈亏平衡点比率

经营安全率反映企业预计销售额超出盈亏平衡点销售额的程度。

资金安全率=资产变现率-资产负债率

其中：

资产变现率=资产变现金额÷资产账面金额

资产负债率=负债账面金额÷资产账面金额

计算出企业的安全率指标后，分别以经营安全率和资金安全率为横纵轴绘图，根据企业的安全指标落在哪一个象限来判断企业的财务状况是否良好，并针对不同的情况采取相应的措施。安全指标落在第Ⅰ象限，说明企业经营状况良好，足以支持企业采取扩张战略；安全指标落在第Ⅱ象限，说明企业财务状况良好，但市场营销能力不足，企业要加强营销能力；安全指标落在第Ⅲ象限，说明企业经营已陷入窘境，随时都有爆发财务危机甚至破产的可能；安全指标落在第Ⅳ象限，说明企业财务状况已经出现问题，此时要积极改善财务结构。安全率预警矩阵如图12-3所示。

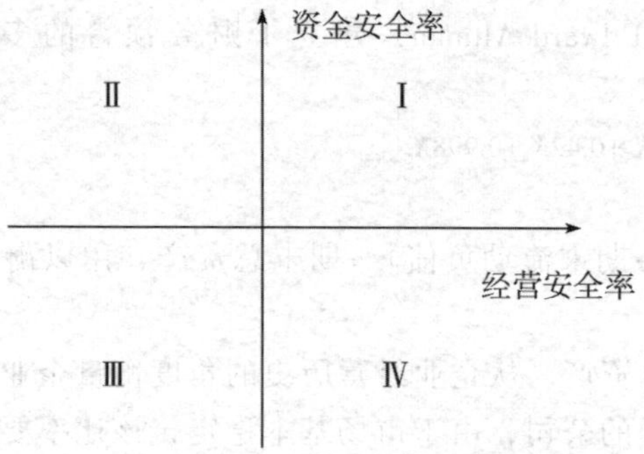

图12-3 安全率预警矩阵

2）财务风险预警方法

财务风险预警方法包括定性方法和定量方法。定性方法主要有专家调查法、“阶段症状”分析法、“三个月资金周转表”分析法和流程图分析法等。定量方法包括判定模型（包括一元判定模型和多元判定模型，Z计分模型就是采用这种方法）、概率模型（采用LOGIT模型、LOGISTIC模型）、人工神经网络模型（ANN）、模糊综合评价法和熵评价法等。

12.3.3 衍生工具在财务风险管理中的应用

当财务风险不可避免时，如何通过事前的安排或措施降低企业风险损失，或在风险发生时及时地为企业提供经济补偿，从而在风险发生后进行生产自救、恢复企业经营，成为企业风险管理的重要内容。衍生品工具的使用成为目前财务风险管理的重要措施。

1）衍生工具（derivative instruments）

Derivative的原意是派生物、衍生物。衍生工具与原生工具相对应，是指从基础金融工具，如货币、利率、股票等交易过程中衍生发展出来的金融产品，其主要形式有远期合约、期货合约、期权和互换等。衍生工具具有保值、投机和套利的功能。对于企业而言，其主要功能就是套期保值。

【例12-5】2017年12月22日，苹果期货作为全球首个鲜果期货品种在郑州商品交易所挂牌上市。时任中国证监会副主席的方星海在出席上市仪式时表示，苹果期货的上市填补了全球期货市场鲜果类产品的空白，标志着郑商所服务实体经济的能力迈上了新台阶。上市苹果期货，为贫困地区产业企业和果农提供定价和避险工具，支持贫困地区优势产业发展，稳定贫困地区果农收入，是资本市场服务实体经济和国家脱贫攻坚战略部署的重要举措。[①]

2）远期合约（forwards contract）

远期合约是合约双方分别约定在未来某一时间按照规定的价格购买和售出约定数量的某种金融资产。企业作为保值者进入远期合约，目的在于减少未来的不确定性，而不是增加未来的盈利。所以企业一般是在基础市场上存在净头寸或有需要保值的资产时，才会考虑签订远期合约。远期合约是在场外交易市场（OTC）进行交易的。

【例12-6】20×4年5月24日，一家中国企业估计3个月后要支付100万美元给美国出口商，如果90天后美元汇率上升，这家企业将面临着多支付人民币的风险。此时想要避免这种风险，该企业可在远期外汇市场购入3个月100万美元的远期合约，汇率为6.7975，这样相当于90天后支付美元的实际汇率固定在目前的美元远期汇率上。到20×4年8月26日，该企业将以679.75万元人民币买入100万美元，如果美元汇率涨到6.8115，则该企业获利1.4万元（681.15-679.75）；反之，如果美元汇率下跌到6.7885，则该企业会亏损0.9万元。到了20×4年8月26日，银行间外汇市场人民币汇率中间价为：1美元=6.8041元人民币，可以发现，通过远期合约，该企业少支付了0.66万元。

相关汇率远期汇价表见表12-1。

表12-1　**20×4年5月24日美元对人民币汇率远期汇价表**　单位：元人民币

期限	买价	卖价	日期
7天（7D）	6.8245	6.8252	20×4-06-02
1个月（1M）	6.8126	6.8154	20×4-06-28
2个月（2M）	6.8047	6.8073	20×4-07-26
3个月（3M）	6.7945	6.7975	20×4-08-26

3）期货合约（futures）

期货合约与远期合约一样，都是买卖双方就未来以某种价格交易特定数量的某种商品或资产而签订的协议。不同于远期合约的是，期货合约是一种标准化的合约，可根据买卖双方的需求量身定制。投资或投机者可通过低买高卖或高卖低买的方式赢利。现货企业则可以利用期货做套期保值，规避因现货市场的商品价格波动而造成损失。当交割日交易所内期货价格高于场外的现货价格时，则交易者可通过卖空期货合约、购买基础资产、立即进行交割三种方式获得相当于期货价格超出现货价格的利润。若在交割日期货价格低于现货价格，则可以进行反向操作。套期保值依赖于现货价格与期货价格之间高度的相关性。

【例12-7】某企业预计12月份需购买原油1万桶，该企业可以在7月份买10份次年1月份的合约进行保值，价格为98元/桶。12月，公司决定购入原油，并将期货部分平仓。如果到期原油价格上涨，那么该企业将在现货市场受损，而在期货市场获利，用期货市场的利润弥补现货市场的损失，该企业即可避免现货市场价格上涨的风险。相反，如果到期原油价格下跌，那么该企业将在期货市场受损，而在现货市场获利，用现货市场的利润弥补期货市场的亏损，同样可达到保值的目的。

① 佚名.全球首个鲜果期货品种来了！苹果期货冬至日上市［EB/OL］.［2024-05-11］.https://baijiahao.baidu.com/s?id=1587459371734190562&wfr=spider&for=pc.

4）期权（options）

期权是指在未来特定时间以特定价格买进或卖出一定数量的某种特定商品的权利。期权和远期、期货合约的不同点在于它给予合约持有人的是权利而非义务，即合约持有人有放弃合约的权利，而远期和期货合约中持有者有购买或出售该标的资产的义务。同时，投资者签署远期或期货合约的成本为零，但是投资者购买期权合约要支付期权费。

利用期权进行套期保值时，若价格发生不利的变动，套期保值者可通过执行期权来避免损失；而若价格发生有利的变动，则套期保值者又可通过放弃期权来保护利益，此时最大的损失就是保证金。因此，期权交易既可以避免价格的不利变动所造成的损失，又可在相当程度上保住价格的有利变动带来的利益。期权可用于降低利率变动风险、汇率变动风险、商品价格波动所带来的风险。

【例 12-8】某公司向银行借入一笔500万美元的浮动利率贷款，为了避免利率上涨风险，该公司购入利率上限为年利率5%的期权合约，浮动利率每3个月调整一次，如果在贷款期间的某一个3个月的时间段内，贷款利率为年利率6%，假设期权价格为5 000美元，那么该公司将得到7 500美元（5 000 000×1%÷4-5 000）的补偿。如果利率下跌，该公司可选择放弃期权，损失最高为5 000美元。因此，通过利率上涨合约可保证该公司实际执行的利率不超过5%。

同时，期权还可以保护股东权益。当企业对未来的股票价格不确定时，可以通过买入看涨期权或看跌期权来降低风险、锁定利润。

【例 12-9】如果某公司某日股票价格为30元，该公司1~3个月的股票期权价格见表12-2。

表 12-2　**某公司股票期权价格表**　单位：元

执行价格	看涨期权			看跌期权		
	1个月	2个月	3个月	1个月	2个月	3个月
29	1.2	1.4	1.6	0.5	0.7	1.1
32.5	0.15	0.3	1.15	1.5	1.8	2.2

如果投资者预期未来3个月股价会上升超过50元，则其会买入1 000股3个月的执行价格为32.5元的看涨期权，期权价格为1.15元，花费1 150元。如果3个月后，股价升至40元/股，则执行期权合约，投资者将会以32.5元/股的价格买入1 000股股票，此时投资者获益6 350元（（40-32.5-1.15）×1 000）；如果3个月后股价跌至30元/股，则不行权，此时的损失是1 150元。

如果某投资者拥有1 000股股票，现在每股30元，他担心3个月后股票价格会下跌，则可买入1 000股3个月的执行价格为29元/股的看跌期权，期权价格为1.1元，花费1 100元。如果3个月后，股价跌到29元/股以下，则执行期权合约，投资者将会以29元/股的价格卖出1 000股股票，此时投资者总共获得27 900元（29 000-1 100），损失为2 100元（（29-30-1.1）×1 000）；如果股价高过29元/股，则此时不行权，投资者所拥有的股票价值至少超过27 900元（（29-1.1）×1 000）。但是如果不进行期权套期保值的话，可以发现，当股价下跌到26元/股时，投资者的损失是4 000元。

5）互换（swaps）

互换也称掉期或互换交易，是指交易的双方同意在未来的一段时间内按照事先约定的条件交换他们认为具有相等经济价值的现金流的合约。互换充分利用了双方在不同的商品（资产）市场上所具有的比较优势，同时又满足了不同公司对其他商品（资产）的需要，互换交易给双方都带来好处。常见的互换方式是利率互换和货币互换，利率互换是同种货币利息的互换，货币互换是不同种货币本金和利息的互换。

①利率互换

利率互换是指双方同意在未来的一定期限内根据同种货币同样的名义本金交换现金流（利息支出），其中一方的现金流根据浮动利率计算，而另一方的现金流（利息支出）根据固定利率计算，双方进行利率互换的主要原因是其在固定利率和浮动利率市场上具有比较优势。

【例12-10】 A公司和B公司都希望得到一笔5年期的100万美元贷款，如果它们各自去固定利率和浮动利率资金市场上借款，需要支付的年利率见表12-3。银行需要收取0.10%的手续费。

表12-3 **A公司和B公司固定利率和浮动利率表**

项目	固定利率	浮动利率	比较优势
A公司	8.60%	6个月LIBOR+0.30%	固定利率方式
B公司	9.80%	6个月LIBOR+0.90%	浮动利率方式
利差	1.20%	0.60%	

在表12-3中，LIBOR（london inter-bank offering rate）是伦敦同业银行拆借利率的简称，是国际市场上浮动利率的基准。6个月LIBOR+0.30%意味着贷款被分为6个月1期，每1期利率等于开始期6个月LIBOR+0.30%。无论在固定利率还是浮动利率的资金市场，A公司都比B公司有绝对优势，但仔细比较可以发现，两家公司在不同资金市场的成本差异也是不同的。在固定利率资金市场上，B公司要比A公司多付1.20个百分点的利率；但在浮动利率资金市场上，差距只有0.60个百分点。因此A公司在固定利率资金市场更具有比较优势，B公司在浮动利率资金市场更具有比较优势。

如果A公司需要浮动利率贷款，而B公司需要固定利率贷款，那么可通过利率互换交换利率负担。A公司以8.60%的固定利率借入100万美元，B公司以6个月LIBOR+0.90%的浮动利率借入100万美元，然后签订利率互换协议，保证A公司得到浮动利率贷款，B公司得到固定利率贷款。

互换前双方借款总成本=LIBOR+0.30%+9.80%=10.10%+LIBOR

互换后双方借款总成本=LIBOR+0.90%+8.60%=9.50%+LIBOR

扣除给银行0.10%的手续费，互换后借款总成本下降0.50%（10.10%-9.50%-0.10%），双方平均分配互换收益0.25%，即

A公司的借款成本=LIBOR+0.30%-0.25%= LIBOR+0.05%

B公司的借款成本=9.80%-0.25%=9.55%

银行从中的获益是0.1%。

②货币互换

货币互换是指交易双方同意按一定的交换价格（汇率）将一种货币的本金和固定利息与另一种货币的本金和固定利息在一定期限内互换，货币互换的主要原因是双方在各自国家的金融市场上具有比较优势。

【例12-11】A公司为美国公司，需要84 200万日元贷款，而B公司是一家日本公司，需要1 000万美元贷款。当日汇率为：1美元=84.2日元。在美元和日元市场上，它们分别申请贷款的利率条件见表12-4。互换经过金融机构进行，手续费为0.10%。

表12-4 外汇利率表

项目	美元	日元	比较优势
A公司	8.80%	5.30%	美元
B公司	10. 60%	5.60%	日元
利差	1.80%	0.30%	

无论在日元市场还是美元市场，A公司都比B公司有绝对优势。在美元市场上，B公司要比A公司多付1.80%的利率，但在日元市场上，差距只有0.30个百分点。因此A公司在美元市场具有比较优势，B公司在日元市场具有比较优势。那么两家公司可以进行货币互换。首先，按照当日汇率，A公司在美元市场上申请1 000万美元贷款，B公司在日元市场上申请84 200万日元贷款，然后将贷款交换，得到各自所需。货币互换各方总收益为1.50%（1.80%-0.30%），剔除金融机构的手续费，则实际总收益为1.40%，各自节省0.70%。实际上，A公司将年利率为8.80%的美元贷款换成了年利率为4.60%的日元贷款，比自己直接借日元节约了0.70%的年利率。B公司将年利率为5.60%的日元贷款换成了年利率为9.90%的美元贷款，比自己直接借美元也节约了0.70%的年利率。

6）衍生工具的风险及其控制

衍生工具本身是企业规避或减少企业可能面临的商品价格风险、利率风险、汇率风险等的影响的工具。但是值得注意的是，衍生工具本身也会产生风险，如果使用方法不当，会产生比其原生资产更大的风险，特别是在企业把它作为获利性的工具进行投机时。

衍生工具可能产生的风险主要包括：

（1）市场风险：因市场价格变动造成损失的风险。

（2）信用风险：交易对手无法履行合约的风险。

（3）流动性风险：合约持有者无法在市场上找到出货或平仓的机会所造成的风险。

（4）操作风险：由于操作人员失误、交易系统或清算系统发生故障造成损失的风险。

（5）法律风险：因合约无法履行或合约条文不明导致发生损失的风险。

因此，必须加强对衍生工具的风险控制：

（1）加强头寸管理：对于以保值为目的的衍生产品交易，要注意其与保值对象的商品的相关程度、进行反向交易的难易程度，确保保值对象与保值工具之间的高度相关性和反向交易的现实可能性。对于以投机为目的的衍生产品交易，必须制定严格的头寸限额并设置止损指令。

（2）加强信用管理：衍生产品的一些场外交易，如利率远期交易、货币互换（无金融中介），由于当事人双方采取的是相互签约的双边协议方式，当对方不能履约时，必然带来信用风险。企业要严格审查对方的信用资格，确定不同交易对手的信用额度标准，以避免提供的信用过度集中于某一特定交易对手。

【例12-12】2018年5月14日，苹果主力合约1810期货价格上涨4.23%，尾盘封板，收于8 486元。至5月15日下午收盘，主力合约价报收8 994元，价格又一次刷新了苹果期货上市以来的新高。5月15日，苹果1810期货的成交额高达2 528亿元，而当天A股沪深两市在5月15日的成交额分别只有1 629.9亿元和2 151.2亿元。苹果主力合约1810期货在3月30日的收盘价为6 482元，到5月15日已逼近9 000元大关，在短短一个半月期间，累计涨幅高达38.75%。与此同时，交易热度也不断升温，成交量从4月初的不足20万手飙升至5月15日的287.5万手，持仓量也是以10倍计，从4月初的3万余手增加到5月15日的30万手。针对苹果期货的行情，交易所启动了风险防控的调节措施。5月11日，郑州商品交易所发布通知，宣布自2018年5月16日结算时起，将苹果期货1807合约交易保证金标准上调至10%。自5月17日起，苹果期货1807合约、1810合约、1811合约、1812合约、1901合约、1903合约、1905合约日内平今仓交易手续费调整为3元/手。

本章小结

风险是不确定性对企业目标的影响。风险因素、风险事故和风险损失是风险的组成要素。风险的分类有多种，不同企业所面临的风险不同。风险管理理论经历了由传统风险管理、现代风险管理向全面风险管理发展的过程。

目前国际上有多种风险管理标准，并随着环境的变化，风险管理标准也进行了持续的修订以适应复杂变化的风险。“COSO企业风险管理——与战略和绩效的整合”包括5个要素、20个原则。

财务风险是目前企业所面临的主要风险之一，风险预警和运用衍生工具应对风险成为财务风险管理的重要内容。建立财务风险预警体系有利于提前发现财务风险并及时调整风险管理措施，合理使用衍生工具将有利于合理地规避或降低财务风险。

推荐读物

［1］黄敏．中小企业税务风险管理探究——基于COSO-ERM（2017）框架的视角［J］．财会通讯，2020（08）：136-141.

［2］沈烈，何璐伶．内部控制对企业风险管理的影响：述评与展望［J］．财会通讯，2022（08）：17-23.

［3］白华，胡礼燕．超越COSO：中国内部控制规范体系探索［J］．会计与经济研究，2020，34（06）：11-31.

本章练习

一、思考题

1. 目前我国企业所面临的风险包括哪些？

2. 评价风险管理的七种措施的适用条件。

3. 联系企业实际，分析财务风险预警的实施和效果。

4. “不要将所有的鸡蛋放在一个篮子里”和“把所有的鸡蛋放在一个篮子里，看好它”分别说明了风险管理的哪种策略？如何评价上述策略？

5. 如何看待衍生工具在财务风险应对中的作用？

二、计算分析题

1. 甲、乙、丙为钢铁行业的三家公司，财务报表相关数据见表12–5。

表12–5　甲、乙、丙三家公司的财务报表相关数据　单位：元

财务指标	甲公司	乙公司	丙公司
营业收入	35 158 100	355 625 000	19 886 500 000
营业成本	42 544 800	230 916 000	13 106 800 000
息税前利润	−7 386 700	124 709 000	6 779 700 000
利息	8 313 300	9 573 170	161 317 000
税前利润	−15 700 000	115 135 830	6 618 383 000
流动资产	410 871 000	366 442 000	7 815 160 000
非流动资产	346 833 000	218 859 000	10 657 100 000
总资产	757 704 000	585 301 000	18 472 260 000
流动负债	699 451 000	287 309 000	4 583 120 000
非流动负债	18 848 000	90 323 100	1 980 880 000
实收资本	396 000 000	158 333 000	3 383 000 000
资本公积	24 539 900	102 058 800	2 836 382 000
留存收益	−381 134 900	−52 722 900	5 688 878 000
所有者权益	39 405 000	207 668 900	11 908 260 000

要求：根据表13–5的数据，使用Z计分模型判断企业的财务安全状况。

2. 假设20××年3月1日美元对人民币的汇率是1∶6.5706，中国某企业将于20××年6月1日向美国供货商支付800万美元，这家公司可以从金融机构按汇率1∶6.5433买入以美元表示的3个月远期合约。

要求：该企业是否要买入远期合约进行保值？如果6月1日的汇率变为1∶6.5833，或者汇率变成1∶6.5420，请计算企业买入3个月的远期合约是否达到了保值的效果？

3.A公司和B公司的固定利率和浮动利率见表12-6，金融机构收取0.20%的手续费。

表12-6　　A公司和B公司的固定利率和浮动利率表

项目	固定利率	浮动利率
A公司	9.80%	6个月LIBOR+0.50%
B公司	11.00%	6个月LIBOR+0.90%

要求：请设计互换方式。

4.你认为某种股票的价格将要上升。现在该股票价格为15元/股，3个月执行价格为25元/股的看涨期权价格为1.5元。

要求：如果你有15 000元，可以直接购买股票，也可以购买期权，你会如何选择？如果3个月后股票价格为13元/股、18元/股、28元/股，请计算各种策略的收益或亏损。

三、综合案例

华为投资控股有限公司财务风险管理

2022年，我们紧密跟踪外部环境的变化，并基于多年来建立的财务风险管理体系积极评估风险影响。同时，持续修订和完善财务风险管理政策及流程，进一步提升抵御财务风险的能力，支撑公司业务发展。

1.流动性风险

我们持续优化资本架构和短期流动性规划以及预算和预测体系，用于评估公司中长期资金需求及短期资金缺口。同时，采取多种稳健的财务措施保障公司业务发展的资金需求，包括保持稳健的资本架构和财务弹性、持有合理的资金存量、获取充分且有承诺的信贷额度、进行有效的资金计划和资金集中管理等。2022年年底，公司现金与短期投资金额为人民币37 345 200万元（见表12-7），有效管理了流动性风险。

表12-7　　企业资金流动性状况表　　单位：人民币百万元

项目	2022年	2021年	同比变动
经营活动现金流	17 797	59 670	（70.2）%
现金与短期投资	373 452	416 334	（10.3）%
长短期借款	197 144	175 100	12.6%

2.汇率风险

合并报表的列报货币是人民币，但我们有由于销售、采购和融资业务所产生的列报货币以外的外币敞口。依据一贯沿袭的外汇风险管理政策，我们在综合考虑市场流动性及管理成本的前提下管理了主要外汇敞口，并建立了一整套外汇管理政策、流程、操作指导等管理机制，包括：

■ 自然对冲：匹配销售、采购的货币，以实现本币平衡，尽量降低外汇敞口；

■ 财务对冲：当自然对冲无法完全消除外汇敞口时，主要采用外汇远期管理。对货币急速贬值或外汇管制国家的外汇敞口，我们通过多种手段管理此风险，如汇率保护机制、财务对冲等，同时也通过加速回款并及时汇出等方案来减少风险。

在其他条件不变的情况下，若汇率变动，对公司净利润的影响见表12-8。

表12-8 **公司净利润变动表** 单位：人民币百万元

项目	2022年	2021年
美元贬值5%	1 013	899
欧元贬值5%	（106）	159

3.利率风险

公司利率风险主要来源于长期借款，通过对利率风险敞口进行分析，公司组合运用浮动利率与固定利率的融资来降低利率风险。

（1）截至2022年12月31日，公司持有的主要长期计息金融工具见表12-9。

表12-9 **长期金融工具情况表**

项目	2022年年利率（%）	人民币（百万元）	2021年年利率（%）	人民币（百万元）
固定利率长期金融工具：长期借款	3.74	53 219	3.94	39 250
浮动利率长期金融工具：长期借款	3.86	129 964	3.27	123 026
合计		183 183		162 276

（2）敏感性分析

2022年12月31日，在其他变量不变的情况下，假定利率上升50个基点将会导致公司净利润和所有者权益减少人民币533百万元（2021年减少人民币503百万元）。

4.信用风险

公司制定和实施了全球统一的信用管理政策制度、流程、IT系统和风险量化评估工具，并在各个区域和业务单元建立了专门的信用管理组织，在欧洲及亚太建立信用能力中心。同时，公司利用风险量化模型评定客户信用等级、确定客户授信额度、量化交易风险，并通过在端到端销售流程的关键环节设置风险管控点形成闭环的管理机制。公司信用管理部门定期审视全球信用风险敞口，并开发相应的IT工具协助一线监控风险状态及预测可能损失，计提相应的坏账准备，对于已经或可能出险的客户会启动风险处理机制。

5.销售融资

公司已建立起覆盖全球的销售融资团队，贴近客户理解融资需求，在全球范围拓展多元化的融资资源，搭建金融机构与客户的沟通合作桥梁，为客户提供专业的融资解决方案，帮助其取得持续的商业成功。公司的销售融资业务致力于风险转移，所安排的出口信贷、租赁、保理等业务主要由第三方金融机构承担风险并获取收益。公司制定了系统的融资业务政策和项目审批流程，严格控制融资风险敞口，仅针对部分项目与相关金融机构进行了风险分担，并计量和确认相应的风险敞口，确保业务风险可控。

根据上述内容并结合华为控股公司的发展，思考如下问题：

（1）识别该公司所面临的风险。

（2）指出该公司应对风险的方法。

（3）试对华为控股公司的风险管理进行评价。

（4）分析该公司为应对利率风险所采取的固定与浮动利率组合的优缺点。

（5）什么是外汇远期管理？如何理解衍生工具在其中的作用及影响？

（6）分析其在销售融资中所使用的风险控制方法。

立德树人

《中国金融稳定报告（2023）》指出：“2020年末以来，中国人民银行建立了银行风险监测预警指标体系，按季对央行金融机构评级结果为安全边界内的1–7级银行开展预警工作，力求抓早抓小、‘补短板’‘治未病’，防患于未然。”

在银行风险的监测预警结果上，“2020年第四季度至2022年第四季度，中国人民银行共开展9次银行风险监测预警工作，累计识别预警银行413家次，剔除同一家机构多次触发预警的情况后，共识别预警银行228家。对于已识别出的预警银行，中国人民银行一方面加大风险监测力度，通过下发风险提示函、约谈高管等方式督促预警银行及时整改；另一方面，与监管部门和当地政府共同监管预警银行，关注预警风险情况。此综合措施下，大比例的预警银行经整改后已退出预警名单”。

以创新驱动发展，以数字化赋能风险管理体系建设，应坚持正确的工作策略和方法，促进经济高质量发展。